百家说民法

温世扬◎主编

长江出版传媒｜湖北人民出版社

图书在版编目(CIP)数据

百案说民法 / 温世扬主编. — 武汉：湖北人民出版社, 2023.3
ISBN 978-7-216-10547-7

Ⅰ. ①百⋯ Ⅱ. ①温⋯ Ⅲ. ①民法—案例—中国 Ⅳ. ①D923.05

中国版本图书馆CIP数据核字（2022）第256883号

责任编辑:黄　沙
　　　　　童银燕
助理编辑:许智元
封面设计:刘舒扬
责任校对:范承勇
责任印制:杨　锁

百案说民法　BAIAN SHUO MINFA

出版发行:湖北人民出版社	**地址**:武汉市雄楚大道268号
印刷:湖北新华印务有限公司	**邮编**:430070
开本:787毫米×1092毫米 1/16	**印张**:37.75
字数:610千字	**插页**:2
版次:2023年3月第1版	**印次**:2023年3月第1次印刷
书号:ISBN 978-7-216-10547-7	**定价**:108.00元

本社网址：http://www.hbpp.com.cn
本社旗舰店：http://hbrmcbs.tmall.com
读者服务部电话：027-87679656
投诉举报电话：027-87679757

《百案说民法》

◎编委会

序 言

习近平总书记指出，“民法典在中国特色社会主义法律体系中具有重要地位，是一部固根本、稳预期、利长远的基础性法律”，要“充分认识颁布实施民法典的重大意义，推动民法典实施，以更好推进全面依法治国、建设社会主义法治国家，更好保障人民权益”。党的二十大报告首次单独把法治建设作为专章论述、专门部署，把法治重要性提高到前所未有的位置，进一步丰富和发展了习近平法治思想的深刻内涵。报告强调，“要深入开展法治宣传教育，增强全民法治观念”。民法作为市场经济的基本法，在法律体系中居于基础性地位，发挥着举足轻重的作用。《民法典》是我国法律体系中条文最多、体量最大、编章结构最为复杂的一部法律，是社会生活的百科全书，它涉及人民生活方方面面，具有较强的专业性。因此，《民法典》的普法宣传尤为重要。

《民法典》于2021年1月1日起施行至今已逾两年，实践中积累了大量贴近生活的案例样本。2021年5月以来，为了给开展《民法典》宣传普及，推进《民法典》实施工作创造便利条件，湖北省法学会联合湖北省高级人民法院共同组织编写《百案说民法》一书，汇聚温世扬等全国知名民法专家，以及一大批来自司法实践领域的资深一线法官，从已经发生法律效力的判决裁定中，精选典型案例119例，通过“以案释法”的方式，帮助人们真正了解《民法典》的相关制度，引导人们利用《民法典》维护自己的合法权益，促进《民法典》的全面贯彻实施。

本书遵照《民法典》七编体例，就《民法典》适用中的重要原则、重要概念、重要规定和法治实践中的热点问题，在广泛征求市、县、乡村（社区）基层需求的基础上，结合源于司法实践的119个典型案例组织编写。各篇采用问题式标题，一案一问，以标题反映案情的核心内容，在对案例的基本案情和裁判结果进行简要介绍后，重点围绕法条本身讲解相关规定的构成要件、法律后果等基础法律知识，针对相关案例可能涉及的日常生活问题进行适度拓展，并在结尾对案例涉及的法律条文进行梳理汇总，以方便人们阅读和理解，具有很强的说服力。这也是本书的一大特色。本书不局限于介绍法律条文和法律概念，不追求面面俱到，而是围绕重点法律条款进行扩展式释疑解惑，最大限度地兼顾对《民法典》相关法律法规的延伸解读，兼顾法律实践和理论教学需要，对标面向基层干部、基层群众以及法科学生等广大群体，既准确适用法言法语，避免简单口语化，又坚持通俗易懂、言简意赅，不偏于学理化。

本书从案例入手，用生动的语言讲述日常生活中的常见案例，阐释《民法典》各项规定的具体内容和核心要义，指明《民法典》各项制度的理解难点和注意事项，力争扮演好法律知识和社会大众之间的搭线员角色，满足广大群众对法律知识的基本需求。希望本书的出版能够为我国法治宣传教育活动贡献一份绵薄之力，增强全体人民的法治观念，引导全体人民做社会主义法治的忠实崇尚者、自觉遵守者、坚定捍卫者，使尊法学法守法用法在全社会蔚然成风。

由于时间仓促，本书编写中难免存在疏漏之处，敬请读者批评指正！

本书编委会

目　录

总则编

物权编

合同编

人格权编

婚姻家庭编

继承编

侵权责任编

总则编

ZONG ZE BIAN

1 支付高额转让费后门面却被收回，找谁说理？

承租人按照市场惯例，向前承租人支付高额的门面转让费后，取得门面的承租权，但门面产权人因政策等原因无法继续履行租赁合同，承租人能否得到适当补偿？由于转让人与承租人在平等、自愿的基础上就门面租赁转让费达成合意，一般应当按照合同约定的条款履行。但是，《民法典》总则编规定，民事主体从事民事活动，应当遵循公平、诚信等原则，弘扬社会主义核心价值观，合理确定各方的权利和义务。因此，法院根据案件实际情况，综合考虑公平诚信的价值取向，友善共处、社会和谐的价值目标等因素，酌情由转让人对承租人予以适当补偿，符合《民法典》的基本精神和原则。

案例

覃某原为J市某学校门面承租户，与学校有长期合作关系，学校将门面固定租赁给覃某经营。2017年10月，文某得知覃某有意将门面转让，认为该门面地段较好、人流量大，能取得较好的经营收益，遂找到覃某协商转让事宜。覃某承诺文某可继续租赁门面，以24万元的价格将门面租赁权转让给文某，文某与学校签订租赁合同，并交纳每年12万元的租金。文某取得门面后，花费3万余元进行装修以售卖服饰等商品。2018年11月，学校向全体承租户发出告知书：根据当地政府通知，学校定于2018年12月收回所有经营性门面。文某多次找覃某和学校协商补偿事宜，均未达成一致意见。文某遂向法院提起诉讼，要求覃某退还门面转让费及补偿相关费用。

裁判结果

法院认为，社会主义核心价值观既追求公正、法治的价值取向，又弘扬诚信相待、友善共处的价值准则，遵循和追求和谐的价值目标，倡导人民群众要相互理解、守望相助，保护妇女等特殊群体的合法权益。覃某与文某之间达成的口头协议中虽然没有明确的转让期限限制，但文某支付高额转让费显然包含对门面可继续长期承租及今后可获利益的期待。现文某实际承租一年零两个月，门面即被收回，其与覃某达成承租权转让合同旨为营利的目的远未实现且成本亦未收回，文某受到的损失客观存在。覃某作为学校的老租户，该门面给其带来的经济回报已超投入成本。相较而言，文某作为一名离异女性，其承担此次商业风险的能力相对较弱。为更好地践行社会主义核心价值观，引导人民群众守望互助、和谐共处，衡平当事人利益，有效保护妇女等特殊群体，对本案因商业风险带来的经济损失在覃某与文某之间适当分担，结合文某支付门面转让费的金额、实际承租门面的时间以及门面因不可归责于双方的原因被收回等综合因素，酌定覃某按门面转让费24万元的三分之一，即8万元补偿给文某。

评析

弘扬社会主义核心价值观是《民法典》的立法目的之一。将弘扬社会主义核心价值观的相关内容纳入《民法典》，是我国社会主义立法史上的一个创举，体现了坚持依法治国与以德治国相结合的鲜明中国特色。《民法典》规定了社会主义核心价值观所蕴含的公平、诚信等原则，其中公平是为了进一步完善民商事领域基本法律制度和行为规则，有利于充分调动民事主体的积极性和创造性，调节并达到各类市场主体之间的利益平衡。诚信原则引导当事人秉持诚实、恪守承诺，在合同履行中，按照约定全面履行自己的义务。如果案件涉及多种价值取向的，应当依据立法精神、法律原则、法律规定以及社会主义核心价值观进行判断、权衡和选择，确定适用于个案的价值取向。

具体到本案，门面转让费的实质是一种承租权的让渡，其价格高低最终由当事人合意决定，可取决于门面的地段繁华程度、周边环境人流量大小、对门面获利能力的认知和市场供求关系等因素。原承租者在转让门面承租权时向次承租者一次性收取门面转让费,已成为一种商业惯例。文某自愿支付24万元的门面转让费获得门面的承租权,是文某与覃某协商一致的结果。但是,文某支付24万元门面转让费的前提显然是能够长期承租门面,以获得预期的收益。文某支付门面转让费、租金后,又花费数万元对门面进行装修,仅经营一年零两个月的时间,门面就被学校收回,对文某来说显失公平。文某经营所得显然不足以弥补门面转让费、租金及装修等费用,导致文某遭受较大经济损失。按照市场惯例,文某支付转让费的数额往往与商铺剩余的租赁期限成正比,虽然没有证据证明覃某预先知道门面可能会因政策原因无法继续租赁,文某损失主要是商业风险造成的,但是覃某在转让门面时确实承诺文某可以长期租赁门面,如果文某知道门面可能会被收回,显然不会再选择支付高额转让费承租覃某的门面。另外,文某是一名离异女性,且需抚养未成年子女,经营失败后生活较为困难。因此,为践行社会主义核心价值观,引导人民群众守望互助、和谐共处,衡平当事人利益,有效保护妇女等特殊群体,法院决定对商业风险带来的经济损失在覃某与文某之间适当分担,更有利于彰显公正、和谐的社会主义核心价值观,不失为一种公平合理的处理方式。案件宣判后,各方当事人按照判决及时履行了义务,社会矛盾得到有效化解。

本案立足实际情况,在查明案件事实的基础上,通过适用民法的基本原则,提升了法院判决在人民群众和社会群体中的认可度,充分彰显了社会主义核心价值观在社会治理中的规则引领和价值导向作用,对于维护良好的市场经济环境,平衡市场主体的利益有很好的调节作用。

(一)民事案件处理为何需要弘扬社会主义核心价值观?

法律小贴士

社会主义核心价值观包括富强、民主、文明、和谐,自由、平等、公正、法治,爱国、敬业、诚信、友善。其中,平等、公正、诚信等也是民法的基本原则。

近年来,一大批涉及社会公德、见义勇为、诚实信用、权责平衡的案件出现在公众视野中,法院通过审理“私自上树摘果坠亡索赔案”“自愿赡养老人继承遗产案”“开发商自我举报无证卖房毁约案”等系列案件,以社会主义核心价值观树立行为规则、引领社会风尚,让遵纪守法者扬眉吐气，让违法失德者寸步难行。充分发挥司法裁判在国家治理、社会治理中的规则引领和价值导向作用，为人民群众在助人为乐、正当防卫、抢险救灾以及维护公共利益和社会秩序时，在遇到“扶不扶”“劝不劝”“管不管”等法律和道德难题时，亮明立场，辨明方向。同时，也侧重对老年人、妇女、儿童、残疾人等弱势群体的关爱，有效维护和平衡各类社会主体的利益。

（二）如何理解民法的公平原则？

公平原则是民法的一项基本原则。在市场经济中，合同当事人应当公平合理地确定各方的权利和义务，既不享有任何特权，也不履行任何不公平的义务，做到权利与义务相一致。

比如政府在征收、征用公民财产时，应当给予公平合理的补偿；邻居之间应当按照有利于生产生活的方式，正确处理邻里关系；利用对方缺乏判断能力、处于危困状态，导致签订的合同显失公平的，可以要求撤销；商家提供的格式合同应当就免责条款向消费者作出提示说明；合同签订后发生不可预见的重大风险导致对一方明显不公平的，可以适当变更。总之，既要维护生效合同的法律效力，又要避免因合同显失公正严重损害一方当事人的合法权益。

（三）当事人遭遇不公平的合同条款时，应该怎么办？

在工作生活中，正常消费会与商家达成买卖合同，去陌生的城市生活可能与房东签订房屋租赁合同，大学生找工作会与用人单位签订劳动协议，等等。依法成立并生效的合同受到法律保护，当事人应当按照合同全面履行义务，不能擅自变更或者撕毁合同，否则应当承担违约责任。但是，如果合同当事人认为存在违反公平性的条款，严重损害自身合法权益，可以通过与对方协商，对合同进行修改或者变更，也可以向当地的市场监管部门、消费者保护组织等求助。如果协商不成，符合法律规定显失公平的情形，当事人可以向法院或者仲裁机构请求对部分条款予以变更，使合同的权利义务达到平衡。当然，当事人也可以请求撤销合同，合同被撤销后，当事人应当将取得的财产和收益及时返还，有过错的当事人还应当赔偿对方的损失。当事人在主张合同变更、撤销权的时候，应当践行社会主义核心价值观，秉持客观公正的态度，遵循诚实信用原则，而不得滥用权利，或者故意曲解合同条款以实现不正当的目的。

法条链接

1.《民法典》第 1 条：为了保护民事主体的合法权益，调整民事关系，维护社会和经济秩序，适应中国特色社会主义发展要求，弘扬社会主义核心价值观，根据宪法，制定本法。

2.《民法典》第 6 条：民事主体从事民事活动，应当遵循公平原则，合理确定各方的权利和义务。

（本篇撰写人：康江，湖北省高级人民法院）

2 打官司时提交虚假证据要承担什么责任？

当事人打官司时，为攫取不法利益，向法庭提交虚假证据，需要承担什么法律责任？《民法典》诚实信用原则给出了答案。

案例 2017年12月，原告某园林公司承建了被告某能源公司在某地变电站的土建工程。工程完工后，原告认为其施工完成的总工程价款为2500余万元，但被告仅支付1300余万元，尚余1200余万元未支付。在多次要求被告支付剩余款项未果后，原告起诉至法院请求判令被告支付剩余工程款1200余万元及逾期付款利息。案件审理中，因原、被告双方对涉案工程量及工程造价争议较大，法院决定依据原告申请委托鉴定机构对工程量及工程价款进行鉴定。在鉴定过程中，应鉴定机构要求，原、被告向法庭提交证据作为鉴定材料。法官在审核原告提交的证据后发现其提交的多张照片有经过PS软件处理的嫌疑，多份合同有伪造的嫌疑，遂通知原告到法院，确认其提交证据的真实性。面对法官严肃的询问，原告主动承认了其为了达到多鉴定工程价款的目的而伪造证据的事实，并向合议庭承认了错误，希望法院从轻处罚。为了查清虚假证据对鉴定结果的影响，法院联系鉴定机构询问。鉴定机构答复若虚假证据未被发现，进入鉴定环节后，工程款将会多鉴定出300余万元。

裁判结果

在综合考量原告通过虚假证据可能获得的非法利益以及其主动认错的态度后，法院对原告作出罚款50万元的处罚。原告收到罚款决定书后，其法定代表人诚恳地向法院承认错误，重新提交真实证据进行鉴定，并自觉缴纳了罚款。在鉴定意见作出后，法院多次组织双方当事人调解，向双方阐明法律规定和利害关系，希望双方互谅互让、相互支持。后原、被告在法院的主持下达成调解协议并全部履行完毕。本案得以案结事了。

评析

本案是对《民法典》第7条诚信原则的司法实践。诚信原则是民法的基本原则，覆盖民法全领域。诚信是"诚实信用"的简称。"诚"即真心实意，指人的一种主观心理状态。孟子曰，"诚者，天之道也；思诚者，人之道也"，将"诚"誉为自然界和社会的最高道德范畴。"诚实"，指言行与内心一致，不虚假，意味着一个人善良的心理与其外在行为的一致性。"信"，意为诚实不欺，属中国儒家道德规范。孔子曰："人而无信，不知其可也。"信用，有信任并任用人之意；讲信用，指的是遵守诺言，实践成约。学者认为，诚信原则是私法领域的最高准则，高于民法中的平等原则、自愿原则及其他原则，是民法中的"帝王条款"。

诚信原则的内涵十分丰富。在司法实践中，诚信原则克服了成文法的局限性，承认司法活动的能动性，授予了法官自由裁量权。在社会生活中，诚信原则要求民事主体从事民事活动应当讲诚实、守信用，以善意的方式行使权利、履行义务，言行一致、恪守诺言，最终在当事人利益的实现和社会利益的维护中实现平衡。

当事人参与民事诉讼活动要自觉遵守诚信原则。若当事人违反诚信原则，提交虚假证据，法院应作出相应处罚，以维护司法公正和司法权威，增强司法公信力。本案中，法院对提供虚假证据的原告开出的50万元"诚信罚单"有力震慑了不诚信诉讼行为，有力维护了诚信诉讼当事人的合法权益。此案审结后，被告某能源公司专程向法院送来锦旗和感谢信表示感谢，此案取得了良好的法律效果和社会效果。

在司法实践中，有的当事人为了获取不法利益，便虚构证据。尤其是在建设工程类纠纷中，工程施工会形成大量的工程联系单、签证单、会议纪要、结算单等各类材料。有的当事人企图在繁杂的证据中浑水摸鱼，而有的法官往往因缺乏建设工程领域的专业知识对这些虚假证据难以作出正确的识别和判断。例如本案，原告所提交的用以鉴定的虚假照片、合同等就具有迷惑性和隐蔽性，法官依靠丰富的审判经验从照片所反映的施工工艺、送货单连续顺号、合同主体不一致等蛛丝马迹中发现疑点，进而通过比对甄别、询问当事人等方式认定原告所提交证据为虚假证据，进而对当事人进行处罚，体现了法院惩罚不诚信诉讼行为的力度与决心。

法律小贴士

（一）当事人在民事诉讼中应遵守何种原则？

《民法典》第7条规定民事主体从事民事活动应当遵循诚信原则。同样，在民事诉讼活动中，诉讼参与人也应该严格遵守诚信原则。《民事诉讼法》第13条规定，民事诉讼应当遵循诚信原则；第114条第1款第1项规定，诉讼参与人或者其他人伪造、毁灭重要证据，妨碍人民法院审理案件的，人民法院可以根据情节轻重予以罚款、拘留；构成犯罪的，依法追究刑事责任。根据上述规定，民事主体在参与民事诉讼过程中，应该秉持诚实信用原则，如实向法庭提交证据，不得伪造、毁灭证据，否则将面临罚款、拘留等法律后果，更有甚者，可能会被追究刑事责任。所以，切勿心存侥幸，以身试法，应自觉敬畏法律，守住诚信诉讼的底线。

（二）民事诉讼中常见的虚假证据有哪些？

民事诉讼中较为常见的虚假证据主要是虚假陈述、虚假书证及虚假的证人证言等。其中，当事人作虚假陈述的情形所占比例最高，表现为当事人在庭审中故意作出与客观事实相悖的描述，或者捏造事实主张并不存在的权利。虚假书证出现的频率次于前者，实践中的主要表现形式是行为人伪造自己或他人、单位作出的文书，或者篡改文书原本的内容。此外，证人基于某些利害关系向法官提供虚假证词的情况在司法实践中也十分常见。需要注意的是，实务中还存在视听资料、电子数据等形式的虚假证据，并且在数量上呈现增加的趋势。

（三）若在民事诉讼中发现他人违反诚信原则，提交虚假证据，怎么办？

在诉讼过程中，如果发现对方提交虚假证据，应第一时间告知法官，详细说明你方认为对方提交的系虚假证据的理由。若对方提交的证据中签字或公章并非你方笔迹或印章，可以申请法院进行笔迹或公章鉴定，也可以对书证的形成时间进行鉴定。若是当事人作虚假陈述或证人作虚假证言，可以提供反证或者根据当事人前后不一的陈述等进行说明，指出陈述或证言中的漏洞，提醒法官注意。法院在认定当事人提交虚假证据后，对于情节严重的，可以对当事人作出罚款、拘留等处罚，构成刑事犯罪的，将移送公安机关处理。

法条链接

《民法典》第7条：民事主体从事民事活动，应当遵循诚信原则，秉持诚实，恪守承诺。

（本篇撰写人：郑广芳，湖北省武汉经济技术开发区人民法院）

3 代购虚拟货币亏钱，谁该为“好心办坏事”买单？

助人为乐是中华民族传统的美德，但热心肠的乐善好施如果触碰法律底线，谁该为“好心办坏事”买单？人们在遇到有困难的人时心头多少有这样的顾虑，“该不该帮忙”“如何放心来帮忙”，这些都是萦绕在人们心头的困惑话题。年轻大学生好心帮人购买理财产品，亏损后反被对方起诉“吃官司”，就是一个很好的示范案例。亏损是否该赔？民众如何判断赔与不赔？此种情况适用《民法典》规定的公序良俗原则，更能从源头上给出通俗易懂的解释，也给出民众普遍接受和信服的答案。

案例

何某是暑假在A公司打工的大学生，常通过买卖虚拟货币进行投资理财。A公司部门领导许某某得知后，便联系何某，希望何某帮其代购虚拟货币，并通过微信转账3万元让何某帮其购买虚拟货币“以太坊”（又称以太币，ETH币）。何某在某网站以均价3300元的价格购买了8.997个“以太坊”，并将剩余的11元转给了许某某。几天后，交易平台爆仓，何某告知许某某并说明原因。许某某一个月后要求何某返还8.997个“以太坊”，何某解释因为爆仓、网站注册在境外而难以维权，且在购买前已告知了相关风险。在协商未果后，许某某诉至法院，请求判令何某返还本金及相应利息。

裁判结果

法院认为，相关部门已明确虚拟货币相关业务活动属于非法金融活动，并予以禁止和依法取缔。任何法人、非法人组织和自然人投资虚拟货币及相关衍生品系违背公序良俗，相关民事法律行为无效，由此引发的损失由其自行承担。本案中，许某某与何某关于购买虚拟货币"以太坊"事宜系委托合同关系，该行为属于非法金融活动，违背了公序良俗原则，故委托合同无效，由此引发的损失应由许某某自行承担。判决驳回许某某的诉讼请求。

评析

本案涉及《民法典》公序良俗原则。《民法典》第8条规定："民事主体从事民事活动，不得违反法律，不得违背公序良俗。"第10条规定："处理民事纠纷，应当依照法律；法律没有规定的，可以适用习惯，但是不得违背公序良俗。"第153条第2款规定："违背公序良俗的民事法律行为无效。"

所谓公序良俗原则，是指一切民事活动应当遵守公共秩序和善良风俗。公共秩序，是指政治、经济、文化等领域的基本秩序和根本理念，是与国家和社会整体利益相关的基础性原则、价值和秩序，如我们常说的交通秩序、公共秩序等。善良风俗，是指基于社会主流道德观念的习俗，也被称为社会公共道德，是全体社会成员所普遍认可、遵循的道德准则，比如我们常说搭便车、捎带货物等。公共秩序强调的是国家和社会层面的价值理念，善良风俗突出的则是民间的道德观念，二者相辅相成，互为补充。

如何判断某一个事实是否违背公序良俗？著名学者梁慧星教授根据我国国情将违反公序良俗原则的行为分为以下十类：(1)危害国家公序行为类型；(2)危害家庭关系行为类型；(3)违反性道德行为类型；(4)射幸行为类型(如赌博)；(5)违反人权和人格尊严的行为类型；(6)限制经济自由的行为类型；(7)违反公平竞争的行为类型；(8)违反消费者保护的行为类型；(9)违反劳动者保护的行为类型；(10)暴力行为类型。从司法实践的角度来看，梁慧星教授关于公序良俗原则类型化的划分有助于法官运用公序良俗原则裁判案件，增强裁判的确定性，避免裁判标准不统一和同案不同判问题的产生，可以作为我们判断是否违背公序良俗的参考。

本案通过对《民法典》规定的公序良俗原则的适用，确认了委托合同中购买虚拟货币行为的违法性，有效解决了日常生活中委托对方从事违法行为、有伤风化行为等引起的纠纷，有利于弘扬社会主义核心价值观，用法治的力量引导人民群众向上向善。随着《民法典》的颁布与实施，“公序良俗”将不再是人们内心的道德评判，而是判定民事行为效力的重要依据，其价值在于将道德规范引入法律适用，起到扩充法律渊源，弥补法律漏洞的作用，更为普通群众观念所接受和理解，更符合社会主义核心价值观。

在遇到有困难的人时是否该帮忙？如何避免“好心办坏事”呢？

法律小贴士

人们在遇到有困难的人时如何辨别清楚“该不该帮忙”，怎么才能放心大胆去帮忙，避免“好心办坏事”引发的法律风险，最简单的方式就是践行社会主义核心价值观。

社会主义核心价值观融于民法法律规范的体现之一就是弘扬美德，维护公序良俗。公序良俗产生于群众自古以来的道德观和正义观，是群众所认可的秩序和道德。电视、广播、报刊、网络等媒体展示的乐善好施案例，营造了社会主义核心价值观的舆论引导氛围，为群众形成正确的价值判断和行为规范提供了指引。需要注意的是，公序良俗作为民法的基本原则，应被适量、合理运用。只有在法律无明文规定的情况下，或者适用法律规定的后果不符合社会主义核心价值观的情况下，才能适用公序良俗原则作为判案依据，从而实现“法理情”相统一。

法条链接

1.《民法典》第8条：民事主体从事民事活动，不得违反法律，不得违背公序良俗。

2.《民法典》第10条：处理民事纠纷，应当依照法律；法律没有规定的，可以适用习惯，但是不得违背公序良俗。

3.《民法典》第153条第2款：违背公序良俗的民事法律行为无效。

（本篇撰写人：马勇岗，湖北省十堰市中级人民法院）

4 男方受伤，妻子腹中胎儿的生活费赔不赔？

被抚养人生活费是法定赔偿项目，但是，胎儿能否作为被抚养人判赔生活费？有观点认为，胎儿尚不具有民事权利能力，不应当作为被抚养人而被判赔生活费。但是，父亲因交通事故致残，胎儿出生后，父亲对子女的抚养能力降低，如果不予赔偿，对家庭显然不公。如果法律支持胎儿抚养费，一旦胎儿出生后是死体，其父母并不需要给付抚养费，赔偿义务人就丧失了赔偿对象，没有理由赔偿该笔抚养费。肇事者是否需要赔偿胎儿抚养费，可通过探究《民法典》总则编胎儿利益保护的相关条款予以解答。

案例

2020年1月的一天，原告石某外出办事，不幸被被告周某驾驶的重型半挂牵引车撞伤。原告受伤后，被送往医院住院治疗81天，花用医疗费4万余元。原告伤情经鉴定，构成十级伤残。与此同时，妻子也住进了医院待产。然而，当石某向肇事司机及保险公司索赔时，其中一项费用即被抚养人(豆豆)的生活费遭到了拒绝。“孩子的生活费必须赔。”石某无奈之下，将周某及保险公司告上了法庭，要求赔偿医疗费、误工费、豆豆生活费等损失共计22万余元。诉讼中，被告保险公司坚持认为，事故发生时，原告之子豆豆系胎儿，尚未出生，不具有民事权利能力，原告主张的被抚养人生活费于法无据，依法不应支持。

裁判结果

法院认为，自然人从娩出时起到死亡时止，具有民事权利能力，依法享有民事权利，承担民事义务。涉及遗产继承、接受赠与等胎儿利益保护的，胎儿视为具有民事权利能力。但是胎儿娩出时为死体的，其民事权利能力自始不存在。“等”字属兜底条款，应包括人身损害赔偿请求权、损害赔偿请求权等凡属侵害胎儿合法权益的情形。本案原告之子豆豆在交通事故发生时虽系胎儿，但在起诉时已出生，故原告主张的被抚养人生活费依法应予支持。法院判决被告保险公司赔付原告石某16万余元，其中包含被抚养人生活费2万余元。

评析

本案涉及《民法典》关于胎儿权益保护的规定。胎儿是所有自然人生命发育的必经阶段，不仅存在未来需要保护的利益，也存在某些现实利益的保护需要。那么胎儿与其他作为民事主体的“人”在法律上到底有何不同？相应权益如何保护？近代民法关于胎儿利益的保护之立法模式选择主要有三种：总体保护主义、个别保护主义以及绝对保护主义。《民法典》采取的是个别保护主义立法模式，其中第16条规定：“涉及遗产继承、接受赠与等胎儿利益保护的，胎儿视为具有民事权利能力。但是，胎儿娩出时为死体的，其民事权利能力自始不存在。”理解该条，需注意以下几点。

第一，关于保护的范围。本条只列举了“遗产继承”“接受赠与”两种情形，原因在于：一是这两种情形主要涉及胎儿的权利，不涉及义务，这符合保护胎儿利益的立法初衷；二是规定遗产继承，也基本延续了《继承法》第28条的规定，保持了法律的稳定性和一致性；三是与采取个别保护主义立法模式的其他国家的规定保持一致。法官通过再三分析、研究和比对认为，胎儿虽然尚未取得完全的民事权利能力，但是不对其进行赔偿，将会降低其出生后的生活水平，实质上是对胎儿权利保护的不平等。因此，对法律规定中的“涉及遗产继承、接受赠与等”中的“等”字应进行合理的扩大解释，应包含胎儿抚养费。

第二，关于胎儿民事权利能力的性质。所谓民事权利能力，就是指法律所规定的，自然人、法人或非法人组织参加民事法律关系、享有民事权利和承担民事义务的资格。民事权利能力是自然人、法人或非法人组织享有民事权利的前提。原《民法通则》第 9 条曾规定公民的民事权利能力始于出生终于死亡，也就是说出生之前的胎儿是完全不受民法保护的。这属于绝对保护主义。《民法典》第 16 条规定：“涉及遗产继承、接受赠与等胎儿利益保护的，胎儿视为具有民事权利能力。但是，胎儿娩出时为死体的，其民事权利能力自始不存在。”这是有限地承认胎儿取得部分民事权利的能力，是对自然人保护的重大突破。该权利的取得附有条件。在孕育期间，胎儿被定位为具有一定民事权利能力，但若“胎儿娩出时为死体的”，其已经取得的民事权利能力才溯及地消灭，即“自始不存在”。

法律小贴士

（一）准母亲如何为胎儿争取遗产？

遗产分割时胎儿预留制度有益于胎儿权益的保护，能够为以后出生的婴儿提供物质保障。但该制度往往在生活中不受重视，当遗产可能发生继承时，准母亲要增强法律意识，积极争取胎儿应得份额，一旦遗产分配完毕，就会面临权利难以实现的风险。

（二）胎儿权利的行使主体是谁？

鉴于胎儿在母体中的生理特征，应当比照未成年人监护制度，由其父母作为法定代理人行使权利，包括实施法律行为，也包括代理诉讼。比如，在赠与法律关系中，胎儿接受纯获利益的赠与时，可以由其父母、监护人作为法定代理人与赠与人订立合同。

（三）胎儿是否享有损害赔偿请求权？

胎儿在母体中为第三人外力所伤，胎儿的健康受到损害，也应予以延伸保护，是为先期健康法益。虽然《民法典》未明确损害赔偿请求权，但应当包含在“等胎儿利益保护”中的“等”字里面。司法实践中，已出现认可胎儿赔偿请求权的案例。

法条链接

《民法典》第16条：涉及遗产继承、接受赠与等胎儿利益保护的，胎儿视为具有民事权利能力。但是，胎儿娩出时为死体的，其民事权利能力自始不存在。

（本篇撰写人：程军胜、胡晓斌，湖北省大冶市人民法院）

5 未成年人巨额打赏主播，打赏款能否追回？

随着直播、短视频的兴起，未成年人参与网络付费游戏及网络直播门槛逐渐降低，“打赏纠纷”“充值纠纷”层出不穷。未成年人的打赏行为是否发生法律效力？网游、直播平台应按照什么原则或比例向家长退还充值金额？以上问题，需结合《民法典》限制民事行为能力人法律行为能力相关条款来回答。

案例

蔡某系学生(17岁)。2020年6月，蔡某通过本人实名办理的手机号注册了某科技公司运营的直播平台账号。2020年7月至2020年8月期间，蔡某通过APP、公众号、微信小程序等方式多次在该直播平台上进行充值，充值金额共计76万余元。蔡某将充值款主要用于购买“鱼翅”，并将“鱼翅”都打赏给了主播，充值款项已全部消费完毕。用于付款的银行卡由蔡某母亲保管控制，蔡某母亲定期存入存款，为蔡某作储蓄准备。在蔡某充值消费时，银行卡的消费提示信息均发送到蔡某本人手机上，蔡某母亲不知情。蔡某母亲在得知此事后，要求某科技公司返还上述款项，但遭拒绝，遂诉至法院，请求判令某科技公司返还蔡某充值打赏的钱款。

裁判结果

法院认为，第一，蔡某是合同相对方。根据蔡某的账户主页截图、充值记录、当事人陈述等，可认定蔡某本人通过其账户向某直播平台进行多次充值，充值购买的"鱼翅"可在某直播平台兑换虚拟礼物等各项产品及服务，蔡某与某科技公司之间成立网络服务合同关系。第二，蔡某转账充值行为无效。蔡某在充值期间年龄为17岁，属限制民事行为能力人，实施与其年龄、智力不相适应的民事法律行为时需由其法定代理人代理或者经其法定代理人同意、追认。蔡某在上述充值期间在某直播平台充值金额为76万余元，该大额消费行为明显与其年龄、智力不相符。蔡某的法定代理人明确表示对蔡某的大额支付行为不予追认，故该民事法律行为无效。某科技公司应当向蔡某返还充值款，蔡某应当向某科技公司返还接受的服务，如不能返还，应当折价补偿。第三，双方均存在一定过错。蔡某法定代理人有对银行卡内产生的消费进行监督控制的能力，但蔡某法定代理人未适当履行其监管义务；某科技公司作为互联网直播平台的经营者，未充分履行其平台监管责任，未在技术上或平台设置上采取充分措施预防未成年人进行充值、大额消费，亦存在一定过错。综上，法院判决某科技公司向蔡某返还25万元。

评析

本案涉及《民法典》关于限制民事行为能力人法律行为能力问题。限制民事行为能力人法律行为能力被规定在《民法典》总则编中。《民法典》第19条规定："八周岁以上的未成年人为限制民事行为能力人，实施民事法律行为由其法定代理人代理或者经其法定代理人同意、追认；但是，可以独立实施纯获利益的民事法律行为或者与其年龄、智力相适应的民事法律行为。"

自然人民事行为能力是指自然人以自己的行为取得民事权利、承担民事义务的资格。自然人民事行为能力包括三类：完全民事行为能力、限制民事行为能力、无民事行为能力。八周岁以上的未成年人为限制民事行为能力人，除纯获利或与其年龄、智力相适应的民事法律行为外，实施其他民事法律行为由其法定代理人代理或者经其法定代理人同意、追认，才具有法律效力。

在认定自然人民事法律行为效力时，应当确定其是否具有民事行为能力。限制民事行为能力的未成年人实施的民事行为，要结合其年龄、智力以及法定代理人是否同意或追认进行判断。

在网络环境下，尤其是在非实名制的状态下很难辨别用户的年龄，即使是在实名制的情况下，也无法避免未成年人使用家长身份证注册账号，并将家长的支付宝、微信、银行卡等与账号绑定，继而进行消费。因此，在认定未成年人直播打赏的行为能力时，首先需要证明使用账号进行交易的主体是未成年人。在举证责任分配方面，根据“谁主张，谁举证”的举证规则，交易主体为非完全民事行为能力人的事由，应由提出者举证。

本案中，根据蔡某提交的证据，认定案涉充值记录为蔡某本人所为，蔡某充值打赏发生时间过程较短，且独自在外地求学，账户注册及充值均由其自行绑定的个人电话卡完成，对蔡某监护人主张对蔡某擅自充值消费一事并不知情予以采信，最终认定蔡某充值并打赏76万余元的行为无效。

在确定充值打赏行为无效后，对充值数额的返还，我国司法实践一般是从未成年人是否对消费的价值有明确的认识，充值和打赏的数额，未成年人的经常居所地、家庭经济状况、消费习惯等角度综合判定。法院在判定未成年人的法定代理人是否知情的过程中，需进行合理推定。根据法定代理人提供证明是未成年人在其不知情的情况下进行打赏行为的证据，结合打赏金额、未成年人家庭条件、未成年人事后态度等因素认定未成年人实施该民事行为的法律效力，并结合双方过错程度来判定是否返还以及如何返还打赏金额。

本案判决后，双方当事人均服判息诉，被告某科技公司主动履行判决义务，后在公司内部开展清查整顿活动，全面清理涉未成年人充值消费情况，并积极主动办理退费。该案展现了司法机关保护未成年人网络环境的力度，督促未成年人父母加强对未成年人使用网络的引导和监督，也促使网络游戏或者网络直播平台加强行业自律，积极履行社会责任。

法律小贴士

（一）面对未成年人的充值打赏行为，家长如何防范和救济？

家长应当加强对子女的教育和陪伴，以身作则并合理控制子女上网时间、监督上网内容，加强金钱观和消费观教育，合理控制未成年人网络消费，妥善保管自己的银行卡、支付宝等账号密码。在发现未成年人进行直播打赏行为时，应当取证留存，收集平台号的注册信息、与主播的聊天记录、平台上打赏时间及内容,核算具体的损失,以及整理家长不知情的证据。证据收集后,与平台协商退款,如协商不成,及时提起诉讼。

(二)为避免未成年人参与直播打赏,网络平台应该如何做?

网络平台应综合运用多种技术手段,如通过人脸识别技术、大额充值提示、设置充值或打赏限额等方式,防止未成年人进行大额充值、直播打赏。另外,建立未成年人网络消费追回机制,一旦发现未成年人巨额充值、打赏事件,网络平台应配合家长及时追回款项。禁止未成年人直播打赏,不仅关系到平台企业在未成年人保护方面的社会责任,也关系到平台企业的良性健康发展。

(三)互联网上对交易主体的民事行为能力如何认定?

《民法典》规定,不满18周岁的自然人为未成年人,8周岁以上的未成年人为限制民事行为能力人,不满8周岁的未成年人为无民事行为能力人。无民事行为能力人独立实施的民事行为自始无效;限制民事行为能力人实施法律行为需法定代理人同意或追认,可独立实施部分除外。但互联网具有虚拟性,在互联网上进行交易活动难以清楚交易人的真实身份。与线下交易不同,互联网上的民事活动难以辨别参与人的年龄、智力水平,所以《电子商务法》第48条第2款规定,在电子商务中推定当事人具有相应的民事行为能力,但是有相反证据推翻的除外。据此,做出网络直播打赏行为的未成年人须举证证明其交易时为未成年人的身份。

法条链接

《民法典》第19条:八周岁以上的未成年人为限制民事行为能力人,实施民事法律行为由其法定代理人代理或者经其法定代理人同意、追认;但是,可以独立实施纯获利益的民事法律行为或者与其年龄、智力相适应的民事法律行为。

(本篇撰写人:刘雨舒、郝虹,湖北省武汉东湖新技术开发区人民法院)

6 生而不养，孩子权益如何维护？

近年来，生而不养的新闻屡见报端，监护人不愿履行监护职责、侵害未成年人合法权益的现象时有发生。在此情形下，如何维护未成年人合法权益，促进未成年人健康成长，通过《民法典》总则编中的监护制度，可以找到相应答案。

案例

2020年的一天，胡某在W市某酒店房间产下一名活体男婴。因害怕家人发现，又担心自己无力抚养，胡某用浴巾将该男婴包裹后放入黑色垃圾袋内，并将垃圾袋系紧后丢弃在酒店5楼阳台垃圾堆旁。次日凌晨，该酒店保安巡逻时听见婴儿啼哭声，从垃圾堆中发现该男婴并报警，后该男婴被送至医院救治。公安机关接警后找到胡某，要求胡某履行监护职责，但胡某拒不履行。后公安机关对胡某进行刑事拘留，检察机关以胡某犯故意杀人罪，向法院提起公诉。法院经审理，判决胡某犯故意杀人罪，判处有期徒刑二年。该名男婴在被发现后，公安机关协调社区和民政部门予以妥善安排，但未进行户籍登记，其生物学父亲不详。为了解决孩子的抚养问题，公安机关与胡某的父母、兄长多次协商，但胡某父母和兄长均不愿意担任该名男婴的监护人。最后，经公安机关、社区以及胡某户籍所在地的民政局等多部门联合沟通协调，决定由民政局依法向法院提起诉讼，请求法院依法撤销胡某对男婴的监护资格并指定民政局为男婴的监护人，以解决孩子的监护问题。

裁判结果

法院认为，胡某系男婴的生物学母亲，是其法定监护人，但胡某因犯故意杀人罪，已被判处有期徒刑，无法履行监护职责，且因其遗弃男婴，严重侵害了男婴的生命权，已不适合履行监护职责。该名男婴的其他近亲属均不愿意履行监护职责。根据《关于依法处理监护人侵害未成年人权益行为若干问题的意见》之规定，民政局具备担任监护人的资格和条件，同时愿意承担起监护职责。因此，民政局的申请符合法律规定，亦有利于保护该名男婴的人身、财产权益。判决：第一，撤销胡某对其所生男婴的监护资格；第二，指定民政局为胡某所生男婴的监护人。

评析

本案涉及《民法典》关于监护制度的规定，详见于《民法典》第26条至39条，共14个条款。其中，第27条规定了父母是未成年子女的监护人；第34条规定了监护人不履行监护职责或者侵害被监护人合法权益的，应当承担法律责任；第36条规定了监护人被撤销监护资格的具体情形以及申请撤销监护人资格的个人和组织。

监护权既是权利也是义务，监护人应该按照最有利于被监护人成长的原则履行监护职责。父母作为未成年子女的法定监护人，应该依法保障被监护人的身心健康，管理好教育好被监护人。若未能依法履行监护职责，侵害被监护人合法权益，或者因监护人原因导致被监护人处于危困状态时，根据《民法典》第36条规定，其他依法具有监护资格的人、居民委员会等有关个人或组织可以申请撤销其监护人资格，另行指定监护人。这一规定为未成年人设置了法律保护的底线，发挥了《民法典》作为民事权利的宣言书和保障书的作用。

在监护人怠于履行监护职责的情况下，通过撤销监护资格，由符合条件的其他主体如民政局担任未成年人的监护人，履行带有国家义务性质的监护责任，符合我国传统家庭观念和伦理道德，有利于保障未成年人的合法权益，也彰显了法律权威，激活了监护权撤销制度，同时对拒不履行监护职责、伤害未成年人的家庭形成威慑力，减少社会上侵害未成年人合法权益事件的发生，促进监护人依法履行监护职责，有效保障被监护人合法权益。

本案中，胡某作为男婴的生物学母亲，生而不养，侵害了男婴的生命权，犯故意杀人罪，依法被判处有期徒刑，客观上已不能再履行对男婴的监护职责，而其他近亲属亦不愿履行监护职责。当地民政部门作为法律规定的具有监护人资格的组织，愿意承担起对男婴的监护职责。从最有利于被监护人的原则出发，法院依法撤销胡某监护资格并指定民政局为监护人，保障了男婴的合法权益。

民政部门作为履行社会保障职责的国家机关，是家庭监护和社会监护的重要补充，是保护未成年人合法权益的坚强后盾。社会各界协同合作，共同发力，构筑起未成年人健康成长的坚固屏障，真正撑起了未成年人权益的保护伞。

法律小贴士

（一）对疫情防控期间缺失监护的儿童如何进行救助？

疫情防控会导致未成年子女一人在家或独自接受隔离的情形发生。此种情形下，如何保障未成年人的权益，是我们在应对疫情时需要考虑的问题。依据2020年《因新冠肺炎疫情影响造成监护缺失儿童救助保护工作方案》要求，各部门应及时发现报告、落实监护照料、加强救助帮扶、强化工作保障，以保障孩子身心安全为第一原则，切实加强监护缺失儿童救助保护工作。疫情防控期间，全国各地都开通因疫情影响造成监护缺失的儿童救助保护热线，民政部门依靠联防联控机制，建立了救助保护工作机制。若发现在疫情防控期间儿童独自被隔离，可及时与社区、街道等单位联系，做好临时照料、个案跟踪等工作，切实保障未成年人的基本权益。

（二）父母离婚后未成年子女抚养权归属一方，另一方是否仍是未成年子女的监护人？

根据《民法典》第27条规定，父母是未成年子女的监护人。该条并未特别规定离婚后不享有抚养权的一方不具有监护人资格。同时，《民法典》第1084条规定：“父母与子女间的关系，不因父母离婚而消除……离婚后，父母对于子女仍有抚养、教育、保护的权利和义务。”因此，父母离婚不影响父或母对未成年子女的抚养权问题，与父母作为监护人的资格无关，未获得抚养权的一方，仍是未成年子女的监护人。需要注意的是，给付抚养费不等同于履行全部抚养责任，抚养权的归属也不应作为不抚养的借口。从有利于未成年人身心健康出发，还需要父母给予未成年子女更多的关心关爱和陪伴。

（三）不履行或怠于履行监护职责可能受到哪些处罚？

《民法典》第34条第3款规定："监护人不履行监护职责或者侵害被监护人合法权益的，应当承担法律责任。"在司法实践中，针对不履行或怠于履行监护职责的监护人，除撤销监护资格的方式外，法院还可以通过发布"家庭教育令"的形式要求监护人承担起对未成年人的监护教育责任，并视情节轻重，对不履行或怠于履行监护职责的监护人予以训诫、罚款、拘留；若构成遗弃罪或故意杀人罪，依法移送公安机关，追究刑事责任。

法条链接

《民法典》第36条：监护人有下列情形之一的，人民法院根据有关个人或者组织的申请，撤销其监护人资格，安排必要的临时监护措施，并按照最有利于被监护人的原则依法指定监护人：(一)实施严重损害被监护人身心健康的行为；(二)怠于履行监护职责，或者无法履行监护职责且拒绝将监护职责部分或者全部委托给他人，导致被监护人处于危困状态；(三)实施严重侵害被监护人合法权益的其他行为。

本条规定的有关个人、组织包括：其他依法具有监护资格的人，居民委员会、村民委员会、学校、医疗机构、妇女联合会、残疾人联合会、未成年人保护组织、依法设立的老年人组织、民政部门等。

前款规定的个人和民政部门以外的组织未及时向人民法院申请撤销监护人资格的，民政部门应当向人民法院申请。

（本篇撰写人：李盼盼，湖北省武汉市东西湖区人民法院）

7 夫妻一方长期下落不明，配偶怎么办？

夫妻一方失踪，致使夫妻双方的身份关系和财产关系处于不稳定状态。尤其在涉及房屋拆迁等处分重大家庭财产的情形下，夫妻失踪一方无法在场，致使另一方无法对夫妻共同财产正常行使权利。在此情形下，如何保护失踪人及其配偶的利益，《民法典》总则编宣告失踪和宣告死亡制度对此作出明确规定。

案例

李某与王某系夫妻，婚后育有一子，一家三口居住在W市某小区。某日，王某带着孩子在公园游玩时，因看护不周，致孩子走失。王某因此事导致精神抑郁。2006年的一天，王某离家出走，未留下任何信息。2020年，李某居住的房屋被W市纳入拆迁规划。在签订拆迁还建协议时，当地拆迁办提出，该房屋性质属于李某和王某的夫妻共同财产，要求二人共同签字确认协议。李某无奈，在社区法律顾问的建议下向法院申请宣告王某死亡。法院在受理李某的申请后，赴王某户籍所在地的派出所、社区等部门走访调查，确认王某已失踪多年后，依法在《人民日报》发出寻找王某的公告。一年后，法定公告期满，但王某仍无任何音讯。

裁判结果

法院认为，王某自离家出走失踪至今已十余年，虽经申请人李某及亲属、有关机关多方寻找以及人民法院在报纸上公告查寻，但仍下落不明。申请人李某作为王某配偶，现申请宣告王某死亡，符合法律规定宣告死亡的条件，应予照准。判决：宣告王某死亡。

评析

本案涉及《民法典》总则编宣告死亡制度。《民法典》第46条："自然人有下列情形之一的，利害关系人可以向人民法院申请宣告该自然人死亡：(一)下落不明满四年；(二)因意外事件，下落不明满二年。因意外事件下落不明，经有关机关证明该自然人不可能生存的，申请宣告死亡不受二年时间的限制。"

宣告死亡，又称推定死亡，是对失踪达到一定期限的自然人在法律上推定其死亡的民事制度。这种推定死亡与生理死亡产生的法律效果一致。该制度设立的目的是结束自然人长期下落不明导致的人身关系和财产关系的不稳定状态，从而维护正常的社会秩序和经济秩序。

宣告死亡需要满足以下条件。(一)存在失踪事实。申请宣告死亡，需要自然人下落不明满四年。如果是因意外事件导致下落不明的，下落不明时限为二年。如果经有关机关证明在意外事件中不可能生存的，利害关系人申请宣告死亡不受二年时间限制。所谓意外事件，一般指的是非因当事人自身的故意和过失，而是由于不可预见的原因而偶然发生的事故。比如，飞机失事导致的失踪事件。(二)利害关系人申请。《最高人民法院关于适用〈中华人民共和国民法典〉总则编若干问题的解释》第16条规定，被申请人的配偶、父母、子女，以及对被申请人有继承权的亲属应当认定为利害关系人；被申请人的其他近亲属在符合法定条件的前提下应当认定为利害关系人；被申请人的债权人、债务人、合伙人等民事主体不能认定为利害关系人，但是不申请宣告死亡不能保护其相应合法权益的除外。(三)人民法院判决宣告。根据《民事诉讼法》的规定，宣告死亡应适用民事诉讼特别程序，只能由人民法院判决宣告，其他任何机关作出的宣告死亡决定无效。

本案中，王某下落不明虽不是因为意外事件导致，但是其失踪年限长达十余年，超过了法律规定的四年期限。其间，经过王某家属和有关机关的多年查找，并经过人民法院依法登报查询，均未查找到下落，据此可以认定王某已失踪的事实。

李某作为王某配偶，属于与其有利害关系的人。在王某已失踪超过四年的情况下，其有权向人民法院申请宣告王某死亡。人民法院依照李某申请依法宣告王某死亡，符合法律规定。

法律小贴士

（一）自然人被宣告死亡后有何法律后果？

宣告死亡虽然是推定死亡，但是与生理死亡的法律后果相同，主要体现在人身关系和财产关系的变动上。在人身关系方面，根据《民法典》第51条“被宣告死亡的人的婚姻关系，自死亡宣告之日起消除。死亡宣告被撤销的，婚姻关系自撤销死亡宣告之日起自行恢复。但是，其配偶再婚或者向婚姻登记机关书面声明不愿意恢复的除外”的规定，被宣告死亡的人的婚姻关系，自死亡宣告之日起消除。也就是说，自然人被宣告死亡后，其与配偶的婚姻关系不复存在，双方在人身关系上不再附有任何权利义务，生存一方重新享有与他人再婚的权利。在财产关系方面，根据《民法典》第1121条“继承从被继承人死亡时开始”的规定，当自然人被宣告死亡时，其生前遗留的财产按照继承办理，由各继承人按照遗嘱继承或按法定继承方式依法分割被宣告死亡人的遗产。前述案例中，在宣告王某死亡的判决生效后，李某与王某的婚姻关系自然消灭，王某留有的遗产按照继承处理。李某与王某的其他继承人一道就原共同居住房屋的拆迁事宜达成协议，使该房屋顺利拆迁。

（二）宣告自然人失踪或者死亡，有什么条件？

前已述及，因下落不明满四年，或者意外事件下落不明满二年的，或者不满二年但因意外事件下落不明且经有关机关证明不可能生存的，可以由利害关系人申请宣告自然人死亡。那么，在非意外事故导致的下落不明不满四年的情况下，利害关系人该如何维护自己的权利？根据《民法典》第40条“自然人下落不明满二年的，利害关系人可以向人民法院申请宣告该自然人为失踪人”的规定，在非意外事故导致的下落不明情形下，只要自然人下落不明满二年，利害关系人可以申请启动宣告失踪制度以维护自己的权益。这里要注意的是，宣告失踪必须要以自然人下落不明满二年的事实为前提，且该事实必须是不间断地经过二年时间。如果未满二年时间，利害关系人不能申请宣告自然人失踪。若法院依利害关系人申请宣告自然人失踪，产生的法律后果主要体现在财产方面，人身关系上不发生变动。在财产关系方面，根据《民法典》第42条的规定，被宣告失踪自然人的财产将由其配偶、成年子女、父母或者其他愿意担任财产代管人的人代管。

（三）自然人被宣告死亡后又重新出现的，如何处理？

1. 自然人被宣告死亡后重新出现的，如何恢复社会身份？根据《民法典》第50条“被宣告死亡的人重新出现，经本人或者利害关系人申请，人民法院应当撤销死亡宣告”的规定，人民法院在查明被宣告死亡的人重新出现事实的基础上，应当作出新判决撤销原宣告死亡判决，从而在法律上重新赋予被宣告死亡的人作为社会人的权利和义务。

2. 自然人被宣告死亡后重新出现的，原婚姻关系还能恢复吗？根据《民法典》第51条的规定，自然人被宣告死亡后重新出现的，原婚姻关系可以自行恢复，但是其配偶已再婚或者向婚姻登记机关书面声明不愿意恢复的除外。之所以这样规定，主要是为了解决在宣告死亡错误情形下，对被宣告死亡的人的婚姻关系的保护问题，但同时也考虑到了人身关系变动的不可逆性，赋予了配偶对婚姻关系恢复的一定自主权。这里要注意的是，“配偶再婚”包括配偶与第三人再婚后，第三人尚在世且未离婚，或者第三人已死亡，或者与第三人再婚又离婚等情形。

3. 自然人被宣告死亡后重新出现的，可以请求他人返还财产吗？当失踪人重新出现，意味着原宣告死亡判决被推翻，失踪人因为死亡导致的法律后果被否定，其原有财产利益应得到保护。因此，自然人被宣告死亡后重新出现，理当享有他人重新返还其财产的权利。所以，《民法典》第53条作出了规定：“被撤销死亡宣告的人有权请求依照本法第六编取得其财产的民事主体返还财产；无法返还的，应当给予适当补偿。利害关系人隐瞒真实情况，致使他人被宣告死亡而取得其财产的，除应当返还财产外，还应当对由此造成的损失承担赔偿责任。”

法条链接

1.《民法典》第 40 条：自然人下落不明满二年的，利害关系人可以向人民法院申请宣告该自然人为失踪人。

2.《民法典》第 42 条：失踪人的财产由其配偶、成年子女、父母或者其他愿意担任财产代管人的人代管。代管有争议，没有前款规定的人，或者前款规定的人无代管能力的，由人民法院指定的人代管。

3.《民法典》第 46 条：自然人有下列情形之一的，利害关系人可以向人民法院申请宣告该自然人死亡：(一)下落不明满四年；(二)因意外事件，下落不明满二年。

因意外事件下落不明，经有关机关证明该自然人不可能生存的，申请宣告死亡不受二年时间的限制。

4.《民法典》第 50 条：被宣告死亡的人重新出现，经本人或者利害关系人申请，人民法院应当撤销死亡宣告。

5.《民法典》第 51 条：被宣告死亡的人的婚姻关系，自死亡宣告之日起消除。死亡宣告被撤销的，婚姻关系自撤销死亡宣告之日起自行恢复。但是，其配偶再婚或者向婚姻登记机关书面声明不愿意恢复的除外。

6.《民法典》第 53 条：被撤销死亡宣告的人有权请求依照本法第六编取得其财产的民事主体返还财产；无法返还的，应当给予适当补偿。

利害关系人隐瞒真实情况，致使他人被宣告死亡而取得其财产的，除应当返还财产外，还应当对由此造成的损失承担赔偿责任。

（本篇撰写人：陈倩倩，湖北省武汉市青山区人民法院）

8 公厕岂能想拆就拆？

随着我国城乡一体化建设的有序推进，各地城市化格局已逐步形成，但与之配套的公共基础设施建设不平衡不充分，仍难以满足人民日益增长的美好生活需要。其中，附带垃圾中转功能的公厕，对于城市的运转尤为重要。自从全国上下掀起“厕所革命”以来，公厕及其他配套公共设施已逐步完善。在城市建设过程中，也有不和谐的声音，公厕附近一些居民常以种种理由阻挠施工。若公厕附近有居民以“碍眼”“有异味”等理由要求拆除公厕，能否得到支持？这个问题在《民法典》总则编的“禁止权利滥用”条款中可以找到答案。

案例

某县环卫处欲在城区道路边建一公厕，附近居民管某等人获知该公厕附带垃圾收集中转功能后遂阻挠施工。为确保公厕建设顺利完成，环卫处以书面形式承诺公厕不作为垃圾存放和中转。书面承诺后公厕顺利建成并投入运营，环卫处安排环卫工人使用该公厕收集附近社区3万余人的生活垃圾，通过中转压缩后运往定点垃圾处理场所；日常还安排有专人保洁，负责公厕及垃圾中转房室内及门前清扫、冲洗。管某等人认为该公厕散发的臭气、垃圾污水等严重影响了其生活，诉至人民法院要求环卫处依书面承诺停止使用或拆除公厕的垃圾中转房。

裁判结果

法院认为，涉案公厕的建设是民生工程，该公厕附带垃圾收集中转功能，其布局合理，设计规范，功能科学。环卫处作为建设和管理部门，无权改变或去除公厕附属的公共功能，否则损害社会公共利益，故其所作出的书面承诺因损害社会公共利益而无效。管某等人诉称垃圾暴露、散落、臭气熏天和污水横流，因无证据支持，法院不予认定。法院还认为，只要对涉案公厕管理和维护到位，该公厕对管某等人的生活造成的影响利大于弊，其应以社会公共利益为重；环卫处应加强管理，勤扫勤冲洗，垃圾及时外运，努力营造良好的生活居住环境，构建百姓生活方便、城市环境整洁、社会和谐发展的局面。据此，法院判决驳回管某等人的诉讼请求。

评析

本案涉及《民法典》关于民事主体禁止滥用民事权利的条款。《民法典》第132条规定："民事主体不得滥用民事权利损害国家利益、社会公共利益或者他人合法权益。"

判断是否属于民事权利滥用，主要有如下三点：一是以民事权利存在为前提，比如在自家土地上修建围墙是基于享有住宅土地的使用权利，又如将自家的厨房改建成卫生间是基于享有对自己财产的处分权利；二是权利人有与权利行使相关的行为，比如前述案例中环卫处行使建设和管理权利范围内的承诺行为，又如为了行使保护财产安全权利而在门前加装监控设备的行为；三是权利人的行为有滥用的违法性，损害了国家利益、社会公共利益或者他人合法权益，比如代理人与对方恶意串通行使的代理行为损害了委托人的合法权益。

民事权利滥用导致的法律后果主要有两种：一是权利人所实施的行为不发生相应的法律效力，比如代理人恶意与对方串通所施代理行为，不发生代理的法律效力；二是权利人因其滥用民事权利行为造成国家利益、社会公共利益或者他人合法权益的损害，应当承担相应民事责任，比如在自家土地上修建围墙却阻碍了邻居的通行，则应承担排除妨碍的民事责任。

本案中，涉案的公共厕所前期经过科学规划选址布点，既考虑了当地及过往的人民群众的便利，也考虑了公厕附属垃圾中转功能，便于三个社区转送生活垃圾。涉案公厕体现并满足了社会公共利益的价值和需求，环卫处因居民阻挠施工而书面承诺剔除公厕的垃圾中转附属功能，该承诺损害了社会公共利益，属于《民法典》第132条所规定的禁止滥用民事权利行为，故该承诺不发生法律效力。

由于权利的类型繁多，滥用民事权利的情形也千姿百态。要准确判断民事权利滥用，不能简单、机械地运用《民法典》条文规定。在具体的法律关系中，我们应当考虑影响责任成立的各种因素。为此，《最高人民法院关于适用〈中华人民共和国民法典〉总则编若干问题的解释》第3条第1款规定："对于民法典第一百三十二条所称的滥用民事权利，人民法院可以根据权利行使的对象、目的、时间、方式、造成当事人之间利益失衡的程度等因素作出认定。"该条款赋予法院采用动态系统论的方法，去判断、评价和认定是否构成权利滥用。具体到本案，一方面，涉案公厕、垃圾中转站是满足三个社区人民群众的利益需求，拆除垃圾中转站仅是满足十余户的利益需求，当公共利益与个人利益发生冲突时，应优先考虑公共利益；另一方面，当多数人权利与少数人权利发生冲突时，应当优先考虑生存权利，涉案公厕并未实质性影响管某等人的生活，故管某等人要求拆除垃圾中转房的主张不应支持。同时，法官对于管某等人的利益也予以足够的司法关注，并依法向环卫处提出司法建议，要求其进一步加强对公厕的日常管理，减少垃圾囤积周期，确保涉案公厕的科学保洁工作；环卫处对法院的司法建议积极予以回应，增加了日常保洁、督查的次数和力度，避免给附近居民造成负面影响。

小厕所连着大民生，关系着大文明。涉案公厕的建设，既完善了城市公共设施的配套，又满足了广大人民群众生活的需要，环卫处在行使建设管理权利过程中，其所作出的承诺因损害社会公共利益而无效，法院对管某等人诉求不予支持具有事实和法律依据。

法律小贴士

（一）为什么要禁止"以损人为目的"的民事权利滥用？

法律禁止滥用民事权利的主要目的，是保护社会的公平秩序，规范权利的行使，维护诚信原则。如果权利人行使权利是以损害社会利益或他人权益为目的，属于滥用权利的行为。比如，相邻的甲、乙两家交恶，甲遂在自家的土地上修建高大的院墙，导致乙家无法采光、通风。甲虽然依法享有土地使用权，但其修墙行为造成乙家不能正常采光、通风，致乙权益受损，故甲的行为属于滥用权利，应承担排除妨碍拆除围墙的民事责任(在建的停建、建成的拆除)。又如，甲、乙为上下楼层的邻居，两家因琐事发生矛盾，甲遂将其厨房改建成卫生间，形成乙的厨房上面为甲的卫生间的局面，致使乙身心不堪重负。甲对其财产依法享有处分权，为使乙生活不适而将其厨房改建成卫生间，其以损害乙的权益为目的实施的改建行为，属于滥用权利，应当承担恢复原状的民事责任。

（二）为什么要禁止“以利己为目的”的民事权利滥用?

禁止滥用权利制度的意义，能够实现社会的利益平衡，协调权利之间的冲突。如果权利人仅仅为了满足自己的利益而实施损害国家、社会或者他人权益的行为，虽然主观上并非以损害他人为目的，但该行为亦属于滥用权利。比如，甲为防盗在其家门头安装监控摄像头，该摄像头正好对着邻居乙的家门，导致乙家人员进出、出行时间等隐私被该摄像头录制。甲安装摄像头的目的是保护其财产免受侵害，但同时侵犯了乙的隐私权，对于此类以利己为目的的行为，我们可以多方面甄别，甲除加装摄像头之外，还有其他途径和方法进行防盗;甲对于财产实施的是预防性保护措施，而乙的隐私权正在受到侵犯，可据此判断甲、乙利益失衡，甲的行为损害了乙的合法权益，该行为构成滥用权利。

法条链接

1.《宪法》第 51 条:中华人民共和国公民在行使自由和权利的时候，不得损害国家的、社会的、集体的利益和其他公民的合法的自由和权利。

2.《民法典》第 132 条:民事主体不得滥用民事权利损害国家利益、社会公共利益或者他人合法权益。

3.《最高人民法院关于适用〈中华人民共和国民法典〉总则编若干问题的解释》第 3 条:对于民法典第一百三十二条所称的滥用民事权利，人民法院可以根据权利行使的对象、目的、时间、方式、造成当事人之间利益失衡的程度等因素作出认定。

行为人以损害国家利益、社会公共利益、他人合法权益为主要目的行使民事权利的，人民法院应当认定构成滥用民事权利。

构成滥用民事权利的，人民法院应当认定该滥用行为不发生相应的法律效力。滥用民事权利造成损害的，依照民法典第七编等有关规定处理。

（本篇撰写人：王学军，湖北省蕲春县人民法院）

9 子女不履行赡养义务，村委会能否追索垫付费用？

“百善孝为先”，赡养父母不但是中华民族的优良传统美德，更是子女应尽的义务。若成年子女不履行赡养义务致缺乏劳动能力或者生活困难的父母处于危困之中，旁人的好心帮助行为是否应该鼓励？因帮助发生的相关费用能否向子女进行追索？《民法典》无因管理制度可以进行规制。

案例

宋某某系J市J区Y镇Y村村民，1963年12月出生，其与妻子赵某（已逝世）婚后于1985年8月生育一子宋某，即本案被告。宋某某原本一直在南方以打零工为生，因身体残疾又未得到有效治疗，导致病情加重成半植物人状态，露宿街头。当地救助站在发现此情况后按救助程序将宋某某送至其户籍地所辖的某省救助站，此后某省救助站又将宋某某送往J市救助站。2018年1月，J区Y镇Y村村民委员会接到Y镇信访办通知后，将宋某某从J市救助站接回Y村。Y村村民委员会在对宋某某个人家庭情况进行详细调查后，多次联系宋某让其到村委会将其父亲宋某某接回家照顾，但均遭到无理拒绝。鉴于宋某某处于疾病缠身、生活不能自理的危困状态，经J区Y镇政府与Y村村民委员会多次协商，本着人道主义的原则，由Y村村民委员会于2018年2月将宋某某送到J区某老年公寓，并与公寓方签订养老机构代养人员入住协议书，由该公寓对宋某某进行代养。其间，Y村村民委员会已垫付包括伙食费、护理费、床位费等费用共计8万元。因宋某拒绝向Y村村民委员会支付上述费用，遂形成本案诉讼。

裁判结果

法院认为,没有法定的或者约定的义务,为避免他人利益受损失而进行管理的人,有权请求受益人偿还由此支出的必要费用。赡养父母是每一位成年子女应尽的责任和义务。成年子女不履行赡养义务的,缺乏劳动能力或者生活困难的父母,有要求成年子女给付赡养费的权利。本案中,宋某某因病已丧失自理能力,宋某作为宋某某的独生子,理应承担起赡养宋某某的法定义务。现因宋某拒绝履行赡养义务,Y村村民委员会将宋某某送到J区某老年公寓进行代养并垫付了相关费用,其管理行为符合无因管理情形,Y村村民委员会有权向宋某追索已垫付的费用。故法院判决宋某返还Y村村民委员会已垫付的费用8万元。

评析

本案涉及《民法典》的无因管理规定。无因管理详见于《民法典》总则编第五章第121条和合同编第三分编第二十八章第979条至第984条,共计7个条文之中。其中《民法典》第979条对无因管理的构成要件及法律效果进行了具体规定:“管理人没有法定的或者约定的义务,为避免他人利益受损失而管理他人事务的,可以请求受益人偿还因管理事务而支出的必要费用;管理人因管理事务受到损失的,可以请求受益人给予适当补偿。管理事务不符合受益人真实意思的,管理人不享有前款规定的权利;但是,受益人的真实意思违反法律或者违背公序良俗的除外。”

第979条第1款前半部分规定“管理人没有法定的或者约定的义务,为避免他人利益受损失而管理他人事务的”,明确了无因管理的构成要件有三点:(1)没有法定或约定义务,此为无因管理中的“无因”之由来;(2)主观上具有为避免他人利益受损失的管理意思,且仅限于避免他人现有利益消极减损,如果同时存在兼为自己利益的,仍可在为他人利益范围内成立无因管理;(3)客观上实施了管理他人事务的行为。关于事务的范围,排除违法事项、纯粹道德、宗教或好意施惠行为、必须由本人亲自办理的事项、非经本人授权不得办理的事项及单纯的不作为。关于管理结果，管理行为是否最后成功，是否实际上为他人取得了利益均不影响无因管理的成立。第979条第1款后半部分规定“可以请求受益人偿还因管理事务而支出的必要费用；管理人因管理事务受到损失的，可以请求受益人给予适当补偿”，明确了无因管理的法律效果，即管理人享有必要费用偿还请求权和损失补偿请求权。其中必要费用是指在管理过程中直接支出的费用；损失补偿中的损失仅包括管理人除去支出的必要费用以外的财产权益和人身权益损失，且以实际发生的损失为准。

第979条第2款规定“管理事务不符合受益人真实意思的，管理人不享有前款规定的权利；但是，受益人的真实意思违反法律或者违背公序良俗的除外”，管理事务的承担是否符合受益人意思是无因管理法律效果适用的决定因素，若符合则属于适法的无因管理，管理人享有相应请求权，相反若不符合则属于不适法的无因管理，此时管理人不仅不享有请求权甚至可能构成侵权。若受益人的意思本身是与法律相抵触或违背公序良俗的，不宜再以受益人的意思为准，此时仍应被赋予适法的无因管理之法律效果。

本案中，被告宋某不履行对其父亲的法定赡养义务，原告Y村村民委员会多次联系让其将宋某某接回家照顾，仍遭拒绝。原告在无法定和约定义务的前提下，出于保护宋某某生命健康安全考虑，遂与当地老年公寓签订养老机构代养人员入住协议书并垫付了相关费用，避免了因宋某弃养行为导致的公序良俗负面评价及其他法律后果，原告的行为属于为赡养义务人的利益而管理。虽原告的管理行为表面上违背了被告宋某弃养其父的意思，但因符合公序良俗原则和社会价值观，故原告的行为仍然构成无因管理，法院对原告主张的因代管宋某某而支出的必要费用予以支持，既体现了司法裁判引领公平正义的价值取向，也弘扬了中华民族守望相助的善良风俗，对于助推平安法治乡村建设，教育年轻人尊老、爱老、亲老，依法保护老年人合法权益具有积极意义。

法律小贴士

（一）无因管理人履行管理义务，有无注意义务？

有。实践中，无因管理行为存在转化为侵权行为的可能，即可能发生“好心办坏事”的情况，因此管理人要把握好“在什么条件下管”以及“怎么管”的尺度，做到“需管才管，管就管好”。对于“在什么条件下管”的问题，可以考虑是否符合他人利益正处于紧迫危险状态或将要面临紧迫危险情况，且来不及或者无法与他人取得联系，如果不对他人的事务进行管理就会使他人的利益遭受损失的情形；对于“怎么管”的问题，管理人应在当时具体的管理情境下从自身的认知、判断、预见能力出发，尽到与处理自己事务一样的注意义务。

（二）什么情况下，村民委员会负有临时照料义务？

《民法典》出台前，监护义务完全由监护人承担，居民委员会、村民委员会和民政部门仅起到一定的监督、协助作用，若因突发事件致监护人无法履行监护职责时，被监护人将立即陷于无人照料的状态，如部分未成年人的监护人因疫情防控而无法履行监护职责的情形。为回应这一现实问题，《民法典》第34条第4款规定：“因发生突发事件等紧急情况，监护人暂时无法履行监护职责，被监护人的生活处于无人照料状态的，被监护人住所地的居民委员会、村民委员会或者民政部门应当为被监护人安排必要的临时生活照料措施。”该条款首次为包括村民委员会在内的相关组织增设了临时生活照料的法定义务，进一步完善了“以家庭监护为基础，社会监护为补充，国家监护为兜底”的监护制度体系。但前提是遇有突发事件。案例中Y村村民委员会对宋某某的管理起因并非发生了突发事件的紧急情况，亦不符合临时性特征，故村委会并非当然地负有临时照料义务，但是村委会可根据无因管理制度向宋某追索已垫付的管理费用。

（三）子女不履行赡养义务，可能受到哪些法律处罚？

赡养父母是子女的基本义务，若子女有能力履行赡养义务而不履行，缺乏劳动能力或者生活困难的父母可要求有关部门进行调解或以自己名义直接向法院提起诉讼。如果法院确认了子女的赡养费给付义务而子女仍拒绝履行，法院可依据生效文书对子女财产进行强制执行；根据《刑法》第261条，对年老、患病或者其他没有独立生活能力的父母拒不赡养，情节恶劣的，还可能构成遗弃罪，处五年以下有期徒刑、拘役或者管制。因此，“老无所依、老无所养”是被道德、法律所不容之事，子女应主动承担起对父母的“老有所养”之责。

法条链接

1.《民法典》第121条:没有法定的或者约定的义务,为避免他人利益受损失而进行管理的人,有权请求受益人偿还由此支出的必要费用。

2.《民法典》第979条:管理人没有法定的或者约定的义务,为避免他人利益受损失而管理他人事务的,可以请求受益人偿还因管理事务而支出的必要费用;管理人因管理事务受到损失的,可以请求受益人给予适当补偿。

管理事务不符合受益人真实意思的,管理人不享有前款规定的权利;但是,受益人的真实意思违反法律或者违背公序良俗的除外。

(本篇撰写人:杨云,湖北省荆州市荆州区人民法院)

10 误向他人转账，能否要求返还？

随着电子支付的普及，越来越多的人选择通过网银、支付宝、微信等方式进行转账。同时，因错误填写账户信息等操作失误导致转入他人账户或向对方多转账的情况时有发生。面对此类情形，转账人能否要求错收款项人返还呢?《民法典》不当得利制度给出了答案。

案例

廖某系二手车买卖中介。2020年4月，在廖某的介绍下，胡某欲出资购买谢某所有的东风牌挂车。经多次协商后，胡某和谢某达成协议并签订车辆买卖合同，约定车辆价款为8万元。合同签订后，廖某按照胡某的委托在银行向谢某转账购车款。在转账过程中，廖某不小心错误填写了转账金额，向谢某账户多转了4万元。待他发现时，转账已经完成。廖某立即联系谢某，告知自己多转了4万元，请求谢某将多转的4万元退回。但谢某以不是自己的过错为理由拒绝返还，并将廖某的电话、微信全部拉黑后失联。廖某心急如焚，通过多种途径找到谢某商谈返还事宜，但均无功而返。无奈之下，廖某便一纸诉状将廖某起诉到法院，要求返还不当得利4万元。

裁判结果

法院认为，没有法律依据而获得不当利益的，受损失一方有权请求返还不当利益。谢某获得的4万元属于没有法律依据取得的利益，该笔款项符合不当得利的构成要件，廖某作为受损失一方有权要求谢某返还。所以廖某要求谢某返还4万元的诉请，应予以支持。经法官耐心调解，以案释法，谢某当庭返还廖某不当得利款项4万元。

评析

本案涉及《民法典》的不当得利制度，法律规定主要见于总则编和合同编。不当得利制度起源于古罗马法，其设立源于公平原则。《民法典》第122条规定："因他人没有法律根据，取得不当利益，受损失的人有权请求其返还不当利益。"第985条规定，"得利人没有法律根据取得不当利益的，受损失的人可以请求得利人返还取得的利益"。

关于不当得利的构成要件，司法实践中主要采取四要件说。(一)一方取得利益，学理上又称为受益人。利益，仅以财产利益为限。取得利益的形态，有积极得利和消极得利两种形态。增加财产，为积极得利；不减少财产，为消极得利。(二)他人受损失。主要表现为两种形态：现有财产利益的减少和应得财产利益的丧失。(三)得利与受损之间有因果关系。司法实践中一般指直接因果关系。(四)没有法律根据。一般指缺乏受益的法律上的原因，即受益者无权利而受有利益。

本案中，廖某向谢某多转账4万元，谢某取得不当利益，廖某受到损失，谢某的得利与廖某的受损之间存在因果关系，廖某向谢某多转账的4万元符合不当得利的四个构成要件，属于不当得利。故廖某有权要求谢某返还多转账的4万元。

现实生活中，不当得利的案件比比皆是，如某人支付宝转账，误转入他人账户，对他人而言，这笔款项就是不当得利；储户取钱，银行职员失误多给付了存款，对储户而言，多收到的存款即为不当得利；等等。不当得利制度的确立，调节了财产变动过程中的不公平现象，不仅符合《民法典》诚实信用原则，更有利于弘扬社会主义核心价值观。

法律小贴士

(一)发现转账错误后，该怎么办?

在进行电子支付时，要仔细核对转账的账户信息是否正确，确保收款人账户、账号准确；一旦发生转账错误的情况，应及时与对方沟通，说明情况，要求对方返还；或联系银行、微信、支付宝等支付平台，申请撤销转账。若以上方法均未成功，则务必要保存好转账信息，固定相关证据，通过司法途径维护自己的合法权益。在诉讼过程中，若不知道对方的身份信息，可委托律师进行查询。若金额较大，情况紧急。为防止对方挥霍或转移财产，可尽快向法院申请诉前财产保全。

（二）收到他人错误转账，不返还应否承担法律责任？

收到他人错误转账后，应第一时间联系对方，并将错误转账的款项退回。若无法联系对方，可等待或报警处理。若收到他人错误转账后，拒不返还，可能面临被对方以不当得利起诉返还的风险，符合侵占罪构成要件的，还要因此承担刑事责任。民事案件中，拒不履行法院判决确定的返还义务的，除可能面临被法院强制执行，被采取限制高消费，纳入失信被执行人名单，记入征信系统等措施，影响自己的工作和生活外，还可能构成拒不执行判决裁定罪。

法条链接

1.《民法典》第 122 条：因他人没有法律根据，取得不当利益，受损失的人有权请求其返还不当利益。

2.《民法典》第 985 条：得利人没有法律根据取得不当利益的，受损失的人可以请求得利人返还取得的利益，但是有下列情形之一的除外：(一)为履行道德义务进行的给付；(二)债务到期之前的清偿；(三)明知无给付义务而进行的债务清偿。

3.《民法典》第 986 条：得利人不知道且不应当知道取得的利益没有法律根据，取得的利益已经不存在的，不承担返还该利益的义务。

4.《民法典》第 987 条：得利人知道或者应当知道取得的利益没有法律根据的，受损失的人可以请求得利人返还其取得的利益并依法赔偿损失。

5.《民法典》第 988 条：得利人已经将取得的利益无偿转让给第三人的，受损失的人可以请求第三人在相应范围内承担返还义务。

（本篇撰写人：田玉华，湖北省枝江市人民法院）

11 工伤赔偿私了后，劳动者能否反悔？

在工伤事故中，由于双方地位的不平等性以及对信息掌握的不对称性，用人单位与劳动者之间往往会签订补偿标准明显低于法定标准的工伤赔偿协议。在此情况下，劳动者可以依据《民法典》总则编显失公平制度撤销私了协议。

案例

冉某是A公司的员工。一天，冉某接到公司值班室电话，通知其与负责人覃某一道前往工厂查看设备故障原因。在检查设备过程中，冉某不慎从7米高的混凝土杆上摔落受伤。事故发生后，公司迅速组织人员将其送至县人民医院进行救治。经诊断，冉某的病情为高处落伤，胸十二至腰横突骨折。在住院期间，A公司代表与冉某商谈赔偿事宜，提出的赔偿数额仅能弥补部分医疗费用。冉某虽然内心不愿意接受，但是考虑到急需医疗费进行治疗，无奈接受了A公司的赔偿方案，并签订了赔偿协议。出院后，冉某向该县人力资源和社会保障局申请工伤，该县人力资源和社会保障局作出工伤认定书，认定冉某系工伤，经市劳动能力鉴定委员会鉴定冉某为九级伤残。冉某拿到鉴定结果后，再次与A公司进行协商，要求额外进行补偿，但是A公司拒绝再支付任何费用。冉某认为，自己与A公司之间签订的赔偿协议明显不公，该赔偿协议严重侵害了自己的合法权益，遂向该县人民法院提起诉讼，请求依法撤销双方签订的赔偿协议。

裁判结果

法院认为，冉某与A公司之间签订的赔偿协议，约定的赔偿金额为4万余元，即便不作任何扣除，在冉某主张解除双方劳动关系的情况下也与A公司应当承担的一次性伤残就业补助金6万余元相差2万余元，且4万余元还应当扣除当月的部分工资等费用。根据《工伤保险条例》及H省工伤保险实施办法的相关规定进行计算，冉某应当获得一次性伤残补助金、一次性医疗补助金、一次性伤残就业补助金、伙食补助费、停工留薪的工资以及护理费等共计16万余元。可见，协议约定的赔偿金额与法定赔偿标准相差甚远。结合冉某在签订协议时急需医疗费用继续治疗的危困状态，可知签订不合理的赔偿并非出于冉某完全自愿而作出的意思表示。A公司则明知对方急需医疗费用而故意与其签订权利义务明显失衡的赔偿协议，损害了冉某的合法权益。综合前述情形，可认定该赔偿协议属于显失公平签订的协议。根据《民法典》第151条“民事法律行为成立时显失公平的，受损害方有权请求人民法院或者仲裁机构予以撤销”的规定，冉某在法定期限内主张撤销，符合法律规定，故判决撤销双方签订的赔偿协议。

评析

本案涉及《民法典》总则编显失公平条款。《民法典》第151条规定：“一方利用对方处于危困状态、缺乏判断能力等情形，致使民事法律行为成立时显失公平的，受损害方有权请求人民法院或者仲裁机构予以撤销。”

所谓显失公平，是指一方利用自身优势或者利用对方没有经验和处于危困状态等情形，致使双方权利义务和客观利益严重失衡的法律行为。显失公平的法律行为主要有以下法律特征。(1)对一方明显不公平。双方当事人的利益显著失衡，没有达到“显著”程度的，不适用显失公平制度。(2)一方获得的利益超过了法律所允许的限度。如标的物的价款显然大大超出了市场上同类物品的价格或同类劳务的报酬标准等。(3)受害一方是在缺乏经验或处于危困状态下实施的民事行为。优势一方则具有订立显失公平合同的故意。

本案中,冉某和A公司商讨赔偿事宜,是在冉某住院期间。冉某作为一名普通工人,对工伤赔偿的法定程序和标准缺乏判断能力。尤其在对伤残等级未鉴定的情况下,其对受害程度以及治疗费用缺乏合理预见。同时,其正处于继续治疗的关键期,没有医药费将导致治疗无法继续。在此情形下,A公司为了逃避自身义务,利用了冉某认知能力不足和处于危困状态的现实处境,与其签订了赔偿协议,符合《民法典》第151条规定的显失公平可撤销的情形。法院依冉某申请撤销赔偿协议,依法维护了冉某的合法权益,发挥了人民法院匡扶正义,保护当事人合法权益的积极作用。

法律小贴士

(一)哪些情形,当事人可以显失公平为由请求撤销?

在工伤赔偿、雇员受害赔偿、交通事故等人身损害赔偿案件中,显失公平的现象常常会发生。用人单位、雇主或者肇事方为了逃避责任,减轻自己的赔偿义务,往往利用对方法律知识欠缺、缺乏判断力的弱点以及急需医药费进行治疗的危困状态,与对方签订较低数额的补偿协议。在合同类案件中,显失公平的情形也时有发生,比如一方当事人利用对方专业知识欠缺的弱点,与当事人按照远低于市场价值的价格签订货物买卖合同。

(二)显失公平情形下,当事人如何行使撤销权?

根据《民法典》第151条的规定,显失公平的法律行为属于可撤销法律行为,在受损害方申请的条件下,可以由人民法院或者仲裁机构予以撤销。需要注意,对显失公平法律行为的撤销必须是人民法院或者仲裁机构撤销,如果当事人仅采取通知对方的撤销方式,不发生撤销的法律后果。对于撤销权的行使,《民法典》第152条规定了撤销权的行使期限。只有在法定期限内行使撤销权,才能依法保护自己的合法权益。显失公平的撤销权行使期间为当事人自知道或者应当知道撤销事由之日起1年内,但是自显失公平的法律行为发生之日起5年内仍没有行使撤销权的,则撤销权消灭。

（三）如何防范显失公平情形发生？

社会公众应当积极采取措施，防范显失公平情形发生，从而维护自身合法权益。例如，加强法律知识学习，增强维权意识和法律知识；在事故发生后，多进行咨询，遇到不确定的事项可以向人社部门、司法部门、社区、其他职能部门或者律师、法律工作者寻求帮助，不要盲目地因为欠缺治疗费用或者解决现实困难而与赔偿义务人签订不合理的赔偿协议；在签订协议时要特别注意对自己不利的条款，最好请求相关单位的人员作见证，以免因为信息不对称而造成权利受损。

法条链接

《民法典》第151条：一方利用对方处于危困状态、缺乏判断能力等情形，致使民事法律行为成立时显失公平的，受损害方有权请求人民法院或者仲裁机构予以撤销。

（本篇撰写人：邓江陵，湖北省咸丰县人民法院）

12 因疫情影响违约，违约方应否承担违约责任？

受新冠疫情影响，许多市场经济交易中的交易主体因无法按约定履行合同义务而违约。此种情形下，违约人能否以新冠疫情属于不可抗力为由，主张不承担相应的违约责任？这一问题需要结合《民法典》不可抗力免责条款进行回答。

案例

A公司与B公司签订国内沿海集装箱货物承运协议，约定由A公司负责将B公司的货物运输至F省C公司。合同第11条约定，"集装箱货物到达码头堆场后，重箱用箱期为60天，如果超出用箱期，B公司应按每天100元/箱的滞箱费标准支付A公司"。合同签订后，A公司于2019年12月24日按照约定运送了一批货物至目的港。这批货物自2020年2月19日开始收货拆箱，于2020年7月12日全部收货拆箱完毕。其中，有73个集装箱在到达目的港后超过60天未还箱，共计产生滞箱费80余万元。由于B公司一直未按约支付滞箱费，A公司遂向B公司发函索要滞箱费。B公司回函拒绝承担前述费用，并告知A公司货物滞港系受新冠疫情影响，客户的货物使用量骤减导致。由于双方协商未果，A公司遂诉至法院，请求判令B公司支付滞箱费。

裁判结果

法院认为，新冠疫情已被世界卫生组织宣布为"国际关注的突发公共卫生事件"。从其产生和形成的突发性、传播和影响的广泛性以及控制和阻断的艰巨性来看，新冠疫情确属不能预见、不能避免、不能克服的客观情况，属于不可抗力。2020年春季新冠疫情的暴发、全国及F省采取的重大防控疫情举措，属于众所周知的事实，B公司无须举证证明，但是疫情及疫情防控措施对B公司履行合同所造成的影响以及影响的范围、时间、程度等，B公司负有举证责任。鉴于F省自2020年1月24日启动重大突发公共卫生事件一级响应，至2020年3月13日全面恢复正常生产生活秩序，共计50天。这段时间内，因疫情和疫情管控措施影响，企业不能正常生产作业，B公司可以主张免责，其间产生的滞箱费应予扣除。对于2020年3月13日之后，至该批次货物全部收货拆箱完毕，B公司未举证证明收货人继续受到疫情或疫情管控措施影响导致违约，因此，该期间产生的滞箱费应予支付。故判决B公司支付滞箱费60余万元。

评析

本案涉及《民法典》关于不可抗力的规定。不可抗力规定在《民法典》总则编民事责任一章，是民事责任的免责事由之一。《民法典》第180条规定："因不可抗力不能履行民事义务的，不承担民事责任。法律另有规定的，依照其规定。不可抗力是不能预见、不能避免且不能克服的客观情况。"

根据法条规定，不可抗力具有"不能预见"和"不能避免且不能克服"两大特征。"不能预见"指根据现有的科学技术水平，一般民事主体在通常情况下无法预见到会发生某件事情；"不能避免且不能克服"指民事主体已经尽到自身最大的努力，采取了一切可以采取的办法仍无法避免某件事情的发生、克服其带来的损害。立法者在界定"不可抗力"时将其定性为"客观情况"。因此，不可抗力不包括民事主体的行为，仅指与人的意志无关的客观事实。典型的不可抗力包括以下两种表现形式：(1)自然原因的不可抗力，例如台风、地震、海啸等自然现象；(2)社会原因的不可抗力，例如战争、武装冲突等社会事件。无论哪一种表现形式，都需满足不可抗力的构成要件。

原则上，不可抗力属于民事责任的免责事由之一。通常情况下，在符合不可抗力构成要件时，行为人无须承担民事责任。但是，如果法律规定即使存在不可抗力也仍需承担民事责任的，则不能以不可抗力为由主张免除民事责任。此外，需要特别注意，“免除民事责任”并不代表必然免除全部责任，免除责任的范围需要结合不可抗力在具体案件中的影响程度进行判断。《民法典》第590条第1款规定：“当事人一方因不可抗力不能履行合同的，根据不可抗力的影响，部分或者全部免除责任，但是法律另有规定的除外。因不可抗力不能履行合同的，应当及时通知对方，以减轻可能给对方造成的损失，并应当在合理期限内提供证明。”

本案中，B公司运送至目的港的集装箱因新冠疫情影响无法正常拆箱，产生了高额的滞箱费。新冠疫情作为突发公共卫生事件，具有传播速度迅速、影响范围广泛等特征。新冠疫情暴发以来，对人们的日常生活产生了恶劣影响，各级政府采取了临时管控、定期筛查等各项应对措施。由于新冠病毒的潜伏周期较长，各地疫情防控政策呈现动态化，为了保障民众生命安全，各项防控措施的期限也具有不确定性。因此，应当认定普通民众无法预见到新冠疫情的发生，也无法预见到疫情管控措施的方式和期限，更无法及时采取措施有效应对疫情防控政策对市场交易的影响。综上，全国人大常委会法工委将新冠疫情界定为不可抗力。虽然B公司无须承担因新冠疫情影响产生的相应滞箱费，但这并不代表B公司具有“免死金牌”，可以任意借用不可抗力规则逃避责任。在F省解除疫情防控政策后，B公司应当积极采取相应措施解决货物滞留问题，避免损害的继续扩大。法院免除B公司部分责任并要求B公司支付剩余滞箱费的裁判结果，有利于在贯彻不可抗力免责制度的同时，提醒广大民众积极履行义务，维护市场秩序的正常运行。

不可抗力作为完全独立于人的意志之外的、不受人的意志所支配的客观情况，可能会对市场主体的经营交易产生不良影响。如果不规定不可抗力免责条款，民事主体将因为自己行为之外的原因承担民事责任。设立民事责任的重要目的在于通过给予责任人否定评价，警醒其后续不再做出法律所不允许的行为。如果让民事主体承担因不可抗力导致的责任，不仅有违民事责任的设置意图，更有违法律公平正义的基本理念。因此，将不可抗力规定为免责事由具有重要意义。

法律小贴士

（一）不可抗力是否一律免责？

不可抗力原则上属于民事责任的免责事由，但也有法定例外。比如，根据《民法典》第1237条及第1238条的规定，民用核设施和民用航空器致害的民事责任，不可抗力不是免责事由，因此，如因不可抗力导致事故发生，相关民事主体仍需承担责任。此外，需要注意，因不可抗力不能履行合同的，应当及时通知对方，以减轻可能给对方造成的损失，并应当在合理期限内提供证明，否则，仍可能承担违约责任。而且，根据《民法典》第590条第2款的规定，“当事人迟延履行后发生不可抗力的，不免除其违约责任”。

（二）因不可抗力违约，双方当事人应当如何救济？

尽管不可抗力属于法定免责事由，但这并不意味着因不可抗力违约的一方可以坐以待毙，采取消极态度对待不可抗力。在不可抗力发生后，双方当事人均应以避免损失扩大为出发点，积极采取相应措施进行救济。一方面，因不可抗力违约的当事人需要履行通知义务，及时通知对方当事人关于因不可抗力导致无法履约的情况；另一方面，对方当事人在收到通知后，应当积极配合，通过双方的友好协商，采取延期履行、变更价金或低价出售标的物等补救措施，尽可能减少因不可抗力带来的损害。

（三）除不可抗力外，还有哪些法定免责事由？

关于免责事由的规定，《民法典》在总则编专设民事责任一章，规定了不可抗力、正当防卫、紧急避险和紧急救助四类免责事由；在侵权责任编的一般规定部分，规定了受害人故意、第三人原因、自甘风险和自助行为等免责事由。除此之外，《民法典》还针对特定违法行为规定了特定的免责事由。比如，按照《民法典》第1036条的规定，“处理个人信息，有下列情形之一的，行为人不承担民事责任：（一）在该自然人或者其监护人同意的范围内合理实施的行为；（二）合理处理该自然人自行公开的或者其他已经合法公开的信息，但是该自然人明确拒绝或者处理该信息侵害其重大利益的除外；（三）为维护公共利益或者该自然人合法权益，合理实施的其他行为”。

法条链接

1.《民法典》第180条：因不可抗力不能履行民事义务的，不承担民事责任。法律另有规定的，依照其规定。

不可抗力是不能预见、不能避免且不能克服的客观情况。

2.《民法典》第590条：当事人一方因不可抗力不能履行合同的，根据不可抗力的影响，部分或者全部免除责任，但是法律另有规定的除外。因不可抗力不能履行合同的，应当及时通知对方，以减轻可能给对方造成的损失，并应当在合理期限内提供证明。

当事人迟延履行后发生不可抗力的，不免除其违约责任。

（本篇撰写人：赵雨欣，武汉大学法学院）

13 正当防卫造成损害，应否承担民事责任？

正当防卫是法律赋予公民的一项权利，是鼓励和保障公民同违法犯罪行为作斗争的重要手段。若在正当防卫中造成对方损害，行为人是否应该进行赔偿？《民法典》总则编正当防卫制度给出了答案。

案例

张某与王某均在W市某超市从事保洁工作。一天，二人因堆放保洁工具的门未锁而发生争吵并升级为互相殴打。经其他工作人员劝解后，二人相继离开超市。当张某走到附近商店时，王某突然追撵上来，脚踹张某，并用拳头击打张某面部。在扭打过程中，张某抓住王某的手，用嘴咬住王某大拇指，后松口。但王某仍不依不饶，继续用打扫卫生的工具击打张某，后被路人劝阻。随后，张某报警并在现场等候公安人员处理。经鉴定，王某左手大拇指远节皮肤缺损6平方厘米以上，损伤程度为轻伤二级。王某因殴打张某被处行政拘留7日，并处罚款200元。张某因涉嫌犯故意伤害罪被公安机关刑事拘留。经当地人民调解委员会主持调解，张某之子小张与王某签订人民调解协议书，由张某赔偿王某5万元。协议签订后，小张向王某之子小王支付了上述赔偿款，王某出具谅解书。后张某被取保候审。

张某故意伤害案经法院判决，认定张某属正当防卫，依法被宣告无罪。张某被释放后，随即向人民法院起诉，请求撤销人民调解协议书，要求王某和小王返还赔偿款5万元并支付利息。

裁判结果

法院认为，张某因涉嫌犯故意伤害罪被刑事拘留并被逮捕，小张在签订协议时基于重大误解，认为其父犯罪的错误认识，从而作出赔偿并取得被害人谅解的意思表示，属于对法律行为性质的错误认识，符合重大误解的构成要件，成立重大误解。故小张与王某签订的人民调解协议应予撤销。因此，法院认定王某基于调解协议获得的赔偿款5万元缺少法律和事实依据，并判决王某返还上述赔偿款并支付利息。

评析

本案涉及《民法典》正当防卫和重大误解的规定。上述制度分别规定在《民法典》总则编“民事法律行为”“民事责任”两章中。

关于正当防卫，《民法典》第181条规定：“因正当防卫造成损害的，不承担民事责任。正当防卫超过必要的限度，造成不应有的损害的，正当防卫人应当承担适当的民事责任。”通常而言，正当防卫的构成要件主要有四点：一是存在侵害事实，无侵害事实就不得进行防卫；二是不法侵害具有现实紧迫性，不及时实施防卫就会遭受重大损失；三是具有合法的防卫目的，不能以防卫为借口实施故意伤害等违法行为；四是不能超过必要限度，即防卫的程度达到有效制止不法侵害的需要即可。对于正当防卫的法律后果，根据前述法律规定，正当防卫是法律允许的合法行为，正当防卫不具有过错，所以不需要承担损失的赔偿责任。本案中，已生效的刑事判决认定，张某对王某造成损害的行为构成正当防卫，其依法不负刑事责任。因此，张某对王某的损失没有过错，依法不承担民事责任。

除正当防卫的认定外，本案还涉及对重大误解的认定以及当事人行使撤销权的问题。所谓重大误解，是指民事主体在从事民事活动时对行为的性质、对方当事人以及标的物的品种、质量、规格和数量的错误认识，使行为后果与自己的意思相悖，并造成较大利益损失。结合本案分析，首先，张某被宣告无罪的基础是其反抗行为构成正当防卫，具有合法性，王某是否出具谅解书不影响该刑事判决结果。其次，案涉调解协议签订时，张某已被逮捕。小张签订调解协议并向王某支付5万元，是以王某的谅解能够为张某争取到从宽处理为前提，其中显然存在着对张某行为构成犯罪并将要受到刑事处罚的错误认识。最后，小张不具有专业法律知识，也非事故纠纷的亲历者，在对事实缺乏了解的情形下出现前述误解具有合理性，且正是该误解直接导致张某作出愿意接受调解协议的意思表示。由此，小张签订调解协议并支付赔偿款的行为构成重大误解。根据《民法典》第147条的规定，行为人有权请求撤销。

根据《民法典》第152条第1款第(1)项的规定，重大误解的当事人行使撤销权的期间为自知道或者应当知道撤销事由之日起90日内。小张在一审法院宣告张某无罪后的3个月内就向法院起诉要求撤销协议并返还赔偿款，符合上述法律规定。法院最终判决撤销协议并由王某承担返还义务于法有据。该判决旗帜鲜明地保护正当防卫者的合法权益，符合人民群众的公平正义观念，实现了法律效果与社会效果的有机统一。

法律小贴士

（一）遭遇不法侵害，当事人应如何自救？

当事人遇到不法侵害，在具备条件的情况下，应当优先选择报警等方式解决矛盾，防范损害后果扩大，并尽可能地理性解决争端。如果情况不允许，则应当在合理限度内采取正当防卫，以保护自身合法权益。但是要注意防卫的“度”，如果超过一定的“度”，就是防卫过当，此时需要承担相应的法律责任。然而，在面临严重危及人身安全的暴力犯罪的特殊情形下，即使因正当防卫造成不法侵害人死亡的，根据法律规定，亦不负刑事责任。

（二）因琐事发生纠纷，打人者可能会受到哪些处罚？

殴打他人造成他人轻微伤，根据《治安管理处罚法》第43条的规定，应当承担行政责任：“殴打他人的，或者故意伤害他人身体的，处五日以上十日以下拘留，并处二百元以上五百元以下罚款；情节较轻的，处五日以下拘留或者五百元以下罚款。有下列情形之一的，处十日以上十五日以下拘留，并处五百元以上一千元以下罚款：(一)结伙殴打、伤害他人的；(二)殴打、伤害残疾人、孕妇、不满十四周岁的人或者六十周岁以上的人的；(三)多次殴打、伤害他人或者一次殴打、伤害多人的。”造成他人身体伤害，打人者还可能会被追究医药费、误工费等民事责任；情节严重、造成严重后果的，将承担刑事责任，比如，造成轻伤以上，可按照故意伤害罪追究刑事责任。

（三）人身损害受害人签订赔偿协议后，还可反悔吗？

在人身损害侵权案件中，常会发生伤者在对病情不确定的情况下签订了赔偿协议，但赔偿费用与实际损失差距甚大的情况。造成这种情况的原因，多是因伤者对法律规定不了解，面临治疗等紧迫情形，对损失金额存在重大误解，这种情形下，可依照重大误解或者显失公平的法律规定请求撤销协议。需要注意，重大误解制度中的误解必须构成重大，且该误解已对行为人的民事权利义务产生重大影响，行为人还需在法定期间内行使撤销权，否则撤销权即告消灭。

法条链接

1.《民法典》第 147 条：基于重大误解实施的民事法律行为，行为人有权请求人民法院或者仲裁机构予以撤销。

2.《民法典》第 181 条：因正当防卫造成损害的，不承担民事责任。

正当防卫超过必要的限度，造成不应有的损害的，正当防卫人应当承担适当的民事责任。

（本篇撰写人：刘红姣，湖北省武汉市江夏区人民法院）

14 下水道被堵而采取紧急避险，避险人需要担责吗？

下水道返水的情况在老旧小区里并不少见，严重的返水会对家中的地板、家具等财产造成损害，为了避免损害的进一步扩大，不得不在找到问题根源进行疏通之前，采取直接堵住返水口的措施。此时，若楼上的下水道因为楼下住户堵住自家返水口后倒灌，如何认定其中的法律责任？楼下住户堵自己家的下水道要不要承担责任？楼上住户的损失谁来承担？以上问题可以在《民法典》总则编的紧急避险条款中找到答案。

案例

2011年，祖某某购买了位于W市某处二楼的一套房屋，楼下的房屋系蔡某某承租的公房。2021年1月中旬，祖某某回到房屋查看，发现房屋地面被卫生间下水道倒灌的粪水所淹。祖某某请疏通人员对主下水管进行了疏通，并对房间进行了清理。半个多月后，祖某某发现家中再次被淹。

楼下的蔡某某也正在为家中返水的事情所困扰。原来，2020年7月，蔡某某开始对房屋进行装修。2021年1月初，蔡某某发现下水道堵塞，粪水从蹲便器涌出，导致家中被淹。蔡某某请疏通人员对下水管进行了疏通。没过几天，蔡某某家也再次出现了返水现象，蔡某某家的装修师傅就用物品将蹲便器堵住，并联系社区进行了两次疏浚。此时，祖某某家也出现了返水现象。

水务部门进行疏通时，发现找不到窨井，通过查找图纸才发现窨井盖位于蔡某某家里的厨房内。水务部门将厨房内的窨井盖打开进行疏通，污水才流下去。由于下水管道腐蚀塌陷，水务部门重新铺设了下水管道，这才彻底解决了祖某某和蔡某某两家的返水问题。

返水问题解决后，祖某某认为蔡某某家违章扩建厨房，导致下水道长期得不到疏通，装修时又将建筑垃圾丢进下水道，这才导致下水管网堵塞，要求蔡某某赔偿1万元。

裁判结果

法院认为，祖某某的房屋被污水倒灌，主要原因是下水管网老化堵塞导致整栋楼的污水无法顺利排出，窨井封入一楼厨房则会导致发生堵塞时无法及时疏通，一楼在发现污水倒灌后堵塞室内下水口亦是污水倒灌至二楼的一个因素。因案涉房屋所在小区并无物业公司进行管理，故下水管网老化堵塞造成的损失只能由业主自行承担。一楼厨房扩建发生在1995年之前，而蔡某某是1995年12月才开始承租一楼房屋，故因窨井封闭造成的损失不应由蔡某某承担。蔡某某的房屋发生污水倒灌后，临时将下水口堵塞属于紧急避险行为，目的是避免污水持续涌出造成室内装修及物品受损，虽不存在主观过错，但此避险行为的后果是一楼受益而二楼受损，故蔡某某应对二楼业主进行适当补偿，遂判决蔡某某给付祖某某1000元作为补偿。

评析

本案涉及《民法典》有关紧急避险条款的规定。紧急避险规定在《民法典》总则编中，属于民事责任的免责事由之一。《民法典》第182条规定："因紧急避险造成损害的，由引起险情发生的人承担民事责任。危险由自然原因引起的，紧急避险人不承担民事责任，可以给予适当补偿。紧急避险采取措施不当或者超过必要的限度，造成不应有的损害的，紧急避险人应当承担适当的民事责任。"

紧急避险行为的构成要件有如下四点。第一，存在避险目的。紧急避险必须是为了使本人或者他人的人身、财产权利免受危险的损害。第二，危险正在发生。

如果危险尚未发生或者已经消除,或者虽然已经发生但不会对合法权益造成损害,则不能采取避险措施。特别地,若某人对危险情况产生认识错误或者臆想而采取避险措施,损害他人利益的,则构成侵权,应当承担民事责任。第三,不得已才采取避险措施。“不得已”强调避险行为的现实急迫性,即不得不采取避险措施以面对突然而遇的危险,否则,将会造成更大的损失。第四,避险行为不能超过必要限度。“必要限度”是指紧急避险行为所引起的损害应轻于该危险可能带来的损害,强调了对避险行为适当性的要求。

关于紧急避险的法律效果,我国立法机关根据险情发生原因的不同,在条文中区分了由人为因素引起的危险和由自然原因引起的危险。第一,险情是由人为因素造成的情形。按照《民法典》第182条第1款规定,实施紧急避险造成行为人本人或者他人损害的,由引起险情发生的人承担责任。第二,险情是由自然原因引起的情形。按照第182条第2款规定,应区分具体情况对待。(1)如紧急避险人是为了保护公共利益或者他人合法权益而采取了避险行为,造成其他人利益受损,则紧急避险人免于对其他人承担赔偿责任。(2)如紧急避险人是为了本人的利益采取避险行为,造成第三人利益损害的,紧急避险人本人作为受益人,应当对第三人的损害予以适当补偿。

紧急避险行为作为民事责任的免责事由之一,意味着在完全符合紧急避险行为要件的情况下,紧急避险人是不用承担民事赔偿责任的,但可能承担适当补偿的义务,此种补偿义务并非对紧急避险人作出法律上的负面评价,而是从避险人受益而受害方受损的角度,基于公平原则确定的损害责任分担。但是,如果存在紧急避险不当或者超过必要的限度,造成不应有的损害的,紧急避险人应当承担适当的赔偿责任。这是由于避险人没有尽到必要的注意义务,主观上存在一定过错而承担的相应的过错责任。例如汽油着火时采用浇水灭火的方式导致火势变大,造成他人损失的,紧急避险人应承担适当赔偿责任。又如家中失火,在火已经扑灭的情况下,持续长时间浇水,导致楼下房屋淹水,也应当对受害方承担适当赔偿责任。

本案处理时,首先确定了险情并非人为因素引起,而是由于老旧小区下水管网老化且无人维护这一自然原因引起,紧急避险人对之前发生的将窨井封入厨房事件也不知情。确定了险情发生的原因后,对于定责就只能按照《民法典》第182条第2款的规定处理，即大原则是紧急避险人不承担民事责任，但避险人是可以给予适当补偿的。对于适当补偿的标准，一方面要考虑事故的原因非人为因素所致，另一方面要考虑紧急避险人的受益程度以及受害方的受损程度。本案结合受害方的实际受损情况后，最终判定紧急避险人向受害方支付补偿款1000元。本案判决既不会助长恶意避险、以邻为壑的不正风气，又一定程度上平衡了受损人和受益人之间的利益，彰显了社会正义与公平。

紧急避险制度的核心在于法益的权衡和平衡。一方面，法律不能够强人所难，当发生可能导致社会公共利益、自身或者他人的合法利益遭受更大损害的情形时，有必要赋予紧急避险人采取造成他人少量损害而避免更大损害发生的措施的权利，进而从法律层面鼓励行为人采取有效措施防止更大利益受损，实现社会资源的优化配置；另一方面，法律也要兼顾受损人的合法权益，由受益人给予受损人适当补偿，有效化解矛盾纠纷，更能发挥出司法捍卫社会公平正义，保护人民权益的积极作用。

法律小贴士

（一）发生下水道返水事件，受损业主应当如何做？

业主在发现自家房屋出现返水的情况后，应当采取如下必要措施维权。(1)可以采取拍照、录像等方式进行证据的采集和固定，但是不能故意放任损失的扩大，否则因自己的不作为导致的损失扩大部分无法得到赔偿，甚至在造成渗水等严重后果时要对其他业主承担赔偿责任。(2)查找问题来源，确定责任主体。(3)确定损失范围。一般而言，受损业主可以向责任主体主张因返水所造成的直接损失和合理间接损失，如本案直接损失为疏通管道的费用，修复受损房屋、物品的费用，间接损失为预期房屋租金收益等。

（二）下水道返水，责任由谁承担？

下水管道堵塞导致返水、漏水、渗水的问题往往是邻里纠纷的导火索，在处理此种纠纷的时候，首先需要查明下水道堵塞的原因，主要存在以下两种情形。(1)物业公司未尽到对公用下水管道的管理、疏通、维护等义务。(2)业主的不当行为。在第一种情形之下，若物业公司不能举证证明其履行了管理、维护、疏通义务，则物业公司要基于物业管理服务合同对业主承担违约责任。在第二种情形之下，不当使用管道的业主则应当基于侵权法律关系对受损业主承担赔偿责任。

（三）紧急避险时，应注意什么？

为了避免紧急避险条款被恶意利用而侵犯他人权益，紧急避险行为的成立有以下限制性条件。(1)基于普通大众的一般价值判断，面临的危险具有急迫性。(2)权益取舍具备合理性，即在两种合法权益不能兼顾的时候，紧急避险所保全的利益要大于被牺牲的利益。(3)紧急避险采取的措施没有超过必要限度，没有造成不应有的损害，否则，紧急避险人需要在损失扩大的范围内承担相应的过错责任。

法条链接

《民法典》第182条：因紧急避险造成损害的，由引起险情发生的人承担民事责任。

危险由自然原因引起的，紧急避险人不承担民事责任，可以给予适当补偿。

紧急避险采取措施不当或者超过必要的限度，造成不应有的损害的，紧急避险人应当承担适当的民事责任。

（本篇撰写人：谢磊，湖北省武汉市硚口区人民法院）

15 救助人受到损害，受益人应否补偿？

生活中，见义勇为救助他人的新闻不胜枚举。有的好心人救人后默默离开，不留姓名，但也有好心人受伤或遭受财产损失。什么情形下，受益人对救人者负有补偿义务？补偿数额应当如何确定？见义勇为人员在补偿费用以外的损失，还有无其他救济渠道？这些问题，可结合《民法典》总则编见义勇为条款回答。

案例

某日，李某与吴某等四人一起吃饭，饭后五人一同前往长江大桥桥下的码头江边玩耍。因一些琐事争执，吴某跳入长江。李某见状后，跳江救助吴某。最终，吴某被江水冲到水上公安派出所驻点船处被救起，但李某不幸溺亡。李某的父母多次与吴某等四人协商，但双方无法对补偿事宜达成一致意见，故李某的父母将四人诉至法院，请求法院判令吴某等四人补偿因李某死亡产生的各项补偿款共计80万元。

裁判结果

法院认为，因保护他人民事权益使自己受到损害的，由侵权人承担民事责任，受益人可以给予适当补偿。没有侵权人，受害人请求补偿的，受益人应当给予适当补偿。本案中，死者李某因救助吴某不幸溺亡，吴某系受益人，应当给予适当补偿。其余被告并非受益人，对李某的死亡并不存在过错，和死者李某吃饭饮酒及其他的行为与李某的死亡也没有因果关系，因此，其余被告不应承担民事责任。根据死者李某的救助行为以及所起到的作用、本案的其他实际情况等因素，综合考量后，判决被告吴某补偿原告死亡赔偿金、丧葬费，以及办理丧葬事宜支出的交通费、住宿费、误工费共计4万元，驳回原告的其他诉讼请求。

评析

本案涉及《民法典》关于因保护他人而使自己受到损害的民事救济的规定。《民法典》第183条规定："因保护他人民事权益使自己受到损害的，由侵权人承担民事责任，受益人可以给予适当补偿。没有侵权人、侵权人逃逸或者无力承担民事责任，受害人请求补偿的，受益人应当给予适当补偿。"该条明确规定了见义勇为者因保护他人受到损害的，被救助的人在特定前提下负有适当补偿义务。

在见义勇为事件中，因保护他人而自己受到伤害的人是受害人，被保护的人是受益人。根据受害人受到的伤害不同，见义勇为事件分为两类。一是受害人受到的伤害来自于他人实施的不法行为。例如，好心人阻止小偷盗窃手机，小偷捅伤好心人，伤害来自于小偷，这类见义勇为事件除涉及受害人和受益人外，还涉及实施不法行为的侵权人。二是受害人受到的伤害来自于其他非人为原因。例如，为了救出山火中被困在山林里的游客，好心人被大火烧伤，伤害来自于火灾，这类见义勇为事件没有侵权人，只有受害人和受益人。

受害人在三种情形下有权请求受益人适当补偿：(1)没有侵权人；(2)侵权人逃逸；(3)侵权人无力承担民事责任。"没有侵权人"即前述第二类见义勇为事件，此时受害人只能要求受益人补偿自己的损失。"侵权人逃逸"是指前述第一类见义勇为事件，虽然有侵权人，但侵权人逃跑，受害人无法要求其赔偿。"侵权人无力承担民事责任"也指前述第一类见义勇为事件，虽然找得到侵权人，但侵权人因经济困难无法赔偿受害人。

在受害人要求受益人补偿时，法律并不要求受害人的帮助行为产生了积极效果。无论受益人最终是否因受害人的帮助而免于遭受损害，只要满足前述条件，受害人都有权向受益人提出补偿请求。例如，好心人阻止小偷盗窃手机，小偷捅伤好心人后逃逸，无论是否将手机拿回，好心人都有权向手机机主提出补偿请求。

本案中，李某为了救助吴某不幸溺亡，李某是受害人，吴某是受益人。李某的死因是溺水，其受到的伤害来自于非人为原因，故本案不存在侵权人，符合受害人请求受益人补偿的条件。尽管吴某最终不是被李某救起的，但这并不影响吴某应向李某承担补偿义务。

《民法典》第183条明确了见义勇为者在特定情形下对受益人享有补偿请求权，体现了立法鼓励见义勇为、保护见义勇为者利益的立场。法院支持李某父母对吴某的补偿诉求，避免了好心人"流血又流泪"，有利于弘扬助人为乐、友善互助的中华民族传统美德，具有积极的社会意义。

在见义勇为事件中，由于实际伤害受害人的是受益人以外的人，受益人主观上也没有伤害受害人的故意，因此受益人对受害人本无赔偿义务。但是，受害人是为了保护受益人才遭受损失，并非为维护自己的利益。若完全否定受益人的补偿义务，不仅会让见义勇为者心寒，也不符合社会主义核心价值观。作为被救助的对象，受益人对受害人进行适当的补偿合乎情理。因此，通过利益衡量，基于公平正义理念，立法者规定了受益人在特定条件下的适当补偿义务。补偿并非赔偿，不代表法律对受益人的否定评价，仅仅是立法者出于公平考虑采取的一种制度设计；适当并非全部，不代表受益人需要对受害人的损失全额赔偿，仅需对其中的部分进行补偿。这种立法选择有利于传递社会正能量，形成良好的社会风尚。

法律小贴士

（一）受益人的法定补偿数额如何确定？

首先，若受益人和受害人已经就补偿款达成合法协议，则以协议中确定的数额为准。例如，某判决指出"对于赔偿数额，原、被告经协商，已达成赔偿协议，该协议是双方真实意思的表示，故对协议效力予以认可"，即属此类。

其次，若受益人和受害人未就补偿款达成合法协议，则要计算受害人因见义勇为遭受的损失，如住院治疗的医药费等。若受害人已经因保险、政府补偿等原因获得了补偿，则需要将这部分补偿从受害人损失中剔除。例如，某判决认定"对于经济补偿金额的确定，应结合见义勇为人家属已从社会获得一定物质补偿这一事实，对各被告应承担的补偿金额进行适当调整”。

最后，在受害人因见义勇为遭受的损失范围内，由法官综合考量受益人因见义勇为行为的获益情况、受益人的经济水平和受害人的救助措施是否得当等因素，具体认定个案中受益人的补偿数额。

（二）见义勇为负伤、致残人员，除受益人适当补偿外，还有无其他救济渠道？

根据《湖北省见义勇为人员奖励和保护办法》第20条的规定，在没有侵权人、侵权人逃逸或者侵权人无力承担的情况下：(1)若见义勇为行为人已参加基本医疗保险、工伤保险的，由社会保险基金按照有关规定支付；(2)由见义勇为行为人的用人单位给予适当资助；(3)由行为发生地的见义勇为基金（资金）支付。通过这三种方式仍未能解决的费用，由行为发生地的县级人民政府协调解决。

（三）如何申请见义勇为行政确认？

根据《湖北省见义勇为人员奖励和保护办法》，见义勇为受益人、见证人、行为人及其近亲属，见义勇为行为人所在单位、村（居）民委员会，公安机关、民政部门等相关单位均可在行为发生之日起一年内，持身份证明、申请书或者举荐书及相关证明材料，向行为发生地的县级社会治安综合治理工作机构（以下简称综治机构）或者见义勇为基金会（促进会）申请、举荐见义勇为人员。情况复杂的，申请、举荐期限可以延长至两年。综治机构或者见义勇为基金会（促进会）的审查期限为30天，情况复杂的，可以延长至60天。满足下列条件之一且事迹突出的，即可确认为见义勇为行为：(1)制止正在危害国家安全、公共安全或者扰乱公共秩序的违法犯罪行为的；(2)制止正在侵害他人人身安全或者国家、集体、他人财产安全的违法犯罪行为的；(3)为保护国家、集体财产或者他人人身、财产安全实施抢险、救灾、救人的；(4)积极协助追捕犯罪嫌疑人或者提供重要线索，侦破重大刑事案件的；(5)其他应当确认为见义勇为行为的。经审查拟确认为见义勇为的，由综治机构进行公示，公示期为7天，公示期满无异议或经审查异议不成立的，颁发见义勇为证书；经审查决定不予确认为见义勇为的，由综治机构作出不予确认的书面决定，并通知申请人、举荐人。

法条链接

《民法典》第183条：因保护他人民事权益使自己受到损害的，由侵权人承担民事责任，受益人可以给予适当补偿。没有侵权人、侵权人逃逸或者无力承担民事责任，受害人请求补偿的，受益人应当给予适当补偿。

（本篇撰写人：赵雨欣，武汉大学法学院）

16 救助致人损害，救助人应否承担赔偿责任？

友善互助是中华民族的传统美德，法律鼓励并提倡在他人遇到困难时，社会群众主动施以援手。但是，在帮助他人的过程中，若施救者因行为不当导致他人受损，受害人能否要求施救者承担损害赔偿责任？这一问题需要结合《民法典》紧急救助条款来回答。

案例

某日，杨某在未依法取得机动车驾驶证的情况下，酒后驾驶无号牌二轮摩托车载吴某行驶在路上。杨某因操作不当，造成其与吴某摔倒受伤及车辆损坏（此为事故一）。事故发生后，杨某电话告知赖某。谢某在未依法取得机动车驾驶证的情况下，酒后驾驶无号牌二轮摩托车载赖某来到事故现场，并由谢某驾驶摩托车载吴某和赖某送吴某前往医院。在去医院途中，因谢某操作不当，导致吴某、赖某摔倒（此为事故二）。事故发生后，吴某被送往当地医院治疗，后因治疗无效死亡。交警大队作出道路交通事故认定书，认定杨某负事故一的全部责任，谢某负事故二的全部责任。吴某父母遂诉至法院，请求判令杨某、谢某等承担赔偿责任。

裁判结果

法院认为，虽然法律规定自愿实施紧急救助行为造成受助人损害的予以免责，但救助行为应当采取合理的措施，且救助人应当对受助人的人身和财产负有一定的谨慎保护和注意义务。本案中，杨某酒后无证驾驶载人，违反了《道路交通安全法》的相关规定，因此造成严重损害后果，应当承担相应责任；谢某虽自愿驾车前往事故现场救助吴某，但谢某在明知自己饮酒且没有驾驶资质的情况下，仍然超载搭乘吴某前往医院，违反了《道路交通安全法》的相关规定，存在重大过失，并造成对吴某二次损害的严重后果，因此，谢某不因紧急救助免责。法院判决杨某、谢某共同赔偿吴某父母死亡赔偿金等各项费用60余万元。

评析

本案涉及《民法典》关于紧急救助免责的规定。紧急救助条款规定在《民法典》总则编民事责任一章，是民事责任的免责事由之一。《民法典》第184条规定："因自愿实施紧急救助行为造成受助人损害的，救助人不承担民事责任。"

紧急救助人免责，应当符合四个构成要件。(1)救助人实施了紧急救助行为。"紧急救助"指受助人面临的情况非常紧迫，若不及时救助将发生严重后果，为了保护受助人的人身、财产利益，救助人采取了相应措施。(2)救助人自愿实施救助行为。构成自愿的前提是救助人具有选择救助或不救助的自由，即救助人不负有救助他人的法定或约定义务。若救助人负有法定或约定救助义务，则不能适用本条规定。负有法定义务的，如消防人员在火灾中负有救助被困人员的义务、医生在医院负有救治病人的义务等。(3)受助人受损。紧急救助行为造成损害的对象是受助人，若受助人以外的第三人因紧急救助行为受损，该如何处理不属于本条的规范内容。(4)紧急救助行为和受助人受损之间具有因果关系。

虽然《民法典》第184条没有规定紧急救助免责的例外情况，但按照主流观点，若紧急救助人在实施紧急救助行为时存在重大过失，导致受助人产生不应有的损害的，紧急救助人应当承担损害赔偿责任。如果救助人在进行救助时，忽视了一般普通人都可以注意到的问题，则救助人存在重大过失。虽然帮助他人的行为值得称赞，但如果在救助时不加注意，盲目救助可能产生"好心办坏事"的结局。因此，救助人需要负一定的注意义务。

本案中，首先，吴某因杨某操作不当从车上摔下受伤，若谢某不及时救助，存在吴某伤情恶化的可能，因此谢某搭载吴某前往医院的行为属于紧急救助行为。其次，谢某与吴某非亲非故，对吴某并无法定或约定的救助义务，谢某送吴某前往医院的行为属于自愿救助行为。最后，吴某受到两次事故伤害，最终在医院因治疗无效死亡，吴某的损害和谢某的救助行为之间存在因果关系。但是，谢某明知自己在吴某发生事故当日已经喝酒，且自己没有取得摩托车驾驶证，完全应当预料到自己当时的情况不宜进行救助，即可选择拒绝搭载赖某前往事故现场。然而，谢某不仅选择救助吴某，还采取超载运送的方式，应当认定谢某主观上存在重大过失，因此不应因紧急救助免除谢某的损害赔偿责任。最终，法院否定了谢某主张自己因紧急救助而免责的辩解理由。本案凸显了鼓励和赞扬紧急救助行为与提醒救助人谨慎采取救助措施并重的司法态度。一般人不同于专业救助人员，其在自愿实施救助行为时，虽不要求其负有和专业人员同水准的注意义务，但也应当对受助人的人身财产稍加保护，给予必要的注意。正因如此，本案法院将救助人的注意义务界定为“一定的谨慎保护和注意”，意在提醒广大群众，“做好人、行好事”固然重要，但不要因情况紧急而忘记生活常识，从而避免造成不必要的损害。

紧急救助免责条款的出台具有一定的社会原因。自2006年“彭宇案”出现在大众视野后，“老人摔倒扶不扶”的问题便成为大家激烈讨论的话题，真实反映了大众对救助他人的复杂情绪和戒备心理。尽管法律并不要求每个人在他人遇难时必须伸出援手，但若长此以往，社会大众之间关系会越发冷漠，社会关系也会越发疏远。因此，为了匡正社会风气，消除民众行好事的顾虑，《民法典》设立了紧急救助免责条款。免除紧急救助人对受助人的损害赔偿责任，有利于解除人们的后顾之忧，鼓励人们积极友善互助，进而提高社会的道德水准，维护社会的和谐稳定。

在紧急救助免责条款的制定过程中，立法者曾对免责条款进行了例外规定：受助人能够证明救助人有重大过失造成自己不应有的重大损害的，救助人承担适当的民事责任。后来经过人大代表建议，考虑到民众救助顾虑较大的现实情况，最终删除了相关规定。尽管立法者出于鼓励好人好事的迫切需要，“一刀切”地规定了紧急救助免责条款，但依据学理通说，救助人在因重大过失导致受助人损害的情况下，仍应当承担损害赔偿责任。

需要明确的是，要求救助人在有重大过失的情况下承担责任，并不代表救助人必须实施完美无瑕的救助行为。由于救助人仅负有一般的注意义务，因此救助人的一点小失误并不会导致其承担高额赔偿责任。只有在救助人出现类似本案中谢某的“无证、酒驾开车”等明显不合常理的过错行为时，才会要求救助人承担责任。因此，这种免责限制不仅不会削弱对好心人的保护，还可以一并实现提高救助质量、保护受助人的积极效果。

法律小贴士

（一）如何理解《民法典》第183条和第184条的关系？

《民法典》第183条和第184条都调整因实施紧急救助行为而产生的民事法律关系，二者的目的都是为了维护做好人好事的民事主体的权益，鼓励民众友善互助，只是侧重解决的问题不同。《民法典》第183条是针对救助人因保护他人民事权益而自身受损时的责任承担与补偿办法，解决的是救助人的损害由谁承担的问题；《民法典》第184条是针对紧急救助人不承担民事责任的规定，解决的是被救助人因救助行为受到损害，救助人是否需要承担民事责任的问题。

（二）如何理解紧急救助和紧急避险的关系？

紧急避险是指在迫不得已的情形下，用较小的损害避免较大的损害。二者的相同点在于：都是民事责任的免责事由，行为人均无须承担民事责任，但救助人存在重大过失或者避险人避险不当、过当的除外。二者的不同点在于：为避免损害采取的方式不同。紧急救助人采取直接对受助人进行帮助的方式，紧急避险人采取制造更小损害的方式。行为人对损害的主观认识也不同。紧急救助人往往不会意识到自己的救助行为将对受助人产生损害，但紧急避险人是明知且故意制造损害，其目的只是为了避免更大损害的发生。

法条链接

《民法典》第 184 条：因自愿实施紧急救助行为造成受助人损害的，救助人不承担民事责任。

（本篇撰写人：赵雨欣，武汉大学法学院）

17 用“雷锋”做营销，是否合法？

“最美奋斗者”雷锋的故事广为流传。每当提起“雷锋”二字，人们总会在心中想起那位无私奉献的英雄。“雷锋”已不仅指代雷锋个人，而且早已成为做好人、行好事的人的代名词。由于“雷锋”在社会民众心中的知名度较高，为了赚取利润，有些企业便以“雷锋”为营销噱头，借“雷锋”之名开办商业活动，用“雷锋”指代客户群体。使用英烈姓名进行商业宣传是否合法？法律应否保护英烈的人格利益？这类问题，需要结合《民法典》英烈人格利益保护条款来回答。

案例

某网络科技有限公司将其付费会员称为“雷锋会员”，将其提供服务的平台称为“雷锋社群”，将其注册运营的微信公众号称为“雷锋哥”，在微信公众号上发布有“雷锋会员”“雷锋社群”等文字的宣传海报和文章，并在公司住所地悬挂“雷锋社群”文字标识。该公司以“雷锋社群”名义多次举办“创业广交会”“电商供应链大会”“全球云选品对接会”等商业活动，并以“雷锋社群会费”等名目收取客户费用16笔，金额共计308464元。公益诉讼起诉人诉至法院，要求判决该公司立即停止在经营项目中以“雷锋”的名义进行宣传，并在省内省级媒体就使用“雷锋”姓名赔礼道歉。

裁判结果

法院认为，英雄的事迹和精神是中华民族共同的历史记忆和精神财富，雷锋同志的姓名作为一种重要的人格利益，应当受到保护。某网络科技有限公司使用的“雷锋”文字具有特定意义，确系社会公众所广泛认知的雷锋同志之姓名。该公司明知雷锋同志的姓名具有特定的意义，仍擅自将其用于开展网络商业宣传，会让公众对“雷锋社群”等称谓产生误解，侵犯了英雄烈士的人格利益。将商业运作模式假“雷锋精神”之名推广，既曲解了“雷锋精神”，与社会公众的一般认知相背离，也损害了承载于其上的人民群众的特定感情，对营造积极健康的网络环境产生负面影响，侵害了社会公共利益。故判决被告停止使用雷锋同志姓名的行为（包括停止使用“雷锋哥”微信公众号名称、“雷锋社群”名称、“雷锋会员”名称等），并在省内省级报刊上向社会公众赔礼道歉。

评析

本案涉及《民法典》英烈人格利益保护条款。英烈人格利益保护规定在《民法典》总则编民事责任一章，是维护社会公共利益的重要条款之一。《民法典》第185条规定：“侵害英雄烈士等的姓名、肖像、名誉、荣誉，损害社会公共利益的，应当承担民事责任。”

以该条文为依据起诉他人承担民事责任的，需举证证明以下四点内容：第一，行为人侵害英雄烈士等人员的人格利益；第二，行为人主观存在过错；第三，社会公共利益受到损害；第四，行为人的行为和社会公共利益受损之间存在因果关系。

该条文保护的对象是“英雄烈士等”人员，包括英雄烈士和其他在国家建设过程中做出过巨大贡献的杰出人士。在我国历史上，有许多仁人志士为了民族独立和人民幸福抛头颅、洒热血，也许有的人没有被认定为英雄烈士，但他们和英雄烈士一样值得我们尊敬、值得法律保护。因此，立法者采用“等”这一术语，将与英雄烈士具有同等地位的人纳入该条文的保护范围。损害社会公共利益是适用该条文的关键要件。该要件是对行为后果的程度要求，若行为人虽然实施了侵害英烈人员人格利益的行为，但未达到损害社会公共利益的程度，则相关主体不能依据该条文要求行为人承担民事责任。

本案中，某网络科技公司在日常运营时多次使用“雷锋”字样，在现实生活中以“雷锋社群”的名义开办商业活动，在网络上自称“雷锋哥”进行宣传。雷锋同志一生致力于服务人民，他无私奉献、舍己为公的事迹广为流传，以“雷锋”二字命名的“雷锋精神”家喻户晓。生活中，老百姓常常喜欢用“活雷锋”称赞经常帮助大家的人。“雷锋”不仅仅代表着时代楷模雷锋同志个人，更代表着千千万万个热心善良、乐于助人的普通人。因此，某网络科技公司的这些行为不仅侵害了雷锋同志个人的姓名利益，还辜负了“雷锋”二字所承载的民众情感，严重损害了社会公共利益，应当承担相应的民事责任。

本案作为第一批最高人民法院发布的十三件贯彻实施《民法典》典型案例之一，表明了司法者对亵渎英烈行为“零容忍”的态度和坚决维护英烈人格利益的立场。英雄烈士为国家富强和民族振兴做出巨大贡献，维护他们的人格利益是立法的必然选择。法院判决某网络科技公司承担民事责任，对培育民族自信心、增强民族认同感、提高民族凝聚力具有积极意义。

古往今来，无数英雄烈士为国家事业献出了自己宝贵的生命，他们的形象和事迹激励着人们要坚定信念、不畏艰辛、勇往直前。尽管英烈已故，但英烈事迹承载的民族精神永不消逝。《民法典》第185条确立的英烈人格利益保护条款，表明了任何歪曲、丑化、亵渎、否定英烈事迹的行为都是为我国法律所不允许的。无论在现实生活还是网络空间，我们都应当时刻规范自己的言行，以敬仰爱戴的态度对待英雄烈士，不以戏谑的言语谈论英雄烈士，发现任何侵害英烈合法权益的行为，都应当及时向有关部门举报，以自己的实际行动真正地学习英雄烈士、尊重英雄烈士、维护英雄烈士。

（一）哪些主体有权请求保护英雄烈士的人格利益？

法律小贴士

根据《英雄烈士保护法》第25条“对侵害英雄烈士的姓名、肖像、名誉、荣誉的行为，英雄烈士的近亲属可以依法向人民法院提起诉讼。英雄烈士没有近亲属或者近亲属不提起诉讼的，检察机关依法对侵害英雄烈士的姓名、肖像、名誉、荣誉，损害社会公共利益的行为向人民法院提起诉讼”的规定，有权提起诉讼的主体是英烈近亲属和检察机关。但是，检察机关提起诉讼的前提条件是英烈没有近亲属或者近亲属不愿提起诉讼。因此，检察机关在提起诉讼前，须发布诉前公告，只有在英烈没有近亲属或英烈近亲属不起诉的情况下，检察机关才能提起此类公益诉讼。

（二）对英烈人格利益的保护是否存在时效限制？

关于死者人格利益保护是否应有期限限制，学理上存在有限制和无限制两种观点。《民法典》并没有针对该问题进行明确规定。考虑到英烈事迹承载的民族精神永垂不朽，即使英烈人士的近亲属已经去世，检察机关依然可以针对损害英烈人格利益的不法行为提起诉讼。因此，应当认定对英烈人格利益的保护没有诉讼时效限制。

（三）侵犯英烈人格利益，侵权者应如何承担责任？

根据《英雄烈士保护法》第26条的规定，“以侮辱、诽谤或者其他方式侵害英雄烈士的姓名、肖像、名誉、荣誉，损害社会公共利益的，依法承担民事责任；构成违反治安管理行为的，由公安机关依法给予治安管理处罚；构成犯罪的，依法追究刑事责任”。因此，需要区分侵害英烈人格利益行为的性质来认定侵权者应当承担何种法律责任：（1）构成民事侵权行为的，行为人应当依法承担停止侵害、赔偿损失、消除影响和恢复名誉等民事责任；（2）构成行政违法行为的，行为人将被处以罚款、拘留等治安管理处罚；（3）根据《刑法》第299条之一的规定，侵害英雄烈士的名誉、荣誉，损害社会公共利益，情节严重的，处三年以下有期徒刑、拘役、管制或者剥夺政治权利。

（四）侵犯一般死者的人格利益，谁有权提起诉讼？

根据《民法典》第994条的规定，“死者的姓名、肖像、名誉、荣誉、隐私、遗体等受到侵害的，其配偶、子女、父母有权依法请求行为人承担民事责任；死者没有配偶、子女且父母已经死亡的，其他近亲属有权依法请求行为人承担民事责任”。尽管民事主体在死亡后便不再享有人格权，但是死者的人格利益受到法律保护。基于血缘关系上的联结，侵犯死者人格利益的行为通常会损害死者近亲属的人身或财产利益。因此，死者近亲属有权以自己的名义提起诉讼，通过主张自己利益受损的方式，间接维护死者的人格利益。区别于英烈人格利益保护，有权维护一般死者人格利益的主体仅限于死者的近亲属，且近亲属之间主张权利存在诉讼顺序限制。

法条链接

《民法典》第185条：侵害英雄烈士等的姓名、肖像、名誉、荣誉，损害社会公共利益的，应当承担民事责任。

（本篇撰写人：赵雨欣，武汉大学法学院）

物权编
WU QUAN BIAN

1 一房二卖，房屋所有权应当归谁所有？

一房二卖是指出卖人订立两个买卖合同，将同一房屋出卖给两个不同的买受人。实践中，常出现因一房二卖诉至法院的纠纷。一房二卖情形下，房屋所有权应当归谁所有？本文将结合《民法典》物权编不动产登记的相关规定加以分析。

案例

2012年11月8日，金某、高某1与高某2签订拆迁安置房买卖合同，约定金某、高某1将拆迁安置后的房屋出售给高某2。由于尚未选房和安置，金某、高某1配合高某2办理选房并交付相关文件和手续。高某2已按合同约定于2013年8月16日支付最后一笔购房款5万元。金某、高某1在2016年1月选中讼争安置房屋并办理交房手续后，未依约将房屋交付给高某2。

2016年8月24日，金某与陈某签订房屋买卖合同，将此房屋出卖给陈某，合同约定了违约责任、交易价格、付款时间和方式。后来陈某分两次支付款项，金某出具收条。陈某实际使用讼争房屋到2019年7月5日。2019年7月6日，高某2依据请求金某、高某1交付房屋的生效判决对讼争房屋居住使用。陈某提起第三人撤销之诉，败诉后又上诉请求法院保护其对涉案房屋的权益。

裁判结果

一审法院认为，陈某虽然于2016年8月与金某签订了房屋买卖合同，并支付了大部分购房款，但其对讼争房屋并不享有物权，生效判决并未损害其民事权益。法院判决驳回陈某的诉讼请求。

二审法院认为，本案的争议焦点问题是金某、高某1先后与高某2和陈某分别签订的两份房屋买卖合同，应当履行哪一份合同的问题。金某、高某1违背诚信，先后与高某2、陈某签订房屋买卖合同，但均未为此二人办理房屋买卖预售备案登记和房屋过户登记手续。虽然金某、高某1与高某2签订合同的时间早于与陈某签订合同的时间，但金某、高某1在与陈某签订房屋买卖合同后，将讼争房屋交付给陈某使用。陈某收房后支付购房款，对房屋进行装修，后出租使用近三年时间。因并无证据证明陈某与金某、高某1存在恶意串通，故认定陈某合法占有、使用讼争房屋，其合法权利应优先予以保护。高某2诉请金某、高某1交付已由陈某合法占有的讼争房屋，损害了第三人陈某的合法权益，故陈某的诉讼请求成立，应当予以支持。

评析

本案涉及一房二卖的产权归属问题。《民法典》第209条第1款规定："不动产物权的设立、变更、转让和消灭，经依法登记，发生效力；未经登记，不发生效力，但是法律另有规定的除外。"《民法典》第214条规定："不动产物权的设立、变更、转让和消灭，依照法律规定应当登记的，自记载于不动产登记簿时发生效力。"

在一房二卖的情形下，产权归属于善意办理过户登记的一方买受人。具体有以下三个条件。第一，买卖合同有效。根据《民法典》第154条的规定，买卖合同双方恶意串通，损害他人民事权益，买卖合同无效。不能仅仅以买受人知道前买受人已经与出卖人订立合同为由就认定后买受人为恶意串通，进而否定买卖合同的效力。如果一方买受人有证据证明另一方买受人与出卖人恶意串通，即使进行了过户登记，也可向法院起诉请求宣告合同无效。第二，出卖人为一方买受人办理了过户登记。在买卖合同均为有效的前提下，出卖人为其办理过户登记的一方取得所有权。如果出卖人为先买受人办理登记，先买受人取得房屋所有权。如果为后买受人办理登记，即使先买受人的合同成立在先，仍由后买受人取得房屋的所有权。

由于登记才发生不动产物权变动的效力，出卖人将房屋交付给一方买受人，但未为另一方买受人办理过户登记，办理登记的买受人取得物权。第三，买受人为善意。根据《第八次全国法院民事商事审判工作会议（民事部分）纪要》第15条的规定，恶意办理过户登记的买受人不能取得房屋所有权。

善意办理过户登记的一方取得物权，可以请求占有房屋的买受人返还房屋。不能取得物权的买受人可以履行不能为由解除与出卖人之间的买卖合同，并以买受人违约为由追究违约责任。如果恶意办理登记，买受人不能依据登记取得物权。

如果均未办理过户登记，应当履行哪份合同？优先保护谁的利益？《第八次全国法院民事商事审判工作会议（民事部分）纪要》第15条规定："审理一房数卖纠纷案件时，如果数份合同均有效且买受人均要求履行合同的，一般应按照已经办理房屋所有权变更登记、合法占有房屋以及合同履行情况、买卖合同成立先后等顺序确定权利保护顺位。但恶意办理登记的买受人，其权利不能优先于已经合法占有该房屋的买受人。对买卖合同的成立时间，应综合主管机关备案时间、合同载明的签订时间以及其他证据确定。"据此，实践中，如果未办理过户登记，数份买卖合同一般按照以下顺序履行：(1)先办理预告登记的；(2)先合法占有的；(3)先支付价款的；(4)合同成立在先的。关于合法占有的判断标准，实践中一般以交钥匙、支付物业费等标准判断买受人是否进行了实际占有。

本案中，首先，需要判断买卖合同的效力。金某、高某1与高某2签订的买卖合同合法有效。虽然金某、高某1与高某2签订的买卖合同成立在先，但是由于金某与陈某非恶意串通，金某与陈某之间的买卖合同合法有效。其次，双方当事人均未办理过户登记，不能以登记确定产权归属。本案也未办理预告登记，不能阻止陈某办理过户登记。再次，虽然金某与高某2签订的买卖合同成立在先，但是金某将房屋交付陈某，陈某对房屋进行了合法的、事实上的占有、控制，因此应当优先获得保护。

综上，《民法典》第209条第1款、第214条只保护善意登记人，也即如果后买受人恶意办理登记，先受领交付的买受人可以优先获得保护。法院一般会根据具体个案综合认定买受人是否构成恶意。

法律小贴士

（一）未获得保护的一方买受人可以采取哪些救济措施？

首先，如果有证据证明另一方买受人与出卖人签订的买卖合同存在恶意串通的情形，可以向法院起诉请求宣告合同无效。其次，买受人可以主张解除与出卖人之间的买卖合同，并请求出卖人承担返还已付购房款、赔偿损失、支付违约金等违约责任。当事人请求赔偿房屋溢价损失的情形，法院一般会根据案情综合认定。需要注意的是，2020年修正的《最高人民法院关于审理商品房买卖合同纠纷案件适用法律若干问题的解释》删除了此前买受人有权请求出卖人承担不超过已付购房款一倍的惩罚性赔偿的规定。

（二）如何防范一房二卖？

（1）在交易之前尽调查义务，了解房屋的产权状况、使用状况，比如请求实地查看房屋。如果出卖人拒绝实地查看，或者实地查看后发现房屋被他人占有，房屋很可能存在产权风险。签订合同时，建议在合同中约定违约金等条款。在签订了买卖合同的情况下要及时请求办理过户登记。（2）先买受人可以与出卖人约定办理预告登记。出卖人为买受人办理预告登记后，未经买受人同意，将房屋出卖给后买受人的，不发生物权效力。即预告登记可以阻止后买受人办理过户登记。但预告登记有期限限制，预告登记后，债权消灭或者自能够进行不动产登记之日起九十日内未申请登记的，预告登记失效。当事人也可以进行购房合同备案、办理网签。购房合同备案和网签一定程度上可以阻止出卖人一房二卖，但是购房合同备案和网签只是行政管理手段，不能取得法律认可的公示公信力，效果弱于预告登记。

（三）动产一物二卖的处理规则是怎样的？

除了一房二卖，一物二卖还涉及动产。根据《民法典》第224条、第225条的规定，动产的物权转让除法律另有规定外，自交付时生效，但机动车、船舶、航空器等特殊动产的物权变动，未经登记不得对抗善意第三人。在一物二卖的情形下，普通动产和特殊动产适用不同的处理规则。根据《最高人民法院关于审理商品房买卖合同纠纷案件适用法律若干问题的解释》第6条，普通动产中买受人的保护顺位为：(一)先行受领交付的；(二)均未受领交付，先支付价款的；(三)均未受领交付，也未支付价款，合同依法成立在先的。根据该解释第7条，特殊动产中买受人的保护顺位为：(一)先行受领交付的；(二)均未受领交付，先行办理所有权转移登记手续的；(三)均未受领交付，也未办理所有权转移登记手续，合同依法成立在先的；(四)出卖人将标的物交付给买受人之一，又为其他买受人办理所有权转移登记，已受领交付的。

法条链接

1.《民法典》第209条第1款：不动产物权的设立、变更、转让和消灭，经依法登记，发生效力；未经登记，不发生效力，但是法律另有规定的除外。

2.《民法典》第214条：不动产物权的设立、变更、转让和消灭，依照法律规定应当登记的，自记载于不动产登记簿时发生效力。

(本篇撰写人：董文华，武汉大学法学院)

2 房屋预告登记的效力如何认定？

房屋预告登记的效力如何认定？房屋共同预告登记至双方名下后，一方可否要求对方协助将房屋仅登记至自己名下？以上问题要在《民法典》物权编房屋预告登记制度中寻找答案。

案例

陈某和李某原系恋爱关系。陈某为与李某结婚，于2014年11月26日以双方的名义与S市某公司签订商品房预售合同（该合同上李某的名字系陈某代签）。该商品房预售合同约定：陈某、李某购买S市某公司开发的一房屋，建筑面积预测134.05平方米，总价870176元；陈某、李某应于2014年11月26日前付清购房首付款280176元，剩余购房款590000元以银行按揭方式支付。2015年3月17日，涉案房屋被预告登记至陈某、李某名下。2016年4月30日，S市某公司出具了两张关于涉案房屋的购房款发票，该两张发票载明的付款金额分别为280176元、583444元，载明的付款方均为陈某。涉案房屋的银行按揭贷款已由陈某还清。后陈某和李某未能结婚。2016年6月6日，陈某和任某登记结婚，并共同居住于涉案房屋内。陈某向法院起诉请求：确认涉案房屋系陈某单独所有，李某协助陈某将涉案房屋登记到陈某名下。

裁判结果

法院认为，本案争议焦点是涉争的房屋是否是陈某和李某共同共有。陈某和李某在恋爱关系期间，陈某为与李某结婚以二人的名义购买了涉案房屋。涉案房屋的购房款发票载明的付款方为陈某，该房屋的银行按揭贷款亦由陈某还清。后陈某和李某未能结婚。这些事实表明，陈某是为了达到同李某结婚的目的，将其购买的涉案房屋共同预告登记至陈某和李某名下，而李某并未实际支付购房款，陈某的上述行为，应属赠与行为。鉴于预告登记是为了保全将来财产权变动能够顺利进行，而就相关的请求权进行的登记，而本案中涉案房屋目前只是共同预告登记至陈某和李某名下，不动产物权并未真正发生变动，即陈某所赠与财产的权利尚未发生转移，其可以行使赠与人的任意撤销权，因此李某对涉案房屋不享有物权，涉案房屋不属于李某和陈某共同共有，遂判决李某协助陈某将涉案房屋登记至陈某名下。

评析

本案涉及《民法典》中不动产登记制度关于预告登记的规定。《民法典》第221条规定："当事人签订买卖房屋的协议或者签订其他不动产物权的协议，为保障将来实现物权，按照约定可以向登记机构申请预告登记。预告登记后，未经预告登记的权利人同意，处分该不动产的，不发生物权效力。预告登记后，债权消灭或者自能够进行不动产登记之日起九十日内未申请登记的，预告登记失效。"

预告登记，是指为保障将来实现物权而进行的不动产登记，这种登记是不动产登记的特殊类型。通常不动产登记是对现实的不动产物权进行登记，而预告登记所登记的，不是不动产物权，而是目的在于将来发生不动产物权变动的请求权。预告登记的本质特征是使被登记的请求权具有物权的效力，也就是说，进行了预告登记的请求权，对后来发生的与该项请求权内容相同的不动产物权的处分行为，具有对抗的效力，这样，所登记的请求权就得到了保护。据此，预告登记制度不仅适用于预售商品房，还适用于其他不动产物权协议，包括土地权利的转让。

预告登记最核心的功能是限制房地产开发商等债务人处分其权利，即《民法典》第221条第1款规定的"预告登记后，未经预告登记的权利人同意，处分该不动产的，不发生物权效力"，以保障债权人将来实现其债权。正如有的学者所说，预告登记的实践意义在于，权利人所期待的未来发生的物权变动对自己有极为重要的意义，非要发生这种变动不可；而法律也认可这种变动对权利人的意义，并以法律予以保障。比如，老百姓购买预售的住房，它涉及公民的基本生存权利，所以法律上承认购房人获得指定的房屋的权利有特殊保护的必要。但是，因为购房人在与开发商订立预售合同后，只享有合同法上的请求权，该项权利没有排他的效力。所以，购房人无法防止开发商将房屋以更高的价格出卖给他人，即一房二卖这种情况的发生。在这种情况发生时，只能主张开发商违约要求损害赔偿，而无法获得认购的房屋。在建立了预告登记制度的情况下，购房人如果将他的这一请求权进行预告登记，因为预告登记具有物权的排他效力，所以开发商违背预告登记内容的处分行为就不能发生法律效力。这些处分行为既包括一房二卖，也包括在已出售的房屋上设定抵押权等行为。这样，购房人将来肯定能够获得约定买卖的房屋。因此，预告登记对解决类似商品房预售中一房二卖这样的社会问题有着特殊的作用。依照本条规定，预告登记不仅可以针对当事人签订买卖房屋协议的情况，还包括签订其他不动产物权协议的情况。因此，建立预告登记制度，具有广泛的保障债权实现的意义。

除此之外，预告登记对于第三人还具有预警的效力，第三人不得无视预告登记的存在，不得以善意而为抗辩，从而维护了交易的安全。同时，预告登记的预警效力也向第三人及社会提供了相关信息，可以让他人了解该房屋的全面情况，为他人进行交易判断提供帮助。

本案通过对不动产预告登记制度的认定，解决了日常生活中因结婚需要一方将自己购买的房屋预告登记至双方名下后未能结婚所产生的纠纷，保障了真正购房者在房屋办理正式不动产登记之前撤销赠与的权利，有效维护了出资者的合法权益。

男女双方为了组建新的家庭而在婚前购买房屋，并在商品房预售合同中写下双方名字，预告登记至双方名下是非常普遍的现象，也是可以理解的行为；但一旦因其他原因双方未能结婚，就面临着房屋及金钱分割问题。案件中男女双方当事人未能结婚后，男方与他人登记结婚并共同居住在之前购买的房屋内，因房屋的购房款及相应的银行按揭贷款均是由男方支付的，男方关于确认房屋为其单独所有，及女方协助其将房屋正式登记到男方名下的请求，也是人之常情，理应得到支持。

否则，对于男方而言，就会出现人财两空的情况，明显有失公平。预告登记仅仅是赋予了购房者在将来获得所购房屋所有权的请求权，并不等于所有权的真正实现。因此，房屋预告登记后并不是万能的，待正式登记条件成熟后，还是要及时地进行不动产所有权的过户登记。

法律小贴士

（一）经过预告登记后又出现一房二卖，如何处理？

根据《民法典》第221条第1款“预告登记后，未经预告登记的权利人同意，处分该不动产的，不发生物权效力”的规定，预告登记的权利人对纳入预告登记的不动产物权请求权具有排他效力，对于预告登记后又出现一房二卖的，应认定第二次买卖行为无效，维护预告登记权利人的合法权益。

（二）预告登记会失效吗？

《民法典》第221条第2款规定：“预告登记后，债权消灭或者自能够进行不动产登记之日起九十日内未申请登记的，预告登记失效。”即在两种情况下预告登记会失效。一是债权消灭。债权请求权的存在是预告登记的前提，债权一旦消灭，则预告登记就失去其存在的基础。例如，双方解除了房屋买卖合同，则房屋买卖合同债权消灭，预告登记失效。二是自能够进行不动产登记之日起九十日内未申请预告登记。预告登记是为了保障将来实现物权而设立的，如果在能够进行不动产登记时怠于行使权利，则使相对人的处分权长期处于限制状态，不利于发挥财产的经济效益。为避免这种情况出现，督促在条件具备时积极申请登记，《民法典》规定自能够进行不动产登记之日起九十日内未申请登记的，预告登记失效。

（三）为什么预告登记制度在实践中运用较少？

预告登记的实现需要买卖双方合意约定，客观上限制了单方预告登记的机会，尤其是预购人实施预告登记的机会，使预告登记制度的适用大打折扣。另外，网签备案制度与预告登记制度功能高度重叠，一定程度上也抵消了预告登记制度的功能与作用。自我国实行房地产预售制度以来，房地产行政管理部门为加强对预售房的监管，掌握房产交易信息，同时防止开发商一房数卖，实行了房屋交易的网签与备案制度。要求房屋买卖双方必须在专门的交易管理网络系统上签订买卖合同，并对网签合同进行备案登记，凭借备案合同才能申请转移登记。在这种交易机制中，一旦双方通过该系统签订买卖合同并备案后，只要事后不解除该合同并注销网上签约的信息，出卖人就不能再将该房屋转移登记给他人。网签备案制度的客观效果与预告登记的实际作用是一致的。尽管备案后的合同与预告登记的合同相比，在法律上不具有对抗第三人的物权效力，仅仅是房地产行政管理手段，但至少两者在预防一房二卖的功能上高度重叠。并且，网签备案制度从交易之初就强制切入，在确保买受人实现合同目的的力度上甚至比预告登记要求双方约定方可办理更强。网签备案制度减轻了购房人对出卖人一房二卖的担忧。与此同时，其也抵消了人们对预告登记的需求。客观上网上签约机制发挥着防止所有权人一房数卖的实际作用，导致预告登记制度在实践中不被重视。

预告登记制度设计初衷是好的，在国外也有很好的实践基础和效果。要将预告登记制度在我国进一步推广开来，还需要有更严密的程序保障，适当放宽适用范围和条件，可以与传统的网签制度联系起来，以发挥其应有的功效。

法条链接

《民法典》第 221 条：当事人签订买卖房屋的协议或者签订其他不动产物权的协议，为保障将来实现物权，按照约定可以向登记机构申请预告登记。预告登记后，未经预告登记的权利人同意，处分该不动产的，不发生物权效力。

预告登记后，债权消灭或者自能够进行不动产登记之日起九十日内未申请登记的，预告登记失效。

（本篇撰写人：马勇岗，湖北省十堰市中级人民法院）

3 抵押预告登记，银行能否优先受偿？

商品房销售过程中，购房人选择贷款买房，但由于所购房屋尚未建成等原因，暂时无法办理抵押登记。银行为了保护自身利益，在发放贷款时，会要求购房人就所购房屋办理抵押预告登记。如果房屋仅办理了抵押预告登记，并未办理正式抵押登记，在购房人出现逾期还款时，银行能否就抵押预告登记房屋优先受偿？这一问题需要结合《最高人民法院关于适用〈中华人民共和国民法典〉有关担保制度的解释》抵押预告登记的相关条款来回答。

案例

刘某某与周某系夫妻，两人于2021年2月与甲银行签订个人住房（商业用房）借款合同，约定向甲银行借款28.5万元用于购买乙公司开发的案涉房屋一套，刘某某、周某以案涉房屋提供抵押，乙公司提供阶段性保证。2021年4月，刘某某、周某与甲银行就案涉房屋办理了抵押预告登记。合同签订后，甲银行向刘某某、周某发放了贷款。2021年10月，刘某某、周某开始出现逾期。甲银行催收未果，提起诉讼请求：刘某某、周某偿还欠付贷款本息，甲银行在欠付本息范围内对案涉房屋折价、拍卖或变卖所得价款优先受偿。案涉房屋于2021年11月25日办理建筑物所有权首次登记。

裁判结果

法院认为，案涉房屋已经办理了抵押预告登记，并于2021年11月25日办理了建筑物所有权首次登记。刘某某、周某亦无证据证明该抵押预告登记存在失效情形，故甲银行作为预告登记权利人有权就案涉抵押房屋在欠付债权范围内优先受偿，据此判决：刘某某、周某偿还甲银行借款本金195307.44元、利息12681.41元，甲银行对案涉房屋折价或拍卖、变卖的价款在上述借款本息不能清偿的范围内优先受偿。

评析

本案涉及《民法典》的预告登记制度。关于预告登记，《民法典》第221条规定："当事人签订买卖房屋的协议或者签订其他不动产物权的协议，为保障将来实现物权，按照约定可以向登记机构申请预告登记。预告登记后，未经预告登记的权利人同意，处分该不动产的，不发生物权效力。预告登记后，债权消灭或者自能够进行不动产登记之日起九十日内未申请登记的，预告登记失效。"

预告登记是相对于本登记而言，目的是限制房地产开发商等债务人处分其权利，以保障债权人将来实现其债权。商品房预售中，购房人与开发商订立预售合同后，只是获得了合同性质的请求权，由于该权利缺少排他性，无法防止开发商将房屋另行出售给他人，即一房多卖。在设立预告登记的情况下，如果购房人将享有的请求权进行预告登记，由于预告登记具有排他性，如果开发商又将房屋出售给他人，则不能发生法律效力。实践中，预告登记不仅适用于房屋买卖，还适用于房屋抵押等其他处分不动产物权的行为。

关于抵押预告登记，《最高人民法院关于适用〈中华人民共和国民法典〉有关担保制度的解释》第52条第1款规定："当事人办理抵押预告登记后，预告登记权利人请求就抵押财产优先受偿，经审查存在尚未办理建筑物所有权首次登记、预告登记的财产与办理建筑物所有权首次登记时的财产不一致、抵押预告登记已经失效等情形，导致不具备办理抵押登记条件的，人民法院不予支持；经审查已经办理建筑物所有权首次登记，且不存在预告登记失效等情形的，人民法院应予支持，并应当认定抵押权自预告登记之日起设立。"抵押预告登记是当事人在抵押本登记暂时无法办理的情况下，为确保将来抵押权的实现而暂时办理的登记。在判断当事人办理的抵押权预告登记能否产生优先受偿效力时，需要把握以下两个方面。(1)标的物已经具备办理抵押登记的条件。如果预告登记的标的物因尚未办理建筑物所有权首次登记等原因，不具备办理抵押本登记的条件，预告登记权利人主张优先受偿，人民法院不应支持。(2)抵押预告登记尚在有效期内。如果抵押预告登记已经失效，即使标的物具备了办理抵押本登记的条件，预告登记权利人主张优先受偿权，人民法院亦不能支持。

本案中，法院查明案涉房屋于2021年11月25日办理了建筑物所有权首次登记，具备了办理抵押本登记的条件。甲银行作为抵押预告登记权利人起诉时，案涉房屋抵押预告登记亦未失效。据此，法院认定甲银行对案涉房屋享有优先受偿，符合法律规定。在抵押预告登记已经具备办理本登记的情况下，直接认定预告登记权利人优先受偿，可以避免债权人先被判败诉，再去办理抵押登记，然后再重新起诉的烦琐过程，减轻了当事人诉累。

《民法典》出台前，原《担保法》及其司法解释均未对抵押预告登记的法律效力作出规定，导致实践中对该问题一直存在较大争议。《民法典》第221条继承了原《物权法》第20条关于预告登记制度的规定。《最高人民法院关于适用〈中华人民共和国民法典〉有关担保制度的解释》第52条在《民法典》第221条规定的基础上，对作为预告登记类型之一的抵押预告登记的法律效力认定规则进行明确规定，确立抵押预告登记法律效力的认定规则，让市场主体对抵押预告登记行为的法律后果具有更为明确的预期，有利于促进社会交易，维护交易安全和当事人合法权益。本案是对《民法典》第221条以及《最高人民法院关于适用〈中华人民共和国民法典〉有关担保制度的解释》第52条规定的生动实践，准确把握了民法典及其司法解释相关规定的立法精神，明确了抵押预告登记行为在具备本登记条件时赋予其优先受偿效力的法律规则，避免了债权人在预告抵押登记已具备办理本登记条件的情况下先办理抵押登记再行使抵押权，解决了一个纠纷必须多次起诉的困难。

(一)抵押预告登记与正式抵押登记有何区别?

法律小贴士

抵押预告登记是在抵押登记暂时无法办理时，当事人为确保将来取得抵押权而办理的一种预告登记。实践中，抵押登记暂时无法办理的原因往往是抵押合同签订时，用于抵押的建筑物尚未建成等。正式抵押登记，又称“抵押权登记”，是指抵押权人向法律规定的行政机关申请将其在特定物上设定抵押权的事项予以记载和公示。抵押预告登记与正式抵押登记，既有相似的地方，亦有不同之处。从法律性质看，抵押预告登记本质上是预告登记，其所登记的并非现实的抵押权，而是条件具备时要求债务人办理正式抵押登记的请求权。正式抵押登记属于本登记，其所登记的就是现实的抵押权。从法律后果看，抵押预告登记不能直接产生抵押权设立的法律后果，而正式抵押登记则能够直接产生抵押权设立的法律后果。实践中，当用于设立抵押权的建筑物尚未建成或因其他原因尚不具备办理所有权首次登记的条件，导致正式抵押登记暂时无法办理的，债权人为了保障自身权益，往往会选择先办理抵押预告登记，待抵押登记条件具备时，再办理正式抵押登记。

（二）抵押预告登记何时失效以及如何防范?

根据《民法典》第221条第2款规定，如果债权消灭或者当事人自能够进行不动产登记之日起九十日内未申请登记，预告登记失效。抵押预告登记本质上属于预告登记，导致其失效的原因主要有两个：一是抵押预告登记担保的债权消灭；二是当事人未在抵押登记条件具备之日起九十日内及时办理正式抵押登记。实践中，由于建筑物何时建成、何时可以办理所有权首次登记以及正式抵押登记，往往只有房地产开发企业知情，债权人对于这一点很难控制。因此，为了避免因未及时办理正式抵押登记导致抵押预告登记失效的情况，债权人可以采取以下措施：一是关注抵押建筑物的建设及竣工情况，一旦发现建筑物具备办理所有权登记的条件，要及时督促抵押人办理抵押物所有权首次登记，然后再在抵押人的协助下尽快办理正式抵押登记；二是在抵押合同中约定，抵押人一旦获得所有权要及时通知债权人办理正式抵押登记，以此防范抵押预告登记失效。

（三）抵押人破产时，抵押预告登记如何处理?

《最高人民法院关于适用〈中华人民共和国民法典〉有关担保制度的解释》第52条第2款规定：“当事人办理了抵押预告登记，抵押人破产，经审查抵押财产属于破产财产，预告登记权利人主张就抵押财产优先受偿的，人民法院应当在受理破产申请时抵押财产的价值范围内予以支持，但是在人民法院受理破产申请前一年内，债务人对没有财产担保的债务设立抵押预告登记的除外。”在抵押人破产的情况下，考虑到预告登记权利人无法再等到抵押财产的登记条件具备，此时参照破产程序中债权加速到期的有关规定，赋予抵押预告登记具有抵押登记的效力，即抵押预告登记权利人可就抵押财产主张优先受偿。需要注意的是，为了防范债务人通过办理抵押预告登记实施个别清偿的行为，对于在人民法院受理破产申请前一年内，债务人对没有财产担保的债务设立的抵押预告登记，则不赋予具有抵押登记的优先受偿效力。

法条链接

1.《民法典》第 221 条：当事人签订买卖房屋的协议或者签订其他不动产物权的协议，为保障将来实现物权，按照约定可以向登记机构申请预告登记。预告登记后，未经预告登记的权利人同意，处分该不动产的，不发生物权效力。

预告登记后，债权消灭或者自能够进行不动产登记之日起九十日内未申请登记的，预告登记失效。

2.《最高人民法院关于适用〈中华人民共和国民法典〉有关担保制度的解释》第 52 条：当事人办理抵押预告登记后，预告登记权利人请求就抵押财产优先受偿，经审查存在尚未办理建筑物所有权首次登记、预告登记的财产与办理建筑物所有权首次登记时的财产不一致、抵押预告登记已经失效等情形，导致不具备办理抵押登记条件的，人民法院不予支持；经审查已经办理建筑物所有权首次登记，且不存在预告登记失效等情形的，人民法院应予支持，并应当认定抵押权自预告登记之日起设立。

当事人办理了抵押预告登记，抵押人破产，经审查抵押财产属于破产财产，预告登记权利人主张就抵押财产优先受偿的，人民法院应当在受理破产申请时抵押财产的价值范围内予以支持，但是在人民法院受理破产申请前一年内，债务人对没有财产担保的债务设立抵押预告登记的除外。

（本篇撰写人：郭培培、王赛君，湖北省鄂州市中级人民法院）

4 不动产经法院判决认定所有权归属的，能否排除执行？

不动产的物权归属问题关系到每个不动产所有权人的切身利益，更关乎一个家庭的幸福。日常生活中不动产的物权变动有很多种，除买卖等行为经登记发生物权变动外，还可以因法院判决、政府征收等导致物权变动。这些登记之外的物权变动形式有哪些？不及时办理不动产物权变更登记会导致什么样的后果？如何避免不动产交易中产生的风险？以上问题需要在《民法典》的物权编中去寻找答案。

案例

申请执行人某公司与被执行人林某的民间借贷纠纷案于2022年1月10日立案执行后，法院多次通过电话及现场调查寻找被执行人林某下落，但始终无法联系到林某，所有文书均公告送达。同时法院通过执行网络查控系统向金融机构、车辆登记部门、证券机构、网络支付机构、自然资源部等发出查询通知，对被执行人林某名下登记的房产信息进行线下调查并张贴查封公告及拍卖公告。2022年3月，案外人梁某向法院提出执行标的异议，主张对案涉房屋享有所有权并提交部分证据用以证明其享有足以排除执行的民事权益。证据一：离婚证及离婚协议，证明其已于2012年与被执行人林某离婚，且约定房屋归女方梁某所有；证据二：C市某区人民法院及C市中级人民法院一、二审生效法律文书，证明案涉房屋在其他法院执行案件中已排除执行；证据三：本案法院于2021年10月20日（案涉房屋查封前）作出的民事判决书，判项载明前述案涉房屋归梁某所有，证明现案涉房屋所有权归属梁某。

裁判结果

法院认为，结合本案情况及梁某提交的材料，足以证明梁某享有排除对本案案涉房屋执行的民事权益，应当告知申请执行人相关情况并释明法律后果及诉累(若梁某提出的执行异议大概率被采纳，申请执行人需提起执行异议之诉)。经法院与申请执行人沟通后，申请执行人同意申请解除对案涉房屋的查封措施，另外提供其余可供执行财产线索。故法院裁定：解除对被执行人林某名下案涉房屋的查封措施。申请执行人未提出异议，该裁定已生效。

评析

本案主要涉及《民法典》第229条至第232条及《最高人民法院关于人民法院办理执行异议和复议案件若干问题的规定》第25条及第26条中权利人的判断和处理方式。

在我国，物权的变动分为物权的取得、物权的变更及物权的消灭。《民法典》中物权的取得主要分为物权的原始取得，如先占、添附、善意取得等；物权的继受取得则是买卖、赠与、继承、遗赠等。而在物权的变更中也区分了基于民事法律行为的物权变动，例如基于买卖合同的所有权转移、基于抵押合同的抵押权设立、基于质押合同的质权设立等。在买卖合同中所有权要转移，在合同有效的前提下，标的物为动产时需交付，标的物为不动产时需登记。本案所涉及的物权变更是非基于民事法律行为的物权变动，不动产并非必须经登记，动产并非必须经交付即可产生物权变动效力。在我国，这种非基于民事法律行为的物权变动在《民法典》中涉及了四个条文，其中第229条规定："因人民法院、仲裁机构的法律文书或者人民政府的征收决定等，导致物权设立、变更、转让或者消灭的，自法律文书或者征收决定等生效时发生效力。"

本案中梁某于2022年3月11日向法院主张以生效的民事判决书来阻却执行，焦点问题在于：(1)判断案外人梁某是否系涉案房屋权利人；(2)该权利能否排除本案的执行。

关于第一个焦点问题。梁某主张的本案法院2021年10月20日作出的民事判决书在本案执行立案前就已生效，则依据《民法典》第229条的规定，在该判决书生效之时该房屋所有权即发生了变动，已自先前权利人林某变动至梁某名下。《民法典》第229

条中所称“人民法院、仲裁机构的法律文书”，到底是怎样的法律文书？在实践中有部分法律文书并非确权文书，而是判决“协助过户”等行为履行的文书。在这里该“法律文书”应当是人民法院、仲裁机构在分割不动产或动产的案件里作出的且依法生效的能够改变原有物权关系的判决书、裁决书等（这些文书必须包含物权关系的变更）。

关于第二个焦点问题。梁某提供排除执行的法律文书生效时间在本案涉案房屋查封前，所以适用《最高人民法院关于人民法院办理执行异议和复议案件若干问题的规定》第25条及第26条明确规定的案外人执行异议程序中权利人的判断标准和处理方式。本案梁某符合第25条第2款及第26条第1款第1项的规定。第25条第2款规定：“案外人依据另案生效法律文书提出排除执行异议，该法律文书认定的执行标的权利人与依照前款规定得出的判断不一致的，依照本规定第二十六条规定处理。”第26条第1款第1项规定：“金钱债权执行中，案外人依据执行标的被查封、扣押、冻结前作出的另案生效法律文书提出排除执行异议，人民法院应当按照下列情形，分别处理：（一）该法律文书系就案外人与被执行人之间的权属纠纷以及租赁、借用、保管等不以转移财产权属为目的的合同纠纷，判决、裁决执行标的归属于案外人或者向其返还执行标的且其权利能够排除执行的，应予支持。”故本案如梁某提出执行异议，其以该生效法律文书排除本案的执行申请也会被支持。

法律小贴士

（一）通过人民法院的法律文书取得物权但不进行不动产登记，存在什么样的法律风险？

主要的法律风险有两个方面：（1）《民法典》第232条规定：“处分依照本节规定享有的不动产物权，依照法律规定需要办理登记的，未经登记，不发生物权效力。”即要求不动产物权取得人在进一步处分物权时，必须先进行登记，以充分贯彻不动产物权变动以登记为公示方法的原则，维护交易安全。未经登记的，就丧失了成功处分该不动产的权利。（2）不动产物权人若一直不办理不动产变更登记，其前权利人可能无权处分该不动产，触发受让人的善意取得制度，那么每时每刻都有不动产被出卖且无法追回的风险。虽然善意取得制度中所有权人可以向无权处分人请求损害赔偿，但增加了当事人诉累和执行不能的风险。

（二）不经登记或交付可以直接引起物权变动的原因有哪些？

不经登记或交付可以直接引起物权变动的原因除本案中提到的法院判决之外，还有以下四个方面。(1)仲裁机构作出的法律文书。主要是仲裁裁决和调解书，物权变动生效的时间为该仲裁法律文书作出之日。(2)人民政府的征收决定。物权变动生效的时间为该征收决定生效的时间。(3)因继承或者受遗赠取得物权。继承人或者受遗赠人自被继承人、遗赠人死亡时取得遗产的所有权。(4)合法建造房屋。在房屋建成时取得房屋所有权。

（三）如何减少和防范不动产买卖交易风险或以离婚协议约定不动产所有权归属而带来的风险？

离婚协议中约定了不动产归属的，应当尽快办理权利人变更登记手续，以免产生本案中不必要的诉累。要在签订房屋买卖合同之前先核实房屋的产权信息，看是否有抵押、查封、异议登记等相关影响房屋过户的因素，同时在合同内约定好付款方式、金额、时间、逾期履行的法律后果和违约责任，最后对于合同的解除需要单独约定，在房屋买卖过程中全程参与，这样才能尽可能保障房屋买卖合同的顺利履行。

法条链接

1.《民法典》第 229 条：因人民法院、仲裁机构的法律文书或者人民政府的征收决定等，导致物权设立、变更、转让或者消灭的，自法律文书或者征收决定等生效时发生效力。

2.《民法典》第 230 条：因继承取得物权的，自继承开始时发生效力。

3.《民法典》第 231 条：因合法建造、拆除房屋等事实行为设立或者消灭物权的，自事实行为成就时发生效力。

4.《民法典》第 232 条：处分依照本节规定享有的不动产物权，依照法律规定需要办理登记的，未经登记，不发生物权效力。

（本篇撰写人：周泉，湖北省武汉经济技术开发区人民法院）

5 占用公共通道扩建大门合法吗?

占用公共通道扩建大门的行为屡见不鲜，有些业主忍气吞声、委曲求全，有些业主愤愤不平却无可奈何，一些物业服务企业往往选择装聋作哑、置之不理。占用公共通道到底侵犯了谁的合法权益？公共通道被占用了，谁可以主张权利？改变公共通道的用途需要经过什么程序？占用公共通道可能会面临怎样的法律后果？上述问题的答案可以在《民法典》物权编有关业主的建筑物区分所有权规定中寻找。

案例

田某购买了W市某小区位于公共通道一侧的房屋，姜某购买了该小区同一栋同一层位于公共通道一端的房屋，两房相邻呈直角。姜某装修房屋时发现入户大门前公共通道可为己用，于是将入户大门往外改建了1.44米，导致两家房屋大门直角距离从1.7米缩成0.3米。为此，田某与姜某曾发生过争执，多次沟通无果后，田某诉至法院，请求判决姜某拆除占用公共通道建造的入户门等设施并恢复原状。

裁判结果

法院认为，业主对建筑物内的住宅等专有部分享有占有、使用、收益和处分的权利，业主行使权利不得危及建筑物的安全，不得损害其他业主的合法权益。业主对专有部分以外的共有部分享有共有和共同管理的权利，还应承担相应的义务。公共通道系专有部分以外的共有部分，业主对公共通道享有共有和共同管理的权利，公共通道不能为某个业主或为满足某个业主个人利益所用。本案中，姜某有权对其建筑物内的入户大门进行改造升级，但未经业主共同决定擅自占用公共通道、改变公共通道用途来扩建入户大门，既侵犯了包括田某在内的其他业主对公共通道享有的共有权利，也妨碍了包括田某在内的其他业主对公共通道合理使用的权利。不动产的相邻权利人应当按照有利生产、方便生活、团结互助、公平合理的原则，正确处理相邻关系。涉案两套房屋大门直角距离原本约1.7米，两套房屋之间原本因具有一定的空间距离而具有相应的舒适度和隐私性，姜某占用公共通道扩建大门将涉案两套房屋大门直角距离缩短至仅约0.3米，违背了处理相邻关系的基本原则，妨碍了田某本应享有的可期待的相邻房屋之间的空间距离、居住舒适度以及一定的隐私性，对相邻的不动产权利人田某造成了损害。综上，姜某应拆除占用公共通道建造的入户门等设施并恢复原状。判决后，姜某主动履行判决，自行拆除了占用公共通道建造的防盗门等设施并恢复原状。

评析

本案涉及《民法典》物权编有关业主的建筑物区分所有权规定。《民法典》第271条规定："业主对建筑物内的住宅、经营性用房等专有部分享有所有权，对专有部分以外的共有部分享有共有和共同管理的权利。"《民法典》第272条规定："业主对其建筑物专有部分享有占有、使用、收益和处分的权利。业主行使权利不得危及建筑物的安全，不得损害其他业主的合法权益。"

建筑物区分所有权并非一种单一的所有权形态。从上述《民法典》相关规定来看，建筑物区分所有权至少包含三个层次的内容。一是对专有部分的所有权。一个建筑物被区分为许多个居住单元、独立存在空间，这些独立的每个部分属于不同的所有权人单独所有，各区分所有权人具有与通常的单独所有权完全相同的性质，各区分所有权人能够自由地支配并排除他人不法干预。二是对共有部分的共有权。一个建筑物内除了住宅、经营性用房等专有部分，还有屋顶、外墙、电梯、通道、地下室等共有部分，这些共有部分属于各区分所有权人共有。三是基于区分所有权之间的共有关系成为共同体。一个小区有几个、几十个，甚至上百个建筑物，并且一个建筑物内有几十、几百个各区分所有权人，为了调整和约束住户的行为，营造安宁、清洁、和谐的居住环境，有必要建立以各区分所有权人为成员的共同体，通过制定管理规约等方式对共有部分的共同管理加以有效规范，并借助此共同体的组织方式实现对其他公共事务的管理。

值得注意的是，权利的区分关键在于专有部分和共有部分的认定。关于专有部分，《民法典》规定建筑物区分所有权的专有部分除住宅和经营性用房之外，并未列举其他内容。在立法未明确的情况下，对于“等”字具体所指的内容可以从《最高人民法院关于审理建筑物区分所有权纠纷案件适用法律若干问题的解释》第2条关于判定建筑物专有部分应当具备的三个要件入手，从是否有构造上的独立性、利用上的独立性以及法律上的独立性进行对照并作出认定。但规划上专属于特定房屋，且建设单位销售时已经根据规划列入该特定房屋买卖合同中的露台等，应当认定为房屋等专有部分的组成部分。关于共有部分的含义立法亦未明确，实际生活中类型比较复杂，划分标准也不相同，应依据《最高人民法院关于审理建筑物区分所有权纠纷案件适用法律若干问题的解释》第3条规定来认定：一是建筑物的基础、承重结构、外墙、屋顶等基本结构部分，通道、楼梯、大堂等公共通行部分，消防、公共照明等附属设施、设备，避难层、设备层或者设备间等结构部分；二是其他不属于业主专有部分，也不属于市政公用部分或者其他权利人所有的场所及设施等。

本案中，姜某有权对其专有部分的入户大门进行改造，但应在合法合理的限度内行使专有部分所有权。姜某未经业主共同决定擅自占用公共通道扩建入户大门，显然损害了其他业主的合法权益。田某作为同一建筑物、同一层楼的业主及相邻关系人，有权依据《民法典》规定的建筑物内区分所有权维护自身合法权益。姜某违法占用公共通道损害了包括田某在内的其他业主的合法权益，田某要求姜某拆除违法扩建的入户大门并恢复原状，有理合法，应予以支持。

建筑物区分所有权是个人权利与共有权利、权利保障与禁止权利滥用的对立统一。建筑物区分所有权明晰了专有部分所有权与共有部分共有权之间的关联和区分，有利于业主合法行使所有权、合理规范管理权，有利于减少不必要的争议与纠纷，有利于维护和谐的邻里关系。

法律小贴士

（一）经过隔壁邻居同意，是否就可以占用公共通道扩建入户大门？

不少业主认为每一楼层的公共通道归该楼层的业主共有，只要同一楼层或相邻业主同意或者未提出异议，就可以占用公共通道，这种错误认知是本案姜某违法占用公共通道的主要原因，也是推卸责任的借口。依据《民法典》第278条规定，改变共有部分的用途等有关共有和共同管理权利的重大事项由业主共同决定。业主共同决定事项，应当由专有部分面积占比三分之二以上业主且人数占比三分之二以上的业主参与表决，应当经参与表决专有部分面积四分之三以上的业主且参与表决人数四分之三以上的业主同意。公共通道是满足业主日常出行需要的必要通道，也是保障业主生命安全的消防通道，公共通道属于各区分所有权人的共有部分，改变其用途应当依法经业主共同决定，否则就是违法占用。

（二）公共通道被占用了，谁可以主张权利？

业主既是权利主体，也是义务主体。业主既享有建筑物区分所有权，也应当遵守法律、法规以及管理规约，相关行为应当符合节约资源、保护生态环境的要求。依据《民法典》第286条第2款规定，业主大会或者业主委员会，对任意弃置垃圾、排放污染物或者噪声、违反规定饲养动物、违章搭建、侵占通道、拒付物业费等损害他人合法权益的行为，有权依照法律、法规以及管理规约，请求行为人停止侵害、排除妨碍、消除危险、恢复原状、赔偿损失。如果小区业主尚未设立业主大会，未选举业主委员会，对于上述损害他人合法权益的行为是否就无人能管了？依据《民法典》第287条规定，业主对建设单位、物业服务企业或者其他管理人以及其他业主侵害自己合法权益的行为，有权请求其承担民事责任。是故，业主依法有权提起诉讼，维护自身合法权益。

（三）占用公共通道可能会面临怎样的法律后果？

小区楼栋间、楼层里的公共通道往往也是疏散通道、安全通道、消防通道，占用公共通道不仅是一种民事侵权行为，还是一种行政违法行为。依据《消防法》第60条的规定，个人占用、堵塞、封闭疏散通道、安全出口或者有其他妨碍安全疏散行为的，处警告或者五百元以下罚款。如因个人占用、堵塞公共通道导致消防设备无法进入，导致他人损失进一步扩大，还应对扩大损失部分承担相应的民事赔偿责任。

法条链接

1.《民法典》第271条：业主对建筑物内的住宅、经营性用房等专有部分享有所有权，对专有部分以外的共有部分享有共有和共同管理的权利。

2.《民法典》第272条：业主对其建筑物专有部分享有占有、使用、收益和处分的权利。业主行使权利不得危及建筑物的安全，不得损害其他业主的合法权益。

（本篇撰写人：石英，湖北省武汉市江夏区人民法院）

6 邻居能否将住宅改成民宿?

邻居将住宅装修后改成民宿,为自己带来了经济效益,但陌生人的频繁出入,对同楼栋居民的日常生活及人身财产安全带来影响。邻居有权将住宅改成经营性用房吗?将住宅改成经营性用房需要哪些流程? 有利害关系的业主应该如何维权? 以上问题的答案可以在《民法典》物权编有关业主改变住宅用途的限制条款中找寻。

案例

罗某、郑某等八人与被告孙某均系W市某小区住宅房屋同楼栋业主,该小区商品房在办理交接时,业主均签订有临时管理规约,约定不得擅自改变物业单元的使用性质,因特殊情况需要改变用途的,除遵守相关规定外,还应当征得有利害关系的业主的同意,并告知前期物业服务企业。此外,规约还特别规定严禁将项目物业管理区域内的住宅改变为餐饮、娱乐、办公、加工、仓储、宾馆等经营性场所。

孙某收房后,在未征得其他利害关系业主同意的情况下,将该房屋进行装修后挂在某旅游住宿网站上作为民宿对外出租经营,租客在网上办理入住后,由孙某带领至房屋内并领取楼栋大门门禁卡,入住期间租客可随意进出小区及本楼栋。同楼栋其他业主发现该情况后,曾向物业进行反映并报警,协商调解无果后,罗某、郑某等八人将孙某起诉至法院,请求孙某停止经营民宿,恢复该房屋原始用途,并赔偿经济损失。

裁判结果

法院认为，本案争议焦点主要有二：一是诉争房屋作为民宿对外出租是否属于经营性用房；二是八位原告是否有权要求孙某停止该经营行为。对上述焦点问题，法院认为：其一，在该房屋证载登记用途为住宅，孙某未取得合法经营资质的情况下，利用该房屋在网络平台对外按日进行出租并收费，面向的是登录该网络平台的不定向的社会人员，其对入住人员提供了引导上门、清洁打扫等住宿服务，该行为属于酒店式经营管理，而明显有别于一般的房屋租赁行为，该行为系改变房屋用途，使房屋属于经营性用房。其二，罗某、郑某等八人均系诉争房屋同楼栋其他房屋业主，孙某对外经营房屋，造成该楼栋可由非本小区人员随意进出、进出人员增加，导致同楼栋业主人身、财产安全隐患增加，故该楼栋业主均属于有利害关系的业主。最终，法院综合认定孙某违反了法律及临时管理规约的规定，判决孙某停止经营民宿，恢复房屋用途，并撤除发布在网站平台上的经营信息。因罗某、郑某等八人未提供存在损失的相关证据，且该民宿经营从目前来看仅是增加了风险的可能性，尚未发生实质性损害，故罗某、郑某等八人要求赔偿经济损失的诉讼请求，法院不予支持。

评析

本案涉及物权关系中将住宅改为经营性用房的相关条款。《民法典》第279条规定："业主不得违反法律、法规以及管理规约，将住宅改变为经营性用房。业主将住宅改变为经营性用房的，除遵守法律、法规以及管理规约外，应当经有利害关系的业主一致同意。"《最高人民法院建筑物区分所有权纠纷案件适用法律若干问题的解释》第11条明确了"有利害关系的业主"的范围，即本栋建筑物内的其他业主。建筑区划内，本栋建筑物之外的业主，主张与自己有利害关系的，应证明其房屋价值、生活质量受到或者可能受到不利影响。《关于审理建筑物区分所有权纠纷案件适用法律若干问题的解释》第10条还明确了对有利害关系的业主的救济方式，即请求排除妨害、消除危险、恢复原状或者赔偿损失的，人民法院应予支持。另外，该条还强调有利害关系的业主同意必须为"一致同意"，将住宅改变为经营性用房的业主以多数有利害关系的业主同意其行为进行抗辩的，人民法院不予支持。

本案中，孙某违反法律、法规及管理规约的规定，在未经利害关系业主一致同意的情况下，随意改变住宅的居住用途，将住宅改为民宿对外开展经营，侵犯了相关利害关系的业主的合法权益，被侵权人有权依据法律及相关司法解释的规定，要求侵权人采取排除妨害、恢复原状等措施。

近几年，民宿受到诸多旅游爱好者的青睐，许多人发现了这一商机，将自有的住房改为民宿后对外出租。订房者在网上订房后，就能拿到进入该民宿的钥匙或密码、门禁卡，从而进出所在小区、楼栋。实践中，业主在将住宅出租、出借后，承租人、借用人改变住宅用途为经营性用房的情况亦时有发生。应当注意的是，非业主的物业使用人同样受相关法律法规的限制，在将住宅改变为经营性用房时，亦应遵守法律法规确定的相应义务。除了将住宅改为民宿外，业主擅自将小区内的住宅房屋改变为餐饮、娱乐等商业用房，以及经营公司、服务行业等经营性用房的情况亦不断增加。这种改住宅用途为经营性用房的行为，不仅导致小区外来人员杂乱、增加了小区不安全因素、干扰了业主正常生活等问题，还给小区带来安全隐患和管理难题。因此，《民法典》特别规定了改变住宅为经营性房屋的，应当符合“法律、法规以及管理规约”并征得“有利害关系的业主一致同意”。

本案从一起邻居经营民宿而产生的纠纷入手，支持有利害关系的业主恢复房屋用途的要求，明确建筑物区分所有权人在此种情况下享有请求排除妨害、消除危险、恢复原状或者赔偿损失等救济方式的权利，支持业主依法维权。同时，提示类似经营者注意防范相关法律风险，在改变房屋用途时遵守法律、法规以及管理规约等相关规定，按要求改造住宅用途，保证改造后房屋满足安全、消防等标准。

法律小贴士

（一）为什么不允许业主、非业主的物业使用人随意将住宅改成经营性用房？

住宅和商铺是不同性质、不同功能的两种房屋，之所以不允许随意进行“住改商”，既涉及城市功能的定位与布局规划，同时也涉及一定区域内的社会秩序的安定与社区管理。如果允许业主随意将住宅改变为经营性用房，会产生不少弊端。其一，严重干扰和影响其他业主的生活。住宅小区的业主本是相对固定的，但“住改商”后出入小区、楼栋的人流量必然增大，形形色色的人员出入会干扰到其他相对固定业主的正常生活，造成小区车位、电梯、水电等公共设施安全使用的紧张，影响到其他业主的生活质量，极易引发邻里矛盾。其二，安全隐患显著增加。人员流动性的增加必然导致小区安保压力陡增，而有限的安保力量显然无法应对庞大的人员流动，容易给违法犯罪行为的滋生留下空间；此外，住宅防火通道的设计也无法满足高密度人群的疏散。其三，城市规划目的落空。土地的使用途径包括住宅用地、工业用地、商业用地，在规划土地上建成后的房屋应当用于相应的途径，这是土地规划制度的目的所在，随意变更房屋用途，影响了城市规划的整体布局，对商业配套和居住环境造成了冲击。其四，造成国家税费流失。不同功能用地的使用年限、相应的土地出让金的缴纳都会不同，将住宅用于生产经营，实际上变相导致了国家土地出让金的损失。其五，社区治理的压力及难度届时将会倍增。随意变更住宅用途，将导致同一小区内住宅和经营性房屋犬牙交错，混杂在一起，在缺乏统一管理的情况下，必将影响到社区治理的效能。

（二）将住宅改为经营性用房需要办理哪些手续？

当然，法律并非一律禁止住宅改为经营性用房，而是为“住改商”的发展留下了制度空间。根据《民法典》第279条的规定，业主将住宅改变为经营性用房的，除遵守法律、法规以及管理规约外，还应当经有利害关系的业主一致同意。由此可见，在“住改商”这一问题上，遵守有关法律法规、管理规约和经有利害关系的业主一致同意，这二者缺一不可。就前者而言，《W市企业住所（经营场所）登记管理暂行办法》对适用“住改商”的具体经营项目、负面情形等作出了具体规定；就后者而言，经有利害关系的业主一致同意必须采取明示的方式，书面或者口头等形式均可。

（三）对于擅自将住宅改为经营性场所的行为，有利害关系的业主应该如何维权？

对民间矛盾纠纷，当事人主要可以采取协商、调解及诉讼等方式予以解决。居民发现身边存在违规“住改商”的情形时，可以先与对方进行协商，请对方停止侵害行为并恢复原状;如果对方拒绝协商,可以请物业公司、社区居委会等组织的工作人员帮助协调沟通;在沟通无效的情况下,利害相关人可以在保留好证据的情况下,向所在地人民法院提起诉讼,请求侵权人排除妨害、消除危险、恢复原状或者赔偿损失。

法条链接

《民法典》第279条:业主不得违反法律、法规以及管理规约,将住宅改变为经营性用房。业主将住宅改变为经营性用房的,除遵守法律、法规以及管理规约外,应当经有利害关系的业主一致同意。

(本篇撰写人:袁毅然、黄洋、侯竣译,湖北省武汉市江汉区人民法院)

7 业委会选聘物业侵害业主权利，业主如何维权？

业主委员会应代表和维护全体业主的合法权益，当业委会不维护业主权益甚至侵犯业主权益时，就失去了其本身的意义。当业主大会或业主委员会的决议存在违反程序规定或侵害业主权益的情形，业主如何维权？何种情形下可以提起业主撤销权之诉？这些问题需要结合《民法典》物权编有关业主大会或者业主委员会决定的效力与业主撤销权条款来回答。

案例 某小区有总建筑面积308821.50平方米，总套数2562套，其中住宅2330户、商铺232户。沈某系该小区业主。2020年3月20日，经小区业主的申请，成立业委会并经某市房地产管理局登记备案。2020年5月18日，A物业向业委会申请，与业委会签订小区的物业服务合同。2020年10月，业委会委托A物业以书面形式征求业主代表对选聘物业服务企业的意见。A物业即分两批，就与A物业续签合同向业主征求意见。一批是发放征求意见表，共发放127份(其中102份同意，11份不同意，14份弃权)。另一批是发放征求意见书，内容为："A物业在4月份以前，因为管理的缺陷而影响到服务质量，造成部分业主对物业公司产生一种失望心理……目前物业正在努力前行，全心全意努力为广大业主服务，也希望业主提出宝贵意见，您愿意物业公司在业委会监督下同您一起共建和谐、美好家园吗？"共发放174份(其中157份同意，11份不同意，6份弃权)。2020年12月24日，业委会向业主发布了与A物业签订物业服务合同的决定公告。沈某及部分业主发现，所发放的174份征求意见书未明示为选聘物业管理企业，存在并非业主签名等违规情形，通过向相关职能部门信访或网络方式，对该投票过程进行投诉。后由业委会安排6位自荐业主代表对上述没有明确是选聘物业企业的征求意见书签名真实性重新进行了核查。2021年1月，某市房地产管理局就网民反映的“业委会借疫情防控操控选举”问题，调查核实后进行了回复，建议业委会依法依规完善选聘物业企业的流程，合理合法选聘物业企业。2021年3月，业委会再次对170余份征求意见书重新走访调查，并于2021年3月12日进行了公示：“业委会与A物业签订物业服务合同一事，对301户业主代表进行入户调查，同意人数250人，保持中立19人，不同意人数32人。”2021年3月19日，业委会与A物业续签了物业管理合同。2021年5月，某市房地产管理局就网民反映的“小区业主投票权被调包”问题，调查核实后回复认定为“发现业主反映的问题属实”。2021年10月28日，沈某向法院提起业主撤销权之诉，认为业委会与A物业续签物业合同不符合法定程序，主张撤销业委会与A物业签订物业服务合同的决定。

裁判结果

法院经审理认为，业主大会或业主委员会的决议存在违反程序规定或侵害业主权益的情形，相关业主可请求予以撤销。结合本案实际，双方争议焦点为，业委会决定与A物业签订物业服务合同的程序是否违反程序规定。根据《民法典》第278条之规定，下列事项由业主共同决定：(四)选聘和解聘物业服务企业或者其他管理人。业主共同决定事项，应当由专有部分面积占比三分之二以上的业主且人数占比三分之二以上的业主参与表决，且应当经参与表决人数过半数的业主同意。本案中，所涉事项的征求意见对象为2562户(住宅2330户、商铺232户)，业委会在选聘物业管理企业时仅征求了其中301户的意见，明显违背了选聘物业服务企业应当由专有部分面积占比三分之二以上的业主且人数占比三分之二以上的业主参与表决，且参与表决人数过半数的业主同意的法律规定程序，且其中部分征求意见书存在并非征求选聘物业企业的意见，即决定与A物业签订物业服务合同。沈某主张撤销决定的诉请合法有据，法院遂依法对其诉讼请求予以支持。

评析

本案涉及我国《民法典》物权编第280条关于业主大会或者业主委员会决定的效力与业主撤销权的规定："业主大会或者业主委员会的决定，对业主具有法律约束力。业主大会或者业主委员会作出的决定侵害业主合法权益的，受侵害的业主可以请求人民法院予以撤销。"

作为业主大会的执行机构，业主委员会在业主大会的授权范围内履行职责。如果业主委员会超出业主大会的授权范围，存在侵害业主权利的行为，或业主大会的召开及业主委员会作出决议违反法律规定或业主大会议事规则约定的程序，那么业主均有权向法院提起诉讼，请求撤销相关决议。

本案中，沈某作为小区业主，发现业委会在向全体小区业主征询选聘物业服务企业的意见时，所发放的174份征求意见书未明示为选聘物业管理企业，存在并非业主签名等违规情形，通过向相关职能部门信访或网络方式，对该投票过程进行投诉。后由业委会安排6位自荐业主代表仅对上述没有明确是选聘物业企业的征求意见书签名真实性重新进行了核查。之后业委会再次对170余份征求意见书重新走访调查、公示后，与A物业续签了物业管理合同。2021年5月，某市房地产管理局就网民反映的"小区业主投票权被调包"问题，调查核实后回复认定为"发现业主反映的问题属实"。2021年10月28日，沈某向法院提起业主撤销权之诉，认为业委会与A物业续签物业合同不符合法定程序，主张撤销业委会与A物业签订物业服务合同的决定。沈某向法院起诉主张撤销决定的诉请合法有据，应当予以支持。本案中小区业主积极行使自己的合法权利，既保障了自身合法权益，更督促业委会诚实履行自身义务，起到了引领诚信、友善、文明的社会新风尚的积极作用。

作为一种救济和平衡机制，业主撤销权之诉实质上是平衡个别业主与业主共同体之间利益关系的一种手段。在建筑物区分所有权中，业主兼具专有部分所有权、共有部分所有权及成员权的特质，这也决定了单个业主在行使权利时应对业主委员会或业主大会作出的决定负有必要限度的容忍义务。但是，当业主大会或者业主委员会作出的决议超出业主必要限度的容忍义务，侵犯业主合法权益时，提起诉讼请求撤销相关决议，也是业主维护自身合法权益的一种有效方式。本案正是保护业主权益的典型案例，彰显了社会正义和公平。

法律小贴士

（一） 业主撤销权之诉的行使期限如何？

《民法典》第280条第2款规定，业主大会或者业主委员会作出的决定侵害业主合法权益的，受侵害的业主可以请求人民法院予以撤销。业主撤销权必须以诉讼方式行使，最终由法院判决生效。根据《最高人民法院关于审理建筑物区分所有权纠纷案件适用法律若干问题的解释》第12条的规定，业主以业主大会或者业主委员会作出的决定侵害其合法权益或者违反法律规定的程序为由，请求法院撤销该决定的，应当在知道或者应当知道业主大会或者业主委员会作出决定之日起一年内行使。也就是说，业主撤销权的行使受一年期间限制，且该期间不因任何事由中止、中断或延长。如业主超过一年未向法院提起撤销权之诉，则享有的撤销权消灭，无权再起诉要求撤销业主大会或业主委员会作出的相关决议。

（二） 业主撤销权之诉的适格原告有哪些？

既然是业主撤销权之诉，顾名思义，其适格原告自然为业主。什么是业主？在一般人的观念中，业主自然就是购买商品房的人。事实上，法律对业主的定义有明确规定：业主是取得建筑物专有部分所有权的人。而所谓建筑物专有部分，具有以下三个特点：构造上具有独立性，能够明确区分；能够独立、排他使用；能够登记为特定业主所有权。也就是说，除了房屋，满足以上三个特点的车位、摊位等特定空间，也属于建筑物专有部分，其所有权人也是法律意义上的业主。具体而言，法律意义上的业主包括以下五种情况：(1)依法办理所有权登记的建筑物专有部分所有权人；(2)与开发商签订商品房买卖合同且已经合法占有建筑物专有部分，但尚未办理所有权登记的人；(3)因人民法院、仲裁委员会的法律文书或者政府的征收决定取得建筑物专有部分的所有权人；(4)因继承或者受遗赠取得建筑物专有部分的所有权人；(5)因合法建造房屋的事实行为取得建筑物专有部分的所有权人。因此，只要符合上述条件，房屋已经交付但尚未办理房产证的物业买受人、单独购买车位的买受人均为法律意义上的业主，具有提起业主撤销权之诉的主体资格。

（三）业主撤销权之诉的适用情形有哪些？

根据《最高人民法院关于审理建筑物区分所有权纠纷案件适用法律若干问题的解释》第12条的规定，业主大会或者业主委员会作出的决定侵害业主合法权益或者违反法律规定的程序的，业主可以请求人民法院撤销该决定。故在业主的合法权益受到侵害及业主委员会或业主大会作出的决定违反法律规定程序的情况下，业主均有权提起诉讼行使撤销权。《民法典》第278条规定了选聘和解聘物业服务企业、筹集和使用建筑物及其附属设施的维修资金、制定和修改业主大会议事规则等有关业主共有和共同管理权利的重大事项，由业主共同决定。此外，《物业管理条例》对业主大会召开的条件、程序、方式等作出了规定。比如，召开业主大会需经专有部分面积占比三分之二以上的业主且人数占比三分之二以上的业主参与表决，业主大会召开15日前应通知全体业主及居委会，业主大会可以采用集体讨论或书面征求意见的形式等事项。

作为业主大会的执行机构，业主委员会在业主大会的授权范围内履行职责。如果业主委员会超出业主大会的授权范围，存在私自选聘物业公司并签订物业服务合同、自行在小区内选址建造垃圾定点投放用房、擅自动用建筑物及其附属设施的维修资金等侵害业主权利的行为；抑或业主大会的召开及业主委员会作出决议违反法律规定或业主大会议事规则约定的程序，那么业主均有权向法院提起诉讼，请求撤销相关决议。

法条链接

《民法典》第280条：业主大会或者业主委员会的决定，对业主具有法律约束力。

业主大会或者业主委员会作出的决定侵害业主合法权益的，受侵害的业主可以请求人民法院予以撤销。

（本篇撰写人：邓鸽，湖北省钟祥市人民法院）

8 欠交的建筑物专项维修资金如何追讨？

对建筑物外墙等共有部分进行维护的资金来源于专项维修资金，其为全体业主共同所有，保存在以业主名义开设的账户中。依照法律规定，业主均应按时交纳专项维修资金。若有业主未交纳维修资金应该如何处理？专项维修资金有何性质？业主大会能否行使权利、参加诉讼？专项维修资金的追讨是否适用诉讼时效制度？以上问题的答案还需要在《民法典》物权编建筑物专项维修资金的相关条款中寻找。

案例

上海某商业房地产经营公司与上海环X实业总公司于1995年签订了拆迁补偿协议书，约定环X公司被拆迁的房屋及构筑物，经双方协商，根据拆一还一原则，大楼建成后，一至二层作为产权补偿，地下室作为使用权补偿归还环X公司。商业房地产经营公司与环X公司于2004年1月签订了关于交付某大厦补偿用房的协议。同年3月，环X公司取得该大厦一层、二层房屋的产权。环X公司未支付过系争房屋的维修资金。2010年，业主大会就是否向法院起诉环X公司追讨维修资金征求全体业主意见，表决结果为：应到业主80人(户)，其中同意78人(户)，弃权2人(户)。该表决结果显示超过二分之一的业主均对起诉环X公司表示同意，会议决定由业主大会代表业主提起相关诉讼。环X公司因不服一审法院判令环X公司向业主大会交纳该大厦一层、二层房屋57566.90元维修资金的判决，提起上诉，认为业主大会不符合民事诉讼主体资格，没有提起诉讼的权利，且其诉讼请求已超过诉讼时效，请求依法撤销一审法院判决，改判驳回业主大会要求环X公司向其交纳维修资金的一审诉讼请求。

裁判结果

法院认为，业主大会作为自治组织，管理全体业主的共有财产、共同事务，可以作为其他组织参加诉讼。业主大会具有社团性质，业主即是社团之社员，享有社员权，承担社员义务，其权利义务包含多种性质。业主大会作为全体业主的共有财产管理者，对房屋共有部分的维修和改良具有法律规定的权利。维修资金是法律规定的业主应当交纳的款项，其用途就是对房屋共有部分进行维修、更新和改造。因此，业主大会要求作为小区业主之一的环X公司交纳维修资金，这一权利基于业主是业主大会的社员，基于业主大会是房屋共有部分的维修、更新和改造的管理者而产生，故这一权利并非单纯的债权请求权，不是时效制度的客体，不应适用时效制度。因此，环X公司的上诉请求缺乏事实和法律依据，没有得到法院的支持。

评析

本案涉及《民法典》关于建筑物专项维修资金的规定。建筑物的专项维修资金被规定在《民法典》物权编“业主的建筑物区分所有权”一章中。《民法典》第281条规定：“建筑物及其附属设施的维修资金，属于业主共有。经业主共同决定，可以用于电梯、屋顶、外墙、无障碍设施等共有部分的维修、更新和改造。建筑物及其附属设施的维修资金的筹集、使用情况应当定期公布。紧急情况下需要维修建筑物及其附属设施的，业主大会或者业主委员会可以依法申请使用建筑物及其附属设施的维修资金。”

为了方便以后维修、更新、改造建筑物的共有部分，例如屋顶、电梯等，法律相关规定要求业主购房时预交相应的维修资金。维修资金的比例与份额由业主和开发商签订的商品房买卖合同约定。业主缴纳维修资金后，该笔资金由相应的物业服务企业或其他管理人进行管理。该笔资金一般保存在业主名义下的账户中，其所有权由全体业主共有。通过业主们依照相关规定的表决，才可以使用维修资金；对于该笔资金的使用情况，则一般会受到政府主管部门的监督。

由于维修资金是为了对建筑物共有部分进行维修、更新、改造而专门设立的资金，所以其在性质上为专项资金，可以应急性地投入建筑物的共有部分。缴纳专项维修资金是业主的法定义务，专项维修资金具有一定的公共与公益的性质，通过维持与保护建筑物能够长时间安全使用，特定建筑物范围内全体业主的共同利益得以受到保障。因此，建筑物的全体业主都要交纳维修资金，没有正常按时交纳该资金的业主需要进行补缴，交纳维修资金的法定义务并不会因为时间的流逝而得到免除。当有业主没有交纳维修资金时，为了保障业主们的共同利益，业主大会可以代表所有业主依法行使其管理权，向法院提起诉讼要求未交纳维修资金的业主进行补交。如果该业主以追讨维修资金已经超过诉讼时效为由提出抗辩，该抗辩意见不能成立，人民法院将不予采信。

本案中，依照法律规定环X公司作为该大厦业主应当交纳专项维修资金，而环X公司并未交纳维修资金，所以理应依照国家有关规定进行补交。业主大会有权依照法律、法规以及管理规约主张权利，而交纳维修资金是业主的法定义务，并不是业主大会与业主基于债权关系而形成的债务，故对于维修资金的催讨不适用诉讼时效的规定。业主大会表示环X公司关于系争房屋的拆迁补偿协议签订于1995年，故适用2000年12月31日之前的每平方米建筑面积成本价1198元来计算，环X公司应向业主大会交纳维修资金57566.90元，业主大会收到环X公司交纳的维修资金后应及时存入维修资金账户。一审法院判令环X公司向小区业主大会交纳该大厦一层、二层房屋维修资金57566.90元的处理结果并无不当，故二审法院维持原判，驳回了环X公司的上诉请求。

本案作为追讨专项维修资金的典型案例，对于该类案件在司法实践中的裁判起到了参考作用。当类似的业主没有交纳专项维修资金的纠纷发生时，业主大会可以代表全部业主依法行使其管理权，向法院提起诉讼，要求没有交纳专项维修资金的业主补交维修资金，以保障小区范围内全体业主的共同利益。未交纳该笔资金的业主以业主大会的诉讼请求已经超过诉讼时效为由抗辩的，不能得到法院的支持。法院将依据该业主所有的建筑物面积，根据同一时期的相关计算标准确认该业主应当补交的具体数额。本案中，二审法院驳回环X公司上诉维持原判的判决结果，有利于维护社会秩序，并对业主交纳专项维修资金起到了积极正向的引导作用。

法律小贴士

（一）如何计算专项维修资金？

专项维修资金包括公用设施专用资金与房屋本体维修资金。专项维修资金实行“钱随房走"的原则，例如当房屋进行转让后，专项维修资金账户里的剩余资金将随之转移给受让人，即房屋新的所有权人。购买商品房时，购房者和开发商应对专项维修资金的交纳进行约定，购房者一般应按照房屋价款2%～3%的比例交纳专项维修资金，由开发商代为收取。

（二）何时交纳专项维修资金？

业主应于开发商交房之前交纳专项维修资金。对于首期房屋，业主可以将该笔资金存入专门为维修资金开设的账户，也可以将专项维修资金交给开发商，委托其代为转交。业主委托开发商转交专项维修资金的，一般应当在办理房产证之前的一个月内将专项维修资金交给开发商，开发商应当在从业主处收到专项维修资金之后满30日内，将该笔资金转交房产管理中心，存入专项维修资金的专门账户。

（三）如何使用专项维修资金？

专项维修资金是专门用于维修、更新、改造建筑物共有部分的一笔款项，为全体业主所共有，因此对于该笔资金的使用应由业主们共同决定，必须通过专有部分物业面积以及人数占比均为三分之二以上的业主进行表决，并且取得参加表决的专有部分物业面积以及人数均超过一半的业主的同意。此外，使用专项维修资金需要通过严格的程序，并且会受到政府主管部门的监督，对于专项维修资金的具体使用情况也会定期进行公布。

法条链接

《民法典》第281条：建筑物及其附属设施的维修资金，属于业主共有。经业主共同决定，可以用于电梯、屋顶、外墙、无障碍设施等共有部分的维修、更新和改造。建筑物及其附属设施的维修资金的筹集、使用情况应当定期公布。

紧急情况下需要维修建筑物及其附属设施的，业主大会或者业主委员会可以依法申请使用建筑物及其附属设施的维修资金。

（本篇撰写人：刘雨馨，武汉大学法学院）

9 自己家的入户门，能不能改？

日常生活中，相邻权利人因相邻不动产的权利行使产生相邻关系，处理得好，大家邻里和睦、关爱有加；处理得不好，不仅邻里之间分歧多、相处难，还极易形成相邻关系纠纷，导致矛盾激化升级，其中私改内开式入户门为外开式是较为常见的一种类型。那么自己家的入户门，到底能不能改？私改入户门是否存在不妥之处？如何正确处理相邻关系？对于这些问题，《民法典》物权编“相邻关系”章节相关内容作出了回应。

案例

W市某小区7栋4层2室房屋登记权利人为刘某某、曹某某，相邻的7栋4层1室房屋登记权利人为石某。双方系相邻关系。刘某某、曹某某提交装修违规整改通知书显示，工作人员对装修施工单位7栋4层1室房屋进行检查，发现有如下违反本小区临时管理规约、服务手册、装饰装修管理协议中的有关规定的事项：违规改装入户门外开，请2020年12月7日前整改此项工程。刘某某、曹某某提交的平面图显示，入户门开门方向为内开。审理中，经询问，双方均陈述开发商交付房屋时为入户门内开，石某陈述其更换了入户门及开门方向，由入户门内开改为外开。此外，刘某某、曹某某及石某均提交现场图片，其中显示，4层1室房屋为入户门外开，其一侧为安全通道的通道口、另一侧为4层2室房屋。刘某某、曹某某诉至法院，要求石某停止对其相邻权的侵权行为，恢复房屋大门原状。

裁判结果

法院认为，不动产的相邻权利人应当按照有利生产、方便生活、团结互助、公平合理的原则，正确处理相邻关系。根据庭审查明的事实来看，石某自行更换入户门开门方向，由内开改为外开，开门后入户门贴近刘某某、曹某某房屋一侧，且入户门开关过程中需占用公共楼道空间，其旁侧为安全通道的通道口，入户门外开后对相邻住户的正常通行会造成一定的影响，故对作为相邻方的刘某某、曹某某主张石某停止侵权、恢复大门原状等排除妨害的请求，应予以支持，石某应于判决生效之日起15日内对7栋4层1室房屋的入户门恢复原状，即由入户门外开改回为入户门内开。同时寄语双方，希望能各自退让一步，珍惜相邻而处的缘分，多一些忍让、多一些包容。

评析

本案涉及《民法典》物权编关于相邻关系的规定。处理相邻关系的原则被规定在《民法典》物权编“相邻关系”一章中。《民法典》第288条规定：“不动产的相邻权利人应当按照有利生产、方便生活、团结互助、公平合理的原则，正确处理相邻关系。”

相邻权是指不动产的所有人或使用人在处理相邻关系时所享有的权利，也就是相互毗邻的不动产所有人或使用人之间，任何一方为了合理行使其所有权或使用权，享有要求其他相邻方提供便利或是接受一定限制的权利。相邻权实质上是对所有权的限制和延伸。相邻权不是独立存在的，其系从属于不动产的所有权、使用权的从权利。

《民法典》就正确处理相邻关系进行了原则性规定，包括有利生产、方便生活、团结互助、公平合理，同时对通行相邻关系及相邻通风、采光和日照等进行了具体约定。从一般业主的角度来讲，入户门是自己家的，购买了房屋，那么入户门怎么开肯定由自己说了算。所以现实生活中，出于增加内部居住空间等目的，部分业主装修时径直将房屋入户门由内开改为外开，由此引发相邻关系纠纷。本案中，石某对其所有的房屋入户门进行了改装，将房屋交付状态时的内开改为外开，对刘某某、曹某某的通行造成了一定的影响，对该层楼消防通道的出入口亦造成了妨碍。基于此，法院判决石某将房屋的入户门恢复原状，由入户门外开改回为入户门内开。也就是说，在入户门外开造成相邻业主通行区域过窄或妨碍相邻业主开门或影响消防安全等情况下，需要对房屋所有权人的权利进行一定的限制，这是符合相邻关系立法基本原则的。法律对权利行使的自由进行充分保护，但这份自由也是有限度的，这种限度，有法律层面的含义，也有对公序良俗的遵循。从法理基础来说，相邻关系的处理原则，是对民事行为所蕴含的道德与规范的规约和融合，也是对不同主体、不同利益、不同价值之间的一种平衡。

此外，根据《民法典》第272条规定："业主对其建筑物专有部分享有占有、使用、收益和处分的权利。业主行使权利不得危及建筑物的安全，不得损害其他业主的合法权益。"同一栋住宅楼尤其是同一楼层的业主，各自享有的专有部分实际是紧密联系在一起的，各方对于建筑物的安全与维护形成了共同的利害关系，某一业主对自己专有部分享有法定的权利，但其权利的行使也应当以不损害其他业主合法权益为前提。在此意义上，其与"相邻关系"的处理原则存在某部分的关联与竞合。

相邻关系纠纷是较为常见的民事纠纷，虽然《民法典》中相关规定所占篇幅不多，但其实际上是与人民群众的日常生活最为密切相关的，该种纠纷类型也是包罗万象的。本案审理中多次组织双方调解，但因分歧较大调解未成，最后判决书中也加入了法官寄语部分，希望双方各自退让一步，珍惜相邻而处的缘分，多一些忍让、多一些包容，倡导弘扬社会主义核心价值观，共同构建邻里无纷争、守望相助的和谐美好新生活。本案通过对"相邻关系"处理原则条款的解读，充分阐明了相邻关系权利人行使法定权利的自由与限度之间的平衡，也彰显了以社会主义核心价值观为精神内核的民法体系对于文明、和谐、公正、友善的追求。

法律小贴士

（一）私改内开式入户门为外开式，有哪些不妥之处？

第一，房屋交付状态为入户门内开，私改入户门违反了建筑物的标准层平面图纸的设计。第二，变更入户门开启方向，扩大了自身建筑物专有部分的范围，侵犯了其他业主对走廊、过道的共有权利。第三，入户门外开时直接影响相邻业主的通行，突然开启入户门时会有碰撞风险。第四，入户门外开时遮挡了该层楼消防通道出入口的部分范围，妨碍紧急情况下消防设施和疏散通道的正常使用。第五，未向小区物业管理服务单位进行报备，未与相邻权利人协商一致，获得许可。

（二）遇到相邻关系纠纷，该怎么办？

相邻权受到侵害时易产生纠纷。首先，相邻权利人之间应当友好沟通，力争通过协商解决争议。其次，无法自行协商时，可将纠纷向物业公司或辖区街道、社区反映，由第三方介入组织调解。再次，可以请求辖区基层人民调解组织或社会矛盾纠纷调处中心，对纠纷进行调解、处理。最后，上述途径均协商未果后，可向有管辖权的人民法院提起诉讼，诉前调解阶段由法院委派调解员进行调解，调解不成转诉讼后，由法官组织诉中调解，调解不成则依法裁判。

（三）日常生活中如何正确处理相邻关系？

“远亲不如近邻”，这是一句广为人知的俗语，也是中国人很早就认识到的朴素又深刻的生活道理。随着城市建设的不断发展，高楼大厦鳞次栉比，坚硬的水泥墙隔断了物理距离，但人心之间的联系是不能割舍的。古有“六尺巷”美谈，“千里家书只为墙，让他三尺又何妨”，邻里之间的相处，要时刻牢记中华民族和睦谦让的传统美德，与邻为伴、与邻为善，处理邻里关系时应顾己及人，互帮互助、友善包容，要多设身处地为相邻业主着想，多站在对方的角度去思考、去体谅。对自己的房屋进行改造、修缮前除了遵守各项法律法规，不妨也告知一下相邻权利人，如果可能对他人的相邻权造成妨碍，还要征询相邻权利人的意见，协商好方案，获得其理解与支持。只有齐心协力维护和谐友善的邻里关系，才能由此形成良好的道德风尚，推进社会的文明建设。

法条链接

《民法典》第 288 条：不动产的相邻权利人应当按照有利生产、方便生活、团结互助、公平合理的原则，正确处理相邻关系。

（本篇撰写人：郭奕君，湖北省武汉市江岸区人民法院）

10 楼道所有人能否排除邻居的通行权？

两幢建筑在设计建造时就仅有一个楼梯上二楼，叶某与他人共用该楼梯多年，新买主突然称该楼梯在他的权利证书范围内，不让叶某用了，但又没有其他可以上楼的通道，新买主的主张能否支持？根据《民法典》相邻关系通行权的相关处理原则，叶某的通行权应当得到保障，其有权继续使用该楼梯。

案例

某小区内第二幢与第三幢楼房一字形排开，且楼与楼紧邻，一楼沿街为商铺，二楼亦为商铺。第二幢房中从一楼至二楼有一板梯间，上至二楼右边进入第三幢房屋室内，左边进入第二幢房屋。叶甲购买第二幢二楼商用房104、105、106室，叶乙购买第二幢二楼101、102、103室。叶甲、叶乙购买商铺后使用过程中，一直从上述板梯间出入至今，且该楼梯间为唯一出入通道。后阮某从案外人处购得第三幢二楼101、102、103、104、105室，并办理了不动产权属登记，为阮某、刘某共有，房屋所有权证载明的建筑面积为308.06平方米，其中含有涉案板梯间面积6.84平方米。购买房屋前后，阮某、刘某及叶甲、叶乙均从该同一板梯间出入，后阮某、刘某以涉案板梯间为其一方所有，叶甲、叶乙不应占用其享有所有权的板梯间通行为由诉至法院，请求人民法院支持其诉讼请求。

裁判结果

法院认为，本案关键在于叶甲、叶乙对诉争板梯间是否享有通行权。相邻权关系中的通行权是基于相邻关系而产生的,双方应当相互给予通行便利,即使相邻关系一方具有所有权,也不能够以此为由排除他人通行的权利。通行权主要考虑的是该通道是否属于历史通道、习惯通道、唯一通道以及通行的便利性等因素。本案从历史及习惯来看,叶甲、叶乙在阮某、刘某购买该商铺之前就一直利用该通道上到二楼其所在门店;从通行便利性及整幢建筑的结构来看,该通道系叶甲、叶乙及客户上到二楼门店的唯一正常通道,也是唯一便利通道;从相邻关系人对阮某、刘某的影响来看,案涉板梯间原本在设计时就是一个通道,双方当事人均是通过该通道上楼,叶甲、叶乙使用该通道并不会影响到阮某、刘某对该通道的使用,这一点亦符合为相邻关系人提供便利的法律要件。阮某、刘某以其对该通道享有所有权来排除叶甲、叶乙的通行权,缺乏事实及法律依据,亦与和谐、友善的社会主义核心价值观相违背。故法院认定叶甲、叶乙对诉争板梯间应享有通行权,并依法驳回阮某、刘某的诉讼请求。

评析

本案主要涉及相邻关系中通行权处理的问题。根据《民法典》第288条规定:“不动产的相邻权利人应当按照有利生产、方便生活、团结互助、公平合理的原则,正确处理相邻关系。”第291规定:“不动产权利人对相邻权利人因通行等必须利用其土地的,应当提供必要的便利。”相邻关系中的通行权是基于客观现实在不动产权利人的土地使用权上设定一项辅助义务,从而限制其权利的行使。《民法典》第291条涉及因通行等引起的相邻关系的含义、特点以及对行使相邻权的限制等问题。本条调整的相邻关系是指因地理条件限制,一方必须利用相邻一方所有或者使用的土地,取得通行等便利。如,一方房屋被他方房屋所包围,必须从相邻他方占有使用的土地或道路上经过,还包括一方必须利用相邻一方的走廊、涵洞、隧道通行等情况。根据该条规定,相邻关系通行权的条件有两个:一是有利用他方权利的必要,即一方权利的行使必须以利用相邻一方的土地为条件,若不利用相邻一方的土地,就无法行使自己的民事权利,影响自己正常的生产或者生活;二是不动产权利一方在相邻权利人必须利用其土地及附属物时,应当提供必要的便利,为相邻权利人从自己的土地通行创造条件,使其相邻权能够得以实现。

本案诉争的焦点系典型的相邻关系中的通行权，由于两幢建筑物设计导致的客观条件的限制，叶甲、叶乙与阮某、刘某仅能通过唯一的板梯间到二楼各自所属的商铺，而该板梯间虽登记在阮某、刘某名下，但如果阮某、刘某以其对板梯间的所有权排除叶甲、叶乙的通行权利，叶甲、叶乙将无其他便利通道直达商铺，将不能实现其对二楼商铺进行经营的目的，且阮某、刘某购买该商铺的前所有人亦与叶甲、叶乙共用该通道多年，也形成了习惯通道。而且叶甲、叶乙使用该通道并不会影响到阮某、刘某对该通道的使用以及对其二楼商铺的使用，根据《民法典》第288条及第291条规定，阮某、刘某应当按照有利生产、方便生活、团结互助、公平合理的原则为叶甲、叶乙提供必要的便利。法院从该通道是否属于历史通道、习惯通道、唯一通道以及通行的便利性等多个方面对叶甲、叶乙是否享有通行权进行阐述，最终认定叶甲、叶乙对诉争板梯间应享有通行权。本案案由虽为所有权确认纠纷，但从根本问题邻地通行权上化解了双方矛盾，并且弘扬了睦邻和谐、友善互助的社会主义核心价值观。

法律小贴士

（一）相邻关系中通行权有什么特点？

不动产的相邻权利人应当按照有利生产、方便生活、团结互助、公平合理的原则，正确处理相邻关系。即使相邻关系一方对不动产具有所有权或使用权，也不能够以此为由排除他人通行的权利。相邻关系人合理的通行权利不因对方享有所有权而被限制。民法中的通行权具有三个特点：第一，通行权是法律赋予相邻关系当事人的一项权利，是法定权利，不是基于合同关系，而是基于当事人相邻而居的事实状态；第二，由于是以相邻而居的事实状态为基础，所以相邻通行权一般都是长期的、较为固定的线路，权利仅仅限于通行，不能随意扩大权利范围；第三，通行权由于是法定权利，一般是无偿的，相邻权利人无须付费通行，不动产权利人亦无权索取通行费用，除非给不动产权利人造成损失。

（二）相邻权利人行使通行权应当注意哪些问题？

通行权是对他人所有权和使用权的限制，必然会影响他人的权利。因此，相邻权利人在行使相邻通行权时应将其权利限制在合理的范围内，尽可能减少对相邻人的生产和生活造成不必要的干扰，这也是民法处理相邻关系遵循互利互惠、互助友爱这一基本原则的要求。一是在通过和利用相邻通道或邻地时，应当选择最为经济合理的路线。有历史形成的习惯性通道的，尽可能不要改变。维护通行现状是基本原则。二是新情况的出现，导致旧通道不能通行，需要改变旧通道时，则需要为相邻人重新留出合理的便利的进出通道，改变旧状况之前要与相邻人友好协商。三是作为通行人要注意保护邻地上他人的财产，不要毁损地上附着物，以及保持通行道路上的环境卫生和安全通行的便利条件，通行可能影响到他人安宁时要尽可能安静地快速通过。总之，通行人应当尽到善意的谨慎注意义务。四是因通行等给不动产权利人造成损失的，应予赔偿。

法条链接

1.《民法典》第 288 条：不动产的相邻权利人应当按照有利生产、方便生活、团结互助、公平合理的原则，正确处理相邻关系。

2.《民法典》第 291 条：不动产权利人对相邻权利人因通行等必须利用其土地的，应当提供必要的便利。

（本篇撰写人：王洪斌，湖北省咸宁市中级人民法院）

11 数人共有一套房，能否自行决定分割？

共有是两个以上的人对同一物享有一个所有权。共有分为按份共有和共同共有两种形式。如果数人共有某动产或者不动产，共有人能否自行将共有物分割或者转让？本文拟结合《民法典》物权编共有物分割的相关规定及案例加以分析。

案例

陈某1、叶某育有陈某2、陈某3、陈某4。后陈某1、叶某去世，留有遗产A房，面积54.08平方米。2013年7月17日，陈某2、陈某4本人并代表陈某3，向某公证处申请办理继承权公证。2013年11月19日，公证处出具公证书，内容为：A房作为遗产由陈某2、陈某3、陈某4三人共同继承。陈某2、陈某3各占房屋的十二分之五份额，陈某4占房屋的十二分之二份额。2014年8月1日，陈某2、陈某3及陈某4依据公证书办理了房地产权证，三人对A房按份共有，陈某2、陈某3各占十二分之五份额、陈某4占十二分之二份额。上述房屋一直由陈某3、陈某4使用。其后陈某2提起诉讼，请求分割共有房屋。

裁判结果

法院认为，陈某3、陈某4与陈某2就涉诉房屋存在的是按份共有关系，各方当事人均无约定不得分割共有的涉诉房屋，共有人可以随时请求分割涉诉房屋。实物分割是首要的分割方式，但是前提是能够实物分割或者实物分割不会减损共有物的价值。但涉诉房屋的建筑面积仅为54.08平方米，由3位产权人共有，难以作实物分割，且实物分割明显不利于房屋的使用，会减损房屋的价值，故涉诉房屋不宜实物分割。法院判决支持陈某2主张对涉诉房屋以拍卖、变卖取得价款的方式分割房屋。

评析

本案涉及《民法典》关于共有物分割的规定。《民法典》第303条规定："共有人约定不得分割共有的不动产或者动产，以维持共有关系的，应当按照约定，但是共有人有重大理由需要分割的，可以请求分割；没有约定或者约定不明确的，按份共有人可以随时请求分割，共同共有人在共有的基础丧失或者有重大理由需要分割时可以请求分割。因分割造成其他共有人损害的，应当给予赔偿。"《民法典》第304条规定："共有人可以协商确定分割方式。达不成协议，共有的不动产或者动产可以分割且不会因分割减损价值的，应当对实物予以分割；难以分割或者因分割会减损价值的，应当对折价或者拍卖、变卖取得的价款予以分割。共有人分割所得的不动产或者动产有瑕疵的，其他共有人应当分担损失。"

涉及共有时，首先需要判断共有形式，因为按份共有和共同共有的分割规则不同。按份共有因约定产生，共有人按照份额对共有物享有所有权。共同共有多基于夫妻关系、家庭关系、合伙关系、继承关系等基础关系产生。共同共有人对共有物共同地、不分份额地享有所有权。如果共有人约定了各共有人之间的份额，判断为按份共有。没有约定份额的情况下，如果共有人之间具有家庭关系，则共有形式为共同共有，否则判断为按份共有。

共有物的分割原则如下。第一，如果有约定，按照约定。约定不得分割共有物的情况下不得分割，但是有重大理由的可以分割。重大理由，是指对请求分割共有财产的共有人而言具有重要的法律上和生活上的利益的理由。例如为了生活急需或者支付教育、医疗费用等。第二，对分割与否没有约定或者约定不明确的，按份共有人可以随时请求分割。第三，对分割与否没有约定或者约定不明确，共同共有人不能随时请求分割，只有在共有的基础丧失或者有重大理由需要分割时才可以请求分割。基础丧失是指共有人之间的共有关系不存在，例如夫妻离婚、家庭共同体分家、合伙终止。有重大理由的情况下，即便共有关系仍然存在，也可以请求分割。此处重大理由同前述重大理由的理解。例如，《民法典》第1066条规定："婚姻关系存续期间，有下列情形之一的，夫妻一方可以向人民法院请求分割共同财产：（一）一方有隐藏、转移、变卖、毁损、挥霍夫妻共同财产或者伪造夫妻共同债务等严重损害夫妻共同财产利益的行为；（二）一方负有法定扶养义务的人患重大疾病需要医治，另一方不同意支付相关医疗费用。”如果出现此两种情形，一方请求分割共同财产不以离婚为前提。

分割方式的规则如下。第一，当事人有分割协议的，按照分割协议。分割方式的协议需要全体共有人同意，因为分割共有物意味着共有关系结束。第二，没有分割协议或者达不成分割协议，请求分割的一方可以起诉请求法院进行裁判分割。裁判分割的方法有实物分割、作价分割、变价分割。法院对采用何种方式分割有自由裁量权。一般采用实物分割，实物分割不会产生变卖程序、增加变卖费用。但是如果难以分割或者分割会减损价值，则采用折价或者变价的方式分割。折价是共有人中一人或者数人取得共有物的所有权，按份额补偿其他共有人。变价是指将共有物拍卖变卖，各共有人取得共有物的价款。难以实物分割且共有人都不愿取得共有物的情况下，可以进行变价。

本案中，当事人在被继承人死亡后达成了协议，约定了对共有物所占的份额，所以构成按份共有。当事人没有约定不得分割，所以按份共有人可以随时请求分割。陈某3、陈某4称陈某2仅占涉诉房屋十二分之五的份额，未达三分之二以上份额，是将共有物的分割与处分行为混淆。共有物的分割不同于处分，不需要征得份额三分之二以上按份共有人的同意。当事人没有达成分割协议，法院对分割方式有自由裁量权。考虑到房屋面积和共有人人数的限制，难以实物分割，实物分割也会减损房屋价值，法院判决采取变价的方式分割。

（一）共有物分割请求权如何行使？

法律小贴士

按份共有中，没有约定能否分割，按份共有人可以随时请求分割。这种分割请求权是请求分割的一方依照自己的意思表示就能行使的权利，可以在诉讼外或者依照诉讼方式行使，不需要征得其他按份共有人的同意，并且不受诉讼时效的限制。如果按份共有人约定不得分割或者共有人共同共有某物，共有人证明出现法定的分割事由才能行使分割请求权。

（二）因共有物分割受到损害的一方应当如何维护自己的合法权益？

即使按照当事人约定或者法律规定能分割，由于分割共有物难免破坏共有物的功能或者减损其价值，分割可能导致其他共有人损害，受损的一方可以对请求分割的一方行使赔偿请求权。如果违反当事人不得分割的约定或者法律的规定分割给其他共有人造成损害，受损害的一方也能够行使赔偿请求权。

（三）共有物的转让规则是怎样的？

转让共有物也是实践中经常发生的情况。转让不同于分割，转让需要区分按份共有和共同共有加以讨论。按份共有关系中，转让包括共有物的转让和份额的转让。按份共有人转让共有物，根据《民法典》第301条的规定，需要经过占份额2/3以上的按份共有人同意。按份共有人转让共有份额，根据《民法典》第305条、第306条的规定，可以自行决定转让，并通知其他共有人。在内部转让份额，除有约定外，不能行使优先购买权。如果转让份额至共有人之外的人，其他共有人有优先购买权。但因继承、遗赠等情形导致共有份额的主体发生变化时，除有约定外，不能主张优先购买权。

优先购买权要在同等条件、合理期限内行使。同等条件不是绝对等同，同等条件包括转让价格、价款履行方式及期限等影响转让方重大利益的条件。如果2个以上的按份共有人都主张行使优先购买权，根据《民法典》第306条第2款的规定，首先协商，协商不成，按照转让时各自的共有份额比例行使优先购买权。

按份共有人的优先购买权被侵害应该怎么办？例如，按份共有人转让份额没有通知其他共有人，如果仍在可以行使优先购买权的法定期限内，其他共有人可以行使优先购买权，否则可以主张损害赔偿。

共同共有中，共有人不分份额地对整个共有物享有所有权，不存在份额转让和优先购买权的问题，只存在转让整个共有物的问题。由于共同共有中特殊关系的存在，转让规则更为严格。根据《民法典》第301条的规定，除当事人另有约定外，处分共有物需要征得全体共同共有人的同意。

法条链接

1.《民法典》第 303 条:共有人约定不得分割共有的不动产或者动产,以维持共有关系的,应当按照约定,但是共有人有重大理由需要分割的,可以请求分割;没有约定或者约定不明确的,按份共有人可以随时请求分割,共同共有人在共有的基础丧失或者有重大理由需要分割时可以请求分割。因分割造成其他共有人损害的,应当给予赔偿。

2.《民法典》第 304 条:共有人可以协商确定分割方式。达不成协议,共有的不动产或者动产可以分割且不会因分割减损价值的,应当对实物予以分割;难以分割或者因分割会减损价值的,应当对折价或者拍卖、变卖取得的价款予以分割。

共有人分割所得的不动产或者动产有瑕疵的,其他共有人应当分担损失。

(本篇撰写人:董文华,武汉大学法学院)

12 离婚后一方擅自卖车，受让人是否构成善意取得？

近年来，有关特殊动产的纠纷呈现逐年上升趋势，如何正确处理相关纠纷已经成为司法实践难点。特殊动产变动中的善意取得问题，是相关纠纷的主要类型。离婚后，一方未经对方同意，擅自将婚内购买且在对方名下的车辆转卖，该处分行为是否有效？受让人是否构成善意取得？以上问题让我们在《民法典》物权编善意取得制度中寻找答案。

案例

陈某与袁某于2010年2月22日登记结婚，2013年购置比亚迪牌轿车一辆，2013年7月3日办理注册登记，登记所有权人为陈某。2014年，袁某以其与陈某夫妻感情不和为由，向法院提起诉讼，同时以比亚迪牌轿车属其婚前个人财产为由诉请陈某返还，后法院判决准予袁某与陈某离婚，驳回了袁某其他诉讼请求。2017年4月，袁某通过S公司进行二手车交易，将比亚迪轿车出卖给张某，并办理了车辆过户登记。2021年4月2日，陈某以袁某、张某、S公司为被告向法院提起诉讼请求：(1)确认张某购买涉案车辆的行为无效，并判令返还给陈某；(2)如张某不能返还车辆，则由三被告连带赔偿陈某车辆损失49095元（车辆转让价款48000元，维权费用1095元）。

裁判结果

法院认为，原告陈某、被告袁某均未提交充分的证据证明讼争的比亚迪牌轿车属婚前个人财产，而该车实际购买于陈某、袁某婚姻关系存续期间，依法应认定为陈某、袁某婚姻关系存续期间以家庭收益购买的财产，应属陈某、袁某共同共有。处分共同共有的财产除共有人有约定的外，应当经全体共同共有人同意，故袁某未经陈某同意无权处分轿车。张某受让讼争机动车时车辆实际由袁某占有控制，而袁某在交付车辆时也向张某提供了登记所有权人的身份证复印件等应由出让方提交的车辆转移登记资料，张某属于善意购买。张某按约定足额支付了价款，不存在明显不合理低价转让的情形，且转让的机动车已予交付并办理了转移登记，故张某依法取得讼争车辆的所有权。原告陈某有权向被告袁某主张赔偿损失，讼争车辆属陈某、袁某夫妻关系存续期间共同共有的财产，依法应按均等分割的原则由被告袁某赔偿原告陈某损失24000元，S公司、张某不承担赔偿责任。

评析

本案涉及特殊动产交付、善意取得制度。《民法典》第311条第1款、第2款规定："无处分权人将不动产或者动产转让给受让人的，所有权人有权追回；除法律另有规定外，符合下列情形的，受让人取得该不动产或者动产的所有权：(一)受让人受让该不动产或者动产时是善意的；(二)以合理的价格转让；(三)转让的不动产或者动产依照法律规定应当登记的已经登记，不需要登记的已经交付给受让人。受让人依据前款规定取得不动产或者动产的所有权的，原所有权人有权向无处分权人请求损害赔偿。"

根据以上的规定，善意取得的构成要件有如下五点。第一，标的物包括动产与不动产。第二，转让人无权处分，转让人如果具有处分权，则对于受让人而言构成继受取得，不属于善意取得。第三，基于有偿法律行为而受让，首先必须依据法律行为如买卖合同才可以发生善意取得，非依据法律行为受让的不发生善意取得，如法定继承、公司合并等；其次此处的法律行为应该具有"财产交易"的性质，即受让人必须付出了对价，具有有偿性。第四，受让人受让财产时为善意，即在受让人与物权处分人进行民事行为的当时，第三人不知对方对标的物无处分权。第五，转让的财产已经完成交付或登记，对于不动产依法应登记的应当已经办理了所有权转移登记手续，对于动产已经完成了交付。

在认定符合善意取得的条件后，则会产生以下法律后果：第一，善意取得制度使得善意受让人完全取得物权，故原所有权人不可要求善意受让人返还财产；第二，为了弥补原所有权人损失，原所有权人可以要求无处分权人赔偿损失；第三，无处分权人与善意受让人之间的法律关系有效，各自须履行相应的义务，否则承担违约责任。

从以上对善意取得制度的解读可知，善意取得制度的价值取向、构成要件和相关主体之间的关系等，都与本案一方转卖夫妻共有车辆所引发的法律关系及其法律后果高度契合。本案中，一方在未经另一方同意的情形下，以自己的名义转卖夫妻共同共有车辆，不管该车辆登记在谁的名下，本质上都是处分与他人共有财产的行为，属于无权处分。受让人张某受让讼争车辆时车辆实际由袁某占有控制，而袁某在交付车辆时也向张某提供了登记所有权人的身份证复印件等应由出让方提交的车辆转移登记资料，张某属于善意购买。张某按约定足额支付了价款，不存在明显不合理低价转让的情形，且转让的机动车已予交付并办理了转移登记，故张某依法取得讼争车辆的所有权。讼争车辆属陈某、袁某夫妻关系存续期间共同共有的财产，依法应按均等分割的原则由袁某赔偿原告陈某损失。

善意取得制度的目的在于保护占有的公信力，有利于维护商品交换的正常秩序，促进市场经济有序发展。如因无权处分行为使交易行为无效，并使受让人返还财产，则不仅要推翻业已形成的财产关系，而且使当事人在从事交易活动时，随时担心自己现在买来的商品，今后有可能要退还，从而造成当事人在交易时的不安全感，因而不利于商品交换市场的稳定，也会使大量的人力、物力、财力陷入无休止的争论之中，使得大量的民事纠纷不能得到及时解决。善意取得制度承认善意买受人可以即时取得所有权，交易的受让方不必为交易的安全而感到担心，从而可以放心大胆进行交易，有利于市场经济的稳定发展。

法律小贴士

（一）如何认定善意取得中的“善意”？谁承担举证责任？

《最高人民法院关于适用〈中华人民共和国民法典〉物权编的解释（一）》第14条第1款规定了受让人善意的一般认定标准，即“受让人受让不动产或者动产时，不知道转让人无处分权，且无重大过失的，应当认定受让人为善意”。其中包含两方面的内容：第一，受让人不知道转让人无权处分；第二，受让人对不知道转让人无权处分无重大过失。对于重大过失的认定，通常以行为人欠缺一般人具有的注意为判断标准，即只要行为人稍加注意即可避免出现认识错误或者发生损失，而其没有尽到此注意义务时，应该存在重大过失。该条第2款规定“真实权利人主张受让人不构成善意的，应当承担举证证明责任”，因此无论受让人在具体案件中诉讼地位如何，都无须承担举证责任。

（二）当事人仅达成转让合意，但没有发生标的物的所有权的转移，能否发生善意取得的效果？

善意取得的构成，要求转让财产依照法律规定应当登记的已经登记，不需要登记的已经交付给受让人。其中不动产的转让，以登记的时间作为财产所有权转移的标志；在不需要登记的情形下，需让与人与受让人实际交付了财产，受让人实际占有交付的财产。如果双方仅仅达成了合意，而没有发生标的物的转移，则不能发生善意取得的效果，双方当事人仍然只是一种债的关系，受让人不能取得财产所有权。

（三）在善意取得情况下，原权利人如何维护自身合法权益？

在善意取得情况下，原权利人因受让人的善意取得使其标的物的所有权发生消灭，而又不能请求受让人返还财产，法律上对原权利人提供了一种债权上的救济，即原权利人可以基于债权上的请求权要求让与人承担合同责任、侵权责任或不当得利的返还责任。具体而言：(1)合同责任。如果原权利人与转让人之间事先存在租赁、保管等合同关系，而转让人擅自处分原权利人的财产，则原权利人可以以违约为由，请求其承担违约责任。(2)侵权责任。转让人对原权利人的标的物不享有处分权，而仍然将该标的物转让给他人，在此情况下，将构成对原权利人财产所有权的侵害，应当承担侵权责任。如果转让人和原权利人之间事先存在合同关系，在此情况下，转让人的行为将发生责任的竞合，即其无权处分行为既构成对其与原权利人之间合同的违反，又构成侵权行为。原权利人可以选择一种对其最为有利的请求权提出主张或提起诉讼。(3)不当得利返还责任。如果转让人与受让人之间发生的是一种有偿的合同关系，转让人作出的是一种有偿的处分行为，并因此而获得一定的利益，则原权利人有权请求转让人返还不当得利。但这种不当得利的请求权与侵权责任的请求权也可能发生一种竞合，原权利人可以选择一种对其最为有利的请求权提出主张或提起诉讼。

法条链接

《民法典》第311条：无处分权人将不动产或者动产转让给受让人的，所有权人有权追回；除法律另有规定外，符合下列情形的，受让人取得该不动产或者动产的所有权：(一)受让人受让该不动产或者动产时是善意的；(二)以合理的价格转让；(三)转让的不动产或者动产依照法律规定应当登记的已经登记，不需要登记的已经交付给受让人。

受让人依据前款规定取得不动产或者动产的所有权的，原所有权人有权向无处分权人请求损害赔偿。

当事人善意取得其他物权的，参照适用前两款规定。

（本篇撰写人：陈雅伦，湖北省竹山县人民法院）

13 拾得遗失物不妥善保管，要承担民事责任吗？

如果权利人将某物遗失，他人拾得该遗失物能否据为己有？如果他人拾得后未妥善保管，是否要承担民事责任？本文将结合《民法典》物权编拾得遗失物相关规定加以分析。

案例

韩某、郭某均在某小区居住。2020年11月15日下午2点30分左右，韩某带其孙刘某在该小区广场玩耍，中途韩某和刘某将平衡车放在附近，后离开。郭某见到平衡车后玩耍该车，后欲放至原处，因原处无人，郭某即将平衡车骑至其居住单元的地下室门口。2020年11月23日，郭某发现平衡车已经没有停放在该地下室门口，以为原告已将平衡车取回。当日，韩某向派出所报案，派出所处理意见为：民警了解到，郭某在小区广场捡到平衡车玩耍，后未找到失主，将车放在其家单元门内，未妥善保管丢失，查询监控未果。2021年2月3日，韩某向法院起诉，请求郭某归还同款定制平衡车一辆或赔偿等价物的价款。审理中查明，韩某于2019年7月花费1999元购买案涉平衡车。

裁判结果

法院认为，根据《民法典》第316条的规定，郭某在拾得案涉平衡车后，在权利人未领取或者送交有关部门前，其有义务妥善保管平衡车。但郭某将平衡车放至其所居住的单元地下室门口,不符合妥善保管的一般社会认知,未尽到法律规定的妥善保管义务,应当承担责任。现郭某以其拾得平衡车后多次寻找失主、韩某未积极寻找平衡车为由辩称不应当承担责任。郭某寻找失主的行为不能视为其已履行了妥善保管义务,韩某寻找与否不能免除其拾得平衡车期间的妥善保管义务,法院判决郭某赔偿原告韩某因平衡车丢失造成的经济损失1000元。

评析

本案涉及《民法典》物权编拾得遗失物的规定。《民法典》第314条规定:“拾得遗失物,应当返还权利人。拾得人应当及时通知权利人领取,或者送交公安等有关部门。”第316条规定:“拾得人在遗失物送交有关部门前,有关部门在遗失物被领取前,应当妥善保管遗失物。因故意或者重大过失致使遗失物毁损、灭失的,应当承担民事责任。”

拾得遗失物的构成要件如下。第一,须为遗失物。遗失物,是有所有人但无人占有的物。无人占有是指不是基于自己的意思丧失占有,比如遗忘于某处。如果所有人将某物故意抛弃,该物不能算作遗失物。遗失物只能为动产,不动产有固定的位置,没有遗失的问题。第二,有拾得行为。拾得是指发现并且占有的行为,如果只是发现了但是没有占有不是拾得。占有是指对拾得物进行事实上的占有控制并进行管理的意思。拾得遗失物是事实行为,对遗失物进行管理的意思不要求拾得人有行为能力。

拾得人有如下义务:第一,通知义务与返还义务。拾得人拾得遗失物后,应当及时通知权利人领取,或者送交公安等部门。有关部门收到遗失物的,知道权利人的,应当及时通知权利人领取。不知道权利人的,比如不知道权利人的住址或者没有权利人的联系方式,应当及时发布招领公告。第二,妥善保管义务。拾得人拾得之后送交有关部门前,要尽妥善保管义务。有关部门在遗失物被领取前,负有妥善保管义务。鉴于拾得人对遗失物是无偿保管,因故意或者重大过失致使遗失物毁损、灭失的,才承担民事责任。如果对未尽保管义务只具有一般过失,不承担赔偿责任。

根据《民法典》第317条的规定,拾得人对权利人有必要费用偿还请求权。拾得人享有此权利的前提是拾得人对遗失物不欲据为己有。这是因为拾得人对遗失物不侵占并保管的行为属于无因管理。无因管理是没有法定或者约定义务,为避免他人利益受损失,管理他人事务的行为。根据《民法典》第979条的规定,无因管理中,管理人可以请求受益人偿还因管理事务支付的必要费用。拾得人或者有关部门因保管支出的必要费用就是管理事务支出的费用,权利人领取遗失物时应当支付。

本案中,韩某和刘某将平衡车放至一边,自行离开。刘某并非抛弃平衡车,仍然是平衡车的权利人。平衡车构成遗失物。郭某看到平衡车后玩耍,骑到居住的单元楼,进行了占有,构成拾得行为,郭某负有妥善保管义务。郭某寻找失主的行为不意味着尽到妥善保管义务。郭某将其放至单元楼下,平衡车有再次遗失的风险。郭某对平衡车再次遗失具有重大过失,应当承担赔偿责任。

拾金不昧是中华民族的传统美德,拾得人对拾得物不应有任何非分之想或者侥幸心理,如果短时间无法找到失主,最好送交公安等部门。拾得人无论对遗失物占有了多长时间,也不能取得所有权,也即权利人对拾得人的返还原物请求权不受时间限制。如果拾得人不尽到妥善保管义务,要承担民事责任。欲将遗失物占为己有的人不能请求失主支付必要费用,且无论对遗失物毁损、灭失是否具有过错,都应当承担赔偿责任。侵占数额较大的,还可能构成侵占罪。

法律小贴士

(一)拾得人将遗失物出卖,所有人能否追回?

例如,甲将自己的手机遗失,被乙拾得,乙将手机以1000元卖给不知情的丙。甲后来得知手机被卖给丙。甲能否请求乙返还手机呢?甲能否请求丙返还手机呢?根据《民法典》第312条的规定,甲有权追回遗失物。也就是说,即使丙不知道此手机为遗失物,并且有偿购买了手机,丙也不能善意取得手机的所有权。甲有两种救济途径:第一,甲有权请求乙承担损害赔偿责任,但是不能请求乙返还手机,因为乙已将手机卖给丙,不再占有手机。第二,甲也可以选择请求丙返还手机,但是应当自知道或者应当知道受让人丙之日起两年内向受让人丙请求返还原物。请求返还原物有时间限制,如果甲从知道丙之日起两年内,一直没有请求丙返还手机,甲不能再请求丙返还。如果甲从知道丙之日起两年内,请求丙返还手机,是否应当支付丙购买手机时支付的1000元费用？这要根据丙的购买途径而定，如果丙是通过拍卖或者向有经营资格的经营者购得手机，甲应当支付。甲支付后，有权向乙追偿。如果丙不是通过拍卖或者向有经营资格的经营者购得手机，丙无权请求甲支付购机费用。

（二）权利人发布悬赏广告，拾得人能否主张报酬？

《民法典》第317条第2款规定："权利人悬赏寻找遗失物的，领取遗失物时应当按照承诺履行义务。"悬赏广告是指以广告的方式公开表示，对完成一定行为的人给予一定报酬的意思表示。悬赏广告针对不特定人发出，只要行为人按照悬赏广告的要求完成一定行为，就有权请求悬赏人按照承诺支付报酬。拾得人拾得遗失物时不知道悬赏广告的存在，或者拾得人是无民事行为能力人，拾得人仍然有权要求支付报酬。但是拾得人依据悬赏广告请求支付报酬以不侵占遗失物为条件。比如，甲的宠物狗走失，甲在小区门口张贴失物招领启事，称发现并归还者，酬谢1000元。乙拾得宠物狗时不知道悬赏广告，不欲据为己有，四处寻找失主时发现悬赏广告，有权请求支付报酬。

我国法律没有规定拾得人有报酬请求权，拾得遗失物返还权利人是拾得人的义务。但是，完全强调拾金不昧，否认报酬请求权，不利于鼓励拾得人将遗失物主动送还。虽然拾得人有返还遗失物的义务，但是让失主履行以悬赏广告作出的返还遗失物就支付一定报酬的承诺，符合意思自治原则和诚信原则，有利于激励拾得人返还遗失物，营造良好有序的社会环境。有的失主在物品丢失后，为了尽快找到该遗失物，通过报纸、广播电台等发布悬赏广告，但是在拾得人返还时，却拒绝支付报酬。这样的行为既违反了诚信原则，也不能使失主免于支付报酬的义务。

（三）发布招领公告后，无人领取怎么办？

《民法典》第318条规定："遗失物自发布招领公告之日起一年内无人认领的，归国家所有。"拾得人拾得遗失物后，无论经过多久，都不能取得遗失物的所有权。发布招领公告后，失主有可能未看到招领公告，一直未认领，也可能一年之后才认领。出现这两种情况，遗失物的所有权转移给国家所有。

法条链接

1.《民法典》第314条:拾得遗失物,应当返还权利人。拾得人应当及时通知权利人领取,或者送交公安等有关部门。

2.《民法典》第315条:有关部门收到遗失物,知道权利人的,应当及时通知其领取;不知道的,应当及时发布招领公告。

3.《民法典》第316条:拾得人在遗失物送交有关部门前,有关部门在遗失物被领取前,应当妥善保管遗失物。因故意或者重大过失致使遗失物毁损、灭失的,应当承担民事责任。

4.《民法典》第317条:权利人领取遗失物时,应当向拾得人或者有关部门支付保管遗失物等支出的必要费用。

权利人悬赏寻找遗失物的,领取遗失物时应当按照承诺履行义务。

拾得人侵占遗失物的,无权请求保管遗失物等支出的费用,也无权请求权利人按照承诺履行义务。

5.《民法典》第318条:遗失物自发布招领公告之日起一年内无人认领的,归国家所有。

（本篇撰写人:董文华,武汉大学法学院）

14 未登记的土地承包经营权互换合同是否有效？

土地承包经营权互换是土地承包经营权流转的一种形式，指农户之间为方便耕作或各自需要，对属于同一集体经济组织的承包地块进行交换，同时交换相应的土地承包经营权。农户之间互换土地承包经营权的行为非常普遍，由于有时承包地分布不够集中，不利于提升农业生产的效率，国家鼓励农民在自愿前提下，通过互换土地承包经营权的方式达到资源的最佳配置，解决承包地细碎化的问题。土地承包经营权互换应当满足哪些条件？农户之间互换土地承包经营权是否需要办理登记？未登记的土地承包经营权互换合同是否有效？这些问题的答案还需要在《民法典》物权编的相关条款中寻找。

案例

赵某某与洪某某于2001年签订土地租赁协议书，约定赵某某将自己的两亩承包地租给洪某某，期限为2001年1月1日至2028年12月31日，承包费每亩每年300元，当地村委会在该协议上盖章。后赵某某与洪某某于2008年又签订协议书，协议约定洪某某用自己的两亩承包地与赵某某的两亩承包地兑换，兑换时间为2008年1月1日至2028年12月31日，当地村委会在该协议上盖章。其后，因合同履行问题引发诉讼。在庭审中，洪某某提供承包方代表为自己出具的农村土地承包经营权证，该证显示某处两亩地为其承包地，并加盖村委会公章。赵某某因不服一审法院判决，提起上诉，请求法院判令解除赵某某与洪某某签订的土地协议书，确认该协议无效，并判令洪某某返还赵某某名下承包土地。

裁判结果

法院认为,赵某某与洪某某签订土地租赁协议书后,又签订协议书约定将各自承包的土地互换,并且经过发包人某村委会的同意,该村委会在协议上盖章。此种互换不违反法律的禁止性规定,且农村土地承包经营权的互换行为并非需要以在登记机构登记作为生效要件。该协议书合法有效,双方当事人均受到该合同约束。因此,赵某某请求解除协议书,确认协议书无效,并返还承包土地的主张缺乏事实及法律依据,没有得到法院的支持。

评析

本案涉及《民法典》关于土地承包经营权互换的规定。土地承包经营权的互换规定在《民法典》物权编“土地承包经营权”一章中,采用登记对抗主义。《民法典》第334条规定:“土地承包经营权人依照法律规定,有权将土地承包经营权互换、转让。未经依法批准,不得将承包地用于非农建设。”《民法典》第335条规定:“土地承包经营权互换、转让的,当事人可以向登记机构申请登记;未经登记,不得对抗善意第三人。”

土地承包经营权流转的原则如下。第一,双方当事人应当依法通过平等协商决定土地承包经营权流转的具体事项。土地承包经营权人自愿决定经营权流转的方式,不应受到任何个人与组织的阻碍或强迫。第二,流转不得随意改变土地的用途。承包的农用地一般直接用于农业方面的生产与建设,只有依法获得批准,才能以非农用途使用承包地。第三,流转合同约定的期限不得超过原土地承包经营权合同约定的承包期中剩余的期限,超过剩余期限的部分作无效处理。第四,流转的受让方需要具有一定的农业经营能力。第五,同等条件下本集体经济组织成员在进行流转时享有优先权。作为土地承包经营权流转的形式之一,土地承包经营权的互换实质上是由土地交换引起的权利交换,应当在农户自愿的基础上,在同一集体经济组织内部互换,不得与其他集体经济组织的农户互换。农户之间互换土地承包经营权改变了原有的承包地权利与义务分配,为了加强管理,农户互换土地承包经营权应当向发包方备案。且土地承包经营权的互换仅更改土地承包经营权人,不能更改土地用途及承包义务,农户互换土地承包经营权后不得将该土地用于其他用途,例如发包时约定某地块用于种植，互换承包经营权后也不得在其上建造房屋。

土地承包经营权的流转采用登记对抗主义，登记并非合同生效的必要条件，主要理由如下。第一，要求土地承包经营权的流转必须进行登记不符合现实情况。我国农用承包地数量较多，面积广阔，并且分布较为分散，难以对每块承包地的流转进行全面登记，登记工作所要投入的成本也会比较巨大。第二，土地承包经营权的流转形式多样，其中大部分流转形式能够以债权方式处理。第三，要求土地承包经营权的流转必须进行登记不具有必要性。从公信力的视角来看，承包地经营权通常在同一集体经济组织中的农户之间流转，农户之间相互熟悉，即使不登记，农户对于流转后承包地经营权的归属也会较为清楚。第四，要求土地承包经营权的流转必须登记，必然涉及登记手续、登记费用，会增加农户负担。作为土地承包经营权流转的形式之一，土地承包经营权互换协议的生效不以登记为必要，只要农户之间就承包地经营权的互换达成一致的意思表示，该互换协议就发生法律效力。但未经登记的，不得对抗善意第三人，例如农户甲将其承包A地的经营权与农户乙承包B地的经营权互换，但未办理登记，后甲又将其对A地的承包经营权转让给农户丙，若丙不知道甲、乙之间互换过土地承包经营权，则乙对A地的承包经营权不得对抗丙对A地的承包经营权。

本案中，判断土地承包经营权互换合同效力的关键在于互换土地承包经营权是否以办理登记为生效要件。根据《民法典》第334条、第335条以及《农村土地承包法》第33条、第40条的规定，土地承包经营权的互换采取登记对抗主义，不以在登记机构登记作为生效要件。赵某某与洪某某签订的协议书约定已经过发包人某村委会的同意，且村委会已在协议上盖章，所以案中互换土地承包经营权的协议合法有效，双方当事人均受该协议的约束。因此，一审法院驳回赵某某要求解除协议书确认协议书无效并返还承包土地诉讼请求的处理结果并无不当，二审法院维持原判，驳回了赵某某的上诉请求。

本案作为土地承包经营权互换的典型案例，对于该类案件在司法实践中的裁判起到了参考作用。当土地承包经营权互换合同的效力认定产生争议时，对互换行为的效力判断，不以办理登记手续为生效要件。法律上承认未经登记的互换合同具有物权变动的效力，但如果当事人为了更好地保障自身权利，使其互换行为能够对抗善意第三人，可以要求办理登记。

法律小贴士

（一）未经备案的土地承包经营权互换合同是否有效？

根据《农村土地承包法》第33条的规定，农户之间互换土地承包经营权应当向发包方备案，但备案并非互换合同生效的必要条件。可以将其理解为一种事后监督，虽然存在一定的必要性，但却不是流转合同生效的必要条件。双方签订土地承包经营权互换合同，当事人是否就该合同向发包方备案不影响合同效力。《最高人民法院关于审理涉及农村土地承包纠纷案件适用法律问题的解释》第14条规定，当事人互换土地承包经营权未报发包方备案的，发包方不能以此为由请求确认互换合同无效。因为当前我国农村土地经营权互换合同的备案制度仍不完善，若将备案设定为互换合同生效的必要条件，不符合我国农村的客观实际，加重农民负担，也不利于维护农村土地承包经营权的流转秩序。

（二）未经发包人同意的土地承包经营权转让合同是否有效？

根据《民法典》以及《农村土地承包法》第34条的规定，转让土地承包经营权应经过发包方的同意。有法院认为，未经发包方同意，土地承包经营权转让合同无效，但是如果发包方无故拖延表态或没有以法定理由表示不同意的，不能认定土地承包经营权转让合同无效。还有法院认为，发包方两个月内没有表示是否同意的，可以视为发包方同意转让土地承包经营权。司法实践中，法院对发包方同意转让的认定标准较为宽松，嗣后同意、发包方知道转让行为但并未进行反对等，一般可以认为是发包方同意转让土地承包经营权的表现。

（三）同一土地承包经营权多次转让给不同受让方的，承包经营权归属哪方？

承包方就同一承包地经营权先后多次签订转让合同的情形比较常见。当多个受让方都要求取得承包地的经营权时，应当按照以下方法处理。一般来说，已经办理登记的受让方应当取得土地承包经营权；多个受让方都没有进行登记时，转让合同生效在先的受让方应当取得土地承包经营权；不能确定多个转让合同生效时间的先后顺序时，已合法占有并且对承包地进行实际投入的受让方应当取得土地承包经营权。没有取得土地承包经营权的受让方对于其合理投入，可以要求受益方补偿，补偿不足时，可以要求发包方进行赔偿。

法条链接

1.《民法典》第 334 条：土地承包经营权人依照法律规定，有权将土地承包经营权互换、转让。未经依法批准，不得将承包地用于非农建设。

2.《民法典》第 335 条：土地承包经营权互换、转让的，当事人可以向登记机构申请登记；未经登记，不得对抗善意第三人。

（本篇撰写人：邓思瑜，武汉大学法学院）

15 宅基地使用权能否流转?

宅基地使用权是农村集体经济组织成员享有的在宅基地上建设住宅及附属设施的权利。我国实行土地公有制,宅基地所有权归村集体,农民只能享有宅基地使用权,对于宅基地上的房屋可以享有所有权。很多城镇居民老年后想落叶归根,在农村购置房屋及宅基地。宅基地使用权能否流转?村外人员能否基于买卖取得农村房屋所有权及宅基地使用权?宅基地使用权能否被继承?宅基地上的房屋可以遗赠吗?农民出卖、出租或者赠与住宅后,再申请宅基地的,能否获得批准?本文将结合《民法典》物权编宅基地使用权的相关规定和案例加以分析。

案例

2013年7月16日,申某(甲方)与韩某、王某(乙方)签订协议书,约定乙方以470000元购买甲方位于A村的某房产。双方还约定了权利义务,对协议进行了公证。后申某将上述房产及房屋产权证书、集体土地使用证交付韩某、王某,二人居住使用至今。2017年5月10日,该村村委会向申某出具补交宅基地款(2013年)收据,金额为5000元。现申某要求韩某、王某返还房屋,遭其拒绝,申某提起诉讼,请求确认合同无效,归还房屋并支付房屋使用费。法院查明,申某、韩某、王某户籍地均不在A村。

裁判结果

法院认为,《土地管理法》第9条第2款规定,"宅基地和自留地、自留山,属于农民集体所有”。《民法典》第363条规定：“宅基地使用权的取得、行使和转让，适用土地管理的法律和国家有关规定。”根据房地一体的原则，农村房屋买卖合同隐含了对该房屋所占宅基地使用权的处分，而宅基地使用权是与本集体经济组织成员权联系在一起的。国家对于农村房屋买卖的规定是基于对农村集体经济组织成员权利的保护而制定的，因此，本集体经济组织的成员才能取得宅基地使用权。本案中申某和韩某、王某均非该村集体经济组织成员，不属于农村房屋买卖合同相关规定的保护范围。判决驳回申某的诉讼请求。

评析

本案涉及《民法典》关于宅基地使用权流转的规定。《民法典》第363条规定：“宅基地使用权的取得、行使和转让，适用土地管理的法律和国家有关规定。”

因审批取得宅基地使用权的构成要件如下。第一，需申请者为农村集体经济组织的成员。宅基地使用权的申请条件是建立在一户一宅原则的基础之上的，所以是以户为单位申请，不是以申请者个人的名义申请。一般来讲，没有宅基地或者宅基地被收回，因自然灾害等原因灭失，虽符合分户条件，但原有宅基地未达到法定标准，回乡落户没有宅基地等条件下才能申请。第二，申请人向村集体经济组织提出申请，村集体经济组织同意后，报经乡（镇）人民政府审核批准。如果村集体经济组织不理会村民的申请，致使无法推进宅基地审批程序，损害申请人的权益，申请人可以提起行政诉讼。第三，符合土地利用总体规划。如果村内有空闲地，不得占用耕地。如果涉及农用地还要依照《土地管理法》第44条的规定，经省政府批准，办理农用地转用批准手续。宅基地的面积不得超过省、自治区、直辖市规定的标准。

因转让房屋取得宅基地使用权的构成要件如下。第一，受让人需为本村集体经济组织成员。转让人不能将宅基地使用权转让给村集体经济组织之外的人员。第二，转让需要经过村集体经济组织同意。第三，符合宅基地使用权的分配条件。

从上述规定看出，在本集体经济组织之内的人可以基于转让行为取得宅基地使用权。转让的农民自愿有偿退出，既符合自愿原则，又能盘活闲置宅基地和住宅。但是如果农民将自有房屋出卖给本集体经济组织之外的人，原则上确认买卖合同无效。因为农村宅基地使用权与集体经济组织的成员权紧密相关，体现了身份属性，承载了对农民的社会保障功能。国家现行政策明确规定，农村的住宅不得向城市居民出售，禁止城镇居民在农村购置宅基地。如果允许流转至集体经济组织之外的人员，会使得转让的农民无法再申请宅基地使用权，失去居住保障。本案中，基于房地一体原则，房屋买卖合同同时涉及宅基地使用权的转让。转让人申某和受让人韩某、王某均非该村集体经济组织成员。申某作为村集体经济组织之外的人，不会因为房屋买卖失去生活保障，不能适用基于对农民的生存保障理由认定买卖合同无效的规定。需要指出的是，申某不是A村村民，定是违规取得了宅基地使用权，反映出我国农村土地管理不到位的现实。

如果村民将房屋出卖给户口在本村之外的人，合同被确认无效后，法院一般会根据公平原则、诚信原则，合理扩大信赖利益的范围，根据双方过错大小，判决承担的责任。买受人可以请求返还购房款及利息，请求赔偿因信赖合同有效但合同被宣告无效的损失。

实践中，也有少数判决认为农民与非本村人员签订的房屋买卖合同有效。在这些案例中，农民将自有房屋出卖给本村之外的人后，往往是基于拆迁补偿或者房屋升值的原因请求确认合同无效、返还房屋。法院认为，如果认定合同无效，会助长此类不讲信誉的现象，损害受让人的合理期待，弱化交易中的诚信观念，损害诚实信用的社会根基，因此确认合同有效。

近年来，宅基地闲置的现象和农村一户多宅的现象突出。2018年“中央一号文件”提出“完善农民闲置宅基地和闲置农房政策，探索宅基地所有权、资格权、使用权‘三权分置’”，深化农村宅基地制度改革试点。全国已有试点地区实行“三权分置”政策。例如，浙江义乌将受让人需为本村集体经济组织成员的条件放宽至本市内符合规定的村集体经济组织成员；在浙江德清，受让人可以取得宅基地使用权，并可以再次转让、抵押和出租，但是有年限限制，年限届满后，宅基地资格权人可以收回宅基地使用权；四川泸县采取由农户和投资者共建共享模式，农户与投资方共享居住、商住或经营，农民有房屋所有权和宅基地使用权，出资方获得一定年限的集体建设用地使用权，届满后可以收回。

在试点地区贯彻“三权分置”政策，能够盘活闲置农房和宅基地，使得土地资源得到充分利用，还能发挥经济利用功能，增加农民收入。但是改革不能损害农民的居住资格利益。使宅基地使用权既能发挥保障功能又能发挥财产价值，是探索过程中需要注意的问题。在非试点地区，仍然应当坚持宅基地使用权只能在村集体经济组织成员内部流转，否则转让无效。

法律小贴士

（一）宅基地使用权能否被继承？

宅基地使用权能否被继承？可否由户籍不在本村的继承人继承？例如，农民的子女外出上学工作并落户后能否继承取得父母的宅基地使用权呢？自然资源部《对十三届全国人大三次会议第3226号建议的答复》指出：“被继承人的房屋作为其遗产由继承人继承，按照房地一体原则，继承人继承取得房屋所有权和宅基地使用权，农村宅基地不能被单独继承。”即如果宅基地上有房，包括城镇子女在内的户籍不在本村的继承人可以通过继承房屋所有权取得宅基地使用权。如果宅基地上没有房屋或者房屋已经灭失，即使继承人的户籍在本村，也不能继承取得宅基地使用权。

为何宅基地上有房，继承人才能继承取得宅基地使用权？因为房屋可以作为遗产继承，而宅基地使用权不同于房屋，不是遗产，不能被单独继承。如果宅基地上有房，由于地随房走，房地一体，继承人可以通过继承房屋所有权取得宅基地使用权。

《不动产登记操作规范（试行）》规定：“已拥有一处宅基地的本集体经济组织成员、非集体经济组织成员的农村或城镇居民，因继承取得宅基地使用权及房屋所有权的，在不动产权属证书附记栏记载该权利人为本农民集体原成员住宅的合法继承人。”因此，继承人可以通过继承房屋所有权取得宅基地使用权，并申请确权登记。

（二）农民可否将宅基地上的房屋遗赠给他人？

这个问题要看受遗赠人的户籍是否在本村。如果农民将宅基地上的房屋遗赠给本集体经济组织成员，遗赠有效，但是农民不能将房屋遗赠给本村集体经济组织之外的人。虽然包括城镇子女在内的继承人可以继承取得房屋所有权进而继承取得宅基地使用权，但这只是对基于亲缘关系的宅基地上房屋流转的特殊认可，没有亲缘关系的非本村村民不能通过遗赠形式合法取得宅基地上房屋所有权和宅基地使用权。宅基地上的房屋是农民的安身立命之所，如果允许遗赠给本村集体之外的人，容易造成农村房地资源的流失，不能发挥宅基地使用权对农民生活的社会保障功能。

（三）农民出卖、出租、赠与住宅后，再申请宅基地的，能否获得批准？

《土地管理法》第62条第5款规定："农村村民出卖、出租、赠与住宅后，再申请宅基地的，不予批准。"举一例说明。甲将房屋出卖给乙，后来甲还能再申请宅基地建造新房吗？不可。法律允许农民无偿取得宅基地使用权是为了满足农民基本的生活保障需要。如果允许农民出卖、出租房屋后，再申请宅基地使用权，容易导致农民通过出卖、出租宅基地上的房屋牟利的后果，这违背法律保障农民基本生活需要的初衷，也使得村集体土地资源分配不公。如果乙的户籍在本村集体之外，甲可以起诉请求确认甲乙之间的买卖合同无效，请求返还房屋。但甲应向乙返还购房款，并赔偿其损失。

法条链接

《民法典》第363条：宅基地使用权的取得、行使和转让，适用土地管理的法律和国家有关规定。

（本篇撰写人：董文华，武汉大学法学院）

16 居住权是一种什么权利？

房子是我的，我却住不了；房子不归我，我却想咋住咋住，不管房子归谁。在《民法典》出台之前，这两种情况几乎是不可想象的。随着《民法典》将居住权引入，这一切将成为可能。“我的房子，我想让谁住就让谁住，哪怕我不在了。”“我辛辛苦苦买的房子，我自己却住不了。”居住权就是有这样的“魔力”，阅读本文，你也可以学会使用这种“魔力”。

案例

邱某与董某于2006年登记结婚，双方均系再婚，婚后双方没有生育子女，共同居住在董某用婚前个人财产购买的某处房屋。董某某系董某之弟。董某于2014年立下遗嘱，其内容为：“我名下该房屋遗赠给弟弟董某某，丈夫邱某在再婚之前拥有居住权，此房是我毕生心血，不许分割、不许转让、不许卖出……”董某于2016年3月去世，离世后，董某某与邱某发生遗嘱继承纠纷，并于2016年诉至法院。法院判决房屋所有权归董某某，邱某拥有该房屋的居住使用权。判决后，邱某一直住在该房屋中。2021年初，邱某发现房子被董某某挂在房产中介出售，由于担心自己要被赶出家门，邱某向该法院执行局申请对房屋居住权的强制执行。

裁判结果

法院认为，案涉房屋虽然为董某某所有，但根据董某遗嘱的真实意思，邱某享有案涉房屋的居住使用权。本案的法律事实发生在《民法典》实施前且持续到《民法典》实施后,根据《最高人民法院关于适用〈中华人民共和国民法典〉时间效力的若干规定》,可以适用《民法典》关于居住权的相关规定。现邱某申请强制执行,依照《民法典》第368条“设立居住权的,应当向登记机构申请居住权登记”之规定,法院可将案涉房屋的居住权登记在其名下,以公示的方式保护其居住权不被侵害。因此,该法院作出执行裁定:将被执行人董某某名下的该房屋的居住权登记在申请执行人邱某名下。

评析

本案涉及《民法典》关于居住权的规定。居住权首次出现在《民法典》中,《民法典》第368条规定:“设立居住权的,应当向登记机构申请居住权登记。居住权自登记时设立。”第371条规定:“以遗嘱方式设立居住权的,参照适用本章的有关规定。”

依《民法典》第368条规定,居住权作为典型的不动产用益物权,采用登记生效的物权变动模式。这是因为,物权要在现实中实现其绝对性和排他性,就必须有可识别的外观形式。就房屋设定居住权而言,这种形式表现为办理居住权登记。比起交付或者占有,不动产登记机构将居住权事项记载于不动产登记簿,有利于保障当事人的居住权益,同时兼顾社会稳定、家庭和睦。

对于以遗嘱方式设立的居住权,《民法典》第371条规定的“参照适用”表明以遗嘱方式设立居住权整体上与以合同方式设立居住权相类似,但必须考虑继承时物权变动的两个阶段。第一阶段由被继承人死亡引发,因非基于法律行为的物权变动,遗产从被继承人所有转至继承人共有。居住权作为房屋所有权上的负担,会影响房屋的市场价值,由此涉及遗产债务清偿中的拍卖变卖顺序和实现方式,因此居住权自被继承人死亡时设立,由遗产继受人共有。第二阶段为共有财产分割时,此时物权变动发生在各共同继受人之间,此阶段非因继承而直接发生,属于继承事务之后在继承人之间发生的新的物权变动。若采用协议或遗嘱指定分割方式,则属于法律行为导致的物权变动,根据《民法典》第368条,居住权自登记时生效。因此在该阶段,居住权人基于遗嘱这一单方法律行为所取得的居住权,仍应参照适用登记生效主义规则。当然,若这一阶段已有生效裁判文书对个案中的居住权进行确认，则属于法律文书导致的物权变动，根据《民法典》第229条规定，自法律文书生效时发生效力。

本案中，董某通过订立遗嘱的方式，将房屋所有权与居住权分别遗赠给自己的弟弟和丈夫，既让弟弟得到了财产，又让丈夫“住有所居”。《民法典》的实施正式确定了居住权的“物权身份”，给邱某的居住权对抗所有权的“魔力”。邱某作为丧偶独居老人，在房屋所有权人危及其居住权时向法院申请强制执行，执行法院依照“设立居住权的，应当向登记机构申请居住权登记。居住权自登记时设立”之规定，为他办理了居住权登记。这样，邱某就实现了“不是我的房子我也可以住”，满足了他的住房需求，而原房子的所有人董某，也成功实现了“我的房子想给谁就给谁，想让谁住就让谁住”，尊重了她作为所有权人的合法权利。

本案并不复杂，最大的困难在于如何引导居住权人正确维权。《民法典》刚刚实施时全国的居住权登记都没有落地，当地也未出台相应的居住权登记实施细则，不动产登记系统中没有居住权这一登记模块，司法实践中亦无居住权强制执行的先例。执行法院依据《民法典》第368条的规定，将登记作为居住权强制执行的内容，实际践行了住房的居住权人以公示登记的方式对抗其他权利人的居住权的制度设计。为促使《民法典》有关居住权制度的新规则真正惠及老百姓，各地登记机关需要加速推动居住权登记操作规范的出台，确保《民法典》关于居住权保护相关规定的落地，并进一步规范居住权登记操作。同时，在《民法典》居住权设立与居住权登记操作规范出台的空白期，在暂无具体的操作规范可遵循的情况下，建议法院应与不动产登记中心相互配合，从群众利益出发，结合实际，灵活处理居住权登记事宜。例如尝试暂以异议登记的形式来维护居住权人的合法权益，待不动产登记中心正式受理居住权登记业务后，第一时间为他们办理居住权登记，从而实现法律效果与社会效果的统一。

法律小贴士

（一）居住权究竟有什么功能？与房屋租赁有何不同？

居住权是一项法定权利，和接受别人邀请到他家小住不同。一旦享有居住权，权利人可以随意自由地住在别人家里且不受干扰，甚至还可以不让房屋所有者本人居住。居住权与房屋租赁尽管都是对他人房屋的使用，但属于两种不同类型的权利，房屋租赁不能代替居住权的功能。房屋租赁期限较短，稳定性相对较弱，不足以满足长期居住的需求。首先，租赁合同最多不能超出20年，超过部分无效。事实上，由于近年来城市房屋租金的节节上涨，除政策性公租房外，房屋租赁合同约定的期限一般都相对较短。相对而言，居住权期限并无法律规定的限制，可以直至居住权人死亡。其次，租赁合同属于有偿合同，承租人须按照市场价格支付租金；而居住权为无偿设立，可以通过遗嘱等单方法律行为作出，形式更为灵活。最后，租赁权属于债权，一般不能对抗第三人；而居住权是物权，具有优先效力和对世效力。

（二）居住权是不是只能设立在住房上？

居住权原则上只能设立在住房上，而商铺、厂房、办公楼等经营性房屋原则上不能设立居住权，否则就变相地改变了经营性房屋的用途。能设立居住权的房屋只能是用于居住的房屋，包括商品房、经济适用房、限竞房、两限房、共有产权房以及农村宅基地所建房屋等。

（三）居住权会不会影响购房？

居住权会影响房屋的出售和市场价值，因此购房时应当注意，除了在不动产登记机构查询自己有意购买的房屋是否登记有抵押权，也要查询是否有居住权。这样可以避免设有居住权的房屋在后续买卖过程中可能出现的一些法律风险，否则将有可能出现“房子归你，但你住不了”的尴尬情形。

（四）有哪些典型的居住权适用场景？

居住权兼顾商品房购买的稳定性和房屋租赁的灵活性，设立的目的是灵活解决住房需求问题，其具体适用以下列场景为例。（1）离婚时，一方既要取得房屋的产权，又要考虑给予另一方居住生活方面的保障，此时就可在房屋上设立居住权。但考虑到如将居住权设立成永久性居住权，必然妨碍房屋所有权人的权益，因此建议设立居住权时充分考虑双方实际情况，约定居住权期限，并增加终止条件，比如另一方再婚后居住权消灭，孩子成年后居住权消灭等。(2)再婚时，设立居住权可以在为再婚配偶在房产内居住设立保障的同时，明确房屋产权的归属，避免因房屋所有权归属不明确给两个家庭的融合带来矛盾纠纷，有利于家庭成员的和谐共处。(3)老人缺少生活保障时，可以在转让房产获得一定经济利益的同时保留房屋的居住权，确保自己今后生活的稳定性。

法条链接

1.《民法典》第368条：居住权无偿设立，但是当事人另有约定的除外。设立居住权的，应当向登记机构申请居住权登记。居住权自登记时设立。

2.《民法典》第371条：以遗嘱方式设立居住权的，参照适用本章的有关规定。

（本篇撰写人：陈理，武汉大学法学院）

17 如何行使留置权？

留置权在债权债务关系中常常出现，有许多债权人会通过行使留置权使债务得到清偿，以达到维护自身利益的目的。随着留置权的广泛适用，司法实践中债权人与债务人之间关于留置权的纠纷也不在少数。那么在此类留置权纠纷案件中，留置权的构成要件有哪些？对于同一法律关系应作何理解？留置权是否成立？以上问题的答案还需要在《民法典》物权编的相关条款中寻找。

案例

李某某与某汽车服务有限公司法定代表人张某某相识多年，李某某经常将某奔驰品牌车以及案涉某牧马人品牌车交给该汽车服务公司维修。李某某于2016年将一辆奔驰车交给汽车服务公司维修，该车辆产生修车费共计61606.35元，李某某没有付款。后李某某于2019年将案涉牧马人车交给汽车服务公司维修，并将案涉牧马人车的维修费共计23700元付给汽车服务公司。汽车服务公司以李某某没有支付某奔驰车于2016年产生的61606.35元修理费为由，将案涉牧马人车扣留。该牧马人车系由某矿业集团有限公司于2011年购买，登记在该矿业集团有限公司名下。汽车服务公司因不服一审法院判决，提起上诉，请求依法撤销一审法院判令汽车服务公司归还矿业集团有限公司案涉牧马人车的判决，发回重审或依法改判。

裁判结果

法院认为，矿业集团有限公司作为案涉牧马人车的所有权人主张汽车服务有限公司返还牧马人车，汽车服务有限公司以李某某拖欠某奔驰车的修车费为由主张其对李某某送修的牧马人车行使留置权而拒绝返还，案涉牧马人车辆并非送修的某奔驰车维修合同的标的物，汽车服务有限公司与李某某并不都是企业，所以汽车服务有限公司对案涉牧马人车不享有留置权。因此，汽车服务有限公司的上诉请求缺乏事实和法律依据，没有得到法院的支持。

评析

本案涉及《民法典》关于留置权的规定。留置权被规定在《民法典》物权编留置权一章中。《民法典》第447规定："债务人不履行到期债务，债权人可以留置已经合法占有的债务人的动产，并有权就该动产优先受偿。前款规定的债权人为留置权人，占有的动产为留置财产。"《民法典》第448条规定："债权人留置的动产，应当与债权属于同一法律关系，但是企业之间留置的除外。"

留置权的构成要件有如下两点。第一，债权人已经合法地占有了债务人的动产。这是留置权成立的基础。债权人对债务人财产的合法占有应当是基于某种法律关系相对应的合同关系而产生的，例如某人基于与他人签订的保管合同的约定，保管他人提供的物品，那么他则可以合法占有他人的物品。可行使留置权的债务人财产仅包括动产。第二，债权到期债务人未清偿债务。只有在其担保的债权到期债务人仍未清偿债务时，留置权才得以成立，债权人可以将其合法占有的债务人财产进行留置。债权人与债务人可以约定一个清偿期间，该期间一般在60日以上，如果双方没有对清偿期间进行约定，债权人也应当给债务人宽限60日，为其预留充分时间准备清偿债务。债务人于清偿期间内履行债务，可以取回其被债权人留置的财产，如果债务人在清偿期间内仍未能履行债务，债权人则可以将留置的债务人财产作变价处理并优先受偿。

成立留置权要求债务人被留置的动产和债权为同一种具体法律关系。换句话说，债权人基于某种法律关系而合法占有债务人动产，债权同样因该种法律关系而发生。保管、运输以及加工承揽合同一般都能成立留置权，它们是发生债权人留置债务人动产法律关系的典型性合同。例如,甲和乙签订加工承揽合同,甲为承揽人,乙为定作人,甲因加工承揽合同关系而占有乙的加工承揽物,而乙没有支付该物的加工承揽费用。此时甲对该费用的债权与其对乙的加工承揽物的合法占有是基于同一个加工承揽合同,因此甲可以就加工承揽费用的债权对乙的物品取得相应的留置权。

本案中,争议的焦点为汽车服务有限公司是否享有对案涉牧马人车的留置权。矿业集团有限公司是案涉牧马人车登记的所有权人,该车辆的修车款已经结清,而没有支付维修费的车辆是某奔驰车。某奔驰车的所有权人是某园林绿化有限公司,而不是矿业集团有限公司,汽车服务有限公司提供的证据并不足以证明案涉牧马人车与某奔驰车的实际所有人都是李某某,汽车服务有限公司以某奔驰车维修费未结清为由留置矿业集团有限公司名下的案涉牧马人车,于法无据。一审法院判令汽车服务有限公司归还矿业集团有限公司案涉牧马人车的处理结果并无不当,故二审法院维持原判,驳回了汽车服务有限公司的上诉请求。

本案作为行使留置权问题的典型案例,对于该类案件在司法实践中的裁判起到了参考作用。当行使留置权的纠纷案件发生时,应当对案件中留置权是否成立进行认定。首先,案中债权人应当以合法方式占有债务人的动产,这是成立留置权的前提条件。其次,应判断债务人是否在债务到期时仍没有向债权人履行债务。需要注意的是,债权人合法占有债务人动产的法律关系与发生债权的法律关系应当为同一法律关系。如果符合以上条件,则留置权成立,债权人可以留置其合法占有的债务人动产;如果不符合以上条件,则留置权不能成立,债权人不能以债权未被清偿为由扣留债务人的动产,债权人应该向债务人返还其动产,并依法以其他途径主张权利,维护自己的合法权益。再次,债权人合法留置债务人的动产之后,可以与债务人约定合适的清偿期间,债务人应当在清偿期间内及时清偿债务,以取回自己的动产。如果双方没有约定清偿期间,债权人应当宽限债务人以60日以上的准备期,债务人于准备期过后仍没有履行债务的,债权人可以将留置的财产作变价处理并优先受偿,以实现其债权。

法律小贴士

（一）为何留置权仅限于动产？

我国法律规定强调留置权的标的物仅限于动产，并以债权人合法占有债务人的动产为留置权成立与存续的要件。法律这样进行规定主要是由于留置权的成立必须要求债权人占有留置物，持续占有动产对债务人造成的影响较小，一般不会严重影响债务人的正常生活或者造成较大的损失。如果法律允许债权人通过占有债务人的不动产以行使留置权，债权人持续占有债务人的不动产，则必然对债务人使用该不动产造成较大的影响，同时也会产生不必要的损失。这并非立法者所希望看到的局面，也不符合相关立法目的。

（二）留置物是否应当具有可让与性？

虽然债权人行使留置权扣留债务人的动产，可以使债务人基于对留置物的使用需求而尽快清偿债务取回其动产，但这并不是留置权最重要的作用。其最重要的作用是债权人可以将留置物作变价处理并优先受偿，即使在债务人怠于履行债务的情形下，债权人仍可以达到债务清偿的效果，以维护自身的合法利益。只有留置物具有可转让性，债权人才能将留置物变价从而实现优先受偿。不可转让的动产只能被债权人扣留，迫使债务人履行债务，而不能拍卖受偿，不能成为留置权的标的物。因此，在我国只有具有可转让性的动产才可以成立留置权。

（三）不可行使留置权的情形有哪些？

债权人能够以其债权未能实现而留置已经合法占有的动产，但并非一切债权均可以成立留置权。受害人因受到侵害而产生的要求加害人进行赔偿的权利，则不能成立留置权。例如，小朋友在门外踢足球时，不小心将球踢进房内，打破了房屋里面的鱼缸，此时鱼缸的所有权人不能就该足球成立留置权；又如，两人因手提电脑外观相似而错拿了彼此的电脑，他们不能就错拿的电脑成立留置权。此类因侵权行为而发生债权的情形不能成立留置权，受害人不能以足球或者电脑的价值来赔偿其损失。

法条链接

1.《民法典》第447条：债务人不履行到期债务，债权人可以留置已经合法占有的债务人的动产，并有权就该动产优先受偿。

前款规定的债权人为留置权人，占有的动产为留置财产。

2.《民法典》第448条：债权人留置的动产，应当与债权属于同一法律关系，但是企业之间留置的除外。

（本篇撰写人：刘雨馨，武汉大学法学院）

18 老人向保管人主张返还钱款及利息，能否支持？

老人年事已高后，其钱款常由子女保管，保管钱款的儿子因故去世，在老人丧失民事行为能力的情况下，当作为法定监护人的女儿代老人向儿媳和孙女主张返还老人的卖房款及产生的利息，该不该支持？若支持，利息标准又该如何认定？这些问题可以结合《民法典》物权编平等保护原则来回答。

案例

戴某与丈夫忻某婚后生育三个子女：长子忻甲、长女忻乙、次女忻丙。祝某和忻甲系夫妻关系，忻丁系二人之女。戴某丈夫忻某于2000年去世。

2013年起戴某逐渐出现老年痴呆等间歇性症状，基本生活需人负责照管，三个子女于2015年1月签订家庭协议书，主要内容是由忻甲负责照顾戴某生活，管理戴某的财产。戴某的卖房款及存款用于养老开支。戴某的卖房款、存款以及退休工资卡、用于发放高龄补贴的银行卡、身份证、退休证、医保卡等财物都交由忻甲保管。2017年，三个子女商量后将戴某送至某社区养老院生活，在养老院的生活费及医疗费等主要费用都由忻甲负责。2019年底忻甲因病住院，其在住院期间于2020年4月初在微信群向忻乙、忻丙交代，戴某的卖房款以他的名义存在银行，本金75万元，是两张大额存单，密码已告诉忻丁和祝某，要忻丁和祝某将钱取出来后转交给忻乙、忻丙保管。2020年4月19日忻甲因病去世，由于忻甲生前没有交代两张大额存单的存期及利率等详情，戴某无法知晓本息总额。忻乙、忻丙多次要求忻丁和祝某将75万元本金及利息交出未果，戴某遂诉至法院，要求忻丁、祝某立即返还戴某837673.96元及相应利息,并返还戴某个人名下的户口簿1本、身份证1张、退休证1本、老年证1本、银行卡2张(建行卡、工行卡各1张)以及戴某丈夫忻某的死亡证1本、墓地证1本。

裁判结果

法院认为,忻丁和祝某作为忻甲的近亲属暂时管理戴某的财物,现戴某要求忻丁和祝某返还属于戴某个人所有的财物,应予以支持。忻丁和祝某在忻甲生病后继续支付戴某在养老院的各项开支,养老费开销应予扣减。忻丁和祝某能保障戴某的基本生活,并非恶意不返还卖房款,对于戴某主张资金占用损失的标准和期间,应适当减少。故判决被告忻丁、祝某向原告戴某返还754560.46元及相应期间的资金占用损失。基于法院查实忻丁和祝某持有原告戴某的具体证件情况,忻丁和祝某应向原告戴某返还户口簿1本、身份证1张和建行工资存折1张。

评析

本案案由为物权保护纠纷,涉及《民法典》第207条规定,即"国家、集体、私人的物权和其他权利人的物权受法律平等保护,任何组织或者个人不得侵犯"。同时,因老人的财物由他人保管,又涉及《民法典》第900条规定,即"保管期限届满或者寄存人提前领取保管物的,保管人应当将原物及其孳息归还寄存人";以及《民法典》第901条规定,即"保管人保管货币的,可以返还相同种类、数量的货币;保管其他可替代物的,可以按照约定返还相同种类、品质、数量的物品"。

本案中,当事人依据家庭协议书及戴某本人的意愿,确定由儿子忻甲照顾戴某,负责管理戴某的财物。忻甲去世前,对其保管戴某的卖房款进行了安排,即交由两个妹妹忻乙、忻丙保管。忻丁和祝某作为忻甲的近亲属只是暂时管理戴某的财物,现戴某的法定代理人忻乙以戴某的名义,基于物权要求忻丁和祝某返还属于戴某个人所有的财产以及部分由忻丁、祝某持有的戴某个人物品,根据《民法典》第207条和第901条的规定,该项主张合法合理,为充分保障老人的合法权益,应予支持。

关于返还金额,家庭协议书约定,家里的卖房款和父母存款用于戴某养老开支。

忻丁和祝某在忻甲生病后垫付戴某养老费83113.50元，属于戴某的合理开支，应从卖房款中予以抵扣。法律明确规定保管期限届满，保管人应当将原物及其孳息归还寄存人。卖房款750000元以大额存单形式存入银行，产生了法定孳息，取出金额为837673.96元，扣除养老费83113.50元，忻丁和祝某应返还戴某754560.46元。

关于资金占用损失，戴某主张忻丁和祝某支付自2020年6月19日起至全部给付完毕之日止的利息，以837673.96元为基数，按2021年3月20日全国银行间同业拆借中心公布的贷款市场报价利率3.85%计算。本案并非民间借贷纠纷，当事人也没有借贷的意思表示，戴某主张的利息标准不适用于本案。忻丁和祝某在忻甲生病后继续支付戴某在养老院的各项开支，保障戴某的基本生活，忻丁和祝某并非恶意不返还卖房款，戴某于2021年4月7日向本院起诉，应自戴某起诉之日起按中国人民银行同期同档定期存款利率标准计算资金占用损失。

关于戴某名下个人物品，经查明，忻丁和祝某仅持有戴某的户口簿、身份证和建行工资存折1张，戴某没有证据证实其他物品由忻丁和祝某占有，对于戴某要求忻丁和祝某返还物品的主张部分支持。

本案中，戴某已耄耋之年，且被宣告为无民事行为能力，两被告作为戴某的家属，应以家庭和睦为重，确保老人晚年生活安稳幸福。对于戴某的财物，作为亲人晚辈应妥善管理，积极践行社会主义核心价值观。发生争议时，应通过协商沟通的方式进行处理，从而最大程度上保障戴某的合法权益。戴某基于物权主张忻丁和祝某返还财物，应予支持。对于资金占用费的确定，因忻丁和祝某在忻甲去世后继续支付戴某在养老院的各项开支，并非恶意不返还卖房款，法院充分考量到维系亲情关系、促进家庭和谐，故对计算标准及计算时间予以限缩，最大程度平衡双方利益，切实有效定分止争。

法律小贴士

（一）老年人如何保护好自身财产权益？

我国人口老龄化趋势日趋明显，老年人权益保障正成为需要全社会应对的重要课题，发展老龄事业势在必行。老人由于身体状况、行动能力等原因，往往难以有效管理、处分自有财产，在该情况下，常常由子女代为保管财物。为避免老人民事行为能力丧失后子女之间发生争议，老人与子女最好签订书面的保管合同，明确保管的财产金额或者是具体物品、保管期限等事宜。因财产通常由一人管理，当子女较多时极易引起纷争，老人与子女一人签订书面合同时，其他子女同时在场亲笔签名表示认可，可以最大限度地确保有据可查、有迹可循。

（二）如何确定保管期间的资金占用利息？

《民法典》第900条明确规定，保管期限届满，保管人应当将原物及其孳息归还寄存人。老人主张代为保管的财产孳息，应予支持。当保管物为钱款时，作为孳息的利息应该支持多少、如何具体确定，法院对此可依法予以酌定。老人向亲属主张资金占用期间的利息，因当事人身份关系较为特殊，根据案件具体情况，如作为保管人的亲属妥善履行了保管义务，保障了老人基本生活稳定，从平息家庭矛盾、维护家庭和谐的角度出发，当老人主张的计算标准较高时，在合法合理的范围内，法官可以行使自由裁量权，对利率标准予以调整。

（三）物权受到侵害时，如何维权？

当物权受到侵害时，权利人可以通过多种途径解决问题，例如，通过直接与加害人协商进行和解，或者通过第三人、人民调解组织居中调解达成调解协议，或者提请仲裁机构进行仲裁，或者向人民法院提起诉讼等。也就是说，向人民法院提起诉讼并不是解决物权纠纷的唯一途径。而且，从诉讼耗时较长、程序较为复杂的特点而言，诉讼应当是通过和解、调解等难以解决的情况下的最后途径。根据物权遭受侵害的方式不同，可以提出不同的诉讼请求：动产或者不动产被他人强行占有的，权利人可以请求返还原物；动产或者不动产被毁损的，权利人可以请求修理、重作、更换或者恢复原状；造成权利人损害的，权利人可以请求损害赔偿或者承担其他民事责任。

法条链接

1.《民法典》第 207 条:国家、集体、私人的物权和其他权利人的物权受法律平等保护,任何组织或者个人不得侵犯。

2.《民法典》第 900 条:保管期限届满或者寄存人提前领取保管物的,保管人应当将原物及其孳息归还寄存人。

3.《民法典》第 901 条:保管人保管货币的,可以返还相同种类、数量的货币;保管其他可替代物的,可以按照约定返还相同种类、品质、数量的物品。

(本篇撰写人:刘丹、胡舒铭,湖北省武汉市江岸区人民法院)

合同编

HE TONG BIAN

1 “假一赔十”，商家承诺有效吗？

消费者在网络购物过程中，遇到商家虚假宣传、以次充好、以假乱真，侵害自身合法权益时，可以要求商家赔偿损失，特殊情况下还可以要求商家进行惩罚性赔偿。在侵害消费者权益的案件中，什么情况下消费者可以主张惩罚性赔偿？商家作出“假一赔十”的承诺是否有效？这些问题的答案，需要结合《消费者权益保护法》和《民法典》的相关规定予以解答。

案例

2020年12月27日，刘某某在某网站购物平台看上了某贸易公司旗舰店里的一款翡翠手镯，商品详情页面虽然有“本店所有翡翠均为缅甸天然A货翡翠 假一赔十”的承诺，但是因为价格低廉，其还是向客服人员询问在售的某款天然缅甸老坑A货冰种翡翠手镯是否为正品，在客服回答该手镯为天然的翡翠A货后，刘某某在该店下单2件手镯，并支付货款706元。

2020年12月29日，刘某某收到快递来的2件手镯和附赠的珠宝玉石鉴定证书后，当即进行开箱检查，却发现不仅商家提供的证书无法查询验证，而且该手镯在阳光下的颜色也不像纯天然的。刘某某当即产生怀疑，随即询问客服人员，客服不能作出合理解释，只是反复强调所售手镯是正品无误。为验证手镯真假，刘某某委托中国地质大学(武汉)珠宝检测中心对手镯进行了检测，检测结果显示2件手镯均为翡翠(处理)手镯。此后，在与店铺客服人员协商过程中，商家同意退货退款，但拒绝承担其他责任。为此，刘某某向法院提起诉讼，要求解除买卖合同，商家退一赔十。

裁判结果

法院认为，刘某某通过网络平台向商家购买商品并付款，贸易公司接受货款并通过快递给付商品，双方之间成立买卖合同。合同履行过程中，商家交付质量明显不符合约定的商品，致使刘某某购买翡翠手镯的目的不能实现，构成根本违约，刘某某有权要求解除合同，返还其已支付的货款706元。

商家在销售过程中，宣传其手镯为“缅甸天然A货翡翠”，但是实际交付买家的却是“翡翠(处理)手镯”，并提供无法验证的珠宝玉石鉴定证书，属于故意告知虚假情况，构成欺诈，消费者有权要求增加赔偿商品价款三倍的损失；商家在宣传中承诺的“本店所有翡翠均为缅甸天然A货翡翠 假一赔十”属于有利于消费者的承诺，亦构成买卖合同的内容，对该公司具有拘束力。现商家销售给刘某某的手镯不是“缅甸天然A货翡翠”，其应当履行承诺，即赔偿刘某某十倍商品价款的损失7060元。故法院判决贸易公司向刘某某退还货款706元、赔偿7060元，合计7766元。

评析

本案涉及《民法典》及《消费者权益保护法》规定的惩罚性赔偿的理解与使用。《民法典》第179条第2款规定：“法律规定惩罚性赔偿的，依照其规定。”《消费者权益保护法》第55条规定：“经营者提供商品或者服务有欺诈行为的，应当按照消费者的要求增加赔偿其受到的损失，增加赔偿的金额为消费者购买商品的价款或者接受服务的费用的三倍；增加赔偿的金额不足五百元的，为五百元。法律另有规定的，依照其规定。经营者明知商品或者服务存在缺陷，仍然向消费者提供，造成消费者或者其他受害人死亡或者健康严重损害的，受害人有权要求经营者依照本法第四十九条、第五十一条等法律规定赔偿损失，并有权要求所受损失二倍以下的惩罚性赔偿。”

根据《消费者权益保护法》第55条第1款的规定，消费者要求经营者三倍惩罚性赔偿,依据是经营者欺诈应当承担违约责任。具体而言,应当满足两个条件。第一,经营者和消费者存在消费合同关系,即以书面或口头等形式表现的各类消费合同。第二,经营者存在欺诈行为。《消费者权益保护法》未对“欺诈”单独界定,故应适用《民法典》关于欺诈的规定加以认定,即一方当事人故意告知对方虚假情况或者故意隐瞒真实情况,诱使对方当事人作出错误意思表示的,可以认定为欺诈行为。据此,关于经营者欺诈行为的认定应同时满足四个要件:(1)经营者主观上存在欺诈的故意;(2)经营者客观上存在告知消费者虚假情况或隐瞒真实情况的行为;(3)经营者的欺诈行为导致消费者陷入错误认识;(4)消费者基于错误认识而作出错误的意思表示。需要注意,消费者以经营者欺诈而要求其三倍惩罚性赔偿,并不以消费者已有实际损害为要件。因此,消费者要求经营者承担三倍惩罚性赔偿责任,须以经营者欺诈为前提。

根据《消费者权益保护法》第55条第2款的规定,消费者要求经营者二倍以下惩罚性赔偿,依据是经营者应当承担侵权责任。具体而言,应当满足四个构成要件:(1)经营者提供的商品或服务存在缺陷;(2)经营者明知缺陷的存在;(3)造成消费者或其他受害人死亡或健康严重损害的实际后果(判断标准依照关于人身损害的法律规定确定);(4)商品或服务缺陷与损害后果之间存在因果关系。

本案中,经营者向消费者承诺的“假一赔十”,高于法定赔偿标准“假一赔三”情形,因此涉及承诺效力认定问题。法院认为,“假一赔十”作为经营者单方承诺,既是其促销手段,又是对其商品或服务自信的表现,消费者对之有信赖利益。虽然“假一赔十”本身属于格式条款,然而对于格式条款提供人而言,缺乏法定合同无效或免责条款无效的认定情形。经营者对于加重自身责任的承诺,合法有效。商家应按照“假一赔十”的承诺承担相应赔偿责任。

因此,刘某某通过网络平台购物时,商家故意隐瞒手镯的真实情况,告知消费者手镯为正品,且附有虚假的珠宝玉石鉴定证书,其行为构成欺诈,刘某某有权依据《消费者权益保护法》要求商家支付三倍惩罚性赔偿。同时,商家在手镯销售过程中,为了宣传需要,还承诺“假一赔十”,由于商家实际邮寄给刘某某的手镯并非其承诺的“缅甸天然A货翡翠”,其应当按照承诺支付十倍赔偿。

本案作为消费者权益保护典型案例,为司法实践中相关法律适用提供了有益参考。消费者发生此类纠纷时，应当首先明确其请求权基础，消费者是依据《消费者权益保护法》第55条第1款提起的合同违约纠纷，还是依据《消费者权益保护法》第55条第2款提起的侵权纠纷，从而准确分配举证责任以及正确适用法律处理案件。本案宣判后，消费者和商家均未提出上诉，商家主动履行了赔偿义务。

网络平台并非“法外之地”。经营者从事网络经营活动，同样应当遵纪守法、诚信经营；消费者在消费过程中也需要提高警惕，如果自身合法权益受到损害，应注意保留证据，通过协商、投诉等途径表达合理诉求，必要时，可通过法律途径依法维护自身权益。

法律小贴士

（一）“网购”维权，消费者应当如何取证？

“网购”作为当下最方便、快捷的购物方式，在给大家带来便利的同时，也暗藏着诸多“陷阱”。当消费者在“网购”过程中的合法权益受到侵害，可从如下五个方面收集证据。(1)账号主体信息。主要是消费者的实名注册信息和商家的实名注册信息(通常是营业执照)，确定产生纠纷的双方主体，如果无法获得商家的真实信息，可以借助网购平台或市场监管部门获取。(2)订单信息。确定购买的商品名称、数量、时间、付款记录及订单编号等基本事实。(3)支付记录或电子发票，作为已履行付款义务的凭证。(4)物流信息或交付记录。可以反映收、发货时间和签收人信息等，还可以提供收货、拆封、检查商品过程中的照片或视频。(5)其他如交易快照(即下单前的销售页面，可以显示商品的宣传文案、成分组成等信息)、沟通记录(与客服的联系记录或录音，有时可以证明某些关键内容)等有关联的证据材料。需要注意的是，消费者收集相关证据时，要保证真实性和完整性，同时最好是第一手信息，从而在维权过程中能够与商家或者平台提供的相关证据材料相对应，以增加纠纷解决的针对性和及时性。

（二）网络购物合法权益受到侵害，消费者如何维权？

根据《民法典》《消费者权益保护法》的相关规定，消费者通过网络平台购买商品或者接受服务，其合法权益受到损害的，可以向销售者或者服务者要求赔偿，消费者可以主张的权利包括但不限于以下四个方面。(1)一般质量问题的，可以要求经营者更换、退货(7天无理由退货)及赔偿损失。(2)因产品或服务质量问题造成人身损害的，可以要求赔偿医疗费、护理费、交通费、营养费、住院伙食费等为治疗和康复支出的合理费用，以及因误工减少的收入；如果造成残疾或死亡的，可以要求赔偿残疾赔偿金或死亡赔偿金，并主张精神损害抚慰金。(3)经营者在产品销售或者服务提供过程中有故意告知虚假情况或者故意隐瞒真实情况的(即构成欺诈)，除赔偿损失外，还可以要求增加赔偿其受到的损失，增加赔偿的金额为消费者购买商品的价款或者接受服务的费用的三倍(也即“退一赔三”)；增加赔偿的金额不足五百元的，为五百元。(4)经营者明知商品或者服务存在缺陷并造成死亡或者健康严重损害的，除要求赔偿损失外，还可以要求所受损失二倍以下的惩罚性赔偿。

当网络购物出现纠纷时，消费者可及时与商家协商处理，协商不成的，应提前收集好相应证据，及时向网络购物平台、消费者权益保护协会、市场监管部门或者拨打12315热线、12345热线等进行投诉，表达自己的合理诉求，必要时还可以申请仲裁或提起诉讼。

(三) 在什么情况下，消费者可以选择要求惩罚性赔偿?

如果经营者和消费者有消费合同关系，经营者存在欺诈行为，消费者可以要求经营者承担三倍惩罚性赔偿责任。经营者是否构成欺诈，可通过四个方面具体审查认定：(1)经营者主观上存在欺诈的故意；(2)经营者客观上存在告知消费者虚假情况或隐瞒真实情况的行为；(3)经营者的欺诈行为导致消费者陷入错误认识；(4)消费者基于错误认识而作出错误的意思表示。

如果消费者不能证实经营者欺诈，但有证据证实经营者需要对其提供的商品或服务存在缺陷造成的损害承担侵权责任的，可以同时要求经营者承担二倍以下惩罚性赔偿。消费者要求经营者承担侵权责任的构成要件包括：(1)经营者提供的商品或服务存在缺陷；(2)经营者明知缺陷的存在；(3)造成消费者或其他受害人死亡或健康严重损害的实际后果(判断标准依照人身损害有关法律规定确定)；(4)商品或服务缺陷与损害后果之间存在因果关系。

法条链接

1.《民法典》第148条:一方以欺诈手段,使对方在违背真实意思的情况下实施的民事法律行为,受欺诈方有权请求人民法院或者仲裁机构予以撤销。

2.《民法典》第179条第2款:法律规定惩罚性赔偿的,依照其规定。

3.《消费者权益保护法》第55条:经营者提供商品或者服务有欺诈行为的,应当按照消费者的要求增加赔偿其受到的损失,增加赔偿的金额为消费者购买商品的价款或者接受服务的费用的三倍;增加赔偿的金额不足五百元的,为五百元。法律另有规定的,依照其规定。

经营者明知商品或者服务存在缺陷,仍然向消费者提供,造成消费者或者其他受害人死亡或者健康严重损害的,受害人有权要求经营者依照本法第四十九条、第五十一条等法律规定赔偿损失,并有权要求所受损失二倍以下的惩罚性赔偿。

4.《最高人民法院关于适用〈中华人民共和国民法典〉总则编若干问题的解释》第21条:故意告知虚假情况,或者负有告知义务的人故意隐瞒真实情况,致使当事人基于错误认识作出意思表示的,人民法院可以认定为民法典第一百四十八条、第一百四十九条规定的欺诈。

5.《最高人民法院关于审理网络消费纠纷案件适用法律若干问题的规定(一)》第10条:平台内经营者销售商品或者提供服务损害消费者合法权益,其向消费者承诺的赔偿标准高于相关法定赔偿标准,消费者主张平台内经营者按照承诺赔偿的,人民法院应依法予以支持。

(本篇撰写人:马利波,湖北省天门市人民法院)

2 将银行贷款转借给朋友，违法吗？

亲朋好友需要资金周转，种种原因无法通过银行贷款审批，个人从银行贷款后再将贷款转借给亲朋好友，本以为是举手之劳的友情操作，却暗藏法律风险。个人将银行贷款再转借给朋友，受法律保护吗？与朋友之间约定的利息，能否被支持?《民法典》相关法律规定给出了答案。

案例

甲是晏A的同学。某日，甲打电话给晏A称急需用钱，晏A表示自己无钱可借，甲听后提出以晏A的名义向银行贷款套钱出来再借给甲，晏A答应。其后，晏A与某银行签订借款合同。某银行向晏A放款11万元后，晏A将该款转给甲。甲向晏A分期偿还17个月后不再还款，晏A仍有19个月银行贷款未还清。晏A诉至法院，请求判令甲返还剩下19期借款89490元及利息。

裁判结果

法院认为，晏A套取银行贷款后放款至甲，双方之间成立民间借贷合同。晏A出借给甲的款项，来自于某银行个人贷款，属套取金融机构贷款转贷，故案涉民间借贷合同依法无效。甲应向晏A返还款项及支付资金占用期间的损失。晏A产生的年利率11.3%的利息损失，系其违反法律规定从金融机构贷款并转贷所产生。甲对晏A套取银行借款转贷起主导作用，双方当事人均对合同无效存在过错，甲实际使用晏A从银行借出的资金，综合双方过错程度以及转贷资金使用等因素，法院判决甲向晏A返还款项52525元并支付资金占用损失659元，以及以52525元为基数、自立案之日起至2023年1月9日期间实际清偿之日止、按照年利率3.85%标准计算的资金占用损失。

评析 本案涉及《民法典》关于合同无效的法律后果及《民间借贷规定》关于民间借贷合同无效的规定情形。《民法典》第157条规定："民事法律行为无效、被撤销或者确定不发生效力后，行为人因该行为取得的财产，应当予以返还；不能返还或者没有必要返还的，应当折价补偿。有过错的一方应当赔偿对方由此所受到的损失；各方都有过错的，应当各自承担相应的责任。"同时，《最高人民法院关于审理民间借贷案件适用法律若干问题的规定》第13条对于民间借贷合同无效的情形作出了规定："具有下列情形之一的，人民法院应当认定民间借贷合同无效：(一)套取金融机构贷款转贷的……"

套取贷款转贷，构成要件包括：(1)套取金融机构贷款；(2)是用贷出的款项再转贷。处理此类纠纷，需要重点审查以下四个方面。第一，判断当事人之间是否成立民间借贷合同(款项是否实际交付)。未向借款人实际交付款项的民间借贷合同依法不成立，并无审查合同效力的前提，故无须审查合同效力。第二，审查出借人的资金来源(是否为套取金融机构的贷款)。民间借贷的资金来源必须为自有资金，如果来源为金融机构的贷款，则转贷产生的借款合同依法无效。第三，严格审查认定贷款方是否金融机构。对于金融机构的认定，应当严格依照程序进行。金融行业为特许经营行业，从业机构须取得相应证照，资金来源方如果具有金融从业资质，则应当认定为金融机构。第四，合理分配举证责任。如果出借人陈述是使用自有资金出借，但借款人主张出借人有套取贷款行为，则由借款人负初步举证责任，例如，出借人与金融机构的借款合同等。借款人完成举证后，证明责任则转移至出借人，由出借人举证证明不存在其与金融机构的借款事实，例如，贷款已结清的凭证、自有资金的合法来源等。如果出借人无法提交证据证明出借款项系自有资金，则应当认定其套取金融机构贷款的行为存在，进而认定套取金融机构贷款转贷产生的民间借贷合同无效。

民间借贷合同无效的法律后果包括以下几点。第一，合同无效，当事人之间的利息约定条款亦无效。第二，借款人应当向出借人返还已取得的财产。借款人应返还的财产是出借人最初向借款人所交付的款项，对于已经收取的借款利息，可以折算冲抵本金，后续未收取的借款利息，出借人自然无权主张。第三，借款人应当向出借人承担相应的赔偿责任。出借人发生的损失包括资金被借款人占用损失，但赔偿责任不能按照约定的利息处理，亦不能简单以银行贷款利率计算。借款人对于导致民间借贷合同无效具有过错的，实际占用出借人的资金未归还，应当向出借人支付资金占用费。

本案中，晏A向甲实际交付了款项，甲亦承诺向晏A还款，双方之间民间借贷合同成立。晏A套取银行贷款后转贷，导致双方之间民间借贷合同无效。合同无效后，甲应向晏A返还款项。晏A套取贷款转贷的行为直接导致合同无效，甲则是主导推动转贷事宜，双方对导致合同无效均存在过错。考虑到甲实际占有并使用了资金，法院酌定甲按照银行贷款利率向晏A支付从收取款项之日起至晏A起诉之日止的资金占用损失，而其后，则按照一年期贷款市场报价利率计算。

从本案看，法院看似支持了甲向晏A返还出借款项的请求，事实上，晏A向某银行归还剩余贷款的利息标准，超过法院判决的甲的偿还标准。晏A对起诉之日起的剩余款项按照贷款利率还款，而甲被判决按照一年期贷款市场报价利率赔偿损失，其中的差额损失，由晏A自行承担。这种赔偿责任分配，具有社会警示意义，提示出借人套取金融机构贷款转贷违法，并应承担相应风险，从而加重行为违法成本，有助于防范类似现象发生。

金融机构贷款主要是支持贷款人的生活、生产和经营，而借款人将之转贷，不仅违背与银行约定的贷款用途，还使信用资金脱离监管或难以监管，资金安全难以保障。如果此种行为获利数额较大，情节严重，甚至可能构成高利转贷罪。借款人将从金融机构取得的资金全部或部分转贷给他人，既破坏了金融秩序，又扩大了金融市场风险。因此，套取金融机构贷款后转贷，违反国家法律法规的相关规定，依法不受保护。法院判决套取金融机构贷款转贷无效，体现了严厉打击与民间借贷有关的金融违法行为的决心，有利于优化法治化营商环境，更好地防范和化解金融风险、稳定金融秩序以及保障民间借贷合法开展，从而推动实现金融为实体经济服务、司法为社会经济发展服务的目标任务。

法律小贴士

（一）出借人套取金融机构贷款转贷行为无效，剩余贷款谁来还？

《民法典》第465条对合同相对性作出规定，即合同仅对当事人具有法律约束力。出借人套取银行贷款转贷给借款人的，虽然出借人与借款人之间签订的民间借贷合同无效，但不会因此导致出借人与银行之间的金融借款合同无效。无论借款人是否向出借人还款，均不影响出借人应当向金融机构承担还贷义务。出借人如果未能按约定向金融机构还贷，则可能会被金融机构起诉，出现逾期还款的，还可能产生个人征信报告不良记录。个人征信记录不良，会对其从事社会活动造成一定影响，例如，在信用卡及贷款申请发放、就业、出行、购物、住宿、消费等方面，可能会受到限制。因此，出借人套取金融机构贷款转贷应当承担相应风险，除向金融机构承担还款责任外，还可能产生个人征信不良的风险。

（二）出借人背负有房贷、车贷等，转贷合同一律会被认定无效吗？

当前房贷、车贷等消费性贷款普遍存在，这类贷款通常直接支付至第三人资金账户，并不经过出借人个人账户。当出借人负有未归还的房贷、车贷、装修贷等长期贷款时，如果从金融机构贷款后，又发生了向借款人出借款项的行为，法院不会一概认定为套取金融机构贷款后转贷，而是在考虑办理消费性贷款的目的、贷款发放后资金实际用途、贷款资金与出借资金的来源区分等因素后，综合案情依法认定。简言之，出借人须有证据证实其出借的资金是自有资金。

（三）从“借呗”APP等贷款出借，是套取金融机构贷款吗？

《最高人民法院关于新民间借贷司法解释适用范围问题的批复》明确指出，由地方金融监管部门监管的小额贷款公司、融资担保公司、区域性股权市场、典当行、融资租赁公司、商业保理公司、地方资产管理公司等七类地方金融组织，属于经金融监管部门批准设立的金融机构。经金融监管部门批准设立的、拥有金融从业资质的小贷公司，例如“借呗”“微粒贷”APP产品的实际发放贷款公司已获银保监会的批准，属于金融机构。出借人从“借呗”处贷款又转给借款人，属于套取金融机构贷款转贷。

（四）套取金融机构贷款转贷，什么情况下构成刑事犯罪?

《刑法》第175条对高利转贷罪作出规定，即以转贷牟利为目的，套取金融机构信贷资金高利转贷他人，违法所得数额较大或巨大，涉嫌构成刑事犯罪。同时，《最高人民检察院公安部关于公安机关管辖的刑事案件立案追诉标准的规定（二）》第21条对高利转贷罪的具体表现及应当追诉的情形也作出了规定。按照法律规定，出借人如果是以转贷牟利为目的，套取金融机构信贷资金后又高利转贷给借款人，收得借款人利息除去向金融机构支付利息后所得部分高于10万元，涉嫌构成高利转贷罪。套取银行贷款转贷的出借人想“坐吃利差”，诱惑与风险并存。如果禁不住高利转贷的诱惑，甘愿“以身试法”，不仅导致民间借贷合同无效而遭受经济损失，更可能触犯刑法，构成高利转贷罪而面临牢狱之灾。

法条链接

1.《民法典》第153条第1款：违反法律、行政法规的强制性规定的民事法律行为无效。但是，该强制性规定不导致该民事法律行为无效的除外。

2.《民法典》第157条：民事法律行为无效、被撤销或者确定不发生效力后，行为人因该行为取得的财产，应当予以返还；不能返还或者没有必要返还的，应当折价补偿。有过错的一方应当赔偿对方由此所受到的损失；各方都有过错的，应当各自承担相应的责任。法律另有规定的，依照其规定。

（本篇撰写人：张璇，湖北省武汉市青山区人民法院）

3 单位员工对外签订合同，谁应担责？

随着市场经济的发展，除法定代表人有权代表公司从事业务活动外，公司员工在其职权范围内对外开展一定事务也越来越普遍。职务行为便利交易，但也容易产生纠纷。如何判断职务行为？交易相对方能否要求员工为其职务承担责任？还是只能要求所属的法人单位承担责任？代理人越权代理的，被代理人应否承担责任？这些问题，可从《民法典》职务代理的有关规定中找到答案。

案例

2014年3月7日，某技工学校（后更名为某学院）发文组建某项目部，任命王某为项目部经理、周某为项目部副经理。同年7月10日，某项目部与某商贸公司签订供货协议，协议写明甲方为某项目部、乙方为某商贸公司，在协议落款处，某商贸公司盖章，王某签名。协议约定，某项目部指定某商贸公司为供货商，某商贸公司向某项目部提供道岔垫板生产所需的劳保品、五金工具和焊接材料等货物，某项目部自货物入库签收之日起三个月内付清全部货款，未按期付款的，按每月3%支付延期付款违约金。自2014年7月7日至2015年1月31日，某商贸公司分五次向某项目部交付货物，分别由某项目部副经理周某、工作人员薛某签字收货。某商贸公司开具供货发票时，应王某要求，将购方单位填写为某实习厂。该实习厂为某学院出资设立的企业，具有独立法人资格。以上五批货物，货款金额共计57881.82元。某商贸公司向王某追索货款未果，故诉至法院，请求判令被告方支付货款57881.82元以及逾期付款违约金。

裁判结果

一审法院认为，王某系某学院任命的某项目部经理，该项目部系某学院组建，为其内设机构，涉案合同的付款责任应由所在法人承担。王某以某项目部名义与某商贸公司签订购货协议系履行职务的行为，该协议项下的权利义务应由某学院享有和承担。在某商贸公司依约履行了供货义务后，某学院应承担支付货款的义务。被告某实习厂并非本案合同相对人，不应承担付款责任。本案供货协议约定的违约金为每月按未支付货款的3%支付，但该比例过高，酌情调整为每月按未支付货款的2%(即年利率24%)支付。一审法院判决：支持原告某商贸公司的诉讼请求。宣判后，某学院不服提出上诉。二审法院判决：驳回上诉，维持原判。

评析

本案涉及《民法典》中职务行为条款的理解与适用。职务行为是指行为人根据其在单位担任的职务，依据其职权对外实施民事法律行为，产生的法律后果由单位承担。《民法典》第170条规定："执行法人或者非法人组织工作任务的人员，就其职权范围内的事项，以法人或者非法人组织的名义实施的民事法律行为，对法人或者非法人组织发生效力。法人或者非法人组织对执行其工作任务的人员职权范围的限制，不得对抗善意相对人。"

职务行为必须满足以下条件。第一，行为人是法人或者非法人组织的工作人员。第二，行为人实施的行为必须是其职权范围内的事项，如果超出职权范围，则构成越权代理，法人或者非法人组织可以主张其工作人员越权代理实施的民事法律行为无效。但交易相对人对该职权被限制不知情的，越权行为依旧对法人或非法人组织发生法律效果。第三，必须以该法人或者非法人组织的名义实施民事法律行为，即行为符合一般代理的构成要件。行为人未以其所在单位名义实施的民事法律行为，可能构成无权处分或者侵权行为，严重情况下还可能构成犯罪。

职务行为的法律后果，与一般委托代理的后果相同，即行为人实施的民事法律行为对其代理的法人或非法人组织发生效力，由该法人或非法人组织享受权利、履行义务、承担责任，行为人个人无须承担责任。但该职务行为人若超过代理权限实施行为，则属于无权代理，只有经过被代理人的追认，被代理人才承担民事责任。未经追认的行为，由行为人承担民事责任。造成被代理人和善意相对人损失的，应当由越权行为人承担相应的赔偿责任。

本案中，某项目部是某学院的内设机构，某学院以项目部名义与某商贸公司签订供货协议，系当事人的真实意思表示，合同合法有效。王某与某学院之间存在劳动关系，在无特别限制的情况下，王某作为项目部经理，以项目部名义与原告签订供货协议，是在职权范围内履行职务，不存在无权代理情形。因此，上述供货协议产生的付款责任，应由设立项目部的法人即某学院承担，项目经理王某个人无须承担责任。

本条虽属新增条文，也具有历史渊源。《民法典》出台之前，原《民法通则》中已有相关规定，其第34条第2款规定“合伙负责人和其他人员的经营活动，由全体合伙人承担民事责任”；第43条规定“企业法人对它的法定代表人和其他工作人员的经营活动，承担民事责任”。但需注意的是，上述两个条文的共同点在于，“法定代表人和其他工作人员”被并列放在一起规定，《民法典》中将其表述为“执行法人或者非法人组织工作任务的人员”。法定代表人在以法人名义从事法律行为时，个人人格被法人人格吸收，其行为性质属于代表行为，不再适用职务行为的规定。另外，单位的一般工作人员若不具有特定职务，则没有对外与其他民事主体实施民事法律行为的职务授权，因此，也不适用于职务行为。因此，《民法典》第170条第1款规定的“执行法人或者非法人组织工作任务的人员”，应当仅限于承担特定工作任务的人员，如法人的项目经理等。

因此，认定行为人的行为是否职务行为，应当着重审查两个方面的因素：一是行为人是否具有特定身份；二是行为人的行为与其所任职务之间有无内在关联。商事组织的工作人员基于特定职务而取得代理权，在职务存续期间，该工作人员享有与其职务相关联的代理权。原则上，只要行为人从事的行为与商事组织经营范围有关，都应当认定与其职务存在内在关联，无须商事组织再另行授权。员工在其职权范围内可代理公司从事民事法律行为，无须再由法定代表人签字同意或者授权。

法律小贴士

（一）法定代表人与职务行为人有无区别？其各自行为后果有何不同？

法定代表人指依照法律或法人组织章程规定，代表法人的利益，按照法人的意志行使权利的负责人，一般由公司董事长、执行董事或者经理担任。职务行为人是指由被代理人委托授权，以被代理人的名义，在授权范围内进行对被代理人直接发生法律效力的法律行为的工作人员，如法人的项目经理等。二者区别主要包括以下几点。第一，是否需要授权不同。法定代表人的行为无须授权，法定代表人的职权就是对外代表法人；职务行为人必须经过授权，否则构成无权代理。第二，权限范围不同。法定代表人的代表权限为“无限制则有代表权”；职务行为人的代理权限为“不授权则无代理权”，故只能在授权范围内从事代理活动。第三，越权行为的效力不同。法定代表人的越权代表行为不得对抗善意第三人，仍由单位对外承担责任；职务行为人越权代理或无权代理时，经过被代理人追认，被代理人才承担民事责任，如未经追认，由行为人承担民事责任。

（二）如何判断职务行为人的行为是否在职权范围内？

《民法典》笼统使用“职权范围”规范。针对具体个案中“职权范围”的认定，司法实践中须依据行为人的职务类型，结合商事习惯作概括性判断，通过探求被行为人的意思表示，判断享有代理权限的范围。主要审查因素包括：是否以单位名义、是否为职务行为、是否有职员身份、行为利益是否归属于被行为人、是否发生在经营活动中等。对于交易相对人而言，职务行为人基于职务形成的权利外观是交易相对人内心确信的基础，相对人通常通过行为人的职务推断其行为权限。例如，行为人任公司项目经理职务、行为人出示组织内部的人事任命文件等，即表明行为人享有相应的职权范围。

（三）与公司员工签订合同，违约时相对人应找谁主张权利？

若公司员工对外签订合同的行为属于职务行为，应当由其所代表的公司承担责任。若超过其职权范围，则属于效力待定行为。单位以书面追认或通过履行合同以行动追认的，则由单位承担责任，相对人可向单位主张权利；如果单位不予追认，则应由无权代理人向相对人承担责任。

法条链接

《民法典》第170条：执行法人或者非法人组织工作任务的人员，就其职权范围内的事项，以法人或者非法人组织的名义实施的民事法律行为，对法人或者非法人组织发生效力。

法人或者非法人组织对执行其工作任务的人员职权范围的限制，不得对抗善意相对人。

（本篇撰写人：张娟、陈宛莹，湖北省武汉市汉阳区人民法院）

4 盗用公章签订合同，单位应当承担责任吗？

行为人盗用单位公章与他人签订合同时，合同上所加盖的公章不能当然视为单位的意思表示，相对人以单位和行为人为共同被告诉请要求履行合同的，原则上应当适用职务行为或表见代理的相关规定审查处理。如果单位人员混杂、管理制度混乱，特别容易导致单位公章、介绍信被他人借用或者冒用等，并引发能否适用表见代理制度认定单位承担责任的争议。《民法典》关于表见代理的规定，有助于我们准确理解认定相关行为的法律效果。

案例

2019年10月28日，黄某与李某签订了家用中央空调系统销售及安装合同，约定李某向甲公司购买并委托其安装家用中央空调，总价共计78800元。合同尾部加盖了甲公司公章。合同签订后，黄某累计收取李某合同款项73000元，但未能依约全面履行供货义务。李某另行采购货物后，要求黄某退还已收取的货款，黄某经过与李某协商后出具退款承诺书，承诺退还货款并赔偿损失。后因黄某未能按其承诺退款，李某将黄某和甲公司共同起诉至法院，要求解除与甲公司签订的合同，甲公司与黄某共同返还货款并赔偿损失。

裁判结果

法院认为，李某在起诉状中陈述黄某系作为经办人代表甲公司签订诉争合同，后庭审中变更陈述称黄某与甲公司均为其合同一方，有悖诚信，亦与合同载明不符。合同双方就合同内容达成一致的意思表示而订立合同，本案中，甲公司虽认可公章的真实性，但自述其不知晓诉争合同的存在，亦未授权黄某签署诉争合同，李某亦认可诉讼前未与甲公司就合同签订和履行进行过协商。本案中，无证据证实甲公司授权黄某签订协议，或者公章系经过甲公司同意而加盖，不能当然视为甲公司应受该合同约束。本案争议焦点是黄某加盖甲公司公章的行为是否构成表见代理。

设立表见代理制度的目的，是为了保护交易安全及无过失的相对人产生的合理期待。是否适用表见代理，除行为人具有代理权的表象外，还取决于相对人是否善意。本案中，李某自认全程系与黄某协商、签订诉争合同，并向黄某个人支付合同价款；合同长期未履行的情况下，其从未催告甲公司履行合同义务，并在黄某个人承诺退款时收取承诺书。除合同加盖公章外，李某亦未提交证据证实其有依据足以相信黄某有权代表甲公司签订合同，故李某主观上并非无过失的善意相对人，本案不适用表见代理的相关规定。黄某签订诉争合同及出具承诺书的行为均不能对甲公司发生法律效力，而系其个人行为。法院判决黄某依照承诺书约定退还货款并赔偿损失。

评析

本案涉及《民法典》中对表见代理行为的相关规定的理解与适用。《民法典》第172条规定："行为人没有代理权、超越代理权或者代理权终止后，仍然实施代理行为，相对人有理由相信行为人有代理权的，代理行为有效。"

表见代理制度的设立以外观主义理论为根据。外观主义理论是指当双方当事人意思、权利等因素表里不一时，以行为外观，特别是交易相对人有理由信赖的外观，拟定行为效力和意思表示内容。设立表见代理制度的目的，一方面是为了保护善意相对人的合理期待，保障其合法权益；另一方面也是为了合理控制被代理人的法律风险，引导市场交易有序运行。所以，表见代理的法律适用，应当同时符合以下条件。

第一，行为人实施了具有代理权表象的行为，而其事实上并无合法的代理权限。行为人事实上缺乏合法的代理权限，包括三种情形。(1)行为人自始不具备代理权，即行为人与“被代理人”之间自始不具备委托代理关系。(2)行为人与被代理人之间具备委托代理关系，但行为人对外实施的代理行为超越了其与被代理人之间约定的代理权限范围。(3)行为人在与被代理人之间的委托代理关系消灭后，仍以被代理人名义实施代理行为。若没有证据证明行为人同“被代理人”存在代理权或法律授权的基础，依据合同的相对性，不得认定行为人与“被代理人”之间存在代理关系，即行为人构成无权代理。

第二，相对人在主观上必须是善意且无过失，即相对人不知道亦不应当知道行为人是无权代理。其中，“善意”是指相对人由于不知情而对代理权的真实状态发生了错误认识；“无过失”是指相对人对行为人拥有代理权的信赖具有合理性，即对行为人具有代理权外观的表象，通常情况下已尽到应有的审慎和注意之后仍深信不疑。如行为人为证明其具备代理权，实施提供介绍信、签章等行为，在不超出交易中双方当事人一般认知的情况下，应当认定相对人履行了基本的注意义务，相信行为人具备代理权可被认定是善意且无过失。

本案中，争议焦点在于黄某与李某签订诉争合同是否构成表见代理。黄某并非甲公司的员工，其无权代表甲公司对外签订合同，而其能取得甲公司公章是由于甲公司公章管理制度存在明显缺陷，甲公司存在一定的过错，若李某符合主观善意、无过失的条件，则成立表见代理，甲公司应对诉争合同履行义务和承担责任。但法院查明，李某经他人介绍向黄某采购物品，其不知晓甲公司全称、地址，未要求黄某出示过与甲公司的关系证据，合同款项亦支付至黄某个人账户，合同协商、履行及催告均系向黄某作出，诉前亦未向甲公司提出过履行合同或退款请求。李某未尽基本审查义务，不符合善意相对人的表象，故不适用表见代理的规定。

本案对《民法典》第172条在司法实践中的具体适用具有参考意义。就表见代理的法律适用，应当注意以下两点。(1)表见代理的构成要件，包括行为人客观上具有代理权的表象和相对人善意且无过失，被代理人有无过错不是表见代理的构成要件。(2)关于相对人是否善意且无过失，要根据案件事实情况进行判断。应当结合相对人的认知能力、行为人代理权外观强度表现、行为人与相对人订立及履行合同当时场景、交易行为的性质、交易习惯等主客观因素，综合评价得出结论。

法律小贴士

（一）如何防止表见代理，避免“引火烧身”？

实践中，表见代理通常与被代理人管理不善或存在其他过错有关。比如，因为单位人员混杂、管理制度混乱等，公司公章、介绍信等被他人盗用、借用或者冒用的情况时有发生。为防范风险，单位应当加强对合同专用章、介绍信、员工证等管理，严格合同审批及登记制度，防范公章被滥用。同时，应当加强员工合规培训和警示教育，规范员工日常行为，不断提高员工法治意识和规则意识。合同相对人在从事经济活动过程中，应当履行必要的注意义务，审慎选择交易对象，根据对方业务性质、行为规范、交易习惯等，合理审查合同相对人的主体资质与交易行为，尽量从源头减少交易风险。

（二）如何判断交易相对人是否为善意且无过失？

如果交易相对人存在以下情况，可以认定其为善意。

（1）被代理人以明示或默示的方式向第三人表示过行为人是自己的代理人。事实上，即便被代理人未对行为人再进行单独授权，相对人亦可据此信赖被代理人的表示而与行为人交易。

（2）被代理人与“代理人”之间的委托合同不成立、无效或被撤销，但被代理人未收回代理证书，相对人基于对代理证书的信赖，与“代理人”（行为人）进行交易。

（3）代理关系终止后被代理人未采取必要措施，未公示代理关系终止的事实及收回代理人持有的代理证书，造成相对人不知代理关系终止而仍与“代理人”进行交易。

（4）行为人持有被代理人的介绍信、盖有合同专用章或盖有印章的空白合同书与相对人交易的。但是，如果被代理人能够证明行为人持有的介绍信或空白合同书系盗用，则不产生表见代理的法律后果。

（三）表见代理争议中，相对人如何维权？

行为人行为符合表见代理构成要件，将产生有权代理的法律后果，合同相对人可以要求被代理人承担相关责任。如果被代理人拒绝承担责任，相对人有权起诉被代理人承担法律责任，必要情形下，行为人可以被追加为被告或者作为第三人参加诉讼。

依照《最高人民法院关于在审理经济纠纷案件中涉及经济犯罪嫌疑若干问题的规定》第5条"行为人盗窃、盗用单位的公章、业务介绍信、盖有公章的空白合同书，或者私刻单位的公章签订经济合同，骗取财物归个人占有、使用、处分或者进行其他犯罪活动构成犯罪的，单位对行为人该犯罪行为所造成的经济损失不承担民事责任"的规定，行为人盗用公章实施无权代理行为涉嫌犯罪的，相对人可选择向公安机关报案处理，而且，公司无须向合同相对人承担民事责任。

法条链接

《民法典》第172条：行为人没有代理权、超越代理权或者代理权终止后，仍然实施代理行为，相对人有理由相信行为人有代理权的，代理行为有效。

（本篇撰写人：郭思文、何佳霖，湖北省武汉市武昌区人民法院）

5 意向书与预约合同如何区分？

司法解释曾将意向书作为预约合同的一种进行列举，而《民法典》第495条将意向书从预约合同的举例中删除。现实生活中，意向书的种类和内容多种多样，意向书还属于预约合同吗？这个问题，需要结合《民法典》关于预约合同制度的相关规定来回答。

案例

2018年5月，李某某欲购买黄某位于W市某小区的房屋。在与黄某商谈房屋买卖事宜时，李某某是以李甲的名义进行的。2018年5月12日，李某某通过支付宝转账的方式向黄某支付2万元。2018年5月13日，黄某向李某某出具收条1张，其内容为："今收到李甲房屋出售订金人民币贰万元。"法院另查明，李甲不认识黄某，未与黄某商谈过房屋买卖事宜，对黄某出具的涉案收条不知情。后黄某未提供涉案房屋的权属证明，李某某未与黄某签订房屋买卖合同。李某某要求黄某返还购房订金2万元，但黄某一直拒绝返还。李某某为请求黄某返还购房订金2万元，提起诉讼。

裁判结果

法院认为，根据黄某出具的收条以及李某某的陈述，双方当事人之间不存在将来要订立房屋买卖合同的意思表示，也不具有受合同拘束的意思，双方当事人之间仅具有房屋买卖的意向，不成立房屋买卖的预约合同和房屋买卖合同(本约合同)。双方当事人之间存在口头无名合同,其主要内容为:李某某交付购房订金2万元后,双方就房屋买卖事宜进行磋商;若李某某不购买涉案房屋,黄某退还李某某上述购房订金。双方当事人之间的口头合同合法有效。法院向黄某送达民事起诉状副本,应视为李某某告知黄某双方就房屋买卖事宜停止磋商,催告黄某返还购房订金。黄某应在李某某催告的合理期限内返还李某某购房订金。黄某未在李某某催告的合理期限内返还李某某购房订金,构成违约,依法应承担返还李某某购房订金的义务之违约责任。李某某主张黄某返还购房订金2万元,予以支持。

评析

意向书是当事人打算订约的意愿,内容灵活,形式自由。预约合同,是指当事人约定在将来一定期限内订立合同而达成的允诺或协议。下文将着重分析意向书与预约合同的联系与区别。

"预约合同"的概念,首次在我国法律体系中出现,是在2012年《最高人民法院关于审理买卖合同纠纷案件适用法律问题的解释》第2条"当事人签订认购书、订购书、预订书、意向书、备忘录等预约合同,约定在将来一定期限内订立买卖合同,一方不履行订立买卖合同的义务,对方请求其承担预约合同违约责任或者要求解除预约合同并主张损害赔偿的,人民法院应予支持"的规定中。因为该规定,意向书在实践中习惯被视为预约合同。

《民法典》第495条明确规定了预约合同制度,即"当事人约定在将来一定期限内订立合同的认购书、订购书、预订书等,构成预约合同。当事人一方不履行预约合同约定的订立合同义务的,对方可以请求其承担预约合同的违约责任"。根据该规定,意向书不再一律被认为是预约合同。

实践中的意向书形式多样,是否为预约合同,还需从是否符合预约合同的成立要件分析判断。预约合同是指当事人就未来双方订立本约合同意思表示一致且愿受其约束而订立的合同。因此,意向书视为预约合同需要满足以下条件:一是订立主体互负权利义务,且与本约的订约主体一致;二是当事人之间具有就未来某一期间订立本约合同的明确意思表示;三是意向书的标的是未来订立本约合同;四是订立本约合同的权利义务内容明确具体,即包含有当事人受拘束的权利义务内容。

在本案中,李某某欲购买黄某位于W市某小区的房屋,以他人名义与黄某商谈房屋买卖事宜。李某某向黄某支付2万元订金后,黄某向李某某出具写有"今收到李甲房屋出售订金人民币贰万元"的收条一张。从黄某出具的收条以及李某某的陈述可以看出,黄某与李某某之间存在口头无名合同,且主要内容是交付购房订金后双方就房屋买卖事宜进行具体磋商,交付订金不具有受合同拘束的意思,而仅具有继续商谈房屋买卖的意向。可见,黄某与李某某之间的口头无名合同不满足预约合同的成立要件,黄某与李某某之间不成立预约合同或房屋买卖合同。因此,李某某向黄某交纳的订金仅具有保障磋商继续进行的作用,而不具有担保李某某、黄某未来签订买卖合同的作用。李某某告知黄某双方就房屋买卖事宜停止磋商,只能催告黄某返还购房订金,而不能依据黄某违反预约合同主张双倍返还购房订金。

2012年《最高人民法院关于审理买卖合同纠纷案件适用法律若干问题的解释》第2条曾将意向书作为预约合同的表现形式之一列举,但并未对生活中各种类型的意向书进行详细区分,导致司法实践中判断意向书是否属于预约合同容易引发认识分歧。有观点认为,依据该规定,意向书被法定列举为预约合同的一种,那么,意向书的性质理应为预约合同。另有观点认为,该条规定中的意向书应作狭义理解,即只有满足一定条件的意向书才能被认定为预约合同。在《民法典》颁布实施后,预约合同制度的法律地位从司法解释上升为法律,意向书是否属于预约合同的问题也被《民法典》用更审慎的态度来看待。《民法典》关于预约合同制度的规定,适应了意向书内容灵活、形式多样的特性,更符合具体问题具体分析的原则,也解决了2012年《最高人民法院关于审理买卖合同纠纷案件适用法律若干问题的解释》第2条容易产生的认识分歧问题。

因此,司法实践中,简单地认为意向书是或者不是预约合同,都是片面的和不准确的。意向书的内容和形式如果符合预约合同的构成要件,意向书可视为预约合同,并适用《民法典》关于预约合同的相关规定处理案件。这也是《民法典》关于预约合同制度的立法精神所在。

法律小贴士

（一）意向书与预约合同有何区别？

预约合同是指行为人约定将来某个期间订立本约合同的合同。生活中，常见的预约合同包括商品房认购书、订购书等。意向书与其相似，部分意向书还可能与预约合同存在以下明显不同。

第一，法律性质不同。预约合同是合同的一种，而意向书并非严格、正式的法律文件。第二，内容不同。预约合同对于当事人、未来订立本约合同的意思表示、受合同约束的意思表示以及本约合同的类型及性质等进行约定，约定的权利义务内容具体明确；而意向书有时只是表达当事人之间有将来订立合同的一种意图，仅仅记录有当事人以及简单的合同磋商过程，内容比较随意。第三，效力不同。《民法典》第 495 条明确规定，不履行预约合同需承担违反预约合同的违约责任；而意向书只是在一定程度上构成继续谈判的基础，并不会对当事人的实体权利、义务产生直接的影响。因此，并非所有意向书都是预约合同，只有符合预约合同构成要件的意向书，才能被视为预约合同。

（二）订立预约合同需要注意哪些问题？

订立预约合同时，应当注意以下三个重要问题。

第一，要明确合同的性质。合同的性质与该合同的文件名并无必然关系，即使被命名为预约合同，但若其实质内容属于本约合同的，也会被认定成本约合同。因此，订立预约合同时应当明确约定将来在某一期间订立某一本约合同，尽可能避免存在被认定为本约合同的模糊表述或容易引发歧义的条款。

第二，明确约定权利义务内容，特别是约定包括违约责任等应受拘束的意思表示条款。根据《民法典》第 495 条第 2 款的规定，预约合同中约定了违约责任的，守约方可以要求违约方按照预约合同的约定承担违约责任。

第三，谨慎使用意向书、备忘录类文件。意向书、备忘录等文件只有在符合预约合同构成要件时才属于预约合同，并不必然产生未来订立本约合同的约束力。若行为人已经确定未来需要订立本约合同，则应避免使用意向书、备忘录等类似称谓，而尽量采用预约合同明确约定当事人之间的权利义务以及违约责任等，以保障本约合同的订立。

（三）违反预约合同有什么法律后果？

预约合同生效后，当事人负有履行预约合同约定的订立本约合同之义务。当事人若违反预约合同的约定，则应当按照预约合同的约定或者法律规定承担违约责任，但约定的违约金过高或过低，可能不被法院完全支持。根据《民法典》第585条第2款的规定，“约定的违约金低于造成的损失的，人民法院或者仲裁机构可以根据当事人的请求予以增加；约定的违约金过分高于造成的损失的，人民法院或者仲裁机构可以根据当事人的请求予以适当减少”。因此，当事人订立预约合同时，可将为磋商、订立预约合同以及准备订立本约合同所支付的成本，还有违反预约合同赔偿损失的范围等作出合理预期及明确约定，从而有利于保障在对方违反预约合同时，依法维护自身合法权益。

（四）订金与定金有何区别？

订金仅可作损害赔偿金，交付和收受订金的当事人一方不履行合同债务时，不发生丧失或者双倍返还预付款的后果。而定金具有担保性质，给付定金的一方不履行债务或者履行债务不符合约定，致使不能实现合同目的的，无权请求返还定金；而收受定金的一方不履行债务或者履行债务不符合约定，致使不能实现合同目的的，应当双倍返还定金。

法条链接

《民法典》第495条：当事人约定在将来一定期限内订立合同的认购书、订购书、预订书等，构成预约合同。

当事人一方不履行预约合同约定的订立合同义务的，对方可以请求其承担预约合同的违约责任。

（本篇撰写人：王点，湖北省武汉市洪山区人民法院）

6 违反预约合同，应否承担违约责任？

商品房买卖过程中，双方为签订正式合同而签订的认购书、订购书、预订书等文件，属于什么性质？该类文件对合同当事人有无拘束力？如一方未按上述文件约定履行义务，是否承担违约责任？这些问题，从《民法典》预约合同条款相关规定中可以找到答案。

案例

2019年10月6日，黄某某（乙方）与W市某置业公司（甲方）签订认购协议书，订购商品房一套，预测建筑面积62.98平方米、房屋总价1417051元、定金10000元。该认购协议特别约定，第一条：如甲乙双方签订商品房买卖合同和室内装修委托合同，定金自动转为等值部分金额；如乙方在本认购书第二条约定的时间未签订商品房买卖合同和室内装修委托合同，定金不予退还，甲方可以将该商品房另售他人，且甲方无须通知乙方。第二条：签订商品房买卖合同和室内装修委托合同的时间及付款方式，黄某某与某置业公司没有填写签约时间及付款具体方式。认购协议签订当日，黄某某向某置业公司交纳了定金10000元，此后按照某置业公司的要求在两个多月内陆续交纳部分购房款，包含定金共计交纳712021元。黄某某交纳上述房款后，某置业公司仍未与黄某某签订商品房买卖合同以确定交房时间、尾款支付方式等具体购房要件。在无法确定交房时间的情况下，黄某某以无法贷款等原因向某置业公司提出退房申请，请求某置业公司退还除定金外的购房款702021元，但某置业公司未予处理。2021年2月4日，黄某某委托律师向某置业公司发出律师函，要求解除房屋买卖合同、返还购房款712051元。某置业公司仍未回复，黄某某遂诉至法院，请求解除上述认购协议书，要求某置业公司返还购房款712051元，并支付逾期利息损失等。

裁判结果

法院认为，黄某某与W市某置业公司签订的认购协议书为预约合同。某置业公司未在合理期限内与黄某某签订商品房买卖合同，其迟延履行签约义务的行为导致双方签订认购协议的目的不能实现，构成违约，黄某某向其申请退款之日即为认购协议解除之日。遂判决：W市某置业公司向黄某某返还全部购房款，并向黄某某支付资金占用期间利息损失。

评析

本案涉及对《民法典》新增预约合同规定的理解与适用。《民法典》第495条规定："当事人约定在将来一定期限内订立合同的认购书、订购书、预订书等，构成预约合同。当事人一方不履行预约合同约定的订立合同义务的，对方可以请求其承担预约合同的违约责任。"

预约合同虽是为当事人约定在将来一定期限内订立正式的本约合同而成立，但预约合同是独立成立的合同，对合同当事人具有约束力。如签订本约合同，预约合同与本约合同之间的递进、承接关系完成，预约合同因签订本约合同的目的实现，其本身约定的权利和义务履行完毕而终止；如未签订本约合同，则预约合同是作为单独成立的合同，合同相对方均应在法律规定、预约合同约定范围内承担相应的违约责任。故无论是否签订本约合同，预约合同都是单独成立的合同。

既然是单独成立的合同，也就具备一般合同全部属性及要件，在合同订立、成立、生效、履行、权利义务终止、违约责任承担等方面与一般合同一样对当事人产生合同约束力。预约合同在订立、成立、生效、履行、权利义务终止、违约责任承担等方面可适用《民法典》合同编的一般合同规定条款。如达到合同约定的解除条件或构成法定解除事由，双方当事人可以解除预约合同，违约方应当承担违约责任。

本案中，虽然认购协议对双方交易的房屋主要内容有相应的约定，但参照《商品房销售管理办法》第16条对商品房交易的买卖合同主要内容的规定，该认购协议书仍欠缺对房屋使用交付时间及条件、房屋价款的给付方式等商品房买卖合同应具备的基本内容，而该认购协议书特别约定的第1条、第2条以是否将签订商品房买卖合同作为承担违约责任的内容，故案涉认购协议性质仍应认定为预约合同，而不是商品房买卖合同。

关于一方或双方的违约行为是否导致该预约合同解除的问题。黄某某已按约支付定金，履行了预约合同的义务；双方未签订正式的商品房买卖合同，预约合同目的未能实现，是W市某置业公司的违约行为导致。理由在于：认购协议书没有约定签订房屋买卖合同的具体时间、具体付款时间和付款方式，即双方履行期限不明确，履行方式不明确。对于履行期限不明确的，某置业公司可以随时履行，黄某某也可以随时要求履行，但应当给对方必要的准备时间；履行方式不明确的，按照有利于实现合同目的的方式履行。

W市某置业公司于2019年7月即签订认购协议书之前就取得了W市商品房预售许可证，并已对外进行宣传销售，其对房屋交付时间等相关条件应当是有预见的。双方签订认购协议书后，黄某某支付了房屋总价款近50%的购房款以履行其认购协议书的付款义务，支付购房款行为已表示愿意继续履行认购协议的约定，购买诉争房并签订正式商品房买卖合同，某置业公司也应在合理必要期限内履行与原告签订房屋买卖合同的义务，以确定房屋买卖的其他权利和义务。

某置业公司在黄某某已付购房款的情况下，迟迟不与黄某某签订正式的房屋买卖合同，黄某某最后一次交纳购房款的时间为2019年12月20日，向某置业公司提出退房申请时间为2020年8月25日，上述期间远超某置业公司履行预约合同义务的必要期限。

因此，某置业公司违背诚实信用原则，迟延履行签约义务致使预约合同目的未能实现，预约合同应予解除，某置业公司应当承担返还购房款、支付资金占用利息损失的违约责任。

法律小贴士

(一)意向书等磋商性文件,与预约合同有区别吗?

意向书等通常是要约承诺过程之前的磋商阶段,表达交易意愿的磋商性文件,不具有合同的法律效力,其目的在于表达意愿、继续进行磋商,交易内容、是否进行交易均不确定,对应缔约过失责任。预约合同则是在本约的磋商过程中,确定在某一时刻订立本约合同(已完成预约合同本身的要约与承诺),目的是在一定期限、条件下订立本约合同,具有法律约束力,但在本约合同成立后即终止,部分预约合同的内容也会成为本约合同的一部分,对应违约责任。因此,意向书通常情况下不是预约合同。但是,日常生活中,也会发生当事人虽然签订的是意向书,实际上约定内容却具备预约合同的一切要素,此时,仍应实事求是地按照预约合同的性质认定,即按照预约合同确定合同当事人的权利义务及其责任承担。

(二)如何区分预约合同与本约合同?

认购协议等商品房预约合同不属于现售或预售合同,内容相对比较简单,一般是对双方将要交易房屋的基本情况及何时订立正式的房屋买卖合同等有关事项作出约定,包括双方当事人基本情况、房屋基本情况(通常包括坐落位置、房号、面积等)、房屋单价、签约及交付房款的时间、定金及罚则等内容。而商品房预售/销售合同系本约合同,《商品房销售管理办法》第16条第2款规定:“商品房买卖合同应当明确以下主要内容:(一)当事人名称或者姓名和住所;(二)商品房基本状况;(三)商品房的销售方式;(四)商品房价款的确定方式及总价款、付款方式、付款时间;(五)交付使用条件及日期;(六)装饰、设备标准承诺;(七)供水、供电、供热、燃气、通信、道路、绿化等配套基础设施和公共设施的交付承诺和有关权益、责任;(八)公共配套建筑的产权归属;(九)面积差异的处理方式;(十)办理产权登记有关事宜;(十一)解决争议的方法;(十二)违约责任;(十三)双方约定的其他事项。”未表明将来还需要重新签订正式合同,且内容中已包含了明确具体的当事人权利义务条款,而且能够体现当事人合同目的且通常可以依之实现合同目的的合同,是本约合同。如果只是对将来订立正式合同等有关事项作约定,则是预约合同。任何时候,要切忌“一刀切”,即不能仅根据合同是预约合同还是本约合同本身判断,而应当根据合同内容具体分析判断及确定其性质。

（三）签订预约合同，应当如何防范风险？

预约合同主要存在于不动产买卖(包括新房和二手房交易)等领域。在签订预约合同时，需要注意签订本约合同的时间界限、已交付定金的处理办法、不签订本约合同的违约责任承担，以及本约合同关于合同标的的约定内容与预约合同标的之间的一致性表述等内容。因此，为防范交付定金不能收回、开发商在房屋涨价时不签订本约合同等不可预知的风险，在签订预约合同时，应当将房屋基本信息、价款、未来签订本约合同的时间以及违反预约合同的违约责任等内容明确约定，避免因约定不明导致利益受损而无法维权。

（四）预约合同的违约表现有哪些？

预约合同违约的具体情形，通常表现为以下几个方面。(1)明确拒绝订立本约合同或以行动表示拒绝订立本约合同。(2)对未决条款恶意磋商。对于未决条款，双方应本着订立本约合同的目的诚信进行磋商，若一方恶意对未决条款进行磋商导致本约合同不能订立的，则构成违约。(3)对已决条款重启磋商。若一方对已决条款重启磋商，从而导致无法订立本约合同的，构成违约。但是，需要特别注意，即使当事人签订了预约合同，如果一方利用其绝对优势地位，强迫另一方签订未经协商通用的格式合同，相对方提出协商更改相关合同条款的，不能认为相对方是对已决条款重启磋商。双方当事人应该根据立法精神协商解决，协商不成的，可以提请人民法院依法裁决。

法条链接

《民法典》第 495 条：当事人约定在将来一定期限内订立合同的认购书、订购书、预订书等，构成预约合同。

当事人一方不履行预约合同约定的订立合同义务的，对方可以请求其承担预约合同的违约责任。

（本篇撰写人：魏建峰，湖北省武汉市江汉区人民法院）

7 格式条款与“霸王条款”有何不同？

日常生活中，格式条款的表现形式多种多样，诸如“一经售出，概不退换”“本单位有最终解释权”“谢绝外带食物酒水”等。运用格式条款的场合也相当普遍，具体包括各种买卖合同、商店的店堂公告、注册APP及平台网站的服务协议、保险合同、金融机构的借款合同等。作为消费者，一方面，我们需要准确识别格式合同中哪些是商家制订的“霸王条款”（即无效的格式条款），并坚决抵制；另一方面，我们也要注意区别格式条款与合同要素，比如，现场商议并拟定、未重复使用的条款，其实并非格式条款。那么，什么条款是格式条款？格式条款提供方有哪些义务？哪些格式条款是无效的“霸王条款”？以上问题，《民法典》中关于格式条款的立法变化，给我们提供了清晰的答案。

案例 购房者李某在甲公司购买了商品房，在签订商品房买卖合同后，双方另行签订个性装修升级服务菜单方案合同（以下简称个性装修合同），合同总价30余万元，李某认为合同中的主要条款（包括合同总价、套餐价格）属于“霸王条款”，是甲公司利用其优势地位提供的格式条款，合同中的装修价格远高于市场价格，甲公司想以此获取更多经济利益，这些格式条款涉及李某重大权利义务，应属无效，自己无须履行，故未依约支付合同款。甲公司为要求李某继续履行个性装修合同、支付剩余装修款及利息损失，提起诉讼。

裁判结果

法院认为，李某主张无效的合同条款，系双方合意拟定、未重复使用的条款，合法有效，不属于无效格式条款（即俗称的“霸王条款”）。首先，合同约定的包干价30余万元，不是甲公司事先提供，而是双方协商后当场填写，李某未举证证明上述条款是甲公司预先拟定且未与其协商并重复使用的条款，该条款不属于格式条款。其次，合同中确定的单价金额，是合同空格处手工填写，并由李某签名捺印确认，该条款不属于免除或者减轻甲公司责任的“重大利害关系条款”，甲公司没有对上述条款再进行重点提示说明的法定义务。再次，合同条款不违反法律禁止性规定，也未损害社会公共利益或他人合法权益，不存在法律规定的无效情形。因此，上述条款系双方协商签订，不属于格式条款，而且未不合理地免除或减轻义务人的责任，也未加重权利人责任或排除其主要权利，缺乏认定无效的法定情形。因此，案涉个性装修合同合法有效，甲公司按合同约定的装修标准履行义务，李某支付合同价款，双方权利义务清晰明确。李某不支付合同剩余价款，缺乏事实和法律依据，故应承担继续履行的违约责任。法院对甲公司要求李某继续履行个性装修合同、支付合同剩余价款的诉讼请求，依法予以支持。

评析

本案涉及《民法典》合同编中更新的关于格式条款规定的理解与适用。《民法典》第496条规定：“格式条款是当事人为了重复使用而预先拟定，并在订立合同时未与对方协商的条款。采用格式条款订立合同的，提供格式条款的一方应当遵循公平原则确定当事人之间的权利和义务，并采取合理的方式提示对方注意免除或者减轻其责任等与对方有重大利害关系的条款，按照对方的要求，对该条款予以说明。提供格式条款的一方未履行提示或者说明义务，致使对方没有注意或者理解与其有重大利害关系的条款的，对方可以主张该条款不成为合同的内容。”

《民法典》第497条规定：“有下列情形之一的，该格式条款无效：（一）具有本法第一编第六章第三节和本法第五百零六条规定的无效情形；（二）提供格式条款一方不合理地免除或者减轻其责任、加重对方责任、限制对方主要权利；（三）提供格式条款一方排除对方主要权利。”

关于格式条款的理解及其与本案处理的关系，可从以下三个方面分析认定。

首先，格式条款具有三个基本特征：第一，由格式条款提供者事先拟定；第二，是为了反复使用而提前拟定；第三，不与对方协商。其中最显著的特征在于不与对方协商，即缔约方只能选择接受格式条款或者放弃合同缔约的机会，而不能提出修改要求。日常生活中，有些商家既利用自身信息优势，以烦琐至极的文字掩饰不公平格式条款之本质，又利用其资源优势，迫使消费者无奈全盘接受包括格式条款在内的合同内容。消费者未参与到格式条款的磋商过程，极其容易损害处于弱势地位的消费者利益，所以，法律对格式条款严加规制。然而，需要明确，格式条款中确定的当事人权利义务是否公平、提供格式条款的一方是否履行了对相关条款的提示或者说明义务，仅对格式条款效力认定产生影响，但并非格式条款的特征。

本案中，李某主张无效的格式条款，包括合同总价、装修套餐、装修项目单价，均非甲公司事先拟定，而是经与李某协商后确定的合同条款，在双方达成合意后手写填入，且经李某签名捺印确认，因此，案涉争议条款并非格式条款，更非“霸王条款”，李某无权主张上述条款不成为合同内容。

其次，格式条款提供人依法应当对相关条款尽到提示和说明义务，否则合同相对方可以主张该条款不成为合同内容。根据《民法典》第496条的规定，如果提供格式条款的一方未采取合理方式提示对方注意免除或者减轻其责任等与对方有重大利害关系的条款，并按照对方的要求对该条款予以说明，对方有权以没有注意或者理解与其有重大利害关系的条款为由，主张该条款不成为合同的内容。这是《民法典》关于格式条款规制的重大创新，即新增了“有重大利害关系的条款”规定。是否属于“有重大利害关系的条款”，应当具体情况具体分析。通常来说，合同主要条款、影响合同目的实现的条款、影响当事人权利义务的确定特别是合同责任等条款，都应当被认定为“有重大利害关系的条款”。《民法典》的新增规定，扩大了“提示及说明义务”的涵盖范围，有利于合同相对方更加全面地获取合同重要信息，缩小了与格式条款提供者之间就信息获取、认知能力等原有的不对称差距，同时，也有利于推动格式条款提供方在缔约合同时更精确地设置“有重大利害关系的条款”以及更注重对此进行提示及说明。这样,既有助于节约交易成本,提高交易效率,又能避免日后与合同相对方产生不必要的纠纷,引发诉累。

最后,《民法典》明确了格式条款无效认定的法定情形,对“霸王条款”明确说“不”。按照《民法典》第497条的规定,对于格式条款的效力,既可以根据民事法律行为效力规则认定,又可以按照法律对格式条款提供方的特殊规制主张无效。与原合同法(已废止)规定相比,针对格式条款提供方不合理地免除或者减轻其责任、加重对方责任、限制对方主要权利以及排除对方主要权利的,《民法典》新增了“不合理”要件,这是为了体现对合同双方意思自治的尊重,即只有被人民法院认定为“不合理”,相关格式条款方才无效。同时,《民法典》新增了格式条款“不合理地限制对方主要权利”的无效情形。从实际效果分析,上述规制内容,更加有利于保护处于弱势一方的合同相对方的利益,同时也与《民法典》第496条规定的“提供格式条款的一方应当遵循公平原则确定当事人之间的权利和义务”相呼应。

现实生活中,合同发挥着鼓励交易、保障交易安全的重要功能。合同中的格式条款是社会经济发展的产物,在简化缔约程序、节约交易成本、提高交易效率等方面,有积极的意义。然而,如果格式条款的提供方利用信息及资源优势制订不合理条款,将对契约自由产生消极影响。特别是,实践中出现许多迫使合同相对方接受的未经磋商的合同条款,俗称“霸王条款”,直接冲击了契约自由,明显不符合公平正义。因此,法律既要保证格式条款有效发挥功能,又要控制其可能对社会公平正义造成的负面影响及危害。《民法典》关于格式条款的规制内容,让我们知道,格式条款不等于“霸王条款”。面对格式条款,我们无须“谈虎色变”,只要合同当事人严格依法缔约合同,则格式条款对于市场交易效能发挥的正面意义将会更加突出。

(一)哪些合同条款是格式条款?

法律小贴士

格式条款的认定,需要根据其具备的三个特征判断:一是预先拟定;二是重复使用;三是不与对方协商。如果签订合同时,合同提供方拿出缔约前已经事先拟定好、对任何合同相对方都可重复使用的条款，就可认为是格式条款。但是，如果合同提供方将可供重复使用的条款提交给合同相对方并与之充分协商，特别是对于其中与合同相对人有重大利害关系的条款，双方达成合意后形成的合同条款，因不符合合同提供方未与合同相对方协商的格式条款特征，故不属于格式条款。

如果合同相对方对于合同提供方提供的合同，只能被迫接受或者放弃缔约机会，而不能提出修改要求，再加上符合被重复使用的特征，则应当认定属于格式合同（条款）。现实生活中，格式合同（条款）提供方经常会利用自身信息优势或者资源优势，迫使合同相对方无奈地全盘接受包括格式条款在内的合同，否则将丧失相应的缔约机会。因合同相对方未能实际参与到对合同条款的磋商，导致合同相对方明显处于被动地位，如果相应的格式条款符合法定无效情形，则合同相对方有权主张无效或者对其不发生效力。《民法典》关于格式条款的效力规制，可以有效预防社会上部分商家“恃强凌弱”的现象发生。

（二）商家如何制订格式条款及履行提示、说明义务？

格式条款的提供方，需要遵循公平原则确定当事人之间的权利和义务，并采取合理的方式提示对方注意免除或者减轻其责任等与对方有重大利害关系的条款，并应当按照对方的要求，对该条款予以说明。其中，主动提示和被动说明义务尤为重要。格式条款提供方必须采用足以引起对方注意的方式进行提示，只有当合同相对方知晓与自己有重大利害关系的条款，才被认为其是自愿选择接受该格式条款。合同相对方如果对格式条款不理解时，有权要求合同提供方予以说明。合同相对方在充分理解格式条款的基础上，有权选择是否接受该格式条款。因此，商家如果要预先制订重复使用的格式条款，就必须严格按照《民法典》关于格式条款的规制进行，除按照公平原则确定双方的权利义务外，还必须特别注意履行主动提示和被动说明义务，否则，相关格式条款可能被认定无效或者被认定不成为合同内容，并丧失对合同相对方的约束力。

（三）发现格式条款损害自身利益，消费者如何维权？

格式条款提供方制订的格式条款内容不合理或者未履行对“有重大利害关系的条款”的

提示或说明义务，并导致消费者没有注意或者理解“有重大利害关系的条款”的，消费者可以主张格式条款无效或者相应的格式条款不成为合同的内容，即相关格式条款对消费者不产生约束力。具体而言，当事人因合同履行产生争议，在无法协商解决的情况下，如果消费者发现产生争议的格式条款是对其“有重大利害关系的条款”且商家未采取合理方式提示及明确说明，应当及时向合同提供方主张该条款不应当成为合同的内容，并注意保留有关证据。

即使商家以格式条款、通知、声明、店堂告示等方式公告公示，如果相关内容属于明显不合理地免除或减轻了格式条款提供方的责任、加重了消费者责任、限制或排除消费者主要权利时，或者借助技术手段如电子合同等进行强制交易，等等，均属于“霸王条款”，消费者都可以主张无效而不对其发生约束力，并应当及时固定相关证据，以便发生争议时能够依法及时维权。

法条链接

1.《民法典》第496条：格式条款是当事人为了重复使用而预先拟定，并在订立合同时未与对方协商的条款。

采用格式条款订立合同的，提供格式条款的一方应当遵循公平原则确定当事人之间的权利和义务，并采取合理的方式提示对方注意免除或者减轻其责任等与对方有重大利害关系的条款，按照对方的要求，对该条款予以说明。提供格式条款的一方未履行提示或者说明义务，致使对方没有注意或者理解与其有重大利害关系的条款的，对方可以主张该条款不成为合同的内容。

2.《民法典》第497条：有下列情形之一的，该格式条款无效：(一)具有本法第一编第六章第三节和本法第五百零六条规定的无效情形；(二)提供格式条款一方不合理地免除或者减轻其责任、加重对方责任、限制对方主要权利；(三)提供格式条款一方排除对方主要权利。

（本篇撰写人：邓皕，湖北省武汉市江岸区人民法院）

8 交通违法与事故无关，保险公司“免责条款”能否免责？

一般人对于保险的理解，认为只要投保，一旦发生保险事故，保险公司就应当赔偿。事实上，并非如此。保险公司应否赔偿，要看保险合同有无免责条款或法律有无规定免责事由。如果保险公司主张的免责事由成立，则无须承担保险责任。对保险合同中免责条款的理解，对于保险公司应否承担保险责任有直接影响。如果交通事故责任认定被保险人的交通违法与事故发生无因果关系，保险公司能以被保险人交通违法免责吗?《民法典》与《保险法》相关规范，可以帮助我们解答疑问。

案例

2016年3月，伍某某到A公司上班。2016年5月9日，A公司与B保险公司签订保险合同，为伍某某等117名员工办理团体人身保险，其中意外身故保险金每人为30万元。保险期间为2016年5月10日至2017年5月9日。同日，投保人A公司在团体人身保险投保单上加盖公章，该投保单尾部载明“投保团体声明与授权”，内容为“本团体向你公司申请投保上述保险，你公司业务人员已提供投保险种的格式条款，并按照投保须知中的要求对投保事项和保险条款的所有内容(特别是免除和限制你公司保险责任的条款)作详细解释和明确说明。本团体对上述内容均已了解并同意遵守”。上述投保团体声明内容相对于其他内容进行了加粗加黑处理。涉案保险条款第2.4条内容为“责任免除”，相关内容全部进行了加粗加黑处理。其中第2.4条第5项约定“被保险人在酒后驾驶，无合法有效驾驶证驾驶，或驾驶无有效行驶证的机动车导致身故或伤残的，保险人不承担给付保险金的责任”。释义第8.9条约定“机动车被依法注销登记的，未依法按时进行或通过机动车安全技术检验的属于无有效行驶证”。

2016年9月29日下午，伍某某驾驶摩托车上班，与尹某某驾驶的比亚迪牌小客车、李某某驾驶的别克牌小车剐蹭碰撞，造成伍某某当场死亡、车辆损坏的交通事故。交通事故责任认定伍某某不负任何事故责任。发生交通事故时，伍某某持有的机动车行驶证载明号牌为粤D*****，车辆类型为普通二轮摩托车，所有人为姚某某，注册日期为2013年11月28日，检验有效期至2015年11月，即符合“驾驶无有效行驶证的机动车”的情形。

伍某某的亲属向B保险公司申请理赔，B保险公司认为事故发生时，伍某某驾驶的机动车无有效行驶证，系交通违法行为，根据保险人责任免除条款，保险公司不应当承担责任，故拒绝理赔。伍某某的亲属以伍某某驾驶的机动车虽无有效行驶证，但该交通违法并非事故发生原因，且其本人不负交通事故责任，故保险公司应当承担保险责任为由，提起诉讼，请求B保险公司给付保险金30万元及承担诉讼费。

裁判结果

法院审理认为：(1)关于团体保险中的提示和明确说明义务的认定。因涉案保险属于团体保险，投保人为A公司，伍某某为被保险人，根据《保险法》第17条“订立保险合同，采用保险人提供的格式条款的，保险人向投保人提供的投保单应当附格式条款，保险人应当向投保人说明合同的内容。对保险合同中免除保险人责任的条款，保险人在订立合同时应当在投保单、保险单或者其他保险凭证上作出足以引起投保人注意的提示，并对该条款的内容以书面或者口头形式向投保人作出明确说明；未作提示或者明确说明的，该条款不产生效力”的规定，保险人应向投保人尽到提示或者明确说明义务，但并无向被保险人提示或说明的义务。伍某某亲属主张B保险公司未尽到提示和明确说明义务，缺乏依据，法院不予支持。

(2)关于案涉保险合同免责条款的理解认定。《最高人民法院关于适用〈中华人民共和国保险法〉若干问题的解释(二)》第10条规定:“保险人将法律、行政法规中的禁止性规定情形作为保险合同免责条款的免责事由,保险人对该条款作出提示后,投保人、被保险人或者受益人以保险人未履行明确说明义务为由主张该条款不成为合同内容的,人民法院不予支持。”《道路交通安全法》第11条第1款规定:“驾驶机动车上道路行驶,应当悬挂机动车号牌,放置检验合格标志、保险标志,并随车携带机动车行驶证。”事故发生时,伍某某未带有效机动车行驶证,其行为构成交通违法。根据保险合同中“被保险人驾驶无有效行驶证的机动车导致身故或伤残的,保险人不承担给付保险金的责任”的约定,因交通违法导致交通事故发生(即交通违法与交通事故发生存在因果关系)的,保险公司免责。法院认定,保险合同未直接约定“被保险人驾驶无有效行驶证的机动车,保险人免责”,故交通违法不是免责条款。因此,保险公司只有在被保险人交通违法与事故责任及后果存在因果关系时才能主张免责。交警部门作出的道路交通事故认定书,认定伍某某不负此次事故责任,说明伍某某驾驶无有效行驶证的机动车不是导致其身故的直接原因。法院据此认定,B保险公司主张以上述免责条款免责的事由不成立,并判决支持了被保险人亲属的诉讼请求。

评析

本案涉及《民法典》中有关民法基本原则、格式条款等规范的理解与适用。本案事故发生时,伍某某驾驶的机动车无有效行驶证,明显违反《道路交通安全法》第11条第1款“驾驶机动车上道路行驶,应当悬挂机动车号牌,放置检验合格标志、保险标志,并随车携带机动车行驶证”的规定,构成交通违法。但是,根据交警部门事故责任认定,伍某某不负事故责任,即其交通违法行为不是事故发生的原因。

《最高人民法院关于适用〈中华人民共和国保险法〉若干问题的解释(二)》第10条规定:“保险人将法律、行政法规中的禁止性规定情形作为保险合同免责条款的免责事由,保险人对该条款作出提示后,投保人、被保险人或者受益人以保险人未履行明确说明义务为由主张该条款不成为合同内容的，人民法院不予支持。”本案中，保险合同中约定的免责事由是“被保险人驾驶无有效行驶证的机动车导致身故或伤残”。对此，应当理解为交通违法导致交通事故中被保险人身故或伤残，即交通违法与交通事故发生之间有因果关系，保险人才能据此主张免责。因此，保险公司仅根据伍某某驾驶无有效行驶证的机动车构成交通违法为由，主张免除保险责任，不予支持。法院判决B保险公司依法承担保险责任。

（一）保险合同的订立及履行，应当遵守什么原则？

法律小贴士

《民法典》第7条规定了诚实信用原则，即“民事主体从事民事活动，应当遵循诚信原则，秉持诚实，恪守承诺”。签订保险合同时，保险公司的提示和明确说明义务就是诚实信用原则的体现。

保险合同系由保险公司提供的格式条款，并不是双方当事人协商的结果，因为没有协商的过程，很多投保人没有仔细看条款就在保险合同上签名。为了保护投保人和被保险人的权益，保险人应遵守诚实信用原则。《保险法》第17条规定：“订立保险合同，采用保险人提供的格式条款的，保险人向投保人提供的投保单应当附格式条款，保险人应当向投保人说明合同的内容。对保险合同中免除保险人责任的条款，保险人在订立合同时应当在投保单、保险单或者其他保险凭证上作出足以引起投保人注意的提示，并对该条款的内容以书面或者口头形式向投保人作出明确说明；未作提示或者明确说明的，该条款不产生效力。”该规定明确了保险公司采取格式条款订立保险合同时，保险公司有向投保人提示或说明的义务。如果保险公司未尽到法律规定的提示或说明义务，保险合同中免除保险人责任的条款不生效，即对双方当事人不产生法律效力，保险公司不能据此主张免责。《民法典》第496条第2款规定的内容，与保险法规范后果一致。

关于如何提示或说明，应当根据《最高人民法院关于适用〈中华人民共和国保险法〉若干问题的解释（二）》第11条的规定认定，即“保险合同订立时，保险人在投保单或者保险单等其他保险凭证上，对保险合同中免除保险人责任的条款，以足以引起投保人注意的文字、字体、符号或者其他明显标志作出提示的，人民法院应当认定其履行了保险法第十七条第二款规定的提示义务。保险人对保险合同中有关免除保险人责任条款的概念、内容及其法律后果以书面或者口头形式向投保人作出常人能够理解的解释说明的，人民法院应当认定保险人履行了保险法第十七条第二款规定的明确说明义务”。

此外，理赔过程中，保险人与被保险人均应当遵守诚实信用原则，严格按照合同约定的保险责任进行理赔。本案中，保险合同约定“被保险人驾驶无有效行驶证的机动车导致身故或伤残的，保险人不承担给付保险金的责任”。保险公司免责需要交通违法与事故后果之间存在因果关系。因伍某某驾驶无有效行驶证的机动车不是导致交通事故的原因，亦非其身故原因，保险公司以该条款主张免责不能成立。

（二）对保险合同的理解发生争议时，应当适用哪些规定进行解释？

保险合同是典型的格式合同，因此，关于格式条款的理解争议，应结合民法典的规定对格式条款进行解释。《民法典》第498条规定：“对格式条款的理解发生争议的，应当按照通常理解予以解释。对格式条款有两种以上解释的，应当作出不利于提供格式条款一方的解释。格式条款和非格式条款不一致的，应当采用非格式条款。”《保险法》虽未对格式条款进行定义及对格式条款的理解在产生争议时如何处理进行规定，但《保险法》作为民事特别法，应当将《民法典》的有关规定作为处理此类保险纠纷争议的依据。

（三）被保险人交通违法与交通事故发生虽无因果关系，如因其过错导致自身损失扩大，应如何减轻保险公司或侵权人的相应责任？

交通事故责任认定书会对交通事故发生原因及事故责任作出认定。通常情况下，只有交通违法行为是造成交通事故的原因时，事故责任方才需要承担交通事故责任，事故车辆所投保的保险公司也才相应承担保险责任。现实生活中，保险公司有时候不区分交通违法与交通事故之间有无因果关系，而是直接将法律法规的禁止性规定情形作为保险合同免责条款进行约定。该做法对于规范交通秩序有一定的积极引领作用，然而，交通事故责任认定本身是以交通违法与交通事故之间有因果关系为基础的，保险公司仅以交通违法就主张免责，不符合公平原则和立法精神。因此，本案中，法院认定，交通违法与交通事故责任以及被保险人损害后果之间无因果关系，对于保险人主张免责不予支持，判决结论公平合理。至于交通违法行为，可由交警部门另行作出行政处理，保险公司不能将交通违法与保险免责条款等同理解适用。

需要注意的是，实践中，如果被保险人交通违法但对于交通事故无责任，然而其交通违法明显导致交通事故损害后果扩大的，应根据《民法典》第1173条"被侵权人对同一损害的发生或者扩大有过错的，可以减轻侵权人的责任"的规定，即过失相抵原则，相应减轻保险公司或侵权人的赔偿责任。

法条链接

1.《民法典》第11条：其他法律对民事法律关系有特别规定的，依照其规定。

2.《民法典》第498条：对格式条款的理解发生争议的，应当按照通常理解予以解释。对格式条款有两种以上解释的，应当作出不利于提供格式条款一方的解释。格式条款和非格式条款不一致的，应当采用非格式条款。

3.《保险法》第17条：订立保险合同，采用保险人提供的格式条款的，保险人向投保人提供的投保单应当附格式条款，保险人应当向投保人说明合同的内容。

对保险合同中免除保险人责任的条款，保险人在订立合同时应当在投保单、保险单或者其他保险凭证上作出足以引起投保人注意的提示，并对该条款的内容以书面或口头形式向投保人作出明确说明；未作提示或者说明的，该条款不产生效力。

（本篇撰写人：肖淑云，湖北省汉江中级人民法院）

9 发卡商家“不见了”，储值卡余额怎么办？

随着人们消费水平的不断提升，消费方式日趋便利与多样化。不少餐馆、健身房、美容美发店、生鲜超市等商家，为吸引并方便客户消费，以多种优惠促销方式促使消费者办理大额储值消费卡。然而，现实生活中，消费者办理大额储值消费卡后，却经常出现商家关门停业或者金蝉脱壳、卷款跑路等情况，导致储值消费卡无处可用。遭遇此情形，消费者未用完的储值消费卡怎么办？商家是否有权任意变更储值卡的使用方式？这些问题，在《民法典》合同履行相关条款中可以找到答案。

案例

余某某在Y市整体承包了一个农家院作为餐馆经营，为扩大知名度，余某某通过第三方网络平台与某文化传媒公司达成协议，由文化传媒公司为餐馆做三个月广告宣传，余某某用该餐馆的21000元储值消费卡抵付文化传媒公司的广告费用。协议达成后，文化传媒公司依约履行合同，余某某则将面额分别为13400元和7600元的两张餐馆储值消费卡交付给该文化传媒公司，该公司后将面额7600元的储值消费卡作为广告业务提成发放给公司业务员胡某某。胡某某持卡在该餐馆消费800元后，该餐馆关门停业。余某某提出由胡某某继续到其经营的另一家餐馆消费，拒绝退还卡内余额。胡某某诉至法院，请求判令余某某返还其剩余餐费6800元。

裁判结果

一审法院认为，余某某与文化传媒公司约定以发放储值消费卡的形式支付文化传媒公司广告费用，从而将双方的广告服务合同关系转化为餐饮服务合同关系。其后，文化传媒公司将合同中的相关权利（储值消费卡）以发放业务提成的方式转让给本公司业务员胡某某，符合债权转让的法律规定。余某某也认同并接受了胡某某持卡消费的行为，因此，胡某某持有该储值消费卡后，胡某某与餐馆之间亦成立餐饮服务合同关系。余某某应按照合同约定全面履行自己的义务，在餐馆停止营业后，余某某虽提出由胡某某继续到其经营的另一家餐馆消费，但另一家餐馆的经营地点、场所环境、招牌名称、工商登记名称与原餐馆均不相符，与原餐馆不是同一合同主体，且胡某某拒绝按此方式继续履行，双方未达成合同变更的合意。现因余某某不能依照餐饮服务合同继续履行义务，导致合同目的不能实现，余某某构成根本违约，故对胡某某要求退还储值消费卡中剩余餐费的诉讼请求，法院予以支持。

评析

本案涉及《民法典》合同履行原则中的全面履行原则。全面履行原则被规定在《民法典》合同的履行一章中。《民法典》第509条第1款规定："当事人应当按照约定全面履行自己的义务。"全面履行原则是《民法典》规定的合同履行的四大原则之一，其他三大原则分别是：诚实信用原则、绿色原则、情势变更原则。合同履行是合同编的核心，全面履行原则也是合同履行中的首要原则。

合同的全面履行原则是指合同当事人应当根据合同的约定履行义务，包括标的数量、质量、规格、价款、地点、期限、履行方式等。具体来说，全面履行原则包括以下内容。第一，关于履行的主体。合同的履行需要双方当事人亲自完成，如由他人代替履行，须经对方当事人同意。特别是，有些合同的性质或内容已经决定只能由当事人亲自履行，也被称为具有人身依附性的合同，比如，服务合同中基于对特定服务对象的信任而购买服务。第二，关于履行的标的。合同债务人应按照合同约定的品种、质量、期限、交货地点等履行自己的义务，没有约定或约定不明的，在当事人协商补充、参照合同有关条款、参照交易习惯后仍不能确定时，就应当适用合同漏洞的填补规则进行确定。第三，关于履行的方式。法律有规定的，按法律规定履行；法律没有规定的，由当事人协商履行。双方当事人在合同成立时已确定的履行方式，在履行过程中一方不得随意变更，变更必须经对方同意。

本案中，余某某在向文化传媒公司发放储值消费卡时，餐饮服务合同成立，且合同的履行方式确定为消费者持卡到原餐馆进行消费。余某某关闭餐馆后，合同无法继续履行，余某某提出到另一家餐馆消费实际是对原合同履行方式的变更，须经胡某某同意。余某某提出变更商家消费的意见被胡某某拒绝，视为合同履行方式未发生变更。因余某某已经关闭餐馆，胡某某无法到原餐馆消费，合同不能继续履行，余某某应当承担违约责任。法院认定，发卡商家关店后不退还储值消费卡余额，于法无据，更是欺骗了消费者的感情，也辜负了消费者的信任。本案不支持"解释权归经营者所有"等"霸王条款"，更不支持发卡商家"办卡容易退卡难"的无理行径，保护了普通消费者的合法权益，体现了司法的公平与正义。

储值消费卡在法律上其实有专用名字"单用途预付卡"，它是指由发卡机构发行的、只在本企业或同一品牌连锁商业企业购买商品或服务所使用的一种预付卡。目前，我国对单用途预付卡的监管采用的是备案制。《单用途商业预付卡管理办法（试行）》规定，发卡企业应在开展单用途卡业务之日起30日内向各级商务部门备案，购买者可以登录网站查询备案信息。但在实际操作中，很多发卡商家是小成本的个体户，不会专门备案，而消费者在购卡时，基于对商家的信任和对预付卡知识的缺失，也不会注意审查，导致预付卡纠纷频频发生。《民法典》全面履行原则为消费者解决纠纷提供了完整的救济途径。除此之外，《消费者权益保护法》相关条款也能提供帮助。各地消费者权益保障监管部门也为加强消费者维权能力、拓宽消费者维权途径，纷纷出台了具有效力性条款的地方性法规或地方规章等加以规制。

合同的全面履行原则体现了秩序与效率、自治性与管理性的辩证统一。该制度的确立，在充分尊重当事人意思自治的前提下，保证了合同和市场的稳定性，使得社会生活中形形色色的复杂合同都有法可依、有法必依、违法必究，强化了法律的指引作用和预测作用，为社会发展稳中有进提供了法律保障。

法律小贴士

(一)消费者进行储值消费，如何防范风险？

消费者在购买储值消费卡时，应当注意防范风险。第一，要了解商家的经营情况，合理预测其发展前景。尽量选择规模大、信誉好、证照全、经营好、服务质量佳的商家。第二，登录商务部网站进行备案登记信息查询，选择有备案记录的诚信正规商家。第三，选择在商家储值消费前，仔细了解和阅读办卡说明，切忌图方便或轻信商家的口头承诺，要将自身关注的“重大利害关系条款”通过与商家签订书面合同的方式予以固定，避免日后发生纠纷时因难以举证而给维权带来困难。

(二)储值消费卡使用遭遇“霸王条款”，消费者如何维权？

发卡商家单方面规定的类似“逾期卡内余额不退”“解释权归经营者所有”等格式条款可能涉嫌被认定为“霸王条款”而无效。根据《民法典》第497条的规定，提供格式条款的一方不合理地免除或者减轻其责任、加重对方责任、限制对方权利或排除对方主要权利的，该格式条款无效。遇到这种情况，消费者可以先与商家协商，协商无果后再向相关行业行政主管部门投诉，投诉后仍不能解决问题的，可以选择向人民法院提起诉讼，以维护自己的合法权益。

(三)办卡后不想再使用了，商家不退款，如何维权？

消费者办卡后悔要求退钱，只要有正当理由，就可以获得支持。但是，对于能退多少，则要区分情况处理。(1)如果是因为在办卡后商家服务质量下降、折扣力度不达标、在使用上设置障碍不利于使用等商家的原因，消费者有权以商家违约为由，要求足额退钱。(2)如果是因为消费者自身盲目消费的原因，单方面要求退卡则可能侵害商家的经营收益权，特别是，如果消费者已经持卡消费并享受了打折优惠，则一般按照“折前价格”支付后再进行退还。出现退卡纠纷，双方当事人协商解决是最好的办法，合同对此有明确约定的，应当按约定履行，除非约定无效。

（四）办卡后，商家卷款逃跑，消费者如何维权？

消费者可以及时采取以下救济途径。(1)向公安机关报案。及时以商家涉嫌诈骗罪或合同诈骗罪，联合其他受害者一起到公安机关报案，尽量追回损失。(2)拨打12315消费者权益保护热线电话，或者向行业主管部门或当地工商部门举报处理，尽早联系商家协商解决问题。(3)向人民法院提起诉讼。通过申请财产保全，及时冻结商家账户财产或查封扣押商家有价值的其他财产，以最大限度保护自身权益的实现。

法条链接

《民法典》第509条第1款：当事人应当按照约定全面履行自己的义务。

（本篇撰写人：李鹏程、刘晓妍，湖北省宜城市人民法院）

10 合同中的利益第三人，能否请求债务人直接履行？

根据合同相对性原则，当事人约定由债务人向第三人履行债务，债务人未向第三人履行债务或者履行债务不符合约定，应当由债务人向债权人承担违约责任。然而，司法实践中，很多合同案件当事人约定将合同利益由第三人享有，以此达到缩短交易环节、提升交易效率的目的。什么情况下，利益第三人可以突破合同相对性原则，直接向债务人请求承担违约责任？《民法典》合同编新增的利他合同中第三人独立履行请求权的相关规定可以帮助解答这个问题。

案例

央A和朱B口头协商，由朱B向其分享两罐牛奶，价值800元。朱B同意后，与卢C口头协商，由卢C帮助将牛奶送给央A，朱B支付运费70元，并约定运输途中发生意外，由央A直接向卢C索赔。后牛奶在运输过程中遗失。央A诉至法院，请求判令卢C承担因牛奶遗失所造成的经济损失人民币800元。

裁判结果

法院认为，根据《民法典》第522条第2款之规定和查明的事实，本案属于向第三人履行的运输合同纠纷。卢C和朱B已明确约定，由卢C将运输合同的标的物牛奶送至央A处，如牛奶因承运人卢C的原因致使朱B未能向央A

交付牛奶，由央A直接请求卢C赔偿。央A未明确拒绝，且向法院诉请卢C向其承担赔偿责任。卢C承认牛奶是其在运输过程中遗失，并认可牛奶的价值，故法院判决卢C向央A赔偿损失800元。

评析

本案涉及《民法典》新增的利他合同中第三人独立履行请求权的规定。该规定首次出现在《民法典》中，扩展了原《合同法》（2021年1月1日已废止）第64条关于向第三人履行的法律规定内容，首次赋予合同当事人以外的利益第三人对债务人享有独立的履行请求权。《民法典》第522条第2款规定："法律规定或者当事人约定第三人可以直接请求债务人向其履行债务，第三人未在合理期限内明确拒绝，债务人未向第三人履行债务或者履行债务不符合约定的，第三人可以请求债务人承担违约责任；债务人对债权人的抗辩，可以向第三人主张。"

利他合同需具备四个构成要件：第一，有合法有效的基础合同法律关系；第二，向第三人履行的约定内容，第三人未在合理期限内明确拒绝；第三，利他合同成立特别要件，需要有法律规定或当事人约定使第三人对债务人享有独立的履行请求权；第四，债务人未向第三人履行债务或履行债务不符合约定。

需要注意，利他合同中利益第三人享有对合同债务人独立的履行请求权，必须有法律特别规定或当事人明确约定。例如，保险合同约定了第三人为受益人，受益人享有向保险公司直接请求保险金的独立诉权。关于利益第三人是否享有对债务人的独立履行请求权，应当根据个案具体情况、当事人订立合同的目的、当事人的受益情况等因素，综合运用法律解释方法判断其是否符合利他合同的法律规定。

本案中，朱B与卢C之间运输合同约定的内容合法有效，其中约定发生牛奶遗失等意外，直接由央A向卢C主张权利。央A要求卢C承担违约赔偿责任，表明其未拒绝运输合同当事人为其设立的利益，因此，央A的诉请依法应受保护。

《民法典》规定利他合同条款之前，理论与实践中对利益第三人是否享有对合同债务人的独立诉权，长期存在争议。原《合同法》第64条以及相关司法解释的规定内容表明，利益第三人对债务人不享有独立履行请求权，有争议时可以将利益第三人列为无独立请求权的第三人。在原《合同法》未废止时,虽然存在关于向第三人履行的合同漏洞,但这并未影响中国法官借助相关法律规定实现对利益第三人的权利保护。比如,原《合同法》第6条的诚实信用条款、第8条严格履行合同义务条款和第60条全面履行义务条款等经常被组合为裁判依据。第三人利益条款的相对独立性,使得利益第三人对义务人依约取得独立的履行请求权。在法律出现漏洞且无法根据相关的法律解释方法作出解释时,法官不得拒绝裁判。除需要法官运用司法智慧解决利益第三人诉权保护争议外,更需要立法根据司法实践的迫切需求规定利他合同制度。

根据合同相对性原理,合同原则上仅在合同当事人之间发生法律效力。然而,在合同当事人为第三人设定利益、第三人并未明确表示反对的情形下,利益第三人能否直接向债务人请求直接履行,既有保险合同中的受益人作为第三人向保险公司直接请求保险金受益权、运输合同中的收货人向运输合同的承运人直接请求收货权等可行性依据,又有各国成熟立法条款参考,更重要的是,我国的社会经济发展现实对赋予利益第三人向债务人直接请求权提出了迫切要求。原《合同法》第64条规定了不真正的利他合同,规定合同当事人可以向第三人履行,但债务人不履行或者履行不符合约定时,违约责任仍然在债权人与债务人之间发生。但是,《民法典》第522条第2款规定的利他合同,尊重了当事人意思自治,缩短了交易给付环节,减轻了当事人的诉累,有效维护了公平正义。

(一)当事人可以通过口头形式订立合同吗?

法律小贴士

可以。《民法典》第469条第1款规定:“当事人订立合同,可以采用书面形式、口头形式或者其他形式。”因此,当事人通过口头形式、书面形式或者推定的合同成立形式订立合同,均为合法。但是,如果法律、行政法规对于特殊类型的合同订立形式有特别规定的,应当按照特别规定的方式订立合同,比如,法律规定应当采用书面形式订立诉讼委托代理合同等。如果当事人是以口头形式订立合同,为防止今后产生争议,应当注意留存证据以证明口头协议的约定内容,以防止对方当事人否认合同成立或者是否认合同内容而使自己处于被动局面。

（二）利益第三人行使独立履行请求权，需要满足什么条件?

是否利他合同，主要看合同当事人有无赋权第三人独立履行请求权的意思表示。如果仅约定向第三人履行，则为不真正利他合同。利益第三人享有独立的履行请求权应同时满足以下四个条件：(1)第三人享有合同利益；(2)法律规定或者当事人约定第三人享有独立的履行请求权；(3)利益第三人未明确表示拒绝；(4)债务人未履行债务或者履行债务不符合约定。利益第三人要对债务人直接行使独立的履行请求权，上述条件，缺一不可。

假设本案朱B和卢C只是约定，由卢C将牛奶交给央A，而未约定央A有权向卢C索赔，如果牛奶遗失，只能根据《民法典》第522条第1款的规定，认定为单纯的向第三人履行的合同，对于牛奶遗失，只能由朱B向卢C根据运输合同要求卢C承担违约责任；朱B与央A之间，则应根据买卖合同，由央A向朱B主张承担违约责任。如果合同未约定央A有独立的履行请求权，根据合同相对性原理，只有央A有权向卢C主张违约责任，如果央A坚持对卢C提起诉讼，则依法不受保护。

本案运输合同中，当事人朱B和卢C约定，赋予央A有权就牛奶运输途中发生遗失等问题直接向卢C索赔，该约定为合同当事人赋权第三人有独立履行请求权的意思表示，故央A根据合同当事人的约定，绕过朱B而直接起诉卢C。央A虽非合同当事人，却根据利益第三人被赋权享有对债务人的独立诉权而享有对卢C的直接请求权，实现了诉讼经济节约。

（三）利他合同中，对第三人民事行为能力有无要求?

无。利他合同中，只要合同当事人约定“债务人向第三人履行”，不论利益第三人是法人、非法人组织或是自然人，只要在其行使利益直接请求权时已是确定的民事主体即可，并不要求合同当事人订立合同约定第三人利益时第三人必须具备民事行为能力。比如，胎儿父亲死亡，胎儿爷爷与胎儿母亲订立赠与合同，约定如果孩子顺利出生，将赠与孩子财产若干，将订立合同时只是胎儿而非民事主体约定为利益第三人。

法条链接

《民法典》第 522 条：当事人约定由债务人向第三人履行债务，债务人未向第三人履行债务或者履行债务不符合约定的，应当向债权人承担违约责任。

法律规定或者当事人约定第三人可以直接请求债务人向其履行债务，第三人未在合理期限内明确拒绝，债务人未向第三人履行债务或者履行债务不符合约定的，第三人可以请求债务人承担违约责任；债务人对债权人的抗辩，可以向第三人主张。

（本篇撰写人：李登宇、朱丽萍，湖北省浠水县人民法院）

11 情势变更违约，守约方如何维权？

购房人与开发商签订预约合同后，在正式签订商品房买卖合同前，开发商提出因情势变更，要求购房人增加房价才同意签订正式合同。开发商的行为是否构成违约？出现情势变更，违约方能否主张因此免责？守约方应如何维权？这些问题，《民法典》合同编相关条款能够帮助我们找到具体答案。

案例

潘某为购买某置业公司将要开发的房屋，双方签订了缴纳购房诚意金协议书，其中，对潘某拟购买的房屋户型、价格及后期通知订立房屋买卖合同的相关要求等进行了约定，潘某支付购房诚意金5万元，还约定签订正式购房合同时以此抵房款。次年，双方又就房屋定位进行变更，并约定房屋单价为2830元/平方米。此后，潘某另支付2万元车库款。某置业公司在办理案涉房屋项目审批手续过程中，被政府要求调整建设规划。5年后，某置业公司取得案涉项目预售许可。某置业公司提出，国家政策调控属于情势变更，要求对房屋单价进行调整，并通知潘某订立正式购房合同。潘某坚持认为应按照原合同中约定的价格签订合同。双方为此产生纠纷。潘某遂提起诉讼，请求法院判令某置业公司返还7万元并支付利息，同时赔偿其经济损失585816元。

裁判结果

法院认为，双方签订的缴纳购房诚意金协议书为预约合同，双方目的在于签订本约合同。政策调整属于情势变更,因某置业公司未及时通知潘某,而是在取得预售许可后才告知潘某签订正式合同,使潘某丧失以较低价格另行通过其他渠道购买房屋的机会。一审法院认定,某置业公司构成违约,并判决解除双方签订的缴纳购房诚意金协议书,判令由某置业公司退还潘某7万元及酌情判令某置业公司承担70%的违约赔偿责任(按照潘某诉请的利息、约定的房屋价款同当前市场价差价总和、以70%标准折算损失)。潘某不服,提出上诉。二审认为,利息属法定孳息,一审法院将利息一体适用折算比例,计算上存在错误,应予纠正。二审部分改判,撤销一审判决,确认双方合同解除并判令某置业公司返还潘某7万元及相应利息,同时,判令某置业公司赔偿潘某经济损失49099元。

评析

本案涉及《民法典》关于情势变更、违约赔偿相应条款的理解与适用。《民法典》第533条规定:"合同成立后,合同的基础条件发生了当事人在订立合同时无法预见的、不属于商业风险的重大变化,继续履行合同对于当事人一方明显不公平的,受不利影响的当事人可以与对方重新协商;在合理期限内协商不成的,当事人可以请求人民法院或者仲裁机构变更或者解除合同。人民法院或者仲裁机构应当结合案件的实际情况,根据公平原则变更或者解除合同。"该条款即属情势变更条款。情势变更是当事人缔约时无法预见的、非市场本身固有的风险。《民法典》第584条规定:"当事人一方不履行合同义务或者履行合同义务不符合约定,造成对方损失的,损失赔偿额应当相当于因违约所造成的损失,包括合同履行后可以获得的利益;但是,不得超过违约一方订立合同时预见到或者应当预见到的因违约可能造成的损失。"违约赔偿是违约方对其违约给对方造成的损失进行的补偿,包括订立合同时可预见的利益损失。

本案中,预约合同签订后,发生了双方不可预见的情势变更,导致合同订立的基础条件丧失,若继续维持合同原有效力将导致显失公平。预约合同中明确约定了开发商情势变更的通知义务,开发商未履行该项义务,构成违约。购房人因信赖利益落空产生损失,即潘某丧失的不仅是与他人订立合同的机会,还包括具备履行其他类似购房合同的能力。法院判决依据《民法典》第584条的规定由开发商予以赔偿，同时，结合情势变更非双方预期，依据公平原则酌情确定了违约方的赔偿责任范围，保障了双方当事人的合法权益。

本案中，法院通过对情势变更及违约赔偿责任范围立法规范的准确适用，既认定双方当事人在合同订立时不能预见会发生政府政策调整等因素，视为情势变更导致合同履行发生重大变化，又认定当事人未按约定履行合同义务，依法构成违约，需要承担违约责任，但违约赔偿范围应相当于合同履行后可以获得的利益，即可得利益损失才受保护。鉴于情势变更是导致违约的根本原因，故根据公平原则酌情调整赔偿损失的责任范围，有相应的事实和法律依据。

发生合同情势变更，如何保障开发商与购房人的利益平衡显得尤其重要。法院通过依法发挥审判职能，维护交易安全，保障公平合理，对于推动地方经济发展、维护百姓安居乐业、促进法治事业快速发展，意义重大。

法律小贴士

（一）情势变更是否包括不可抗力？

是。情势变更是指合同有效成立后，因不可归责于双方当事人的原因，发生了使订立合同的基础动摇或丧失的重大变化，若继续维持合同原有效力将导致显失公平，因此，允许当事人依法变更合同内容或者解除合同。情势变更包括因国家政策、行政措施、立法变化、国内和国际市场运行状况变化等导致合同订立时的情势在客观上发生异常变动的情形。《民法典》施行前，情势变更制度体现在《最高人民法院关于适用〈中华人民共和国合同法〉若干问题的解释（二）》（已因《民法典》实施而废止）第26条的规定[①]中，该规定将不可抗力因素明确排除在外。民法典的规范内容，未排除不可抗力，表明不可抗力也可导致情势变更。因此，如果不可抗力导致合同情势变更，当事人可选择根据情势变更的法律规定依法保障自身合法权益。

①《最高人民法院关于适用〈中华人民共和国合同法〉若干问题的解释（二）》第26条规定："合同成立以后客观情况发生了当事人在订立合同时无法预见的、非不可抗力造成的不属于商业风险的重大变化，继续履行合同对于一方当事人明显不公平或者不能实现合同目的，当事人请求人民法院变更或者解除合同的，人民法院应当根据公平原则，并结合案件的实际情况确定是否变更或者解除。"

（二）发生情势变更后，当事人如何维权？

发生情势变更后，当事人之前订立合同的客观基础已经发生变化，按照原合同约定内容履行将显失公平。为实现双方当事人的利益平衡，依据《民法典》第533条“合同成立后，合同的基础条件发生了当事人在订立合同时无法预见的、不属于商业风险的重大变化，继续履行合同对于当事人一方明显不公平的，受不利影响的当事人可以与对方重新协商；在合理期限内协商不成的，当事人可以请求人民法院或者仲裁机构变更或者解除合同。人民法院或者仲裁机构应当结合案件的实际情况，根据公平原则变更或者解除合同”的规定，当事人双方可以自行协商变更合同内容或者解除合同，也可以请求人民法院或者仲裁机构根据公平原则变更或者解除合同。

（三）一方违约，另一方主张违约方赔偿损失有何限制？

一方违约后，守约方可以要求违约方继续履行、赔偿损失、采取其他补救措施等。损失赔偿的金额应当相当于因违约所造成的损失，包括合同履行后可以获得利益，但是，不得超过违约一方订立合同时预见到或者应当预见到的因违约可能造成的损失。实际损失，包括费用实际支出损失以及丧失其他交易机会导致的损失。如涉及可得利益损失认定，以不超过合同订立时应当预见到的损失为限。此外，需要特别注意，根据《民法典》第591条的规定，当事人一方违约，对方当事人有义务采取适当措施防止损失的扩大，否则，无权请求就扩大的损失要求违约方赔偿，即合同当事人均应当恪守诚实信用原则，不得滥用合同权利。

法条链接

1.《民法典》第533条：合同成立后，合同的基础条件发生了当事人在订立合同时无法预见的、不属于商业风险的重大变化，继续履行合同对于当事人一方明显不公平的，受不利影响的当事人可以与对方重新协商；在合理期限内协商不成的，当事人可以请求人民法院或者仲裁机构变更或者解除合同。

人民法院或者仲裁机构应当结合案件的实际情况，根据公平原则变更或者解除合同。

2.《民法典》第584条：当事人一方不履行合同义务或者履行合同义务不符合约定，造成对方损失的，损失赔偿额应当相当于因违约所造成的损失，包括合同履行后可以获得的利益；但是，不得超过违约一方订立合同时预见到或者应当预见到的因违约可能造成的损失。

（本篇撰写人：李思，湖北省鄂州市中级人民法院）

12 承诺共同还款后，第三人能否反悔不还？

随着社会经济发展，债权债务纠纷频发。第三人因各种原因同意与债务人共同承担债务后，还能否变更或撤销？第三人履行债务后，能否向债务人追偿？以上问题，《民法典》债务加入制度给出了相应答案。

案例

2013年，李某、谭某承接了A公司某项目土建工程。在工程建设过程中，因资金短缺导致项目停工。李某和谭某便与郭某协商借款用于工程建设。经过协商，郭某同意向二人借款700万元，约定贷款期限为6个月，月息1%。同时，李某和谭某向郭某保证，工程款优先支付郭某的借款及相应利息。后郭某按约定出借款项700万元。借款到期后，工程验收进度缓慢，李某、谭某未能按照预期收回工程款，导致向郭某的借款无法按期偿还。郭某为保障借款收回，与A公司协商后，A公司向郭某出具承诺书，承诺A公司在向李某、谭某支付工程款时，首先代李某、谭某偿还郭某的借款直至借款本息还清为止，若A公司擅自将工程款支付二人或者其他人，造成郭某的700万元本金及相应利息无法收回的，A公司应对借款承担连带责任。2014年8月，A公司在未知会郭某的情况下向李某、谭某支付了工程款100万元。郭某为要求A公司、李某、谭某共同偿还本金和利息，提起诉讼。

裁判结果

法院认为，A公司出具承诺函的行为构成法律规定的债务加入，即李某、谭某对郭某承担还款责任不变,债务主体中另加入第三人A公司。A公司应对其出具承诺函的行为承担相应的法律后果。法院判决:(1)李某、谭某在判决生效之日后十日内向郭某偿还借款本金700万元及利息;(2)A公司在欠付李某、谭某工程款范围内向郭某承担连带还款责任。

评析

本案涉及《民法典》合同编第一分编债务加入的规定。《民法典》第552条规定:“第三人与债务人约定加入债务并通知债权人,或者第三人向债权人表示愿意加入债务,债权人未在合理期限内明确拒绝的,债权人可以请求第三人在其愿意承担的债务范围内和债务人承担连带债务。”债务加入是突破合同相对性的法定事由之一,第三人加入合同当事人原有债权债务关系中,成为和原债务人并列的债务承担人,构成并列的债务承担。第三人在债务加入后就其自愿承担部分的债务与原债务人承担连带责任。

认定债务加入,需要满足以下条件。(1)债务合法有效且具有可转移性。已经存在的债务合法有效,是债务加入的前置条件。如果原先的债务没有成立,或者没有法律上的效力,又或者由于法定原因而归于消灭,法律上的履行行为就不会出现,没有需要进行清偿的债务。同样,如果债务具有人身属性,不能由他人分担履行,则无法构成债务加入。(2)原债权债务关系以外的第三人自愿与债务人一并清偿债务。(3)第三人债务加入的意思表示已经通知债权人,或者债权人知道第三人债务加入而未在合理期限内明确拒绝的。

根据《民法典》第552条的规定,第三人加入债务的意思表示包括两种情形。第一,第三人与债务人约定加入债务后通知债权人。此种情形下,只要债权人未明确表示拒绝,即视为同意第三人加入债务。第二,第三人直接向债权人作出加入债务的意思表示。

债务加入后,第三人与原债务人共同承担连带责任。原债务人不退出债务是债务加入区别于债务转移的主要特征。债务加入,核心是不免除原债务人的还款义务,只是增加了第三人对债务进行履行,从而使债权人的债权实现更有保障。如当事人约定第三人加入债务后,债务人退出债务的,应当认定为债务转移而非债务加入。

此外，第三人在自愿承担的债务范围内与原债务人承担连带责任，区别于连带保证责任。保证人是就主债务履行义务的从义务承担责任，因而保证人因保证方式的不同可能享有先诉抗辩权，同时，保证人享有法定追偿权等。但是，第三人债务加入后履行义务与债务人履行义务相同，债权人可选择由债务人或者第三人在其自愿偿还的债务范围内进行偿还。第三人债务加入具有无因性，不论第三人有无对债务人的追偿权，均不影响债权人向其主张债务。

本案中，A公司出具承诺函，承诺向李某、谭某支付工程款时，先代付李某、谭某向郭某的借款，直至借款本息还清为止。债权人郭某未在合理期限内明确拒绝，可以认定A公司已构成债务加入。法院认定A公司自愿加入到李某、谭某欠郭某700万元借款本息的债务中，应当对上述借款承担连带清偿责任。

法律小贴士

（一）债务加入需要征得债务人或者债权人同意吗？

第三人债务加入，使债务人受益、债权人更有保障，因此，无须征得债务人的同意，只要债权人不明确表示拒绝，即构成债务加入。债务加入，相当于多出一个主体来帮助原债务人偿还债务，既没有给债务人增添负担，反而有利于原债务人早日清偿债务，因此，法律没有规定债务加入需要经过原债务人的同意。至于债权人，因为需要债权人知道第三人债务加入，因此，如果其已经知道第三人加入债务而未明确拒绝，则第三人债务加入发生效力。

（二）第三人向债权人表示加入债务后，能否再变更或者撤销？

如果第三人与债务人协议债务加入，但债权人还未接到通知、第三人亦未告知债权人，第三人与债务人之间重新协议变更或者撤销债务加入，应当允许，因为第三人债务加入尚未构成。因此，第三人债务加入如果已由债权人接受，从保护债权人利益的角度，第三人加入债务的意思表示不能再随意变更或撤销，除非债权人同意第三人退出债务履行或者选择不向第三人主张债务。

（三）第三人根据债务加入履行债务后，能否向债务人追偿？

如果第三人债务加入时与债务人之间有明确约定，对追偿权或者作出与追偿权类似的约定，第三人可依此追偿及决定其追偿范围。如果第三人债务加入时未对向原债务人行使追偿权作出任何约定，则不能行使追偿权。因此，债务加入的第三人只有约定的追偿权，而没有法定的追偿权。但是，如果第三人因替代原债务人履行债务，债务人纯获利益又缺乏根据的，第三人可通过无因管理或者不当得利等相关规定，起诉要求原债务人返还。

法条链接

《民法典》第552条：第三人与债务人约定加入债务并通知债权人，或者第三人向债权人表示愿意加入债务，债权人未在合理期限内明确拒绝的，债权人可以请求第三人在其愿意承担的债务范围内和债务人承担连带债务。

（本篇撰写人：胡昱、范小旭，湖北省荆州市中级人民法院）

13 当事人行使合同解除权，应满足什么条件？

当合同内容涉及行政许可、行政审批等阻碍因素时，是否属于不可抗力？合同动机与合同目的有什么关系？“合同目的不能实现”有无标准？当事人行使合同解除权应当具备什么条件？这些问题，都可以从《民法典》关于当事人行使合同法定解除权等相关规定中找到答案。

案例

2012年7月，L公司与某家山公墓管理处签订了一份关于投资仙灵塔的协议，约定：某家山公墓管理处以建设用地入股，L公司以建塔、广告营销、管理软件等投资入股，在某家山公墓内修建仙灵塔存放骨灰。L公司和某家山公墓管理处分别占股20%和80%，由控股方成立仙灵塔民办非企业单位，经营模式为共同经营，独立核算；双方权利义务为：L公司负责仙灵塔建设全部费用，某家山公墓管理处负责报建、“三通”及相关手续。

此后，筹建项目通过行政许可，某家山仙灵塔服务中心作为民办非企业单位登记成立，仙灵塔开工建设后于2014年7月竣工。2014年7月3日双方签订协议，将原协议合同主体由L公司变更为王某明，再次明确了投资方式和占股比例。2016年仙灵塔主体工程竣工验收合格，2018年4月消防验收合格，达到可使用状态。因塔内宗教造像和标识未拆除，政府以未制定切实可行的整治方案为由，未准许仙灵塔投入使用。王某明认为合同履行因政府审批事项阻碍，合同因不可抗力无法履行，已经导致其合同目的不能实现，为请求解除合同，提起诉讼。

裁判结果

法院认为，合同双方未约定合同解除条件，因此只能从是否符合法定解除条件分析。本案中，某家山公墓管理处自2016年8月25日至2018年4月11日补办了仙灵塔建设工程规划许可证、建设工程施工许可证以及建设工程竣工验收消防备案，这些事实可证明被告某家山公墓管理处一直在履行合同义务。某家山公墓无法经营使用是王某明在仙灵塔中建造了不符合国家政策规定的建筑物，且未制定切实可行的整治方案，致其经营审批不能通过。塔内宗教造像和标识的拆除只是需要资金，并非不可抗力。另从合同解除的后果分析，若解除合同，双方损失更大，对原告而言，工程已竣工，解除合同后原告的投资无法收回，对被告而言，公墓占用其土地面积而不能发挥效益，故从效果及效益分析，该合同不宜解除，继续履行的功效大于合同解除的隐患。综上，法院判决：驳回原告王某明的诉讼请求。

评析

本案涉及《民法典》关于当事人行使合同法定解除权的理解与把握问题。《民法典》第563条规定："有下列情形之一的，当事人可以解除合同：(一)因不可抗力致使不能实现合同目的；(二)在履行期限届满前，当事人一方明确表示或者以自己的行为表明不履行主要债务；(三)当事人一方迟延履行主要债务，经催告后在合理期限内仍未履行；(四)当事人一方迟延履行债务或者有其他违约行为致使不能实现合同目的；(五)法律规定的其他情形。以持续履行的债务为内容的不定期合同，当事人可以随时解除合同，但是应当在合理期限之前通知对方。"根据该规定，一方违约导致"合同目的不能实现"，是判定对方当事人是否具备法定解除权的实质标准。如果一方违约已构成根本违约或者出现不可抗力的情形，不管是预期违约、延迟履行或其他违约行为，如果达到一定程度，已经导致对方当事人"合同目的不能实现"，对方当事人就可以依据该条规定行使法定解除权。因此，司法实践中，合同目的是否实现，直接决定当事人是否享有法定解除权。如果合同履行情况不影响合同目的的实现，当事人行使合同解除权将不被支持。

合同目的包括客观目的与主观目的。客观目的是指交易目的，是给付要实现的法律效果，主观目的是指当事人订立合同的动机。通常情况下，当事人订立合同的动机不得被认定为合同目的，但如果当事人在合同中明确将合同动机约定为合同订立的基础，或者约定为合同履行的条件，则可将此类合同动机视作合同目的。在常见的一般类型合同中，当事人订立合同的目的通常较为明确具体，但是，法律关系较为复杂的合同，当事人的交易目的通常不会直接表现。因此，关于合同目的的认定，需要根据合同约定内容、双方义务范围、实际履行情况以及合同所涉及的项目整体情况等综合考量，从而判断各方当事人的合同目的是否实现。

尽管原告王某明的“交易动机”在于取得仙灵塔经营性收入，但双方当事人签订的投资联营合同，合同目的体现为投资建设义务及取得某家山公墓经营权，某家山公墓管理处的合同目的则体现在取得仙灵塔的所有权及享有经营收入分红权等。因此，在公墓已经建成且各项主要审批手续已经取得，达到可使用状态的情形下，双方除经营目的尚未实现外，关于投资建设的合同目的已经实现，双方相关权利义务均已履行完毕，某家山公墓管理处未怠于履行投资联营合同中的主要合同义务，故不能认定“合同目的不能实现”。

根据《民法典》第180条的规定，不可抗力是指不能预见、不能避免且不能克服的客观情况。一般认为，不可抗力事件主要包括自然灾害、战争、社会异常事件、政府行为等。而针对政府行为、政策调整等因素为由以不可抗力要求解除合同，应当以当事人对相关政策、手续可能引起的变化是否应当具有合理预见作为重要的认定标准。本案合同履行虽然涉及行政许可、行政审批事项等阻碍因素，但缺乏不可抗力情形认定。根据《殡葬管理条例》的相关规定，本案所涉的关于投资仙灵塔运营的项目不可避免地需要取得相关政府部门的特殊审批手续，当事人应当充分预估政府相关行为对合作模式的影响。并且，仙灵塔建设项目已经完工，同时取得了建设工程规划许可证、施工许可证以及竣工验收消防备案等工程建造的各项手续。只要对仙灵塔建设中建造的不符合国家政策规定的塔内宗教造像和标识进行拆除，整改符合要求后即可得到经营审批。这显然不属于无法预见、不能避免且不能克服的客观情况。也因此，不能认定本案涉及“不可抗力”导致“合同目的不能实现”。

（一）当事人解除合同，应当具备什么条件？

法律小贴士

《民法典》第562条、第563条分别对合同当事人约定解除合同及法定解除合同作出了规定。《民法典》第580条增加对违约方就非金钱债务履行违约时有权解除合同的法定情形作出特殊规范。因此，合同当事人解除合同应否支持，需要审查其主张事由是否符合《民法典》第562条、第563条、第580条规定的情形。同时，还应当根据《民法典》第564条“法律规定或者当事人约定解除权行使期限，期限届满当事人不行使的，该权利消灭。法律没有规定或者当事人没有约定解除权行使期限，自解除权人知道或者应当知道解除事由之日起一年内不行使，或者经对方催告后在合理期限内不行使的，该权利消灭”的规定，审查当事人行使合同解除权是否超过法定期限。当事人超过合同解除权行使的法定期限，起诉要求解除合同的，将不受法律保护。

当事人应当根据合同约定及履行情况、合同目的是否实现等，从交易安全、公平正义、经济节约等出发，决定应否解除合同，而不能单纯从自身利益或主观动机出发，认为只要对方违约就有权解除合同。如果对方当事人只是轻微违约且不影响合同目的实现的，守约方只能请求对方承担修理、更换、重做、减少价款或者承担赔偿损失等违约责任。因此，如果合同解除对当事人的损害更大，则不宜解除合同，只能请求对方承担与其违约程度相应的违约责任。

（二）当事人行使合同解除权，只能协商解决吗？

根据《民法典》第565条的规定，合同当事人行使合同解除权，有四种路径。(1)协商解除。不管当事人是否在合同中约定合同解除条件以及是否符合法定解除条件，只要当事人协商一致解除合同，且不损害国家利益、社会公共利益或第三人合法权益的，应予支持。(2)通知对方当事人解除合同。一方当事人在具备法律规定或者合同约定的情形时，依法享有单方解除合同权，即有权通知对方当事人解除合同。(3)直接向人民法院提起诉讼或者向仲裁机构申请仲裁，主张解除合同。(4)请求人民法院或仲裁机构确认此前解除合同行为的效力。

（三）发生不可抗力，当事人是否免责？

不可抗力是指不能预见、不能避免且不能克服的客观情况。构成不可抗力，需要满足以下四个条件：(1)不能预见；(2)不能避免；(3)不能克服；(4)发生在合同履行期间。发生不可抗力且导致合同目的无法实现的，当事人可以行使法定解除权。《民法典》第180条第1款规定："因不可抗力不能履行民事义务的，不承担民事责任。法律另有规定的，依照其规定。"因此，发生不可抗力后，当事人在不可抗力影响范围内免责。

法条链接

1.《民法典》第562条：当事人协商一致，可以解除合同。

当事人可以约定一方解除合同的事由。解除合同的事由发生时，解除权人可以解除合同。

2.《民法典》第563条：有下列情形之一的，当事人可以解除合同：(一)因不可抗力致使不能实现合同目的；(二)在履行期限届满前，当事人一方明确表示或者以自己的行为表明不履行主要债务；(三)当事人一方迟延履行主要债务，经催告后在合理期限内仍未履行；(四)当事人一方迟延履行债务或者有其他违约行为致使不能实现合同目的；(五)法律规定的其他情形。

以持续履行的债务为内容的不定期合同，当事人可以随时解除合同，但是应当在合理期限之前通知对方。

3.《民法典》第564条：法律规定或者当事人约定解除权行使期限，期限届满当事人不行使的，该权利消灭。

法律没有规定或者当事人没有约定解除权行使期限，自解除权人知道或者应当知道解除事由之日起一年内不行使，或者经对方催告后在合理期限内不行使的，该权利消灭。

4.《民法典》第565条第1款：当事人一方依法主张解除合同的，应当通知对方。合同自通知到达对方时解除;通知载明债务人在一定期限内不履行债务则合同自动解除,债务人在该期限内未履行债务的,合同自通知载明的期限届满时解除。对方对解除合同有异议的,任何一方当事人均可以请求人民法院或者仲裁机构确认解除行为的效力。

5.《民法典》第580条:当事人一方不履行非金钱债务或者履行非金钱债务不符合约定的,对方可以请求履行,但是有下列情形之一的除外:(一)法律上或者事实上不能履行;(二)债务的标的不适于强制履行或者履行费用过高;(三)债权人在合理期限内未请求履行。

有前款规定的除外情形之一,致使不能实现合同目的的,人民法院或者仲裁机构可以根据当事人的请求终止合同权利义务关系,但是不影响违约责任的承担。

(本篇撰写人:李琴,湖北省云梦县人民法院)

14 借款变“分手费”，能否反悔要求还款？

情侣之间通常有金钱往来，分手后难免产生经济纠纷。如果双方之间曾有真实借款，分手时，出借人表示借款作为“分手费”不再要回，事后出借人反悔，能否再要求还钱？这种情侣之间的借贷纠纷，可通过《民法典》债务免除规定帮助解决。

案例

李某和毛某某曾是一对恋人，2018年开始确定恋爱关系，其间分合多次。2020年6月28日，毛某某向李某借款10万元，李某通过他人账户向毛某某转账10万元。同年8月31日，李某向毛某某发微信，称“6月28日转的10万元就当是补偿以及营养费，也是分手费，是不会要回来的”。毛某某回答“可以”。2020年9月20日起，李某多次向毛某某发微信要求还款，毛某某拒绝。李某为请求毛某某偿还借款本金10万元及相应利息，提起诉讼。

裁判结果

法院认为，民间借贷纠纷中原告应当证明双方之间存在借款关系且已经实际交付相应款项。本案中，李某提出借款10万元给毛某某，毛某某亦随即发出银行卡号，视为认可借款的意思表示。李某遂通过他人账户给其转账10万元，此款实际交付无异议，此时，李某举证责任完成。毛某某提交了李某表示涉案10万元作为补偿、不会收回的微信聊天记录作为证据，应视为李某对债务的免除。从双方微信聊天记录的内容可以看出，李某作出了债务免除的意思表示，毛某某也于当天表示同意。债务免除后即产生债务消灭的法律后果，虽然后来李某要求毛某某还款，但毛某某并没有承诺还款，且当庭表示不认可借款事实，故双方之间的借贷债权债务已消灭。在毛某某完成其抗辩理由的举证责任后，李某未能提供其他证据推翻该聊天记录以证明双方借贷关系仍继续成立，应当承担举证不能的法律后果。法院判决驳回李某的诉讼请求。

评析

本案涉及《民法典》债务免除的法律规定。《民法典》第575条规定："债权人免除债务人部分或者全部债务的，债权债务部分或者全部终止，但是债务人在合理期限内拒绝的除外。"根据该规定，债务免除，无须债务人明确同意，但债务人有拒绝权。因此，债务免除不一定是单方民事法律行为。上述案件中，李某表示将借款作为分手费和补偿不会再收回，毛某某当日表示同意后，双方即达成债务免除协议，双方之间的债权债务终止。

债务免除的特征有以下几点。第一，不需要特定形式，口头、书面、明示、默示都无不可。第二，免除行为具有无因性。债权人免除债务，不论是为了赠与、和解或者其他原因，这些原因是否成立，都不影响免除的效力。第三，免除行为具有无偿性。免除债务表明债权人放弃债权，不再要求债务人履行义务，因此债务人不必为免除支付相应对价。但债务免除可以约定附条件或者附期限。附生效条件的免除，比如债权人表示只要债务人在合同履行期内归还本金，可以免除利息。附生效期限的免除，比如，出租人通知承租人下月1日开始不必再支付房租。相关行为是否构成债务免除，应当依法认定。

债务免除产生的法律后果有以下几点。第一，债权人免除部分债务的，债务部分消灭；免除全部债务的，债务全部消灭。免除消灭债权和债权的从权利，免除了对方债务也等于放弃了自己的债权，债权消灭，从属于债权的权利、利息权利、违约金请求等也随之消灭。但债务免除不得损害第三人的利益。比如，在融资租赁合同中，出租人（即买受人）免除出卖人的交付义务，承租人的利益将受到损害，因此，免除出卖人义务的行为不发生效力。第二，债务免除发生效力后，债权人不能撤销。免除债务是处分债权的行为，一旦债权人作出了免除的意思表示，债务人在合理期限内没有拒绝，则产生债务消灭的法律效果。因此，债务免除的意思表示不能撤销，除非双方重新达成就此前债权债务继续成立的合意。上述案件中，李某免除了毛某某的债务，毛某某在当天表示接受，李某反悔要求毛某某偿还借款，应当不受法律保护。

"情债"纠纷是民间借贷案件中的疑难问题，证据难以把握，事实查明阻力大，同时还面临对社会伦理道德的考量。情侣之间，不论在热恋期还是分手后，如果双方之间成立民间借贷法律关系，且不具备法定无效情形，借款人应当依法归还借款。这种还款义务不会随着双方身份关系的改变而改变。但是，如果一方免除了对方债务，对方就不再承担还款义务，债务免除一方也不能再轻易反悔。

原《合同法》仅规定债权人免除单方行为的效力，《民法典》第575条但书的规定，也赋予债务人对债权人债务免除有在合理期限内的"拒绝权"。这意味着，债务免除行为不一定是单方行为，增加债务人享有拒绝权的规定凸显了立法对当事人意思自治的尊重，也体现了《民法典》加强民事权利保护的立法精神。

法律小贴士

（一）分手后，可以不归还恋爱期间恋人给我的借款吗？

不可以。恋爱关系作为社会交往中特殊的情感关系，并无特别的法律法规专门给予保障。情侣们在享受爱情的甜蜜时，应当保持必要理性，特别是在面对金钱债务关系时。男女朋友不构成法律意义上的夫妻关系，故不存在共同财产认定问题。因此，借款人如果逾期还款或者虽未约定偿还期限但在出借人催告的合理期限内没有偿还，应当承担还款及违约责任。

（二）出借人免除恋人债务后，还能反悔要求还钱吗？

通常情况下，债务免除后再反悔无效。因为，出借人作出免除债务的意思表示，双方之间的债权债务关系终止。但是，如果出借人债务免除后，债务人在合理期限内表示拒绝的，将不会发生债务免除的效果。此外，如果双方就债务免除的后果自愿让步，并重新达成还款协议，根据新的还款协议，债权人再主张债权，也应当受到法律保护。

（三）微信聊天记录可作为证据证明借款事实吗？

可以。在互联网通信日益发达的今天，很多人通过网络聊天工具达成经济活动中的合意，或者通过即时通信完成意思表示。微信聊天记录可作为证据证明当事人主张的事实，这是证据资格问题，但证据本身能否证明当事人的主张，仍需要分析证据证明力的大小。因此，如果当事人之间是通过互联网产生经济往来，务必保存好完整的聊天记录和原始载体，以便发生纠纷后可在诉讼中作为证据提交，及时有效地维护自身的合法权益。

法条链接

《民法典》第575条：债权人免除债务人部分或者全部债务的，债权债务部分或者全部终止，但是债务人在合理期限内拒绝的除外。

（本篇撰写人：刘静，湖北省武汉市黄陂区人民法院）

15 “借新贷还旧贷”,是债务免除吗?

随着社会经济发展,越来越多的企业或个人向银行申请贷款进行资金周转。银行为防止借款难以收回,往往同时签订担保合同或者约定保证、抵押等担保条款。部分借款人就尚未还清的债务签订还款协议,是债务主体变更吗?其他共同债务人主张不再承担还款责任,应否支持?“借新贷还旧贷”情形下,担保物权人的责任一定免除吗?借款合同中既有人保又有物保,债权人实现担保有顺序要求吗?同一债务存在多个第三人担保,担保人相互之间有追偿权吗?这些问题,从《民法典》合同编与物权编及相关司法解释规定中可以找到答案。

案例

2017年3月31日,王某乔和王某玲与A银行签订两份借款合同,借款本金分别为983328元、728353元,借款期限均为一年,年利率8.88%,逾期罚息利率按贷款利率加收50%。同日,A银行与姚某沛、B公司分别签订保证合同,约定由姚某沛、B公司对上述两份借款合同中的A银行债权承担连带保证责任。王某乔及王某玲并以位于S市N镇某村1幢房产及持有的B公司100%股权为上述两笔债务提供最高额担保。上述两笔借款到期后,因王某乔和王某玲未按约返还借款本金及利息,双方协商通过“借新贷还旧贷”方式清偿上述两笔借款本金,但尚余借款利息、罚息、复利未予偿还。2018年4月28日,王某乔与A银行签订还款协议,约定偿还尚余的借款利息、罚息、复利,明确截至2018年4月28日王某乔名下贷款所欠利息55558.6元、罚息22811.36元、复利1776.71元,合计

80146.67元，由王某乔从2018年5月起开始还款，每月23日还款6678.88元，至2019年4月23日全部还清。A银行多次催讨，王某乔和王某玲拒不还款。A银行为要求王某乔、王某玲及保证人承担责任等，提起诉讼。

裁判结果

一审法院认为，还款协议约定了具体的还款方式和还款数额，王某乔在协议上签字并捺印，应视为A银行与王某乔就利息部分重新达成新的协议，该债务经A银行认可已经发生移转，其债务承担人已经变更为王某乔。其他债务人未在还款协议上作出对债务进行确认或愿意承担还款责任的意思表示。根据合同相对性原则，还款协议是A银行与王某乔的真实意思表示，王某乔应按约履行还款义务。一审判决王某乔向A银行承担还款责任，驳回A银行对其他债务人的诉讼请求。A银行不服，提起上诉。

二审法院认为，共同借款人不能按期偿还借款，贷款银行为收回欠款，在没有明确表示解除其他共同借款人还款义务的情况下，与某一借款人签订还款协议，属于对逾期贷款的催收行为，不是对已经到期的原借款合同的变更，也不改变原借款合同中借款人、贷款人以及担保人的权利和义务。王某乔在还款协议上签字并捺印的行为，属于对案涉债务的偿还方式进行约定，并非A银行与王某乔就利息部分重新达成的新协议。王某玲作为共同借款人，应继续承担共同还款责任。而保证人姚某沛、B公司，则因保证期间已届满，故不承担连带保证责任。案涉借款发生在抵押人王某乔和出质人王某乔、王某玲与A银行签订的最高额抵押合同、最高额质押合同约定的债权确定期间，故A银行对抵押房屋及出质股权折价或拍卖、变卖所得价款享有优先受偿权。二审法院改判由王某乔和王某玲共同偿还债务，A银行享有抵押房屋、质押股权折价或拍卖、变卖所得价款的优先受偿权。

评析

本案借款合同与保证合同的若干等合同签订及履行过程均发生在《民法典》施行前，根据《最高人民法院关于适用〈中华人民共和国民法典〉时间效力的若干规定》第1条第2款“民法典施行前的法律事实引起的民事纠纷案件，适用当时的法律、司法解释的规定，但是法律、司法解释另有规定的除外”的规定，本案应适用《民法典》施行前的法律，即原《合同法》《担保法》《物权法》中关于借款合同、保证合同及担保物权的相关规定。《民法典》对上述法律进行归纳整理与修订，相关规范更加系统完善。《民法典》合同编中将当事人在对保证方式没有约定或者约定不明确的情形下，保证方式由推定连带责任保证改为推定为一般保证，属于对担保法的重大修改，从原来更侧重于对债权人的保护转变为更侧重于对担保人的保护，修改后的条文更符合保证制度的主旨，也更符合民法公平原则。

金融借款合同往往同时约定了担保，包括保证、抵押、质押等形式。保证分为一般保证和连带责任保证。一般保证的保证人享有先诉抗辩权，即只有在债务人经强制执行仍不能履行债务时才承担保证责任。连带保证的保证人承担的责任相对更重，债权人只要是在保证期间内主张，保证人就需要承担保证责任。无论哪种保证方式，债权人都需要在保证责任期间内向保证人主张，超过保证期间，保证人的保证责任免除。

《民法典》物权编中规定了担保物权的情形，担保物权包括抵押权、质权。抵押权分为一般抵押权和最高额抵押权。一般抵押权在合同设立时所担保的债权就已明确，而最高额抵押权担保的债权额具有不确定性，抵押人是对一定期间内将要连续发生的债权进行担保，在最高额度债权限度内承担抵押责任。质权也可以设定最高额质权，最高额质权参照最高额抵押权的规定。但抵押权和质权的设立都应当采用书面形式订立合同，并且有部分抵押物和质权还需办理登记方能设立。

本案中，法院结合双方当事人签订还款协议的原因，认定是对原债务中未还清的剩余部分的清偿方式重新进行的约定，属于对逾期贷款的催收行为，不是对已到期的原借款合同的变更，也不改变原借款合同中借款人、贷款人以及担保人的权利和义务的认定，因此，二审依法判决由共同借款人承担还款责任。而且，本案所涉债权均在最高额抵押权、最高额质权约定的债权确定期间内发生，且争议债权未超过最高额度债权额度，债权人主张享有的优先受偿权，应受保护。债权人超过保证期间向保证人主张权利，按照法律规定，保证人的连带保证责任已经免除，故A银行要求保证人承担连带保证责任，法院不予保护。

本案处理澄清了司法实践中债权人实现担保债权的相关认识误区，特别是对超过保证期间主张保证责任不予保护进行依法认定，并对部分借款人签订的还款协议的性质与效力依法认定，有效维护了各方当事人的合法权益。

法律小贴士

（一）“借新贷还旧贷”，是债务免除吗？

不是。《民法典》第575条规定：“债权人免除债务人部分或者全部债务的，债权债务部分或者全部终止，但是债务人在合理期限内拒绝的除外。”债务免除，是债权人抛弃债权，从而全部或者部分消灭债务。所谓“借新贷还旧贷”，是指债权人与债务人在旧的贷款尚未清偿的情况下，再次签订贷款合同，以新贷出的款项清偿部分或者全部旧的贷款。实践中，借款人为了缓解短期资金压力，金融机构为了降低坏账率，双方常通过“借新贷还旧贷”处理逾期贷款。由此可知，“借新贷还旧贷”是双方在贷款到期的情况下偿还贷款的一种手段，双方通过该方式实现各自的预期目的，性质上属于债务更新。旧贷虽因全部或部分清偿而全部或部分消灭，但新贷产生的债务仍然继续存在。因此，债权人与债务人未达成债务免除的协议，不产生债务免除的法律后果。在“借新贷还旧贷”情形下，债务人需要对新贷及旧贷未还清的债务部分继续承担还款责任。

（二）“借新贷还旧贷”，担保物权消灭了吗？

不一定。“借新贷还旧贷”情形下，旧贷因清偿而全部或部分消灭，旧贷上设立的担保物权一般随之相应消灭，但是，如果新贷对担保物权另有约定，则担保物权可能仍然存在，担保人亦应依法承担相应责任。根据《最高人民法院关于适用〈中华人民共和国民法典〉有关担保制度的解释》第16条的规定，当事人协议以新贷偿还旧贷，债权人请求旧贷担保人承担担保责任的，不受保护。此外，该司法解释还对以新贷偿还旧贷情形下，如何保障担保人的合法权益的其他具体情形进行规范。(1)如果新贷和旧贷的担保人相同，则新贷担保人仍应当承担担保责任。该情形，实质属于担保人按新贷中重新作出的约定承担责任。(2)如果新贷中未约定由旧贷担保人继续担保，且债权人没有证据证明新贷担保人知道以新贷还旧贷的事实，担保人则因旧贷已清偿而无须再承担担保责任。此种情况下，担保债务作为从债务，因旧贷中主债务已清偿而消灭。(3)如果旧贷无担保、新贷有担保，且债权人没有证据证明新贷担保人知道以新贷还旧贷的事实，新贷担保人不承担担保责任。这是为保障新贷担保人的合法权益进行的规范，如果是“借新贷还旧贷”，对于新贷担保人而言，借款人不能偿还贷款的风险明显增大。此种情况下，如果担保人明知而仍然愿意为新贷提供担保，则需要承担担保责任。

此外，需特别注意的是，当事人协议以新贷偿还旧贷，如果旧贷物的担保登记尚未注销，该担保人同意继续为新贷提供担保，但在订立新贷合同前，担保人以担保财产又为其他债权人提供担保的，其他债权人主张担保物权顺位优先于新贷债权人，应不予支持。

法条链接

1.《民法典》第 392 条：被担保的债权既有物的担保又有人的担保的，债务人不履行到期债务或者发生当事人约定的实现担保物权的情形，债权人应当按照约定实现债权；没有约定或者约定不明确，债务人自己提供物的担保的，债权人应当先就该物的担保实现债权；第三人提供物的担保的，债权人可以就物的担保实现债权，也可以请求保证人承担保证责任。提供担保的第三人承担担保责任后，有权向债务人追偿。

2.《民法典》第 575 条：债权人免除债务人部分或者全部债务的，债权债务部分或者全部终止，但是债务人在合理期限内拒绝的除外。

3.《最高人民法院关于适用〈中华人民共和国民法典〉有关担保制度的解释》第 16 条：主合同当事人协议以新贷偿还旧贷，债权人请求旧贷的担保人承担担保责任的，人民法院不予支持；债权人请求新贷的担保人承担担保责任的，按照下列情形处理：(一)新贷与旧贷的担保人相同的，人民法院应予支持;(二)新贷与旧贷的担保人不同,或者旧贷无担保新贷有担保的,人民法院不予支持,但是债权人有证据证明新贷的担保人提供担保时对以新贷偿还旧贷的事实知道或者应当知道的除外。

主合同当事人协议以新贷偿还旧贷,旧贷的物的担保人在登记尚未注销的情形下同意继续为新贷提供担保,在订立新的贷款合同前又以该担保财产为其他债权人设立担保物权,其他债权人主张其担保物权顺位优先于新贷债权人的,人民法院不予支持。

(本篇撰写人:胡梦洁,湖北省荆州市中级人民法院)

16 违约方要求解除合同，守约方应该怎么办？

司法实践中，经常发生商铺受让人或承租人因经营问题、租赁问题等原因，不能或不愿再继续履行商业合同的情况，双方陷入合同履行僵局。违约方能否要求守约方解除合同？如果一方要求解除合同，而另一方要求违约方承担违约责任，当事人应该怎么办？合同履行陷入僵局，应当如何破除？《民法典》相关条款针对如何破除合同僵局作了明确规定。

案例

某商铺的一楼由其所有人邹某某用作烧烤和部分炒菜、火锅等餐饮的试营业，其间邹某某边营业边准备办理相应的餐饮经营手续。之后邹某某发布了店面转让信息，李某某获知后到该店面外实际观察一段时间后，决定受让该店面。双方签订商铺租赁合同，约定李某某以3年为租赁限期从邹某某处租用某商铺一楼用于自主经营、李某某应向邹某某一次性支付店面转让费20万元，并约定了应支付的押金和租金标准等，但未另行签订店面经营权转让合同。合同签订前后，李某某共计向邹某某支付了6个月租金和合同约定押金及店面转让费20万元。合同签订次日，李某某正式接收涉案商铺，并在之后将招牌改成“皮皮虾私房菜”开始餐饮经营。后李某某在向辖区内的工商主管部门申办餐饮服务行政许可过程中被告知，案涉场地属于住宅底商，根据规定不得办理该项许可。此后李某某即以此为由多次要求邹某某收回店面，邹某某不同意。李某某不久将商铺关门，后期一直未再开门营业，并不再向邹某某支付租金，亦未向邹某某腾退租赁场地。邹某某诉至法院，要求解除其与李某某之间的租赁合同并由李某某支付实际腾退前的租金；李某某则提起反诉，要求邹某某向其全额返还转让费及部分已付租金和押金。

裁判结果

法院认为，邹某某和李某某签订的商铺租赁合同合法有效，对双方均有约束力。该合同实际上包含了租赁合同关系和店铺转让合同关系。其中，对于租赁合同关系而言，李某某对于6个月之后的租金一直未予缴纳，已构成违约。根据法律规定，邹某某此时享有法定的合同解除权。对于店面经营权转让合同关系而言，转让前邹某某将店面用于餐饮经营，李某某决定受让前对店面经营情况进行了考察并基于店面经营情况良好的判断决定受让店面，受让后李某某同样将店面用于餐饮经营，结合双方的陈述，可以认定李某某受让店面目的是用于餐饮经营，邹某某理应确保案涉店面可以正常进行餐饮经营。现该项义务已处于事实上无法履行的状态，导致李某某的合同目的无法实现，李某某要求邹某某返还转让费实际上是要求终止该合同权利义务关系，故法院判决终止双方之间的店面转让合同关系，并结合欠付租金、应退押金、房屋占用费、转让费等实际情况，判决双方合同解除，邹某某向李某某退还转让费用合计15万余元。

评析

本案涉及对《民法典》第580条第2款规定的合同僵局情形下合同解除的理解与把握。《民法典》第580条规定："当事人一方不履行非金钱债务或者履行非金钱债务不符合约定的，对方可以请求履行，但是有下列情形之一的除外：(一)法律上或者事实上不能履行；(二)债务的标的不适于强制履行或者履行费用过高；(三)债权人在合理期限内未请求履行。有前款规定的除外情形之一，致使不能实现合同目的的，人民法院或者仲裁机构可以根据当事人的请求终止合同权利义务关系，但是不影响违约责任的承担。"其中，该条第1款与原

《合同法》第110条基本相同，而该条第2款属于《民法典》新增规定。根据该规定，当事人在非金钱债务履行不能或不适合继续履行的合同僵局情形下，有权向人民法院或仲裁机构请求终止合同权利义务关系，但不影响双方违约责任的认定及承担。

关于破除合同僵局的法律规则，应当注意把握以下四点。第一，案件性质限制。该规则仅针对当事人因非金钱债务的履行发生争议，金钱债务履行中产生的争议问题，不适用该规定。第二，适用规则的判断标准。应当与合同法定解除制度下“合同目的无法实现”标准相一致。第三，适用程序限制。当事人只能通过向人民法院或仲裁机构主张解决，即司法解除。该条规则未赋予当事人单方合同解除权，除非当事人自愿协商解除，否则只能通过司法解除。第四，适用该规则终止合同权利义务关系，不影响当事人之间违约责任的承担。

需要注意，《民法典》第580条第2款的规定，授予人民法院或者仲裁机构可以根据当事人的请求终止合同权利义务关系，但未明确规定请求的当事人是否专指违约方。也因此，尽管该条规定通常被认为是破除“合同僵局”条款，除可由守约方选择适用外，也不排除违约方根据合同履行中的复杂情况依此条款请求终止合同权利义务关系。

本案中，通过对双方合同签订及履行情况分析，可以确定李某某向邹某某支付20万元受让商铺，目的是将该商铺用于餐饮经营，邹某某理应确保案涉商铺可以正常进行餐饮活动。邹某某未能确保交付的商铺可以正常进行餐饮经营，属于不能履行非金钱债务，并导致李某某受让商铺的合同目的无法实现，双方因此陷入“合同僵局”。李某某要求邹某某返还转让费，实际上是要求终止该合同权利义务关系，故法院通过判决解除双方之间的店铺转让合同关系。考虑到李某某使用案涉店面用于经营的具体情况、双方在导致租金损失扩大方面的过错等情况，在权衡双方各自的损失后，从公平原则出发，法院酌情对李某某应向邹某某支付的租金和邹某某应向李某某返还的店面转让费进行综合认定。判决作出后，双方均未上诉，并已按一审判决自行履行完毕。

《民法典》新增了合同僵局下的合同解除路径规则。本案在《民法典》施行不久后发生。人民法院适用该规则进行裁判，针对李某某受让餐馆并租赁餐馆场地之后发现不能办理餐饮服务行政许可，从而不愿继续交付租金，而邹某某无法解决不能办理餐饮服务行政许可问题导致合同履行陷入僵局，及时判决终止双方之间的商铺转让合同关系，并就当事人双方争议的租金支付、转让款等款项返还问题作出司法认定，避免了当事人的损失进一步扩大，同时也让《民法典》的该项新增规定在司法实践领域得到鲜活运用，为其他民事主体在面对类似情形时应当如何应对，提供了良好示范。

法律小贴士

（一）违约方能否请求解除合同？

通常情况下，违约方不享有法定的合同单方解除权。《民法典》第580条第2款规定的合同僵局下合同解除路径制度，授予合同双方主体即也包括违约方依法享有通过司法程序行使合同单方解除权。按照全国法院民商事审判工作会议纪要第48条的规定，违约方起诉解除合同，需要同时满足四个条件：(1)双方形成合同僵局；(2)违约方主观上并非恶意要求解除合同；(3)违约方继续履行合同对其显失公平；(4)守约方拒绝解除合同违反了诚信原则（主要表现为违反减损原则）。在上述条件具备的情况下，违约方可解除合同，不仅可以发生于非金钱债务履行违约背景下，亦可发生于金钱债务履行违约背景下。

应当注意，即便《民法典》对违约方享有合同单方解除权作出规定，但属于解除合同的法定例外，因此，对于违约方请求解除合同，必须从严认定，以防违约方利用该制度恶意损害守约方的合法权益，进而引发道德风险。

（二）违约方要求破除“合同僵局”解除合同，守约方怎么维权？

《民法典》第580条第2款与《全国法院民商事审判工作会议纪要》第48条均明确规定，违约方起诉解除合同的，不影响其违约责任的承担。因此，违约方起诉解除合同后，守约方除从诚信原则出发，及时采取有效措施防止损失进一步扩大外，还可以通过反诉，请求违约方承担恢复原状、赔偿损失等违约责任，当然，守约方也可以通过另案起诉要求违约方承担相应的违约责任。司法实践中，如守约方基于法律知识不足、诉讼思路未及时转变、一时疏忽等各种原因而未提出要求违约方承担违约责任等抗辩或者请求的，法院如果认定应当支持解除合同的，则应向守约方释明法律观点，提示其有权就如果法院判决支持合同解除、违约方应否承担违约责任等发表辩论意见。至于守约方主张对方的违约责任如何保护问题，同样应当结合遵循损失可预见性规则、减损规则、违约方过错程度及有无其他免责或减责事由等因素，综合判断及处理。

法条链接

1.《民法典》第580条：当事人一方不履行非金钱债务或者履行非金钱债务不符合约定的，对方可以请求履行，但是有下列情形之一的除外：(一)法律上或者事实上不能履行；(二)债务的标的不适于强制履行或者履行费用过高；(三)债权人在合理期限内未请求履行。

有前款规定的除外情形之一，致使不能实现合同目的的，人民法院或者仲裁机构可以根据当事人的请求终止合同权利义务关系，但是不影响违约责任的承担。

2.《全国法院民商事审判工作会议纪要》第48条：违约方不享有单方解除合同的权利。但是，在一些长期性合同如房屋租赁合同履行过程中，双方形成合同僵局，一概不允许违约方通过起诉的方式解除合同，有时对双方都不利。在此前提下，符合下列条件，违约方起诉请求解除合同的，人民法院依法予以支持：(1)违约方不存在恶意违约的情形；(2)违约方继续履行合同，对其显失公平；(3)守约方拒绝解除合同，违反诚实信用原则。

人民法院判决解除合同的，违约方本应当承担的违约责任不能因解除合同而减少或者免除。

（本篇撰写人：郑灵芝，湖北省武汉经济技术开发区人民法院）

17 违约赔偿范围，应当如何确定？

违约行为是违背合同约定和诚实信用原则的失信行为，守约方往往因对方违约而遭受损失。一方违约，应如何赔偿对方当事人的损失？守约方的可得利益损失应当如何确定?《民法典》诚实信用原则和可得利益条款等相关内容可以帮助我们解答上述问题。

案例

2015年3月30日，W市某电气公司与某房产公司签订新建住宅供电配套工程合同，约定由W市某电气公司承建某房产公司开发的“首府B号”商住小区住宅供电配套工程，建设费32866400元。某电气公司为承建该工程，于2015年4月17日与A电气有限公司签订工业品买卖合同，拟购买价值为13194678元的电缆，同时支付50万元定金；于2015年4月20日与W市C电力设计有限公司签订工程勘察设计技术服务合同，约定：某电气公司将“首府B号”商住小区新建住宅供电配套工程设计工作承包给C电力设计有限公司，设计费用为84万元。

2015年5月15日，某房产公司就案涉同一工程又与某电力安装工程有限公司签订新建住宅供电配套工程合同，故某电气公司无法承建案涉工程，于是另案向法院提起诉讼，要求某房产公司继续履行双方签订的新建住宅供电配套工程合同。法院经审理后驳回了某电气公司要求继续履行合同的诉请。

因无法承建案涉工程，2017年3月24日，某电气公司与A电气有限公司达成和解协议，约定：因某电气公司未履行合同，须向A电气有限公司支付120万元违约金，扣除定金50万元，余款70万元分三次付清。2017年3月28日，某电气公司与C电力设计有限公司达成和解协议，约定：某电气公司未履行合同，须向C电力设计有限公司支付违约金18万元，分两次付清。截至2018年12月3日，某电气公司已按照和解协议约定向A电气有限公司付清了违约金120万元，向C电力设计有限公司付清了违约金18万元。

一审法院委托某工程咨询有限公司对案涉工程造价进行鉴定，评定"首府B号"小区电力工程造价预算为21099338.14元，某电气公司为此支付鉴定费24.8万元。

某电气公司以某房产公司单方解除合同给其造成损失为由，向一审法院起诉：(1)要求某房产公司赔偿因违约给某电气公司造成的直接损失138万元，可得利益损失11767061.86元；(2)本案的诉讼费用及鉴定费用24.8万元由某房产公司负担。

裁判结果

法院认为，某房产公司单方解除合同，应向某电气公司赔偿直接损失和可得利益损失。现有证据可以证实某电气公司已按照和解协议约定向两案外人支付了违约金138万元，故和解协议确定的违约金数额138万元可认定为某电气公司的直接损失。另，某房产公司单方解除合同造成某电气公司经营利润减少亦属于可得利益损失赔偿范畴。因某房产公司系房产开发企业，其在与某电气公司订立合同时，应能预见到若违反上述合同可能给对方造成损失的情况。现某房产公司单方解除合同，也必然应预见到其行为会造成某电气公司履行合同的可得利益完全丧失，该不利后果应由某房产公司承担。对于可得利益数额，综合考虑某电气公司履行涉案合同可能获取的利润数额、必要的交易成本、实现利润的期限、施工过程中可能出现的各种风险，根据公平原则，酌定由某房产公司赔偿某电气公司可得利益损失1176706元。鉴定费24.8万元,应认定为某电气公司的直接损失,由某房产公司全额承担。综上,法院判令某房产公司赔偿某电气公司各项损失共计2804706元(直接损失1380000元+可得利益损失1176706元+鉴定费248000元)。

评析

本案涉及《民法典》规定的诚实信用原则和可得利益损失条款。《民法典》第7条规定:“民事主体从事民事活动,应当遵循诚信原则,秉持诚实,恪守承诺。”诚实信用原则是市场经济活动中一项基本道德准则,在现代民法中具有重要的地位,被誉为现代民法的“帝王条款”。民事主体从事民事活动,应当遵循诚实信用原则,严格按照法律规定或合同约定履行己方义务,无法定理由单方解除合同造成守约方损失的,应当承担违约责任。《民法典》第584条规定:“当事人一方不履行合同义务或者履行合同义务不符合约定,造成对方损失的,损失赔偿额应当相当于因违约所造成的损失,包括合同履行后可以获得的利益;但是,不得超过违约一方订立合同时预见到或者应当预见到的因违约可能造成的损失。”根据上述规定,一方当事人不履行合同义务造成对方损失的,不仅需要赔偿对方直接损失,还应赔偿对方若合同履行可以获得的利益损失。本案被告不享有解除权,故其单方解除合同构成实质违约。

可得利益是合同法的关注中心,也是当事人订立合同的目的所在,对维护交易安全稳定及促进社会经济发展具有重要意义。2009年最高人民法院出台《关于当前形势下审理民商事合同纠纷案件若干问题的指导意见》,将原《合同法》(已于2021年1月1日因《民法典》实施而废止)第113条规定的“可得利益损失”这一抽象概念进行具体阐述,使其逐渐具有可操作性。该指导意见从可得利益损失的类型划分、限定规则适用以及举证责任分配三个方面为法院认定可得利益损失提供了明确指引。

可得利益损失是指在生产、销售或提供服务的合同中,生产者、销售者或服务提供者因对方违约而遭受的预期纯利润损失。通常而言,常见的利润损失包括生产利润损失、经营利润损失和转售利润损失等类型。计算和认定可得利益损失,一般采取三个规则。其一,可预见规则。包括合理预见的损失和根据对方身份所能预见到的可得利益损失。其二，减损规则。该规则需考量守约方为防止损失扩大而采取的减损措施的合理性问题。其三，损益相抵规则。当守约方就同一违约行为既有损失又有获益时，其能请求的损失赔偿额应当是损失减去获益的差额。该规则旨在确定受害人因对方违约而遭受的净损失。

本案作为支持可得利益损失的典型案例，为今后类案审理提供了参考和借鉴。法院结合某房产公司的法人类型、掌握信息及其在合同签订过程中的优势地位（特别是享有价格决定权）等因素，根据日常生活经验，推定其应当预见到若违约可能给施工方某电气公司造成的利润损失。对于某电气公司在本案中主张的可得利益类型，法院通过调研走访方式获取同地区相关企业的行业利润率，并根据公平原则酌定由某房产公司赔偿某电气公司可得利益损失1176706元。本案的成功审理，展现了法院在优化法治化营商环境及服务经济高质量发展中的担当和作为，践行了诚信的社会主义核心价值观，取得了良好的法律效果和社会效果。

法律小贴士

（一）合同当事人违约，应如何承担法律责任？

根据法律规定，当事人一方不履行合同义务或者履行合同义务不符合约定的，应当承担继续履行、采取补救措施或者赔偿损失等违约责任。若在当事人继续履行、采取补救措施后仍不能使得原合同恢复到适当履行的状态，当事人仍有损失的，违约方还应当赔偿守约方损失。损失金额相当于因违约行为遭受的损失，包括合同履行后可以获得的利益。

（二）单方解除合同，如何避免承担违约责任？

合同违约无小事。当事人签订合同时要审慎考虑，提前研判及确定违约责任条款，可以将一方当事人违约给自己造成的可得利益损失计算方法或者违约金等明确约定。合同履行过程中，双方当事人应当诚实守信、正确全面履行合同，防范违约发生及承担违约责任。

合同签订后，一方当事人想要解除合同，需要重点确定其有无免责或者减轻责任的事由。（1）是否属于法律规定的不可抗力范畴。常见的不可抗力因素有地震、台风、战争等。

如果属于不可抗力，则不可抗力影响范围内的违约属于法定的免责事由。(2)是否符合法律规定或者合同约定的合同解除行使条件。当事人结合自身及对方履行状况，如果解除合同符合法律规定或者合同约定的单方行使合同解除权的条件，则可因此免责或者减轻其相应责任，在法律特别规定的情况下，当事人要求解除合同虽受法律保护，但违约方仍应赔偿守约方的损失。比如，《民法典》第787条规定："定作人在承揽人完成工作前可以随时解除合同，造成承揽人损失的，应当赔偿损失。"(3)既无法定免责情形，又不符合法定或者约定的单方行使合同解除权的条件，当事人如果希望解除合同，则应当与对方当事人积极沟通，协商一致解除合同。

需要特别注意，如果双方协商一致解除合同，应当对解除合同后是否免除对方的违约责任以及如何承担违约责任等作出明确约定，以免当事人之间又为合同解除后应否承担违约责任发生纠纷。司法实践中，大量的合同解除纠纷，是当事人虽同意解除合同，但主张从未放弃追究对方的违约责任引起，对此，法院会从当事人合同解除本身是否构成违约，以及有无法定或者约定的免责或者减轻责任事由(包括解除合同协议中有免责或者减轻责任的相应约定)进行裁判，而不会仅根据当事人之间已自愿签订解除合同协议而当然免除违约方的违约责任。

(三)可得利益损失的范围，具体包括哪些内容?

守约方可要求违约方承担违约责任，包括赔偿可得利益损失。关于可得利益损失的范围，着重从以下几个方面考察认定。第一，可得利益损失要有证据证明。当事人应当就其主张的可得利益损失提供证据证明，且产生的损失与对方违约之间有因果关系。第二，可得利益损失金额要明确具体。守约方应当根据证据证实的可得利益的金额主张可得利益损失。比如，根据财务审计报告、同行业同类企业的利润分析报告、合同约定的价款、利润预算书等证据，根据证据载明内容计算可得利益损失的具体金额。第三，减损规则的适用。可得利益损失应当扣减守约方未积极采取减损措施导致损失扩大部分的损失。根据法律规定，守约方也应当遵循诚实信用原则，不能明知对方违约而放任损失扩大，以确保可得利益损失数额的认定公平合理。

法条链接

1.《民法典》第7条:民事主体从事民事活动,应当遵循诚信原则,秉持诚实,恪守承诺。

2.《民法典》第584条:当事人一方不履行合同义务或者履行合同义务不符合约定,造成对方损失的,损失赔偿额应当相当于因违约所造成的损失,包括合同履行后可以获得的利益;但是,不得超过违约一方订立合同时预见到或者应当预见到的因违约可能造成的损失。

(本篇撰写人:刘小成、徐志远,湖北省黄冈市中级人民法院)

18 违约金约定过高，违约方有权请求降低吗？

民事主体从事民事活动，应当遵循公平原则，合理确定各方的权利和义务。合同当事人约定的违约金过高时，法院是否必须全部支持？认定违约金“过高”，有标准吗？违约方对于约定过高的违约金，可以请求调整或者降低吗？《民法典》相关立法精神有助于我们找到上述问题的答案。

案例

2018年1月22日，李某因购买汽车，向某公司申请贷款，双方并签订汽车贷款合同、机动车抵押合同，主要约定：贷款金额76000元，贷款期限为36个月，年利率9%计算利息，贷款人未按合同约定及时足额偿还贷款，对逾期贷款按照合同约定利率的150%计收罚息，支付违约金8000元，还款方式为等额本息；借款人同意以贷款车辆向贷款人提供抵押担保，担保范围包括所有贷款债权、费用及违约金，借款人还清全部贷款本息及相关费用后，抵押合同自动终止等。此后，双方为李某购买的车辆办理了抵押登记，抵押权人为某公司。2018年2月7日，某公司按照约定发放贷款76000元，贷款期为3年。李某共计偿还14期贷款本息后未再偿还。2021年4月，某公司提起诉讼，请求：判令李某所欠某公司的债务提前到期；判令李某立即偿还某公司贷款本金47383.78元、利息1690.96元及罚息7382.12元；判令李某支付违约金8000元及律师费1500元；判令某公司对案涉抵押车辆折价或者拍卖、变卖该财产所得价款优先受偿。

裁判结果

法院认为，依法成立的合同，自成立时生效，受法律保护，当事人应当按照合同约定全面履行自己的义务。当事人一方不履行合同义务或者履行合同义务不符合约定，造成对方损失的，损失赔偿额应当相当于因违约所造成的损失，包括合同履行后可以获得的利益，但是，不得超过违约一方订立合同时预见到或者应当预见到的因违约可能造成的损失。因此，认定违约责任是否过高，应当结合合同的履行情况、当事人的过错程度以及预期利益等综合因素，根据公平原则和诚信原则予以衡量。某公司的诉讼请求，从李某违约还款之日起，既主张按年利率9%计算利息，又主张按年利率9%的150%即年利率13.5%计算罚息，同时还主张违约金8000元，李某对此提出异议，请求酌情减少。某公司作为金融机构，发放贷款的主要目的在于收取贷款利息，从公平和平等保护角度考量，以某公司的实际损失为基础，兼顾合同的履行情况、当事人的过错程度以及预期利益等综合因素，酌定按罚息利率标准调整计算被告的违约金，不再同时计算利息、罚息和违约金等内容。某公司虽然提交诉讼催收服务合作协议及律师费发票，主张律师费1500元，但该费用某公司尚未实际支付，且双方未对律师费有明确约定，故不予支持。法院判决李某向某公司支付贷款本金47383.78元、利息7382.12元，总计54765.9元，并自2021年4月29日起至清偿之日止，以未还本金47383.78元为基数按年利率13.5%计付利息；某公司对案涉车辆享有优先受偿权；驳回某公司其他的诉讼请求。

评析

本案涉及《民法典》公平原则及合同编相关内容。《民法典》第6条规定："民事主体从事民事活动，应当遵循公平原则，合理确定各方的权利和义务。"《民法典》第584条规定："当事人一方不履行合同义务或者履行合同义务不符合约定，造成对方损失的，损失赔偿额应当相当于因违约所造成的损失，包括合同履行后可以获得的利益；但是，不得超过违约一方订立合同时预见到或者应当预见到的因违约可能造成的损失。"《民法典》第585条规定："当事人可以约定一方违约时应当根据违约情况向对方支付一定数额的违约金，也可以约定因违约产生的损失赔偿额的计算方法。约定的违约金低于造成的损失的，人民法院或者仲裁机构可以根据当事人的请求予以增加；约定的违约金过分高于造成的损失的，人民法院或者仲裁机构可以根据当事人的请求予以适当减少。当事人就迟延履行约定违约金的，违约方支付违约金后，还应当履行债务。”

公平原则，既对当事人在民事活动中要以公平正义指导自己的行为提出要求，又对人民法院在审理民事案件时要以正义公平观念处理纠纷作出指引，公平原则可以达到平衡各方利益、缓解矛盾的效果。《民法典》第584条、第585条的规定，实际是公平原则在违约责任领域的具体体现。

合同当事人享有契约自由，但是，当事人约定的违约金，不能索取“无度”，法律通过公平原则对之予以限制或者调整，有利于平衡利益。《民法典》第585条对违约金的调整方法作出规定，其中，关于违约金酌减规则是应对违约金数额过高而产生的特殊规则，赋予法官自由裁量权，法院可对当事人合同中约定的过高的违约金进行干预调整，这是契约自由的一个例外，目的在于通过介入公平原则，恢复契约实质自由。

本案中，某公司在李某违约后，根据合同约定向李某同时主张本金、利息、罚息（利息的1.5倍）、违约金、律师费，李某提出贷款与欠款属实，但违约金约定过高，请求酌情减少，且原告同时主张利息、罚息、违约金、律师费没有法律依据，李某认为交易结果导致双方利益失衡，请求予以调整。法院认为，当事人约定的违约损失的计算方法，对于李某而言确实畸高，所以在判决中予以调整。

关于违约金的调整方法与考虑因素，主要包括以下几点。(1)查明守约方的损失，确定基本标准。根据原《最高人民法院关于适用〈中华人民共和国合同法〉若干问题的解释(二)》(已废止)的规定，可将超过实际损失的30%认定为违约金过高的标准。(2)考虑合同的履行情况。接近履行完毕的合同和尚未履行的合同，违约结果对守约方而言，应有所不同。(3)考虑当事人的过错程度。违约方恶意违约还是过失违约，应通过公平原则确定是否适用违约惩罚功能。在违约金约定过高的情况下，惩罚性违约金的目的在于给债务人心理上制造压力，促使其积极履行债务；在债务不履行的场合下，表现为对过错的惩罚，故债务人的过错程度应当成为是否支持惩罚性违约金的考虑因素。(4)考虑当事人缔约时能否预见可得利益损失。(5)当事人之间的违约责任条款效力、是否存在过失相抵及损益相抵规则等。

法律小贴士

(一)法院认定违约金“过高”，有标准吗?

参照原《最高人民法院关于适用〈中华人民共和国合同法〉若干问题的解释(二)》第29条的规定，当事人约定的违约金超过造成损失的30%的，一般可以认定为“过分高于造成的损失”。根据该规定，如果违约方能够证实约定的违约金超过守约方实际损失的30%，法院可以认定双方约定的违约金“过高”而酌情予以调整。

(二)合同约定的违约金过高或者过低，当事人如何维护自身权益?

如果合同当事人约定的违约金低于给自己造成的损失的，守约方可以请求人民法院或者仲裁机构予以增加，也可以根据自己的损失，选择不主张违约金而主张由违约方赔偿损失。如果合同当事人约定的违约金过分高于给守约方造成的损失的，违约方可以请求人民法院或者仲裁机构予以适当减少。

法条链接

1.《民法典》第6条：民事主体从事民事活动，应当遵循公平原则，合理确定各方的权利和义务。

2.《民法典》第585条：当事人可以约定一方违约时应当根据违约情况向对方支付一定数额的违约金，也可以约定因违约产生的损失赔偿额的计算方法。

约定的违约金低于造成的损失的，人民法院或者仲裁机构可以根据当事人的请求予以增加；约定的违约金过分高于造成的损失的，人民法院或者仲裁机构可以根据当事人的请求予以适当减少。

当事人就迟延履行约定违约金的，违约方支付违约金后，还应当履行债务。

（本篇撰写人：张磊，湖北省十堰市郧阳区人民法院）

19 隐瞒抵押，出卖人应否双倍返还定金？

当事人根本违约，存在定金约定的，应当适用定金罚则。对于收受定金一方违约的，应当双倍返还；对于交付定金一方违约的，无权主张返还定金。但是，对于不完全履行的合同，能否适用定金罚则？实践中存在不同观点。比如，房屋出卖人隐瞒房屋抵押情况出卖房屋，导致买受人合同目的不能实现，买受人能否主张出卖人双倍返还定金？《民法典》第587条明确了定金罚则的适用条件，可以帮助我们解答上述疑问。

案例

原告李某、肖某购买被告田某、栾某的房屋，双方签订了房地产买卖居间协议，约定购房定金为10万元。如因出卖人原因导致买卖合同最终未签署的，则应双倍返还定金；如因买受人原因导致买卖合同最终未签署的，则定金归出卖人所有。合同签订后，李某、肖某支付了10万元定金和11万元购房款。房地产买卖居间协议载明的抵押情况仅有权利人中信银行，贷款余额约85万元，而没有载明案涉房屋在协议签订前另曾向案外人涂某设定抵押、抵押担保债权金额为15万元、债权尚未清偿等事实。被告认可对原告隐瞒了此抵押事实，但称抵押担保债权仅剩4万余元未清偿，故该抵押并不影响房屋交易。后经法院释明，被告同意在10日内清偿剩余债务并涂销案涉房屋上涂某的抵押权，以恢复房地产买卖居间协议的履行。但历时一个月，被告明确表示无法涂销抵押登记。原告以案涉房屋另有抵押，被告缔约时有欺骗行为且不履行过户义务为由，起诉要求解除房地产买卖居间协议，并要求由被告双倍返还，共计42万元。

裁判结果

法院认为,原告给付购房定金10万元及购房款11万元,因被告隐瞒案涉房屋另有抵押登记且拒不涂销登记,致使双方最终未能订立房地产买卖合同,原告购房目的落空,经催告后在合理期限内仍未履行房地产买卖居间协议主要义务,根据《民法典》第563条,原告李某、肖某有权解除该协议并要求被告田某、栾某返还已付定金、购房款21万元。另根据《民法典》第587条,被告田某、栾某作为收受定金的一方,应当双倍返还定金;田某甲并非房地产买卖居间协议的当事人,对双倍返还定金不负义务,遂依法解除房地产买卖居间协议,判决田某、栾某向原告李某、肖某返还购房款11万元并双倍返还定金20万元(返还金额共计31万元)。宣判后,当事人均未上诉,该判决已生效。

评析

本案涉及《民法典》定金罚则条款的理解与适用。《民法典》第587条规定:“债务人履行债务的,定金应当抵作价款或者收回。给付定金的一方不履行债务或者履行债务不符合约定,致使不能实现合同目的的,无权请求返还定金;收受定金的一方不履行债务或者履行债务不符合约定,致使不能实现合同目的的,应当双倍返还定金。”

本案中,关于如何确定原告给付的定金数额问题,法院认定,原告根据购房款支付凭证主张定金金额为21万元,但因田某甲作为收款人无权变更房地产买卖居间协议中有关定金数额的约定,法院据此认定原告给付购房定金为10万元、购房款为11万元。故对原告该主张不予支持。

关于是否适用《民法典》违约定金罚则问题,法院认为,适用定金罚则需要满足四个要件。(1)主合同有效且定金已经实际支付。本案中,房地产买卖居间协议有效,原告已将定金交付给被告。(2)当事人合同目的落空,即违约行为致使守约方合同目的无法实现。本案中,被告缔约时隐瞒案涉房屋另有15万元抵押担保债权的事实,原告得知案涉房屋另设立有其他抵押,被告拒不涂销该抵押登记,原告无法完整取得案涉房屋所有权,因此,法院认定被告拒不涂销15万元抵押登记属违约行为,且已致使原告购房的合同目的不能实现。(3)违约行为严重,已构成根本违约。本案中，法院考虑到被告违约的后果及损害尚有补救的可能，特令被告涂销另设的抵押登记，但被告拒绝对此补救；加之，案涉房屋因另有抵押登记对合同目的实现的影响程度很大，故认定被告行为已构成根本违约。(4)违约行为与合同目的落空之间存在因果关系。房地产买卖合同最终未能订立，并非因不可归责于当事人的事由，而是由于被告故意隐瞒案涉房屋另有抵押登记且拒不涂销该登记，原告对此并无过错。故法院认定被告违约行为与原告合同目的落空之间存在因果关系。综上，法院认定，本案满足适用定金罚则的要件，被告田某、栾某作为收受定金的一方，应当向原告李某、肖某双倍返还定金。

定金制度是一项历史悠久的传统民事法律制度。定金的基本功能是担保，而这种担保功能是通过惩罚性规则即定金罚则实现的。适用定金罚则需具备以下条件：一是以违反有效合同的约定为前提；二是只能针对不履行这一种违约形态。对于部分履行的合同，可否适用定金罚则存在不同看法。一般认为，违约定金仅在债务人拒绝履行和不能履行两种情形下发生罚则效力，逾期履行和不完全履行发展到不能履行时亦产生罚则效力，除此之外，则不发生丧失定金或双倍返还定金的法律后果。

本案中，法院考虑到被告违约的后果及损害尚有补救之可能，故向被告释明并给予被告实行补救措施的时间。如果被告积极补救，则合同尚有履行之可能，原告诉请双倍返还定金就会因被告并未根本违约而无法得到法院支持，同时合同也将继续履行而非解除。相反，如被告在诉讼中仍怠于履行合同义务，如果被告的违约行为发展到合同履行不能、合同目的无法实现的程度，则应当适用定金罚则。

《民法典》规定定金罚则，目的是把合同履行与定金得失联系起来，使当事人迫于心理压力进而全面积极地正确履行合同。因此，定金担保功能主要源于定金罚则的威慑与惩罚。法院在适用《民法典》定金罚则时，可向履行合同义务不完全的当事人释明其有权进行补救，促使当事人积极、全面适当地履行合同，从而维护《民法典》兼顾鼓励交易与保障交易安全的基本价值取向。当然，当事人部分违约已导致对方当事人合同目的无法实现，并构成根本违约的，法院仍应当适用《民法典》定金罚则对违约方予以惩罚。

法律小贴士

（一）二手房交易，应如何防范法律风险？

为避免二手房出卖人隐瞒房屋真实信息，买受人应当注意以下几点。第一，检查房屋的所有权证和土地使用权证或者不动产权证，看房屋权属是否明确无争议。第二，要多途径了解房屋所有权证上是否存在抵押登记事项或者其他受限制的权利，并了解土地使用年限等内容。第三，检查房屋现实使用状况与房屋质量。司法实践中，有许多“二手房”买卖，当事人未看房即办理房屋所有权转移登记，最终发现二手房存在权利瑕疵，导致出现买受人已付款却不能按期收房的被动局面。

（二）定金合同或合同中的定金条款，如何拟定？

首先，定金需要当事人之间有明确约定。定金既可以在主合同中以定金条款的方式出现，即定金条款；也可以单独约定定金，即成立定金合同。特别需要注意的是，当事人是否达成关于定金的合意及是否有效，应当结合合同中“定金”的表述认定，其他诸如“订金”“订约金”“押金”等表述，均不能被认定为定金。其次，定金数额原则上由当事人协商约定，但《民法典》对其最高限额予以限制，即不能超过主合同标的额的20%。再次，定金需要交付才能成立。如果当事人之间虽然约定了定金，但实际未交付，则不能仅根据合同约定的定金数额而要求另一方当事人按照定金罚则承担责任。

（三）主张定金罚则，应当如何举证？

合同当事人主张适用定金罚则，应当举证：(1)证明已实际交付定金以及交付的定金数额；(2)证明对方当事人没有履行合同，或者对方当事人履行合同不符合约定并导致合同目的不能实现；(3)证明定金合同约定合法有效，且对方违约应当受定金罚则约束。

（四）适用定金罚则，违约方如何承担责任？

定金罚则是让违约方受到已交付的定金数额一倍的损失。具体而言，应区分是交付定金一方违约还是收受定金一方违约。针对给付定金的一方，如果其不履行债务或者履行债务不符合约定，致使不能实现合同目的，无权请求返还定金(损失所交定金)；针对收受定金的一方，如果其不履行债务或者履行债务不符合约定，致使不能实现合同目的的，应当向给付定金的一方双倍返还定金(返还定金，再加上赔偿一倍的定金)。

法条链接

《民法典》第587条：债务人履行债务的，定金应当抵作价款或者收回。给付定金的一方不履行债务或者履行债务不符合约定，致使不能实现合同目的的，无权请求返还定金；收受定金的一方不履行债务或者履行债务不符合约定，致使不能实现合同目的的，应当双倍返还定金。

(本篇撰写人：罗磊、舒奕，湖北省武汉市青山区人民法院)

20 未约定利息，主张借款利息和逾期利息受保护吗？

自然人之间的民间借贷合同如果未约定利息或者约定不明的，视为没有利息约定。如果自然人之间借款未约定利息，其主张利息受法律保护吗？出借人可以主张逾期利息吗？《民法典》及有关司法解释的规定可以帮助我们找到答案。

案例

2020年4月17日，被告陈某提出向原告江某借款，江某考虑到双方系同事，就通过某农村商业银行网银向陈某转款5万元，陈某向江某出具借条，约定借期一年，但未约定利息。2021年2月22日，江某曾以被告陈某拒不还款为由向法院起诉，后以借款未到期为由撤诉。同年4月19日，原告再次提起诉讼，请求判令被告偿还借款5万元及按照年利率5.22%支付一年借款利息。

裁判结果

法院认为，合法的借贷关系受法律保护。陈某向江某借款5万元，应当按照约定偿还。被告逾期不偿还借款构成违约，故原告要求被告偿还借款的诉讼请求有事实和法律依据，法院予以支持。关于利息，原告要求被告按照年利率5.22%支付一年利息，因双方既未约定借期内利率，也未约定逾期利率，故原告主张借期内利息于法无据，法院不予支持。被告逾期还款，原告有权主张逾期利息，但利率应当自逾期之日即2021年4月18日起按照当时一年期贷款市场报价利率标准即3.85%计算;至于支付逾期利息的期限,因截至本案判决时被告逾期一个月左右,故原告要求被告支付一年利息没有依据,可判令被告支付至借款清偿之日止,但应以不超过原告主张的一年期为限。法院判决:(1)陈某偿还江某借款5万元及逾期利息(自2021年4月18日起按照年利率3.85%计算至借款清偿之日止,付息时间最长不超过一年);(2)驳回江某的其他诉讼请求。

评析

本案涉及《民法典》第675条、第676条,《最高人民法院关于适用〈中华人民共和国民法典〉时间效力的若干规定》第1条第3款及《最高人民法院关于审理民间借贷案件适用法律若干问题的规定》第28条等理解与适用问题。

《民法典》第675条规定:"借款人应当按照约定的期限返还借款。对借款期限没有约定或者约定不明确,依据本法第五百一十条的规定仍不能确定的,借款人可以随时返还;贷款人可以催告借款人在合理期限内返还。"本条是关于还款期限的规定。按照合同约定的期限返还借款是借款人的一项主要义务。本案中,因为原、被告明确约定借款期限为一年,所以借款到期后,被告应当按照约定履行还款义务。

《民法典》第676条规定:"借款人未按照约定的期限返还借款的,应当按照约定或者国家有关规定支付逾期利息。"借款人逾期返还借款,应当承担违约责任。根据本条规定,借款人逾期返还借款,除应当继续履行清偿借款责任之外,还应当按照约定或者国家有关规定支付逾期利息。

《最高人民法院关于适用〈中华人民共和国民法典〉时间效力的若干规定》第1条第3款规定:"民法典施行前的法律事实持续至民法典施行后,该法律事实引起的民事纠纷案件,适用民法典的规定,但是法律、司法解释另有规定的除外。"本案中,原、被告借贷行为发生在《民法典》施行前并一直持续到《民法典》施行后,被告未按约定及时还款,且本案纠纷亦发生在《民法典》施行后,依据上述司法解释的规定,本案应当适用《民法典》的规定。

《最高人民法院关于审理民间借贷案件适用法律若干问题的规定》第28条第1款规定:"借贷双方对逾期利率有约定的,从其约定,但是以不超过合同成立时一年期贷款市场报价利率四倍为限。"根据上述规定,当事人可以在合同中对逾期利息作出约定，这种约定既可以是对是否收取逾期利息的约定；也可以是对逾期利率标准的约定，但不得超过法律规定的限额，即以不超过合同成立时一年期贷款市场报价利率四倍为限。本案中，当事人之间没有约定逾期利率，故不能适用本款规定处理本案。

《最高人民法院关于审理民间借贷案件适用法律若干问题的规定》第28条第2款规定："未约定逾期利率或者约定不明的，人民法院可以区分不同情况处理：（一）既未约定借期内利率，也未约定逾期利率，出借人主张借款人自逾期还款之日起参照当时一年期贷款市场报价利率标准计算的利息承担逾期还款违约责任的，人民法院应予支持；（二）约定了借期内利率但是未约定逾期利率，出借人主张借款人自逾期还款之日起按照借期内利率支付资金占用期间利息的，人民法院应予支持。"根据该规定，当事人之间未约定逾期利率或者约定不明的，出借人主张逾期利息时，人民法院应区分情况处理。（1）当事人之间既未约定借期内利率也未约定逾期利率的，可以根据出借人的主张，判令借款人自逾期还款之日起参照当时一年期贷款市场报价利率标准计算的利息向出借人承担逾期还款违约责任。这里所称"一年期贷款市场报价利率"是指中国人民银行授权全国银行间同业拆借中心自2019年8月20日起每月发布的一年期贷款市场报价利率（LPR）。（2）当事人之间约定了借期内利率但未约定逾期利率，出借人主张逾期利息的，出借人既可以主张按照借期内利率计算资金占用期间利息，又可以选择按照一年期贷款市场报价利率标准计算逾期利息，但二者不能同时主张。本案中，因原、被告之间既未约定借期内利率，也未约定逾期利率，故原告主张借期内利息于法无据，但对原告提出的关于逾期利息的主张应当依法支持，但逾期利息的利率标准应当自逾期还款之日起参照当时一年期贷款市场报价利率标准计算。

（一）自然人之间未约定借款利息的，可以主张利息吗？

法律小贴士

民间借贷一般是有偿的，当事人也可以选择无偿。除法律法规另有规定外，借贷合同是否有偿，应由双方当事人约定。自然人之间的民间借贷，如果没有约定或者约定不明的，视为无息借贷。自然人之间发生的无息借贷，出借人主张由借款人支付借款利息的，不受保护。但是，如果借款人未按期偿还的，或虽未约定还款期限但经出借人催告后仍不偿还的，出借人可以要求借款人偿还逾期利息。按照《最高人民法院关于审理民间借贷案件适用法律若干问题的规定》第28条第2款的规定，自然人之间的民间借贷，既未约定借期内利率，也未约定逾期利率，出借人主张借款人自逾期还款之日起参照当时一年期贷款市场报价利率标准计算的利息承担逾期还款违约责任的，应予支持。

（二）订立借款合同，应当怎样防范风险？

首先，民间借贷合同的约定内容，应在法律法规和政策允许的范围内进行。当事人不得借民间借贷之名行侵害国家、集体或者他人合法权益之实。任何规避或者违反法律法规的规定，比如违反诚实信用、恶意串通的行为，都可能导致借贷合同不成立、无效甚至被依法撤销，涉嫌刑事犯罪的，当事人还可能承担刑事责任。

其次，出借方应全面掌握借用人的资信。借贷合同签订前，出借人应对借用人的诚信程度、财产状况等作全面了解或调查，以防止出现难以追回本金及利息的不利局面。为避免损失或减少损失，出借人可要求借款人提供人保、物保或质押担保等，以担保债权实现。增加担保，相当于给债权人实现债权增加了一道保障。

最后，双方当事人应当签订书面借贷合同，注意保留已经实际出借款项的相关证据。如果当事人通过口头约定订立民间借贷合同，一旦发生纠纷，双方通常会为借款金额、利息标准、还款期限、保证方式、保证范围、保证期间等产生争议，出借人通常会因此承担举证不能的不利后果。此外，出借人应当注意保留已实际出借款项的证据，仅提供借款人出具的借条，如果借款人提出未收到款项或者收到款项与借条上载明金额不符等抗辩，按照法律规定，出借人还要承担证明其已实际支付借款的举证责任。

（三）民间借贷合同利率，当事人可以任意约定吗？

《民法典》第680条第1款规定："禁止高利放贷，借款的利率不得违反国家有关规定。"依照法律规定，民间借贷合同约定的最高利率不应超过合同成立时一年期贷款市场报价利率(LPR)的四倍,对超过法定部分的约定利率,国家将不予保护。即使当事人在合同中约定了借款利率、罚息、违约金等支付标准,一旦发生纠纷,法院不会支持超过LPR四倍部分的诉讼请求。因此,民间借贷合同当事人约定的借款期限内利率以及逾期利率的上限,均是不超过"LPR的四倍"。因此,合同当事人应当在法律规定范围内约定利率,否则,当事人约定的超过LPR四倍的利息、违约金等请求将不受保护。

法条链接

1.《民法典》第675条:借款人应当按照约定的期限返还借款。对借款期限没有约定或者约定不明确,依据本法第五百一十条的规定仍不能确定的,借款人可以随时返还;贷款人可以催告借款人在合理期限内返还。

2.《民法典》第676条:借款人未按照约定的期限返还借款的,应当按照约定或者国家有关规定支付逾期利息。

3.《最高人民法院关于审理民间借贷案件适用法律若干问题的规定》第24条:借贷双方没有约定利息,出借人主张支付利息的,人民法院不予支持。

自然人之间借贷对利息约定不明,出借人主张支付利息的,人民法院不予支持。除自然人之间借贷的外,借贷双方对借贷利息约定不明,出借人主张利息的,人民法院应当结合民间借贷合同的内容,并根据当地或者当事人的交易方式、交易习惯、市场报价利率等因素确定利息。

4.《最高人民法院关于审理民间借贷案件适用法律若干问题的规定》第28条:借贷双方对逾期利率有约定的,从其约定,但是以不超过合同成立时一年期贷款市场报价利率四倍为限。

未约定逾期利率或者约定不明的,人民法院可以区分不同情况处理:(一)既未约定借期内利率,也未约定逾期利率,出借人主张借款人自逾期还款之日起参照当时一年期贷款市场报价利率标准计算的利息承担逾期还款违约责任的,人民法院应予支持;(二)约定了借期内利率但是未约定逾期利率,出借人主张借款人自逾期还款之日起按照借期内利率支付资金占用期间利息的，人民法院应予支持。

5.《最高人民法院关于审理民间借贷案件适用法律若干问题的规定》第29条：出借人与借款人既约定了逾期利率，又约定了违约金或者其他费用，出借人可以选择主张逾期利息、违约金或者其他费用，也可以一并主张，但是总计超过合同成立时一年期贷款市场报价利率四倍的部分，人民法院不予支持。

（本篇撰写人：周明智、李荣，湖北省竹溪县人民法院）

21 微信聊天记录能证明民间借贷关系成立吗?

日常生活中,自然人之间的民间借贷,往往发生于亲属、朋友、同事等熟人关系中。由于特殊关系的存在,当事人从事民事活动过程中,就财产关系处理所尽的谨慎注意义务往往低于一般的社会标准。如果出借人主张借贷只有口头约定,并且不能提供借款合同、借条、收据、转账记录等加以证实,民间借贷关系如何认定?当事人提供的微信聊天记录,能证明民间借贷关系成立吗?这些问题,我们可以通过《民法典》相关立法精神给予解答。

案例

邵某某与刘某某系朋友关系。邵某某称2018年12月刘某某向其借款,其通过现金支付刘某某借款1600元,没有借条,也没有银行流水账单,只有微信聊天记录,双方未约定利息和还款期限,后因刘某某未偿还借款,故邵某某向法院提起诉讼要求刘某某还款。

裁判结果

一审法院认为,邵某某未提供借条或银行流水等有关凭证证实其与刘某某之间存在合法借贷关系,故驳回其诉讼请求。邵某某不服,提出上诉。

二审法院认为,《最高人民法院关于审理民间借贷案件适用法律若干问题的规定》第2条第1款规定:"出借人向人民法院提起民间借贷诉讼时,应当提供借据、收据、欠条等债权凭证以及其他能够证明借贷法律关系存在的证据。”本案中，邵某某主张刘某某应偿还其1600元借款，借款金额不大，虽无欠条、银行流水、转账记录等直接证据，但邵某某在一审中提供了其与刘某某之间微信聊天截图等证据，二审中进一步补充提交了与刘某某之间比较全面的微信聊天记录，并出示了聊天记录原始载体。从聊天记录的内容看，邵某某向刘某某提出“1840元，你先给340元”，刘某某随后回复“我先给你200元”，并随即向邵某某微信转账200元，邵某某接收后向刘某某提出“还欠我1640元”。因此，邵某某向刘某某主张偿还1600元借款的证据充分。二审改判：刘某某于判决生效之日起10日内偿还邵某某借款1600元。

评析

本案涉及《民法典》规定的自然人之间的借款合同是否成立的认定。《民法典》第679条规定：“自然人之间的借款合同，自贷款人提供借款时成立。”自然人之间的借款合同与金融机构作为出借人的借款合同有所区别。自然人之间的借款合同是实践合同，只有出借人实际出借款项，民间借贷合同才能够被认定成立。

自然人之间借款往往具有互助性质，当事人对合同形式并不在意，很多情况下，都是口头协议及直接支付小额现金，甚至不要求对方出具欠条。现实生活中，自然人之间的借款多发生于亲属、朋友、同事等熟人关系中。熟人从事民事活动涉及财产关系处理，所尽谨慎注意义务往往低于一般的社会标准，更多时候只有口头约定。

根据法律规定，自然人之间可以通过口头形式订立借款合同。如果出借人不能提供借条、转款凭证等直接证据，若要证明民间借贷关系成立，至少需要提供以下证明材料。(1)对方当事人自认存在借款关系的证据。包括对方当事人的陈述、答辩状、委托代理人的代理词中承认的有关借贷事实存在的证据。(2)具有一定证明效力的证人证言。比如，了解借贷发生过程或者是在场的对方当事人亲属等证人证言。(3)经对方当事人认可其真实性、完整性的录音、录像等视听资料。(4)电子邮件、手机短信、即时网络通信软件中的聊天记录等电子数据，显示有与民间借贷关系成立的相关内容，并能够形成完整证据链证明相应事实。

本案中，邵某某向刘某某主张返还借款，仅提供了双方的微信聊天记录，无其他任何书面凭证，刘某某一、二审均不出庭应诉。根据《最高人民法院关于民事诉讼证据的若干规定》第85条“人民法院应当以证据能够证明的案件事实为根据依法作出裁判。审判人员应当依照法定程序，全面、客观地审核证据，依据法律的规定，遵循法官职业道德，运用逻辑推理和日常生活经验，对证据有无证明力和证明力大小独立进行判断，并公开判断的理由和结果”的规定，对于该类案件审理中出现的疑点与难点，法官对当事人所提供的证据材料与主张，不能仅依某一个或部分证据材料作出判断。正常情况下，法官应当依据案涉借贷金额的大小、出借人的支付能力、当地或者当事人之间的交易方式、交易习惯以及借贷双方的亲疏关系等诸因素，结合当事人本人的陈述和庭审言辞辩论情况以及提供的其他间接证据，依据民事诉讼高度盖然性的证明标准，运用逻辑推理、日常生活常理等，综合审查判断借贷事实是否真实发生。

本案中，出借人邵某某持有的手机中存有其与借款人刘某某的聊天记录，聊天记录中双方对于借款及欠款事实均予确认，但邵某某举证意识薄弱，法院释明要求邵某某提供聊天记录的原始载体，证实邵某某已履行出借义务及刘某某承认欠款的事实。法院结合全案证据，认定案涉借贷关系自交付借款时成立，并判令借款人刘某某承担还款责任。

法律小贴士

（一）自然人之间的民间借贷，是否必须签订书面合同？

否。根据《民法典》第668条第1款“借款合同应当采用书面形式，但是自然人之间借款另有约定的除外”的规定，借款合同原则上需要当事人签订书面合同，但又对自然人之间民间借贷可以例外作出规定。虽然法律未对自然人之间的民间借贷必须签订书面合同提出强制要求，但为防范将来产生纠纷举证困难，民间借贷合同的双方当事人应当尽量采用书面形式订立借款合同。在无法或不适合立即签订书面合同的情况下，出借人可以通过微信、支付宝、银行转账等方式向借款人付款并注明款项用途，以保留已履行出借义务的直接凭证；若以现金方式出借，则尽量有见证人时再进行现金交付，或者可通过即时通信工具，必要时可通过录音、录像等方式，确认双方之间达成的借款合意及借款经过，以避免后续无法维权或者维权时举证困难情况的发生。

（二）微信聊天记录截图等电子信息材料，可以作为证据使用吗？

《最高人民法院关于适用〈中华人民共和国民事诉讼法〉的解释》第116条第2款规定：“电子数据是指通过电子邮件、电子数据交换、网上聊天记录、博客、微博客、手机短信、电子签名、域名等形成或者存储在电子介质中的信息。”因此，微信聊天记录截图等在满足证据基本要求的情况下，可作为证据证明案件事实。

（三）微信聊天记录截图等作为证据，应当注意哪些问题？

微信聊天记录截图作为证据使用，应当满足证据三性的要求，即客观性、关联性、合法性。首先，微信聊天记录截图反映的内容必须保证客观真实，并不是来自一方的主观猜想、人为杜撰或者变造、伪造。其次，微信聊天记录反映的相关内容，必须与案件诉争事实有关联。即能够通过相关内容与案件事实建立逻辑上的联系，从而可以推定还原案件事实发生过程。最后，微信聊天记录取得手段必须合法。如果微信聊天记录是通过非法手段获得，或是由他人代替聊天形成的非本人真实意思的虚假记录，都将因来源不合法而不能作为有效证据采信。

法条链接

1.《民法典》第469条：当事人订立合同，可以采用书面形式、口头形式或者其他形式。

书面形式是合同书、信件、电报、电传、传真等可以有形地表现所载内容的形式。

以电子数据交换、电子邮件等方式能够有形地表现所载内容，并可以随时调取查用的数据电文，视为书面形式。

2.《民法典》第668条：借款合同应当采用书面形式，但是自然人之间借款另有约定的除外。

借款合同的内容一般包括借款种类、币种、用途、数额、利率、期限和还款方式等条款。

3.《民法典》第679条：自然人之间的借款合同，自贷款人提供借款时成立。

（本篇撰写人：金燕玲，湖北省鄂州市中级人民法院）

22 未实际交付借款，自然人之间的借款合同是否成立？

商品房买卖按揭贷款合同的签订与履行过程中，购房人可能无法凑齐首付款，开发商为促成合同成立，经常另辟蹊径帮助购房人“想办法”解决：购房人向销售员出具借条并与之签订借款合同，开发商提供全部首付款，购房人再办理贷款汇给开发商。对于购房人后期拖欠的首付款，开发商与销售员按民间借贷起诉购房人，要求按“借款合同”付息还本。员工与购房人之间的借条有效吗？能认定是开发商向购房人提供的借款吗？《民法典》及《最高人民法院关于审理民间借贷案件适用法律若干问题的规定》的相关条款给出了答案。

案例

唐某购买某公司开发的商铺，合同约定售价5561321元，首付款2781321元，余款办理银行贷款。唐某支付首付款183万元，差欠951321元，不满足办理贷款条件。某公司与唐某协商后，同意唐某向某案涉房产销售商员工谢某出具951321元的借条，就出具全额首付款的发票。唐某照办后，向银行申办贷款258万元汇入了某公司。后唐某拖欠首付款70.8万元，某公司催收无果，于是向谢某转款70.8万元，谢某当天将款转回某公司。后谢某、唐某签订借款补充协议，约定：唐某差欠某公司商铺首付款951321元，经某公司同意，由唐某向谢某借款951321元，并授权谢某直接将所借款汇付给某公司作为代唐某付的首付款，唐某需向谢某或某公司还本付息。某公司、谢某为要求唐某履行借款补充协议，起诉要求唐某还款付息。

裁判结果

法院认为，某公司与谢某之间转款70.8万元，是以虚假的意思表示实施的无效行为，不能以谢某向某公司转款即认定谢某是代唐某向某公司偿还了拖欠的首付款。《最高人民法院关于审理民间借贷案件适用法律若干问题的规定》第9条第(5)项所规定的“其他方式提供借款”只能是对于借款方式的特殊约定，该约定不能改变借款合同是实践合同的法律属性。某公司向唐某虚开首付款发票，不能认定为是谢某向唐某提供的借款。自然人之间的借款合同是实践合同，以款项交付为成立要件。本案中，谢某与唐某之间未实际交付款项，双方之间借款合同未成立。唐某依据基础法律关系提出抗辩，本案依法应当按照基础法律关系即商品房买卖合同纠纷进行审理。因某公司与谢某坚持不变更诉讼请求，故法院判决驳回某公司、谢某的诉讼请求。

评析

本案主要涉及《民法典》关于自然人之间借款合同成立要件和行为人以虚假的意思表示实施的民事法律行为的效力认定问题。

《民法典》第146条规定：“行为人与相对人以虚假的意思表示实施的民事法律行为无效。以虚假的意思表示隐藏的民事法律行为的效力，依照有关法律规定处理。”虚假意思表示又称虚伪意思表示，是指行为人与相对人都知道自己所表示的意思并非真意，通谋作出与真意不一致的意思表示。其构成要件为：一是须有意思表示；二是须表示与内心的目的不一致；三是须有虚伪的故意；四是须行为人与相对人通谋实施。一般来说，意思表示的瑕疵，并不会导致民事法律行为无效，往往是通过可撤销的方式进行救济。而虚假意思表示并非双方当事人的真实意思表示，与双方共同作假一样，因涉及公共秩序维护，法律明确规定行为人与相对人以虚假的意思表示实施的民事法律行为无效。

《民法典》第679条规定：“自然人之间的借款合同，自贷款人提供借款时成立。”根据合同的成立是否以交付标的物为条件，合同可以分为诺成合同与实践合同。诺成合同仅以当事人意思表示一致为成立要件，当事人交付标的物为履行合同，而与合同成立无关。实践合同是指除当事人双方意思表示一致外，还须交付标的物才能成立的合同。自然人之间的借款合同是实践合同，双方当事人仅达成协议不代表合同成立，只有贷款人提供贷款给借款人时借款合同才成立。立法规定自然人之间的借款合同是实践合同，主要原因在于自然人之间借款一般属于互助性质，无息情况较为普遍，当事人更关注借款能否被证明，因此对于合同形式并不注意。规定自然人之间的借款合同自贷款人交付借款时成立，有利于确定当事人的权利义务，减少纠纷发生。

本案中，70.8万元通过某公司账户转给谢某，同日又回转至某公司，表明资金来源于某公司，不是谢某的款项，也不代表谢某有向唐某提供借款的意愿。某公司与谢某间转款行为的真实意思是利用银行转账记录，编造谢某向某公司转入款项的表象，达到证实谢某按借款补充协议约定代唐某向某公司付清下欠首付款的目的。换言之，谢某与某公司是为了达到证实借款合同成立的目的而通谋作出的虚假意思表示，依法应当认定转款行为无效，即谢某没有代唐某向某公司付清拖欠的首付款，谢某也没有向唐某提供借款。

出借人将所借款项交付给借款人的方式多种多样，为统一裁判尺度，《最高人民法院关于审理民间借贷案件适用法律若干问题的规定》第9条规定，自然人之间款项交付应认定合同成立的五种具体情形：(1)以现金交付的，自借款人收到借款时成立；(2)以银行转账、网上电子汇款等形式交付的，自资金到达借款人账户时成立；(3)以票据交付的，自借款人依法取得票据权利时成立；(4)出借人以将特定资金账户支配权授权给借款人等方式交付的，自借款人取得对该账户实际支配权时成立；(5)出借人以与借款人约定的其他方式交付的，以实际履行完成时成立。本案中，某公司未收到谢某代唐某支付的款项，但某公司空开的951321元首付款发票，是否属于上述司法解释第9条第5项所规定的“其他方式提供借款”？因为自然人之间借款合同是实践合同，因此，当事人约定的“其他方式提供借款”不能违反法律法规的禁止性规定，不得违背公序良俗，不能损害他人合法权益。商品房买卖按揭贷款设定首付款的目的，是借款人向贷款人证明自己具备偿还贷款的能力，某公司未实际收到首付款而空开发票，存在损害贷款银行利益的可能，因而有违公序良俗。

本案作为适用《民法典》第146条、第679条的典型案例，为上述条款在司法实践中的适用提供参考。自然人之间的民间借贷纠纷，经常会出现通过虚假意思表示掩盖真实意图的情形，只有行为人表现于外的意思与其内心真意相一致，行为所涉意思表示皆为真实时，才能认定行为有效。此外，自然人之间成立民间借贷须以借款实际交付为前提。未成立的民间借贷合同，不涉及合同效力认定问题。

法律小贴士

（一）自然人之间持有借条或借款协议，就能主张借款合同成立吗?

自然人之间的借款合同，是实践性合同。当事人只有实际提供了借款，借款合同才成立。如果自然人之间仅签订借款协议或者仅由一方出具借条，如果查实借款并未真实发生的，借款合同未成立。

（二）当事人结算其他债权债务形成的借条，能否按照借款关系提起诉讼?

司法实践中，当事人通过借条结算债权债务关系的情况非常普遍。比如买卖、赔偿、合伙、劳务等，当事人之间结算后出具借条，原告持欠条或者借条依据借款关系起诉，只要被告对借款金额、利息约定或就基础法律关系提出抗辩，如果原告在诉讼中不能举证证实借款关系成立，法院就不会按照民间借贷法律关系进行审理和裁判。因此，当事人在诉讼过程中应当如实陈述借条形成过程，人民法院结合全案证据，根据当事人的真实意思表示等，综合判断当事人之间诉争的真实法律关系，并据此准确适用法律及裁判处理。

（三）民间借贷合同，什么情况下可能被认定无效?

（1）套取金融机构贷款进行转贷的，民间借贷合同无效。金融机构贷款，包括信用卡额度范围内的资金，均不是持卡人的自有资金。行为人套取金融机构信贷资金后转贷，属规避金融监管的行为，对外形成的民间借贷合同依法无效。

（2）明知他人借款用于赌博仍提供借款的，民间借贷合同无效。赌博是违法犯罪活动,行为人提供资金前明知借款人是用于赌博的,即使双方民间借贷关系成立,民间借贷合同亦依法无效。

(3) 违背社会公序良俗,当事人之间以“包养协议”“青春损失费”“分手费”等名义签订的民间借贷合同无效。此类纠纷,如果审查协议内容违背公序良俗,相关债权债务关系依法不受保护。

(4) 当事人之间为请托办事等产生的费用签订的民间借贷合同无效。社会交往中,存在请托人为实现特定目的“找关系”帮忙或者为购房支付的“茶水费”等,即使双方当事人签订了民间借贷合同,因该行为一定程度上破坏了社会公共秩序,当事人之间签订的民间借贷合同无效。

(5) 具有抚养、赡养义务的父母子女之间,有违伦理道德签订的民间借贷合同无效。亲属之间形成的债权债务关系,如果一方抗辩双方签订的民间借贷合同违背了伦理道德,并因此损害了未成年人或者老年人等群体的合法权益,特别是在具有抚养、赡养义务的父母子女之间发生有违家庭伦理道德的民间借贷纠纷时,一般应不予保护。

法条链接

1.《民法典》第 146 条:行为人与相对人以虚假的意思表示实施的民事法律行为无效。

以虚假的意思表示隐藏的民事法律行为的效力,依照有关法律规定处理。

2.《民法典》第 679 条:自然人之间的借款合同,自贷款人提供借款时成立。

3.《最高人民法院关于审理民间借贷案件适用法律若干问题的规定》第 9 条:自然人之间的借款合同具有下列情形之一的,可以视为合同成立:(一)以现金支付的,自借款人收到借款时;(二)以银行转账、网上电子汇款等形式支付的,自资金到达借款人账户时;(三)以票据交付的,自借款人依法取得票据权利时;(四)出借人将特定资金账户支配权授权给借款人的,自借款人取得对该账户实际支配权时;(五)出借人以与借款人约定的其他方式提供借款并实际履行完成时。

4.《最高人民法院关于审理民间借贷案件适用法律若干问题的规定》第15条第1款：原告仅依据借据、收据、欠条等债权凭证提起民间借贷诉讼，被告抗辩已经偿还借款的，被告应当对其主张提供证据证明。被告提供相应证据证明其主张后，原告仍应就借贷关系的存续承担举证责任。

（本篇撰写人：袁勇军，湖北省武汉市蔡甸区人民法院）

23 自然人之间存在“高利贷”，利息怎么算？

“高利贷”是指约定特别高额利息的贷款。“高利贷”因超出法律规定数倍的利率且存在各种“套路”，往往给借款人、金融秩序及社会稳定带来严重冲击和危害。“高利贷”的标准如何定？超过法律规定的最高借款利率，借款人怎么办？借款利息约定不明时应如何处理？借款人多还的利息怎么办？约定的利息与逾期利息并存，对已实际履行部分能否主张冲抵债务？以上问题，可以在《民法典》及相关司法解释中找到答案。

案例

邹某某与何某某系熟人关系，2016年6月至2019年6月期间，何某某分14次向邹某某借款合计41万元，先后出具14张借条。借款期间，何某某将工资存折交邹某某保管，邹某某从中多次取款261013元，用于偿还上述借款。后存折因其他原因被冻结，邹某某无法正常取款。邹某某认为双方口头约定月利率为2.5%，何某某此前归还的261013元均是利息。何某某则认为14张借条中仅3张约定了利息，并非每次借款都约定了利息。为此，双方对借款利息及尚欠金额存在较大争议。邹某某起诉至法院，要求何某某还应归还借款本金41万元及利息13万余元。

裁判结果

法院认为，第一，自然人之间的借款合同原则上是无偿的，除非当事人有明确约定，才应当支付利息。本案中，仅3张借条约定利息，邹某某称双方口头约定其他11笔借款参照执行，但邹某某提交的证据不能证明每张借条均约定月息2.5%。结合借条内容及当事人的陈述，法院认定仅载明利息的3张借条有利息约定，其余11张借条未载明利息，视为不支付利息，但何某某应自邹某某催要之日起承担逾期还款利息。第二，双方对出借41万元及还款261013元无异议，仅对尚欠本息存在争议。法院根据借款及还款发生时间分段计算：有利息约定的3笔借款，按法律规定上限计算利息，超出部分冲抵本金；无利息约定的11笔借款，自邹某某催要之日起按一年期贷款市场报价利率计算逾期利息；约定利息与逾期利息并存时，优先清偿利率高的债务。经计算，截至起诉之日，何某某尚欠借款本金157688元及逾期利息1430.4元，法院并依法支持该部分本息。

评析

本案涉及《民法典》关于禁止高利放贷的规定以及如何确定其中借款利息问题。《民法典》第680条规定："禁止高利放贷，借款的利率不得违反国家有关规定。借款合同对支付利息没有约定的，视为没有利息。借款合同对支付利息约定不明确，当事人不能达成补充协议的，按照当地或者当事人的交易方式、交易习惯、市场利率等因素确定利息；自然人之间借款的，视为没有利息。"

禁止高利放贷法律规则，主要包括以下几个方面。第一，约定的最高借款利息不得违反法律规定。最高人民法院结合《民法典》等相关法律规范与审判实践需要，制定的《最高人民法院关于审理民间借贷案件适用法律若干问题的规定》（下文简称《民间借贷规定》）确定民间借贷借款利率不能超过合同成立时一年期贷款市场报价利率（LPR）的四倍。第二，自然人之间的借款，对于借款利息没有约定或约定不明时，视为没有利息。自然人以外的借款，人民法院应当结合民间借贷合同的内容，并根据当地或者当事人的交易方式、交易习惯、市场报价利率等因素确定利息。第三，借贷双方既约定逾期利率，又约定了违约金或其他费用的，出借人可以选择主张逾期利息、违约金或者其他费用，也可以一并主张，但是计算的总费用，仍不得超过合同成立时一年期贷款市场报价利率四倍。

需要注意，最高人民法院关于民间借贷司法利率保护的上限经历了几个不同时期。因此，对于发生在不同时期的民间借贷纠纷，关于利率标准的确定，应当结合当事人协议约定、借款发生时间、利息支付时间、起诉时间乃至一年期贷款市场报价利率的具体发布时间等因素，综合确定司法保护的具体范围。《民间借贷规定》(法释〔2015〕18号)将民间借贷利率划分为三个区域，界限为24%和36%，即借贷双方约定的利率未超过年利率24%，出借人请求借款人按照约定利率支付利息的，人民法院应予支持；借贷双方约定的利率超过年利率36%，超过部分的利息约定无效；借款人请求出借人返还已支付的超过年利率36%部分的利息的，人民法院应予支持；年利率24%至年利率36%的部分，未偿还的人民法院不予支持，已偿还的也无须返还。2020年《民间借贷规定》经过两次修正。2020年8月20日施行的《民间借贷规定》(法释〔2020〕6号)第26条规定："出借人请求借款人按照合同约定利率支付利息的，人民法院应予支持，但是双方约定的利率超过合同成立时一年期贷款市场报价利率四倍的除外。前款所称'一年期贷款市场报价利率'，是指中国人民银行授权全国银行间同业拆借中心自2019年8月20日起每月发布的一年期贷款市场报价利率。"2020年第二次修正并于2021年1月1日起施行的最新《民间借贷规定》第25条规定与此前第26条的规定内容一致。第27条并规定："借贷双方对前期借款本息结算后将利息计入后期借款本金并重新出具债权凭证，如果前期利率没有超过合同成立时一年期贷款市场报价利率四倍，重新出具的债权凭证载明的金额可认定为后期借款本金。超过部分的利息，不应认定为后期借款本金。按前款计算，借款人在借款期间届满后应当支付的本息之和，超过以最初借款本金与以最初借款本金为基数、以合同成立时一年期贷款市场报价利率四倍计算的整个借款期间的利息之和的，人民法院不予支持。"第29条规定："出借人与借款人既约定了逾期利率，又约定了违约金或者其他费用，出借人可以选择主张逾期利息、违约金或者其他费用，也可以一并主张，但是总计超过合同成立时一年期贷款市场报价利率四倍的部分，人民法院不予支持。"因此，最新修正后的《民间借贷规定》，将民间借贷利率的保护上限一律调整为一年期贷款市场报价利率的四倍。即不论当事人如何约定利息及逾期利息、违约金或者其他费用，最终计算应当支付的总和不得超过LPR的四倍，这就大大降低了司法保护民间借贷利率的上限。

本案中，邹某某与何某某均为自然人，有11张借条未约定利息，邹某某也无其他证据证明双方存在利息约定，根据《民法典》规定，自然人之间的借款，因借款合同对利息没有约定或约定不明时，视为没有利息，因此，法院仅认定除此之外的其他3笔借款存在利息约定。11笔借款虽然是无息借款，但根据法律与司法解释的规定，可以支持出借人要求借款人自起诉之日起参照一年期贷款市场报价利率标准承担逾期利息的诉讼请求。根据《民法典》第560条“债务人对同一债权人负担的数项债务种类相同，债务人的给付不足以清偿全部债务的，除当事人另有约定外，由债务人在清偿时指定其履行的债务。债务人未作指定的，应当优先履行已经到期的债务；数项债务均到期的，优先履行对债权人缺乏担保或者担保最少的债务；均无担保或者担保相等的，优先履行债务人负担较重的债务；负担相同的，按照债务到期的先后顺序履行；到期时间相同的，按照债务比例履行”的规定，在当事人约定的利息与逾期利息并存时，何某某的还款应当优先清偿利率标准高的债务，即优先清偿约定利息的3笔借款。何某某向邹某某借款41万元，在偿还26万余元本息后，仍被要求继续偿还本金41万元及利息13万余元，邹某某主张的利息明显超出了国家法律规定的保护上限，属于高利放贷。因此，法院仅依法支持其高利放贷以外的合法部分的诉讼请求。

《民法典》对高利放贷行为进行了严格规范，既保障了人民群众的合法权益，更彰显了国家坚决禁止与严厉打击高利放贷的决心，有利于规范民间资本的运行，有助于推进社会经济平稳健康发展。本案中，法院对当事人有无约定利息、约定利息标准的效力、已实际还款部分的借款本息区分等进行依法认定，并根据法定的计算规则，对超出法律保护范围的高额利息不予支持，对高利放贷行为亮明了司法态度。

法律小贴士

（一）自然人之间的借条要如何拟定？

借条是民间借贷案件中最为关键的证据之一，借条中应写明出借人、借款人的姓名、身份证号，写明双方的关系，借款用途，借款金额要有大小写，并写明借款出借时间、出借方式与归还时间，借款人的送达地址和联系方式等。自然人之间的借款，如果没有利息约定，视为无息借款。因此，自然人之间如果主张是有息借贷，则需要在借条中明确约定利息标准，必要时也可以约定本金及利息的还款办法。

（二）自然人之间借款，有哪些注意事项？

第一，借款最好通过转账方式进行。通过银行转账，可以有效避免在认定借款是否交付问题上产生争议。民间借贷合同作为实践性合同，如果当事人不能证实实际交付借款，民间借贷合同视为不成立。特别是涉及大额借贷，如果借款人不认可收到大额现金，人民法院一般不会轻易认定借款已实际交付，而通常要考虑出借人的经济能力，当地或者当事人之间的交易方式、交易习惯，当事人财产变动情况以及证人证言等事实和因素，综合判断查证借贷事实是否发生。司法实践中，大量的民间借贷纠纷并非以转账方式借款，通常会发生当事人难以举证实际付款的问题。

第二，不能套取银行贷款再转借给他人。《民间借贷规定》第13条第1款第(1)项规定："具有下列情形之一的，人民法院应当认定民间借贷合同无效：(一)套取金融机构贷款转贷的……"因此，套取金融机构贷款再借款给他人订立的民间借贷合同一律无效。即使未谋取高额利息，转贷合同也属无效。实践中，不乏亲戚、朋友、熟人等要求出借人套取银行借款再转借给他们使用，以及通过从各种"网络金融平台"套取的资金进行转贷，通常均被认定无效。

第三，应当避免高利放贷行为。我国禁止高利放贷行为，法律规定借贷行为发生在2020年8月20日之后，借贷双方约定的利率不能超过合同成立时一年期贷款市场报价利率四倍，即超出合同成立时一年期LPR之四倍的利息约定无效。因此，民间借贷双方当事人约定的利率或者利息、罚息、违约金等标准，合计计算的利息约定标准，应当低于合同成立时一年期LPR的四倍，否则超过法定标准的部分无效。

（三）出借人索要借款，有时间限制吗？

法律不保护"躺在权利上睡觉的人"。《民法典》对债权请求权规定了诉讼时效，一般为

3年。如果在双方约定的债务到期后，出借人在3年内未要求债务人返还借款，超过了3年诉讼时效，法定债权便转为自然债权，如果借款人提出诉讼时效抗辩，则出借人丧失胜诉权。此时，除非债务人同意继续偿还借款，否则，债权人起诉要回借款将不受保护。因此，如果借款双方对还款期限有约定的，在还款期限届至后，出借人如果并非自愿免除借款人的还款义务，应当及时向债务人追索债务。

法条链接

《民法典》第680条：禁止高利放贷，借款的利率不得违反国家有关规定。

借款合同对支付利息没有约定的，视为没有利息。

借款合同对支付利息约定不明确，当事人不能达成补充协议的，按照当地或者当事人的交易方式、交易习惯、市场利率等因素确定利息；自然人之间借款的，视为没有利息。

（本篇撰写人：施义，湖北省武汉市青山区人民法院）

24 一般保证的债权人，应如何行使担保债权？

一般保证的担保人提供担保后，主债权未经依法强制执行，债权人起诉担保人，法院应当如何处理？一般保证的保证人在什么条件下承担保证责任？《民法典》关于一般保证责任的承担和履行，确定了保证期间、责任免除、先诉抗辩权、保证债务诉讼时效等多项制度，债权人为正确实现其债权，应当从《民法典》合同编保证合同相关规定中寻找答案。

案例

2020年12月25日，甲公司与乙公司签订产品购销合同，约定由甲公司向乙公司出售规格型号Sn99.90锡板，数量为10000公斤，单价为156元/公斤，货款总金额为156万元。2021年1月11日，甲公司向乙公司共计发货10077.4公斤Sn99.90锡板，乙公司收货后，双方同意对多发的77.4公斤锡板按同等价格计算货款，甲公司向乙公司开具增值税发票后，乙公司先后仅支付货款500074.4元，余款一直未付。

2021年2月26日，被告王某某向甲公司出具承诺书，代表乙公司承诺十日内向甲公司支付货款106万元，并由其个人对该货款提供担保。同年5月13日，甲公司对乙公司提起诉讼，要求乙公司支付本案所涉货款。同年8月27日，法院支持甲公司的诉讼请求的民事判决书发生法律效力。同年9月1日，甲公司对担保人王某某提起诉讼，要求王某某承担担保责任，后撤诉。同年12月28日，甲公司再次起诉担保人王某某，请求其承担担保责任。

裁判结果

法院认为，原告甲公司起诉被告王某某是基于王某某对乙公司债务的担保行为，王某某出具的承诺书上并未注明承担连带保证责任，王某某应按照一般保证承担保证责任。甲公司第一次起诉保证人王某某时，主债权虽经生效判决确定，但尚未经依法强制执行仍不能履行，故王某某有权拒绝向原告甲公司承担保证责任，原告的诉讼请求依法应予驳回。原告甲公司撤回对王某某的起诉后，申请对乙公司强制执行。甲公司对乙公司申请强制执行后乙公司仍未能履行债务，遂再次起诉担保人王某某，请求其承担担保责任。法院受理该案后，依法组织双方调解，甲公司与王某某就担保债务的履行达成调解协议。

评析

本案涉及《民法典》保证方式及保证责任的理解与适用。《民法典》第686条第2款规定："当事人在保证合同中对保证方式没有约定或者约定不明确的，按照一般保证承担保证责任。"《民法典》第687条第2款规定："一般保证的保证人在主合同纠纷未经审判或者仲裁，并就债务人财产依法强制执行仍不能履行债务前，有权拒绝向债权人承担保证责任，但是有下列情形之一的除外：（一）债务人下落不明，且无财产可供执行；（二）人民法院已经受理债务人破产案件；（三）债权人有证据证明债务人的财产不足以履行全部债务或者丧失履行债务能力；（四）保证人书面表示放弃本款规定的权利。"

关于王某某向甲公司出具的承诺书的性质与效力问题。王某某系乙公司的法定代表人，有权代表乙公司对公司欠款偿还作出承诺。王某某承诺由其个人对货款的支付承担担保责任，不违反法律规定，且王某某代表公司承诺还款并提供个人担保的行为，均系其真实意思表示，该承诺书具有法律效力。依照《民法典》的规定，王某某对乙公司所欠货款提供担保时未注明承担连带担保责任，故王某某应按照一般保证承担主债务的保证责任。

关于王某某保证期间的确定问题。依照《民法典》第692条第2款"债权人与保证人可以约定保证期间，但是约定的保证期间早于主债务履行期限或者与主债务履行期限同时届满的，视为没有约定；没有约定或者约定不明确的，保证期间为主债务履行期限届满之日起六个月"的规定，王某某出具的承诺书未明确保证期间，其保证期间应为主债务履行期限届满之日起六个月内，乙公司承诺的主债务履行期限为2021年3月8日，故王某某的保证期间依法应当确定为2021年9月8日。甲公司于2021年5月13日对乙公司提起诉讼，未超过保证期间。

关于一般保证人的先诉抗辩权问题。一般保证人享有先诉抗辩权。即债权人对债务人的债务未经审判或仲裁且经强制执行仍然不能清偿债务前，一般保证人有权提出不承担保证责任的抗辩。按照《民法典》的规定，王某某作为乙公司向甲公司履行支付货款义务的一般保证人，依法享有先诉抗辩权。王某某在债务人财产依法被强制执行仍不能履行债务前，有权拒绝向债权人承担保证责任。甲公司于2021年9月1日起诉王某某时，主债权尚未经强制执行程序，故债务人不能承担主债务的金额不明确，王某某承担一般保证责任的范围无法确定，王某某有权拒绝向甲公司承担保证责任。2021年12月28日，主债权经甲公司申请强制执行后仍未履行，此时王某某拒绝履行保证责任的事由（即先诉抗辩权）已不存在，故应当承担保证责任。

关于一般保证债务的诉讼时效期间。依照《民法典》第694条"一般保证的债权人在保证期间届满前对债务人提起诉讼或者申请仲裁的，从保证人拒绝承担保证责任的权利消灭之日起，开始计算保证债务的诉讼时效"的规定，甲公司于主债权判决确定的给付时间届满后向法院申请强制执行，本次执行于2021年12月21日终结，乙公司未能履行主债务，保证人王某某拒绝承担保证责任的先诉抗辩权消灭。甲公司对王某某的保证债务诉讼时效应当自2021年12月22日即债务人经强制执行仍然不能清偿时起算，截至2024年12月21日诉讼时效届满。因此，甲公司于2021年12月28日对王某某提起诉讼，要求王某某承担保证责任，未超过诉讼时效。此时，王某某拒绝承担保证责任的权利已经消灭，甲公司的诉讼请求应予支持。

王某某对乙公司应付甲公司的货款并无异议，但其主张乙公司经营困难，暂无付款能力，王某某自身亦无力一次性支付货款106万元。王某某提出按月支付所欠货款。经与甲公司协商，双方同意由王某某每月支付货款5万元，直至全部货款清偿之日止。双方达成付款协议后，法院经审查认为该协议不违反法律规定，出具民事调解书确认了调解协议的效力。

法律小贴士

（一）当事人未明确约定保证方式的，如何认定？

《民法典》对原《合同法》(已于2021年1月1日随《民法典》实施而废止)中的保证合同规定作了较大修改。原《合同法》将未明确担保方式的保证，视为连带责任保证，主要是侧重于对债权人的保护。《民法典》彻底改变原《合同法》的规定内容，对于未明确约定保证方式的保证，应当认定为一般责任保证。《民法典》的立法变化，实质上是加强了对担保人的保护，更加符合公平正义原则。

（二）一般保证和连带责任保证有何不同？

第一，产生方式不同。一般保证是由法律规定或当事人约定，无规定或约定不明确的，按照一般保证承担保证责任；连带责任保证只能由当事人明确约定。

第二，承担责任方式不同。一般保证的保证人只在主债务人不能履行债务时代为履行义务，具有补充性；连带责任保证中的保证人与主债务人为连带责任人，债权人可以选择要求债务人或是保证人承担责任，二者都无权拒绝。

第三，债权人起诉时保证人的顺序不同。一般保证的债权人要先起诉债务人，在债务人不能履行债务时，才能再起诉保证人，或者最低应当将债权人与保证人列为共同被告；连带责任保证中，债权人既可以单独起诉保证人，也可以将债权人与保证人列为共同被告，没有起诉的先后顺序之分。

第四，一般保证的保证人享有先诉抗辩权，而连带责任保证的债务人没有先诉抗辩权，即无权以债权人是否催告主债务人还款作为其是否履行保证义务的抗辩理由。

因此，连带责任保证的担保力度明显较强，对债权人而言更为有利，当然，连带责任保证人的负担也相对较重。一般保证的担保力度较弱，保证人的负担也相对较轻。作为债权人，在拟定保证合同时，为保障其债权实现，应当首选连带责任保证方式。

（三）一般保证的债权人行使担保权，应当注意哪些问题？

第一，注意保证期间。债权人应当在保证期间内请求保证人承担保证责任。合同中一般有保证期间的约定，如没有约定或约定不明确，保证期间为主合同债务履行期间届满之日起六个月。超过保证期间主张保证责任，保证人无须再承担保证责任。

第二，注意一般保证人享有的先诉抗辩权。债权人在请求一般保证人承担保证责任前，应当先向债务人提起诉讼或申请仲裁。一般保证人只有在主合同纠纷经过审判或仲裁，且经强制执行，债权人仍无法实现债权的条件下，才需要承担保证责任。

第三，需要注意起诉的先后顺序。债权人可在向债务人提起诉讼的同时，将一般保证人列为共同被告，也可以在向债务人提起诉讼或仲裁并经强制执行后仍不能履行债务时，再单独向一般保证人提起诉讼。

（四）连带保证的债权人行使担保权，应当注意哪些问题？

第一，注意保证期间的约定（与一般保证的保证期间相同）。

第二，债权人须在保证期间内要求保证人承担保证责任，否则在保证期间内债权人不积极行使权利，保证人免除保证责任（与一般保证的保证期间相同）。

第三，注意保证诉讼时效。连带责任保证的诉讼时效起算点为债权人在保证期间内向保证人提出要求之日起三年内。

第四，应当注意债权人起诉保证人的方式。债权人可以选择向债务人或者保证人单独起诉，还可以将债务人和保证人列为共同被告同时起诉。

法条链接

1.《民法典》第 686 条第 2 款：当事人在保证合同中对保证方式没有约定或者约定不明确的，按照一般保证承担保证责任。

2.《民法典》第 687 条第 2 款：一般保证的保证人在主合同纠纷未经审判或者仲裁，并就债务人财产依法强制执行仍不能履行债务前，有权拒绝向债权人承担保证责任，但是有下列情形之一的除外：(一)债务人下落不明，且无财产可供执行；(二)人民法院已经受理债务人破产案件；(三)债权人有证据证明债务人的财产不足以履行全部债务或者丧失履行债务能力；(四)保证人书面表示放弃本款规定的权利。

3.《民法典》第 692 条第 2 款：债权人与保证人可以约定保证期间，但是约定的保证期间早于主债务履行期限或者与主债务履行期限同时届满的，视为没有约定；没有约定或者约定不明确的，保证期间为主债务履行期限届满之日起六个月。

4.《民法典》第 694 条第 1 款：一般保证的债权人在保证期间届满前对债务人提起诉讼或者申请仲裁的，从保证人拒绝承担保证责任的权利消灭之日起，开始计算保证债务的诉讼时效。

(本篇撰写人：程鹏翔，湖北省崇阳县人民法院)

25 小区公共管道堵塞，物业公司有维修义务吗？

目前，许多小区为了日常管理和设施维护而聘请物业公司进行管理。但实践中经常出现物业公司管理范围和方式不明确的情形，极易引发业主与物业公司的矛盾。例如，小区公共管道堵塞，是否属于物业公司管理与维修的范畴？物业公司仅向业主发出通知预警，但未对受损设施采取维护措施，是否尽到了物业服务人的一般义务？物业公司未及时维修导致损害，物业公司应否赔偿？以上问题，可以在《民法典》物权编物业服务合同的相关规定中找到答案。

案例

原告艾某、罗某夫妇购买了某小区11号楼一楼102号房屋，并向被告某物业公司交纳了物业费，接受该公司服务。业主临时管理规约第4条规定："根据有关法律和物业买卖合同，业主享有以下物业共用部位、共用设施设备的共用权……(二)由单幢建筑物的全体业主共有的共用设施设备，包括该幢建筑物内的给排水管道、落水管、照明设施、消防设施、避雷设施、电子锁、水箱、对讲系统等；(三)由建筑物区域内全体业主共有的共用部位和共用设施设备，包括围墙、池井、照明设施、共用设施设备使用的房屋、物业管理用房(包括业主委员会用房)、闭路电视监控系统、公共供电设备、消防设施设备等……"开发商某置业公司(甲方)与某物业公司(乙方)签订的前期物业服务合同第二章"物业服务内容及标准"第2条规定："在物业管理区域内，乙方提供的前期物业管理服务包括以下内容：(1)物业共用部位和共用设施设备的维修、养护和管理：严格制定维修养护工作时间，做好房屋共用部位和共用设施设备的维修、养护工作，确保室外场地道路的完好和正常使用，及时完成各项零星维修,并且小修不超过3天,大修不超过15天……”

随后,艾某对房屋进行了装修,尚未正式入住。2020年5月23日,因11号楼下水道一楼公共管道被杂物堵塞,引起一楼艾某家卫生间泛水,导致其屋内被污水浸泡,室内地板、家具受损,经评估其损失金额为30488.53元。艾某、罗某另支付评估费3000元。

另查明,2020年4月,因小区一、二层房屋频繁泛水问题,某物业公司曾将下水道泛水的情况在小区业主微信群做过提醒,要求小区业主不要往下水道丢纸巾等容易堵塞下水管道的垃圾,但未对小区下水管道存在的堵塞隐患进行清理排查。艾某、罗某向某物业公司索赔无果,提起诉讼。

裁判结果

法院认为,物业公司作为小区物业管理方,负有对小区公共设施的管理维护义务。本案中,造成堵塞的下水管道属公共设施,在本案事发前已存在一、二层房屋频繁泛水问题,事发前某物业公司也在微信群做过相关提醒,表明其已发现隐患存在,但未及时排查疏通,故对造成102房屋泛水一事,某物业公司未尽到职责,存在过错,其对于艾某夫妇的合理损失应承担相应赔偿责任。法院判决某物业公司向艾某、罗某赔付财产损失、评估费共计33488.53元。

评析

本案涉及《民法典》规定的物业服务人的一般义务。《民法典》第942条第1款规定:“物业服务人应当按照约定和物业的使用性质,妥善维修、养护、清洁、绿化和经营管理物业服务区域内的业主共有部分,维护物业服务区域内的基本秩序,采取合理措施保护业主的人身、财产安全。”

上述规定明确了物业服务人在从事物业服务管理时具有的一般义务,物业服务人需要对物业服务区域内的业主共有部分进行维护和保养。物业服务人一般义务包括:(1)对业主共有部分的管理和维护;(2)维护物业服务区域内的基本秩序;(3)采取合理措施保护业主的人身、财产安全。

人民法院审查物业服务人是否履行一般义务,应当重点审查三方面内容:其一，物业服务人的管理范围；其二，物业服务人是否采取相应措施，采取的行为措施是否属于管理和维护的方式，是否以降低损害、避免损失为目的；其三，物业服务人采取的措施是否有效阻碍或降低了损害结果的发生。

关于业主共有部分的确定。根据《最高人民法院关于审理建筑物区分所有权纠纷案件适用法律若干问题的解释》第3条第1款第1项规定，共有部分包括“建筑物的基础、承重结构、外墙、屋顶等基本结构部分，通道、楼梯、大堂等公共通行部分，消防、公共照明等附属设施、设备，避难层、设备层或者设备间等结构部分”。根据上述规定，消防、公共照明等附属设施同样属于业主共有部分。公共管道由全体业主共同使用，且属于建筑物附属设施，应当由物业公司进行管理和维护。

关于物业服务人一般义务的履行方式。根据《民法典》第942条规定的物业服务人的一般义务，既要明确义务范围为物业服务区域内的业主共有部分，又要确定物业服务人需要采取维修、养护、清洁、绿化等措施保障业主共有部分及附属设施正常运转。物业公司在发现附属设施出现故障时，不仅需要告知全体业主，同时也需要对故障部分及时处理，将公共区域恢复到可正常使用状态。公共区域的故障，通常存在人为造成和自然产生两种原因，但物业公司具有维护业主共有区域正常运行的义务，不能以损害系人为造成为由，拒绝维修。

在本案中，物业公司与开发商签订前期物业服务合同并制定业主临时管理规约，向业主收取物业费，已经与业主形成物业服务合同关系。小区公共管道部分，系小区附属设施，属于物业服务人的管理范畴。业主共有部分出现故障，已经对业主造成损失。物业服务人在了解到损害结果发生后应当进行管理和维护，其在微信群中发出通知的目的是降低损失，但仅采取通知行为，未及时对故障区域进行维修，不能实现阻碍损害结果发生的目的。物业公司未能履行物业服务的一般义务，构成违约，应对因此给业主造成的损害承担赔偿责任。

2009年《最高人民法院关于审理建筑物区分所有权纠纷案件适用法律若干问题的解释》①首次明确规定物业公司的服务义务，《民法典》将物业公司的一般义务

①《最高人民法院关于审理建筑物区分所有权纠纷案件适用法律若干问题的解释》已于2020年12月23日修正。

上升到法律层面规范，体现了立法机关对人民群众基本生活的关注与重视。然而，司法实践中，许多物业公司容易忽视履行一般义务，导致业主普遍认为物业公司“收费积极，出事不管”。特别是，当小区业主共有部分出现危险、故障或致人损害，物业公司通常抗辩其不应当承担责任而引发相关纠纷。本案的处理，明确了物业公司对小区业主共有部分的维护、管理义务，物业公司应对其怠于履行义务造成的损失以及损失扩大部分承担赔偿责任。

法律小贴士

（一）业主未在物业服务合同上签字，双方应受合同约束吗？

由建设单位依法与物业服务人订立的前期物业服务合同，或者业主委员会与经业主大会依法选聘的物业服务人订立的物业服务合同，均对业主具有法律约束力。同样，物业服务人也不能以业主未在物业服务合同上签字拒绝承担责任。依法成立的物业服务合同，对物业服务人与业主均有约束力。因此，业主可以要求物业服务人遵照前期物业服务合同或者业主委员会与物业服务人订立的物业服务合同履行相应义务。如果物业服务人履行合同违反约定，业主可以追究物业服务人的违约责任。也因此，即使业主未在物业服务合同上签字，亦不影响物业公司根据合同约定向业主催收物业费。

业主追究物业服务人的相关责任与物业服务人向业主催收物业费，属于不同性质的争议，物业服务人不能以业主未交物业费而拒绝承担相关物业服务义务，否则，物业服务人应当依法承担相应责任。

（二）业主共有部分受损导致损害，物业公司承担赔偿责任吗？

根据《民法典》的相关规定，物业公司对小区业主共有部分负有管理和维护义务。在发现业主共有部分地面或设备设施受损时，物业公司应当及时采取有效措施进行管理维护，并努力避免损失扩大。如果物业公司没有及时采取措施进行维护，应当对因此给业主甚至第三人造成的损害依法承担赔偿责任。比如，业主共有部分的公共区域被物业服务人放置浇水管道，行人被绊倒受伤，不论是业主还是第三人，均有权要求物业服务人承担相应责任。业主可以选择物业服务人承担违约或者侵权责任，业主以外的第三人有权请求由物业公司承担侵权责任。

（三）业主共有部分受损，维修费用谁来出？

《物业管理条例》第53条第1款明确规定："住宅物业、住宅小区内的非住宅物业或者与单幢住宅楼结构相连的非住宅物业的业主，应当按照国家有关规定交纳专项维修资金。"专项维修资金属业主所有，专项用于物业保修期满后物业共用部位、共用设施设备的维修和更新、改造，不得挪作他用。因此，超过保修期的业主共有部分需要维修，则该专项维修费用应当从业主交纳的专项维修资金中支出。

专项维修资金的适用手续较为复杂，物业公司可以根据服务区域实际情况，与业主委员会协商确定专项资金的提取、使用范围及使用方式等，避免因专项维修资金提取不及时而给业主和物业服务人造成损失。

（四）业主如何保障自身权利？

根据《民法典》及《物业管理条例》等相关规定，业主可以组织召开业主大会，选举业主委员会。业主委员会作为业主大会的执行机构，可以代为行使多项业主权利。例如，召开业主大会、代表业主选聘物业服务人、监督协助物业服务人履行物业合同、监督管理物业服务合同的实施及业主大会赋予的其他职责。可以看出，选择合适的物业公司很重要，但选出合格的业主委员会更重要。因此，业主应当重视并积极行使自身权利，选举出尽职负责的业主委员会，努力建设美好的居住环境。

法条链接

《民法典》第942条第1款：物业服务人应当按照约定和物业的使用性质，妥善维修、养护、清洁、绿化和经营管理物业服务区域内的业主共有部分，维护物业服务区域内的基本秩序，采取合理措施保护业主的人身、财产安全。

（本篇撰写人：姚纯一，湖北省襄阳市樊城区人民法院）

26 物业服务有瑕疵，业主能否不交物业费？

业主和物业服务人关系处理的好坏，直接影响所在小区居住环境的质量高低。业主应当按照物业服务合同支付物业费，如果业主拒交或少交物业费，则须有正当理由。物业服务存在瑕疵，是否业主拒交物业费的正当理由？什么情形下，业主可以拒交物业费？业主对物业公司服务不满意，可通过哪些途径解决？《民法典》及相关法律法规、司法解释给出了答案。

案例

某物业公司系C县某小区的物业服务公司，被告张某系该小区的业主。2015年1月5日，双方签订了一份无固定期限的物业管理服务协议，协议对双方的权利义务进行了约定。其中，某物业公司主要义务包括对房屋共用部位、共用设施设备、绿化、环境卫生、安全、交通等项目进行维护、服务、合理利用与管理。协议对房屋共用部位的解释为，共用部位是指房屋主体承重墙结构部位(包括基础、内外承重墙体、柱、梁、楼板、屋顶等)、户外墙面、门厅、楼梯间、走廊通道等。协议订立后，某物业公司为包括张某在内的小区业主提供了物业服务。张某按时交纳了2015年1月至2016年1月期间的一年物业服务费1495元。2016年2月1日以后，张某以其与隔壁共用的一堵墙体的墙纸发霉和其卧室顶板渗水为由，拒绝交纳物业费。截至2019年12月31日，张某累计拖欠物业服务费5857元。某物业公司多次催讨无效，提起诉讼，请求张某支付拖欠的物业服务费。

裁判结果

法院认为，某物业公司与张某签订的物业管理服务协议合法有效。双方应当按照合同约定履行各自义务。根据合同约定，某物业公司对房屋共用部位的维修义务仅限于房屋主体承重墙结构部位，张某没有证据证明其墙纸发霉和顶板渗水印迹是基于房屋主体承重墙结构部位的原因造成的，不能认定墙纸发霉和顶板渗水印迹的修复是某物业公司的物业服务义务。因此，张某拒交物业费的抗辩不属于正当事由，不应支持。张某作为小区业主在接受某物业公司物业管理服务的同时，应当依约按时交纳物业费，某物业公司请求由张某支付拖欠的物业费，依法予以支持。

评析

本案涉及对《民法典》合同编中新增的物业服务合同中物业公司与业主的权利义务的理解及认定。《民法典》第942条规定："物业服务人应当按照约定和物业的使用性质，妥善维修、养护、清洁、绿化和经营管理物业服务区域内的业主共有部分，维护物业服务区域内的基本秩序，采取合理措施保护业主的人身、财产安全。对物业服务区域内违反有关治安、环保、消防等法律法规的行为，物业服务人应当及时采取合理措施制止，向有关行政主管部门报告并协助处理。"《民法典》第944条第1款规定："业主应当按照约定向物业服务人支付物业费。物业服务人已经按照约定和有关规定提供服务的，业主不得以未接受或者无需接受相关物业服务为由拒绝支付物业费。"

物业公司应按物业服务合同约定履行服务义务，业主则应按物业服务合同的约定按时交纳物业费，如果业主拒交物业费，需有正当理由。比如，物业服务人不履行物业服务合同，或者履行合同具有重大瑕疵，构成根本违约的，或者具有其他正当合理的理由等。如果物业公司已经提供了物业服务，仅在服务的某些环节、个别区域做得不够好，但不构成重大瑕疵，例如少量照明设备损坏、电梯偶尔无法正常运行、偶尔卫生打扫不干净等，那么，因物业公司的服务瑕疵不构成根本违约，不能成为业主拒交全部物业费的合法理由。业主如果无正当理由拒交物业费，物业服务人可以催告其在合理期限内支付，合理期限届满后仍不支付的，物业服务人可以提起诉讼或者申请仲裁。

物业服务内容庞杂，容易与其他主体义务交叉重叠，因此，在具体案件中应根据具体情况，合理确定物业服务人的责任范围。本案中，双方当事人订立的物业服务协议约定，某物业公司对房屋共用部位的维修义务仅限于房屋主体承重墙结构部位。张某辩称墙纸发霉和顶板渗水发生在2015年，其在事发5年至今未采取任何修复维护措施，且从其提供的照片肉眼可辨，墙纸发霉和顶板渗水印迹明显轻微，因此没有证据证明墙纸发霉和顶板渗水印迹是基于房屋主体承重墙结构部位原因造成，也不能认定墙纸发霉和顶板渗水印迹的修复是某物业公司的物业服务责任范围，因此，张某拒交物业费缺乏正当理由，不受保护。

物业服务具有的公共性和综合性功能，使其有别于为单一客户提供专项特约服务。物业服务合同受益主体的广泛性和差异性，难以让所有业主认识一致，允许少数或个别业主拒交物业费，对其他已交纳物业服务费的业主明显不公平。此外，物业服务还具有即时性、无形性、持续性、长期性等特点，如果业主对物业服务人提供的物业服务质量不满意，可以向业主委员会或物业服务行业行政管理部门反映，由业主委员会、物业服务行业行政管理部门督促物业服务人进行整改。若整改不到位，业主委员会或业主可以采取合法有效的方式理性维权。

（一）业主不交物业费，物业公司应如何维权？

法律小贴士

《民法典》第944条第2款、第3款规定："业主违反约定逾期不支付物业费的，物业服务人可以催告其在合理期限内支付；合理期限届满仍不支付的，物业服务人可以提起诉讼或者申请仲裁。物业服务人不得采取停止供电、供水、供热、供燃气等方式催交物业费。"根据上述法律规定，物业公司可以书面催告通知业主支付物业费的方式，告知业主在合理期限内（一般为5至10日内）支付物业费，并提示若业主逾期支付，物业公司将通过诉讼、仲裁途径维护自身权益。《民法典》严禁物业公司通过断水、断电等方式催交物业费。如果物业公司违法催收物业费并给业主造成损失，业主有权要求物业公司进行赔偿。

（二）什么情况下，业主可以拒交或少交物业费？

物业服务合同是集体合同，业主作为业主团体的一员，享有接受物业服务人提供的物业服务的权利，但业主的权利单独行使时需要受到一定限制。业主不得以未接受或者无须接受相关物业服务为由拒交物业费，也就是说，业主不交物业费，必须具有合法正当的事由。实践中，在“物业服务费收取不规范，违反合同约定”“物业公司提供的服务未经业主同意”“物业公司对安全隐患采取放任态度”等情形下，有判决认定业主可以少交或不交物业费。具体到个案，业主是否可以不交或少交物业费，应结合双方签订的物业服务合同，针对当事人诉争的物业服务事项，根据双方的举证质证情形，将物业公司提供的物业服务实际情况与物业服务合同所约定的服务标准进行对照，判断物业公司提供的服务瑕疵是否构成根本违约。如果物业公司难以提供基本的物业服务，或者提供的物业服务项目及质量与合同约定的服务标准存在明显差距，可以认定为物业公司构成根本违约，业主可因此提出少交或不交物业费的合理抗辩。但是，业主应当注意及时保留和固定证据，以便发生纠纷时有理有据依法维权。

（三）物业服务有瑕疵，业主不满意可采取哪些措施？

物业费是物业公司运营服务的物质基础，物业费的收取具有公共属性，业主不能仅凭个人感受拒绝交纳物业费，业主拒交物业费的抗辩事由应当限定在物业公司不履行物业服务合同，或者履行合同存在重大瑕疵的情形。如果业主对物业服务不满意就不交纳物业费，将导致物业公司投入成本减少、经营困难，必然引致物业服务质量下降，业主将因此更不满意，更多业主可能也不再交纳物业费，从而形成恶性循环，最终受损的是全体业主。如果物业公司提供的物业服务存在瑕疵，业主对物业公司服务不满意，可以向业主委员会或物业服务行业行政管理部门反映，由业主委员会、物业服务行业行政管理部门督促物业公司进行整改，也可以通过业主委员会直接与物业公司交涉改善物业服务质量，必要时，可以依照《民法典》第946条的规定，依法解聘物业服务人，重新选聘物业服务企业，订立新的物业服务合同。

法条链接

1.《民法典》第942条：物业服务人应当按照约定和物业的使用性质，妥善维修、养护、清洁、绿化和经营管理物业服务区域内的业主共有部分，维护物业服务区域内的基本秩序，采取合理措施保护业主的人身、财产安全。

对物业服务区域内违反有关治安、环保、消防等法律法规的行为，物业服务人应当及时采取合理措施制止、向有关行政主管部门报告并协助处理。

2.《民法典》第944条：业主应当按照约定向物业服务人支付物业费。物业服务人已经按照约定和有关规定提供服务的，业主不得以未接受或者无需接受相关物业服务为由拒绝支付物业费。

业主违反约定逾期不支付物业费的，物业服务人可以催告其在合理期限内支付；合理期限届满仍不支付的，物业服务人可以提起诉讼或者申请仲裁。

物业服务人不得采取停止供电、供水、供热、供燃气等方式催交物业费。

3.《民法典》第946条：业主依照法定程序共同决定解聘物业服务人的，可以解除物业服务合同。决定解聘的，应当提前六十日书面通知物业服务人，但是合同对通知期限另有约定的除外。

依据前款规定解除合同造成物业服务人损失的，除不可归责于业主的事由外，业主应当赔偿损失。

（本篇撰写人：黄望良，湖北省崇阳县人民法院）

27 未促成合同订立，中介费该付吗？

随着社会经济发展，中介公司受托为房主出租或者售卖房屋已经司空见惯，相应地，因中介费用支付问题引发的纠纷也大量发生。中介人未促成合同成立，其主张请求支付报酬应受保护吗？中介人从事中介活动支出的必要费用，由谁负担？《民法典》关于中介合同的规定给出了相应答案。

案例

2021年10月9日，原告某房产经纪有限公司与被告刘某某联系，商议将刘某某所有的位于C镇的某房屋委托原告对外出售。2021年10月11日，原、被告通过微信小程序“某宝”签订房屋出售独家代理委托合同，双方约定甲方（即刘某某）将案涉房屋以独家全权代理的方式委托乙方（即某房产经纪有限公司）对外出售，该合同第2条第2项有无抵押栏内载明“有”，抵押人为刘某某；合同第3条约定委托房屋出售价格为“底价包销”，委托售价为人民币33万元，同时约定“乙方必须保证此委托售价是甲方到手价，甲方不再承担乙方代理佣金费用。乙方另行核算代理佣金费用后加价为此房最终销售价格，甲方不得干涉，乙方盈亏自负”。合同第7条代理服务费收取约定“（1）乙方承诺：除非甲方同意，在甲方房产成功出售（即签订房屋买卖合同）之前，不收取甲方任何服务费用。（2）如甲方收取乙方所定的房屋销售价格款项，甲方在同乙方提供的购房者签订正式房屋买卖合同过户后，除甲方到手价外的溢价为乙方佣金代理费”。合同第9条争议解决约定“本合同在履行中如发生争议，双方应协商解决。协商不能解决的，双方可以提交仲裁委员会仲裁”。2021年10月13日，原告以被告刘某某委托代理人的身份与案外人刘某签订了认购协议书，约定由刘某以38万元的价格认购案涉房屋，同时原告代为收取刘某交纳的认购定金1万元。2021年10月13日晚，原告的法定代表人王某通过微信要求被告刘某某提供银行卡号，以便向其转交代收的购房定金1万元，被告刘某某回复“33万元”，王某询问“定金啦”，刘某某回复“20万元”，王某回复“定金1万元”。双方为付款方式和金额问题发生争议，导致房屋买卖合同未订立。原、被告为中介报酬支付问题协商无果，原告提起诉讼，要求被告支付报酬费用1万元。

裁判结果

法院认为，中介合同是中介人向委托人报告订立合同的机会或者提供订立合同的媒介服务，委托人支付报酬的合同。根据《民法典》第964条的规定，中介人未促成合同成立的，不得请求支付报酬；但是，可以按照约定请求委托人支付从事中介活动支出的必要费用。本案中，原告某房产经纪有限公司作为中介人，虽为被告刘某某和案外人刘某之间的房屋买卖交易活动提供了相关媒介服务，但最终未能促成被告刘某某与案外人刘某之间房屋买卖合同成立，且原告作为专门从事房屋买卖中介服务的公司，在拟定房屋出售独家代理委托合同的时候，遗漏了购房款支付方式、金额及支付时间等重要条款，并因此导致发生纠纷。同时，根据双方签订的房屋出售独家代理委托合同约定，被告刘某某也无须向原告支付代理佣金。原告对必要费用未能提供相应证据证明，应承担举证不能的不利后果。法院据此判决：驳回原告的诉讼请求。

评析

本案主要涉及《民法典》第961条、第964条的规定。《民法典》第961条规定：“中介合同是中介人向委托人报告订立合同的机会或者提供订立合同的媒介服务，委托人支付报酬的合同。”报酬请求权是中介人的主要权利。双方当事人约定中介人的报酬标准，不能超过国家规定的最高标准。中介合同报酬的给付义务，包括以下两种情况。(1)报告中介。此种情形下，中介人仅为委托人报告订约机会，而不与委托人的相对人发生关系，所以报告中介的报酬仅由委托人承担给付义务。(2)媒介中介。交易双方当事人都因为中介人的媒介而获益，除非当事人另有约定，否则，由双方当事人平均负担中介人的报酬。

《民法典》第964条规定："中介人未促成合同成立的，不得请求支付报酬；但是，可以按照约定请求委托人支付从事中介活动支出的必要费用。"中介人行使报酬请求权采取报酬后付，即中介人促成合同成立后才享有请求支付报酬权。合同未成立或者合同虽成立但无效时，中介人请求支付报酬将不受保护。如果中介人未促成合同成立，虽然请求支付报酬不受保护，但可以按照约定请求委托人支付必要的费用。

本案中，原告某房产经纪有限公司作为中介人，虽然为被告刘某某和案外人刘某之间的房屋买卖交易提供媒介服务，但最终未能促成被告刘某某与案外人刘某之间房屋买卖合同的成立。至于未能促成房屋买卖合同成立的原因，原告作为专门从事房屋买卖中介服务的公司，在拟定房屋出售独家代理委托合同的时候，遗漏了购房款支付方式、金额及支付时间等重要条款，导致发生本案纠纷。同时，根据双方签订的房屋出售独家代理委托合同第3条、第7条的约定，被告刘某某也无须向原告支付代理佣金。因此，无论是根据原、被告之间的合同约定，还是根据法律规定，原告均不得请求支付报酬。至于原告在从事本案中介活动中支出的必要费用，因其未能提供相应证据予以证明，应承担举证不能的不利后果。因此，原告要求被告向其支付代理佣金1万元，法院不予支持。

法律小贴士

(一)中介人未促成合同成立的，有权要求报酬吗？

没有。民事主体从事民事活动，应当遵循诚信原则。中介人未促成合同成立的，根据法律规定，不得请求支付报酬，但是，可以按照约定请求委托人支付从事中介活动支出的必要费用。

（二）促成双方订立合同后，中介费由谁负担？

中介人促成合同成立的，委托人应当按照约定支付报酬。委托人可以是合同的双方当事人。如果对中介人的报酬没有约定或者约定不明确，双方当事人可以协议补充。协议后不能达成一致意见的，应当根据中介人的劳务合理确定。因中介人提供订立合同的媒介服务而促成合同成立的，通常情况下是由合同当事人平均负担中介人的报酬，但也可通过合同约定由一方或双方甚至是第三方向中介人支付报酬的办法。司法实践中，有些委托人会要求“净得”款项而不承担报酬或费用，中介人根据其与委托人的特殊约定，通常会将中介报酬或费用转由委托人的相对方全部负担。

（三）委托人“跳单”，中介人应如何维护自身权益？

“跳单”是指买受人或出卖人通过中介公司提供的促成双方交易的服务后，买卖双方或一方为规避支付中介费等义务，跳过中介而私自与中介人提供媒介服务产生的合同相对人签订买卖合同的行为。根据《民法典》第965条“委托人在接受中介人的服务后，利用中介人提供的交易机会或者媒介服务，绕开中介人直接订立合同的，应当向中介人支付报酬”的规定，委托人在接受中介人的服务后，利用中介人提供的交易机会或者媒介服务，绕开中介人直接订立合同的，应当向中介人支付报酬。因此，对于委托人的“跳单”行为，中介人可以请求由委托人支付报酬或者要求委托人承担违约责任。

法条链接

1.《民法典》第961条：中介合同是中介人向委托人报告订立合同的机会或者提供订立合同的媒介服务，委托人支付报酬的合同。

2.《民法典》第963条第1款：中介人促成合同成立的，委托人应当按照约定支付报酬。对中介人的报酬没有约定或者约定不明确，依据本法第五百一十条的规定仍不能确定的，根据中介人的劳务合理确定。因中介人提供订立合同的媒介服务而促成合同成立的，由该合同的当事人平均负担中介人的报酬。

3.《民法典》第964条：中介人未促成合同成立的，不得请求支付报酬；但是，可以按照约定请求委托人支付从事中介活动支出的必要费用。

4.《民法典》第965条：委托人在接受中介人的服务后，利用中介人提供的交易机会或者媒介服务，绕开中介人直接订立合同的，应当向中介人支付报酬。

（本篇撰写人：吴燕、叶红，湖北省竹溪县人民法院）

28 未经全体合伙人同意，中途入伙有效吗？

中小投资者创业初期常常面临资金有限、风险未知等问题，很多人选择拉人合伙创业。合伙能将不同背景、不同经历的人团结在一起，发挥各自资金、技术、能力等优势，从而能够促进事业快速发展。然而，合伙人之间相互信任是合伙事业顺利发展的根本条件。合伙过程中，部分合伙人对外转让其合伙份额，是否视为受让人入伙？部分合伙人对外转让其合伙财产份额，个人决定有效吗？以上问题，可以从《民法典》合伙合同的有关规定中找到相应答案。

案例

2020年7月，万某某装修某足浴店门面时招聘收银员，徐某某应聘。万某某叫徐某某入股该足浴店，愿意将其所有的70%的股权转让20%股权给徐某某，徐某某同意接收10%的股权，双方并签订股权分配协议书，约定由徐某某出资5.5万元给原本占股70%的万某某入伙某足浴店，徐某某占股10%，某足浴店每个月清算费用并分红。若有一方退股，按原始股退还股本金。后徐某某转账5.5万元给万某某。徐某某陈述某足浴店除万某某占股70%外，另有一技师占股10%，一装修工人占股20%。徐某某自认2020年7月享受分红1000元、8月享受分红3000元，9月从某足浴店离职，此后未收到分红。后徐某某得知万某某将某足浴店店铺转让，遂起诉请求判令万某某偿还某足浴店股金5.5万元及分红等。

裁判结果

法院认为，合伙合同是两个以上合伙人为了共同的事业目的，订立的共享利益、共担风险的协议。相较一般合同，合伙人之间的权利义务关系具有明显的人合性特征，除合伙合同另有约定外，入伙必须经过全体合伙人一致同意。本案中，万某某在某足浴店店铺中占股70%，另有两个合伙人，徐某某入伙必须经过其他合伙人一致同意。徐某某与万某某签订的股权分配协议书仅有她们两人的签字，未有其他合伙人的签字，徐某某不能证实其他合伙人同意其入伙。并且，双方签订的协议对合伙利润分配、亏损分担方式、合伙事务的执行、入伙、退伙等合伙协议应当载明的事项均无约定，不符合合伙协议的特征。万某某私自对外转让自己合伙份额的转让行为无效，获得的转让款5.5万元应当退还。徐某某入伙无效，依据合伙获得的分红共计4000元无法律依据，应当退还。两相抵扣，万某某应当向徐某某返还转让款5.1万元。

评析

本案涉及《民法典》合伙合同的规定内容。《民法典》第967条规定："合伙合同是两个以上合伙人为了共同的事业目的，订立的共享利益、共担风险的协议。"《民法典》第970条第1款规定："合伙人就合伙事务作出决定的，除合伙合同另有约定外，应当经全体合伙人一致同意。"《民法典》第974条规定："除合伙合同另有约定外，合伙人向合伙人以外的人转让其全部或者部分财产份额的，须经其他合伙人一致同意。"

合伙合同具有以下几个特征。(1)须为二人以上签订合伙合同。相较于原《民法通则》(已废止)，《民法典》取消了自然人身份限制，法人也可以成为合伙人。(2)合伙合同原则上应当采用书面形式订立。虽然法律认可口头协议的效力，但一旦产生纠纷，口头协议面临取证难的问题。(3)合伙人必须有共同目的，合伙人订立合伙合同是为了共同事业，共享利益，共担风险。(4)合同内容应当包括出资、利润分配和亏损分担等合伙内部关系的重要事项。(5)合伙合同不是双务合同。一般合同往往权利与义务相对应，一方的权利对应对方的义务，而合伙合同各合伙人权利与义务往往相同，如合伙人都有表决、监督、执行、盈余分配的权利，都有出资和承担债务的义务，都遵循相同的入伙、退伙规则等。(6)合伙人对外承担无限连带责任,对内按照份额承担清偿责任。

合伙能够将不同背景、不同经历、不同优势的人团结在一起,在合伙事务执行中,各人发挥各自技术、资金、能力等特长,共享收益、共担风险。合伙成立以后,合伙人并非固定不变,如果经营情况发生变化,或者因合伙人自身原因,合伙人可能会向其他合伙人或者合伙人以外的人转让财产份额。合伙人向其他合伙人转让财产份额,因不涉及第三人加入合伙,不会破坏原有信任关系,如合伙合同没有特别约定,不需要其他合伙人一致同意。但是,合伙人向合伙人以外的人转让财产份额,因第三人加入合伙,涉及合伙合同主体变更,相互间是否信任,直接影响合伙合同能否存续。依据合伙人是否转让全部财产份额,分为两种情形:一是自愿退伙;二是第三人新入伙。自愿退伙即合伙人转让其全部份额的,原合伙人不再享有任何合伙财产份额,丧失了合伙人资格。第三人新入伙即合伙人转让部分财产份额的,第三人因受让合伙人财产份额加入合伙。本案即属于第三人新入伙情形。

因合伙具有较强的人合性,各合伙人基于高度信任而合伙,不论合伙人出资多寡,每个合伙人均享有平等的表决权。合伙人向合伙人以外的人转让财产份额的,如果未经其他合伙人同意,极容易产生信任矛盾,影响合伙事业发展。此外,因为合伙人需对合伙债务承担无限连带清偿责任,若新入伙的合伙人不具有充分的责任承担能力,也会加重其他合伙人的负担。因此,只有经合伙人一致同意,才表明其他合伙人同意与受让人共同维持原合伙合同,合伙关系才能存续。因此,在合伙合同没有约定的情形下,合伙人向合伙人以外的人转让其全部或者部分财产份额的,须经其他合伙人一致同意,否则,转让行为无效。

本案中,万某某将其合伙份额部分转让,未经另两名合伙人同意,其转让行为无效,故法院判决万某某应将收取的转让款5.5万元退还,徐某某依据无效入伙取得的分红款4000元无法律依据。法院据此判决万某某应向徐某某返还转让款5.1万元。

《民法典》还对合伙财产的范围、合伙内部关系进行了规范,明晰了合伙利润分配和亏损分担的顺序,为合伙企业合规经营提供了明确指引。

(一)签订合伙合同，应当注意哪些问题?

法律小贴士

首先，应当明确合伙人的出资内容、出资比例、盈余分配与风险负担办法。合伙人可以用货币、实物、知识产权、土地使用权或者其他财产权利出资，也可以用劳务出资。无论以何种方式出资，合伙人出资的方式、金额、期限，都应在合伙合同中明确规定。

其次，需要审查合伙人的主体资格。主要包括对合伙人的人品、能力、家庭情况、资产情况、是否存在大额债务等进行审查。

最后，特别需要明确约定合伙人的权利和义务。(1)合伙人的权利主要包括：合伙事务的经营权、表决权和监督权；合伙利益的分配权；查阅账簿的权利，即对于合伙企业的经营状况和财务状况，合伙人享有查阅账簿的权利；退伙的权利。(2)合伙人的义务主要包括：合伙人应按照协议约定实际交付出资；分担合伙企业的经营损失和债务；竞业禁止，即合伙人不得自营或者同他人合作经营与本合伙企业相竞争的业务；退伙后保守商业秘密的义务。

(二)他人未经合伙人一致同意，入伙是否有效?

一般无效，除非合伙合同另有约定。合伙人向合伙人以外的人转让其全部或者部分财产份额的，须经其他合伙人一致同意。如果合伙人之间没有事前约定出让人可以单独转让财产份额，则合伙人未经其他合伙人同意转让合伙份额或者吸收他人入伙的协议均为无效。

(三)个人合伙与合伙企业有何区别?

(1)两者适用的法律不同。个人合伙是民事行为，适用《民法典》合伙合同的法律规定；合伙企业是商事合伙，适用《合伙企业法》。

(2)订立协议的形式不同。个人合伙可以订立口头协议，合伙企业必须订立书面协议。

(3)是否能设立分支机构不同。个人合伙不能设立分支机构；合伙企业可以设立分支机构，分支机构可以使用该合伙企业的字号。

(4)责任承担方式不同。个人合伙由全体合伙人承担连带责任；合伙企业既有普通合伙人也有有限合伙人，有限合伙人以出资为限对债务承担责任。

(5) 是否能破产不同。个人合伙不能依法进行破产;合伙企业可以依据《企业破产法》破产。

(6) 是否需要办理财产转移手续不同。个人合伙以非货币资产出资的,没有规定是否需要办理财产权转移手续,个人合伙相对自由;《合伙企业法》第17条第2款则规定,“以非货币财产出资的,依照法律、行政法规的规定,需要办理财产权转移手续的,应当依法办理”。

(四) 如何区分合伙关系与民间借贷等其他民事法律关系?

实践中,经常存在以借贷为名或以其他有名合同形式订立的合同,实为合伙投资;或者相反,以签订合伙协议为名,实为民间借贷或存在其他基础法律关系。以民间借贷与合伙关系区别为例,民间借贷是指自然人、法人和非法人组织之间进行资金融通的行为;合伙是指两个以上合伙人为了共同的事业目的,基于出资而形成的共享利益、共担风险的经营体。民间借贷和个人合伙都是一定经济主体的经济行为,但二者存在本质区别。要判断双方是什么法律关系,不能仅凭合同名称,而要关注合同约定的内容实质、双方的真实意思表示。合伙强调共享收益,共担风险;而借贷强调还本付息,固定回报,不承担风险和损失。如果合同约定只享受收益或回报,而不承担风险和损失,那么即使合同中有入股、股金、分红等字样,双方之间也是成立民间借贷关系。如果合同中约定风险和收益分担,即使有出借、借条等字样,双方的关系也应当是合伙。要准确判断是哪种法律关系,需要认真分析、探寻双方协议的真实意思,而不能仅凭外在形式武断下结论。

法条链接

1.《民法典》第967条:合伙合同是两个以上合伙人为了共同的事业目的,订立的共享利益、共担风险的协议。

2.《民法典》第974条:除合伙合同另有约定外,合伙人向合伙人以外的人转让其全部或者部分财产份额的,须经其他合伙人一致同意。

(本篇撰写人:王小琴,湖北省英山县人民法院)

人格权编

RENGE QUAN BIAN

1 乘坐公交车摔伤，精神损害抚慰金能否得到支持？

在《民法典》出台前的司法实践中，一般认为违约赔偿损失的责任不包括精神损害赔偿，当事人若想要主张精神损害赔偿，只能通过侵权之诉；如果选择违约责任，就不得主张侵权损害赔偿。乘坐公交车摔伤时，往往会发生违约责任与侵权责任的竞合，由于两者在构成要件、赔偿范围等方面存在差别，强令当事人作出选择，难以提供充分的救济。《民法典》颁布后，乘客依据合同关系提起诉讼，精神损害抚慰金能否得到支持？这一问题在《民法典》人格权编中已有明确规定。

案例

原告樊某乘坐被告X公交公司所属的大型客车，公交车驾驶员孙某为避让王某驾驶的小型轿车，紧急制动车辆，两车未接触，造成原告在车内摔倒受伤。樊某于当日到医院检查并住院治疗32日。入院诊断：右肩胛骨骨折；左第6、7及右第5、6肋骨骨折等。出院诊断：右肩胛骨骨折；左第3、4、5、6、7及右第5、6、7肋骨骨折等。出院医嘱：休息1个月；继续右上肢前臂悬吊带固定，禁止患肢负重，注意陪护；在专科医师指导下循序渐进进行患肢功能锻炼，避免活动过量及剧烈运动等。原告因受伤共花费医疗费共计5万余元，其中被告X公交公司已支付5万余元。X市公安局交通警察支队出具道路交通事故认定书认定涉案交通事故为意外事故，事故双方均无责任。某司法鉴定中心出具司法鉴定意见书，鉴定意见为樊某所受损伤，伤残等级为十级；建议给予后期医疗费1.5万元或据实赔付。樊某遂诉至法院，请求判令X公交公司赔偿其因摔伤所造成的各项经济损失10万余元。

裁判结果

法院认为，原告樊某乘坐被告X公交公司运营的公交车，双方之间形成城市公交运输合同关系，被告作为承运人应当在约定期间内将乘客安全运输到约定地点，被告X公交公司未按约定将原告樊某安全运至约定地点，应当对原告樊某所受的损失承担违约责任。关于被告X公交公司提出的原告选择城市公交运输合同纠纷作为案由提起诉讼，精神抚慰金应不予支持的答辩意见，不符合法律规定，法院不予采纳，原告在乘坐被告运营的公交车内受伤，损伤构成十级伤残，对原告造成严重精神损害，对原告主张的精神损害抚慰金酌情认定为3000元。最终，判决X公交公司赔偿原告樊某医疗费、住院伙食补助费、鉴定费、后续治疗费、伤残赔偿金、护理费、交通费、精神损害抚慰金共计8万余元。

评析

本案涉及《民法典》人格权编关于“违约精神损害赔偿”的制度规定。该规定是相对于“侵权精神损害赔偿”的概念，是指因合同一方违约，合同守约方因受到违约行为刺激而产生的消极情绪和精神痛苦而引起的损害赔偿。《民法典》第996条规定：“因当事人一方的违约行为，损害对方人格权并造成严重精神损害，受损害方选择请求其承担违约责任的，不影响受损害方请求精神损害赔偿。”

违约精神损害赔偿的法理要求违约行为和严重精神损害存在高度关联性，在评价这种高度关联性时就要思考两个问题：一是合同违约是否有可能导致被违约方的精神痛苦；二是这种痛苦在公众评价看来是否构成严重的精神损害。从《民法典》第996条规定来看，构成违约精神损害赔偿应当有三个构成要件：一是存在违约行为；二是侵犯了人格权并造成了严重精神损害；三是违约行为与严重精神损害之间存在因果关系。对于人格权的理解，决定了《民法典》第996条的适用范围。根据《民法典》第990条，人格权既包含了生命权、身体权、健康权、姓名权、名称权、肖像权等，又包括了基于人身自由、人格尊严产生的其他人格权益。

本案中，原告和被告之间形成城市公交运输合同关系，该合同的目的在于为乘客提供安全、便捷的行程，由于客运服务合同在履行过程中通常都有造成人身危险的隐患，因此在这类合同中，承运人承担必要的安全保障义务，当承运人违反安全保障义务时，极有可能造成乘客的人身损害，甚至身体的严重损伤，因此当违约行为造成人身损害时，基于人身损害与精神损害的高度关联性，应支持精神损害赔偿。

随着经济的发展和人民需求层次的提高，违约责任中的精神损害赔偿日渐受到人们关注，《民法典》人格权编规定了精神损害赔偿制度，是又一制度创新，强化了对民事主体人格利益的全面保护，切实落实了党中央提出的“保护人民人身权、财产权、人格权”要求，坚持“以人民为中心”的发展思路，彰显了现代私法人文主义立场，推动了社会主义核心价值观全面融入中国特色社会主义法律体系，也是“用社会主义核心价值观塑造民法典的精神灵魂”的重要体现。该案在审理过程中，被告X公交公司起初对精神损害抚慰金不予认可，认为原告是选择城市公交运输合同纠纷作为案由提起诉讼，法院不应当支持原告的精神损害抚慰金。承办法官结合本案实际情况，进行类案检索。在B市人民法院民事判决书中，法院考虑到曹某为孤寡老人，因乘坐公交车受伤及康复过程对其精神确实造成一定程度上的伤害，酌情支持精神损害抚慰金5000元。在H省J市人民法院民事判决书中，法院认为万某因乘坐客车时摔倒造成九级残疾，酌定精神损害抚慰金为4000元。在H省Y市人民法院民事判决书中，法院认为适用《民法典》第996条的要件是：(1)双方当事人存在合同关系；(2)一方当事人违反合同，构成违约行为；(3)侵害了合同相对人的人格权，造成严重精神损害。具备上述要件，受损害一方请求侵害方承担违约责任，并不影响其一并请求精神损害赔偿，结合曾某的伤残等级、公交公司履行合同中的违约情节、本地经济发展水平等因素，酌情支持精神损害抚慰金1000元。

本案与以上列举的类案适用该条规定更有利于保护民事主体合法权益，应予支持原告主张的精神损害抚慰金请求。案件判决后，承办法官向双方当事人讲解了《民法典》第996条的立法精神及社会主义核心价值观在《民法典》中的体现。该条规定旨在全面保护民事主体的人格利益，也对引领诚信、友善、文明的社会新风尚有积极作用。最终双方当事人都表示服判息诉，案件审理获得良好效果。

法律小贴士

（一）为减少城市公交事故的发生，乘客应该如何做?

承运人要承担安全保障义务的同时，乘客也负有安全注意义务，应自觉遵守公交规定，如在指定地点依次候车；不要在未征得驾驶员同意的情况下，随意从后门上车，如果此时正值驾驶员准备关门或发动起步，极易发生被车门夹伤事故；车辆行驶中，应坐稳或抓好扶手站稳，以防急刹车摔倒或发生意外事故；严禁将身体的任何部位伸出车厢外等。根据《民法典》第823条，如果伤亡是旅客自身健康原因造成的或者承运人证明伤亡是旅客故意、重大过失造成的，承运人不对旅客的伤亡承担赔偿责任，因此乘客应牢固树立安全意识和规则意识，遵守公共交通秩序，文明乘车。

（二）乘坐公交车受伤应该怎么办?

在乘坐公交车发生人身伤害时，受伤者或同乘者应当第一时间报警、拍照，留下目击者联系方式或证言以固定证据，如果事发当时没有保存证据，往往就会导致事故原因无法查清，使维权陷入困境。司机应当在保证乘客安全的情况下停车，等待救援以及交警进行事故调查。受伤者在医治过程中，应当收集保存好门诊病历、病情证明、医疗费票据等单据，作为事后维权的证据。

（三）干扰公交车司机驾驶可能会承担什么责任?

首先，干扰司机正常驾驶是一种行政违法行为，根据《治安管理处罚法》第23条第1款第3项，扰乱公共汽车秩序，处警告或者200元以下罚款；情节较重的，处5日以上10日以下拘留，可以并处500元以下罚款。其次，根据《刑法》第133条之二，对行驶中的公共交通工具的驾驶人员使用暴力或者抢控驾驶操纵装置，干扰公共交通工具正常行驶，危及公共安全的构成妨害安全驾驶罪，处1年以下有期徒刑、拘役或者管制，并处或者单处罚金。妨害安全驾驶已经入刑，乘客在乘坐公共交通工具时，应当增强法律意识，尊重公交司机，万万不可因为一时冲动，对驾驶人员实施辱骂、暴力行为。上述行为会干扰公共交通工具正常行驶，严重威胁道路交通运输安全，甚至会造成重大人员伤亡和财产损失。

法条链接

《民法典》第996条：因当事人一方的违约行为，损害对方人格权并造成严重精神损害，受损害方选择请求其承担违约责任的，不影响受损害方请求精神损害赔偿。

（本篇撰写人：梁辉、沈元元，湖北省襄阳市铁路运输法院）

2 “性暗示”言语骚扰他人，是否应担责？

如果没有肢体触碰，收到“不当暗示”的短信、微信或者电话，是无伤大雅的玩笑还是性骚扰，当事人碰到这种情况该怎么办？对方的行为是否要到一定严重的程度才能被认定为性骚扰？是否需要举证证明存在严重精神损害，才能获得精神损害赔偿？碰到性骚扰，可以通过什么方式维权？以上问题的答案可在《民法典》人格权编关于禁止性骚扰的条款中找到。

案例

胡某与张某通过微信聊天发展为不正当男女关系。其后，胡某丈夫为此与张某发生矛盾并报警，经派出所主持调解，双方达成协议：双方保证以后再无情感、债务、微信、电话往来，不干预对方家庭；双方当场删除对方所存照片、视频、微信电话记录，并保证不再外传，互不侵害个人隐私、财产利益。后因胡某对张某的车辆造成了一定损失，张某先后给胡某发送了100余条包含有淫秽和侮辱内容的短信。胡某遂诉至法院，要求张某立即停止侵犯其名誉权的行为，并道歉、赔偿精神损害抚慰金3万元。

裁判结果

法院认为，民事主体的人格权受法律保护，任何组织或者个人不得侵害。胡某与张某在各有家室的情况下保持不正当男女关系，有悖社会公序良俗。

双方在结束不正当男女关系后，胡某对张某的车辆造成一定损失，张某出于泄愤的故意，在违背胡某主观意愿的情况下，长时间多次向胡某发送包含淫秽和侮辱内容的手机短信，侵害了胡某的身心健康，应停止侵害并赔礼道歉。因张某的行为已对胡某及其家庭造成了一定程度的损害后果，故胡某要求张某赔偿精神损害抚慰金的诉讼请求成立，予以支持。根据过错程度、侵权行为的影响范围及本地的实际情况，酌定由张某赔偿胡某精神损害抚慰金3000元。

评析

本案涉及《民法典》人格权编关于禁止性骚扰的制度规定。《民法典》第1010条规定："违背他人意愿，以言语、文字、图像、肢体行为等方式对他人实施性骚扰的，受害人有权依法请求行为人承担民事责任。机关、企业、学校等单位应当采取合理的预防、受理投诉、调查处置等措施，防止和制止利用职权、从属关系等实施性骚扰。"《民法典》首次将人格权独列一编，人格权编重要的变化之一就是对"性骚扰"进行了规定，本条第1款采用权利保护主义对性骚扰行为的认定标准进行了规定，第2款从职场保护主义的视角对机关、企业、学校等单位的安全保障义务进行了规定。

性骚扰侵权责任仍属于一般侵权责任，应当满足过错、违法行为、损害后果和因果关系四个构成要件。第一，主观过错。即故意实施冒犯对方性尊严和性利益的行为，过失不构成性骚扰的侵权行为。第二，违法行为。行为人实施的骚扰行为超越双方之间正常法律关系下的交往界限。对行为的认定可以从两个方面来考虑：一是性骚扰是与性相关的行为，性挑逗、性贿赂、性要挟、性强迫等会构成性骚扰，其形式不限于暴力强迫，更多是非暴力性的，以言语、文字、图像、肢体等行为实施性骚扰。二是行为是违背他人意愿的，这是判定是否构成性骚扰的关键条件。是否违背受害者意愿，应当站在受害者的角度进行判断，行为人自我感受及误判不影响受害者真实意愿的判断。第三，损害事实。在性骚扰行为中，人格尊严、人格自由、身体权、健康权甚至隐私权、名誉权等均可能受到伤害。性骚扰行为的构成要件并不包含行为造成损害后果达到严重程度，只要行为人实施的行为构成性骚扰，就能适用本条的规定。至于损害后果的表现形式和程度，只能作为受害人请求行为人承担侵权责任的类型及大小的依据。第四，骚扰行为与该损害结果之间具有因果关系。性骚扰侵权责任的承担方式包括：(1)停止骚扰；(2)损害赔偿：①财产损失；②精神损害赔偿；③消除影响、恢复名誉。

本案中，争议的焦点在于张某的行为是否构成性骚扰，是否应赔偿胡某的精神损失。张某与胡某之前有不正当男女关系，但是经过派出所调解后，双方确认不再往来，但张某仍向胡某发送包含淫秽和侮辱内容的短信，该行为违背胡某的意愿，以言语、文字、图像等方式骚扰胡某，符合《民法典》关于性骚扰行为的认定，法院遂判决张某停止侵害并赔礼道歉，赔偿精神损害抚慰金3000元。该案并未要求胡某对其精神损害存在严重后果进行举证，在认定张某行为构成性骚扰的同时即确认受害人存在精神损害。这相比于《民法典》实施以前的相关法律对性骚扰认定及损害赔偿方面有很大的进步。

《民法典》实施之前，我国现行的法律法规对性骚扰的规制并没有形成一个完整的预防和救济体系，精神损害赔偿的标准是“造成严重后果”，受害人举证难。《民法典》则明确地界定了性骚扰的概念、范畴、方式、法律责任，《民法典》实施以后的判例基本支持当事人的精神损害赔偿。某中级人民法院主审的林某与黄某人格权纠纷案反映了《民法典》实施前后对性骚扰认定的变化。一审查明林某向黄某发送内容为“门开了，不怕我进来哈哈”的短信，林某到黄某休息的房间对黄某说“老师皮肤这么白，挺招人喜欢”的话，但一审法院认为黄某提供的证据不能证明林某对其实施了性骚扰行为，遂判决驳回黄某的诉讼请求。二审法院根据《民法典》第1010条规定，认为实施性骚扰的方式不限于肢体行为，不当的具有性暗示的言语也可以构成性骚扰。林某向黄某发送的短信内容、说话言语轻佻，含有不当的性暗示，可以认定构成性骚扰。考虑到言语的骚扰程度较轻，结合本案其他案件事实，判决林某赔偿黄某精神损害抚慰金5000元。这个案例说明实施性骚扰的方式不限于肢体行为，不当的具有性暗示的言语也可以构成性骚扰，且只要构成性骚扰即确认受害人存在精神损害，不需要另行举证证明。

《民法典》对性骚扰有了明确的规定，违背他人意愿，以言语、文字、图像等方式也可以构成性骚扰，且性骚扰的行为必然会造成受害人的精神痛苦和身体不适，不必以严重精神损害为要件。审理中法官根据性骚扰的方式、场合、次数、持续时间长短、主观恶意、受害人精神损害程度酌情确定精神损害赔偿金，加大了骚扰人的违法成本，使得受害人更敢于说“不”。性骚扰不仅给受害人带来身体上的不适，造成情绪波动和精神痛苦，同时还会对个人的人际关系及社会中正常的两性关系造成不良影响，不利于全社会的和谐稳定。《民法典》对该问题作出明确规定，正是顺应民意的体现。

法律小贴士

（一） 如何提防隐秘性的职场性骚扰？

有些职场中的性骚扰行为具有隐秘性，受害人往往后知后觉。在某些情形下，行为人和受害人之间处于不对等的地位，受害者若明确表达反抗之意，可能会使自身陷于不利的处境。职场性骚扰分为交换型性骚扰和敌意环境型性骚扰。所谓交换型性骚扰，是指雇员为保全工作或升迁被迫忍受性骚扰。如上司强制下属与其发生性行为，这样才能获得积极的评价、晋升等。而敌意环境型性骚扰是指一些在工作场所冒犯、羞辱员工的行为，让员工陷入焦虑不安。包括故意谈论有关性的话题，如讲述黄色笑话，对女性的容貌、身材等进行带有性暗示的评价等，如利用工作之便给女性发送具有挑逗意味的短信、微信或电子邮件，内容包括黄段子或色情图片等。我们若遭遇职场性骚扰，首先需要保存证据，包括保留相关电子邮件、短信、照片等，然后可以依照公司程序报告上级，或者向妇联投诉，也可以选择报警或向法院起诉处理。

（二） 用人单位应采取哪些有效措施防范性骚扰？

《民法典》第1010条第2款明确规定：“机关、企业、学校等单位应当采取合理的预防、受理投诉、调查处置等措施，防止和制止利用职权、从属关系等实施性骚扰。”机关、企业、学校等单位的义务主要包括预防性骚扰义务和制止性骚扰义务。主要包括合理的预防义务，发布成文的反职场性骚扰的政策、对员工进行义务反性骚扰培训，采取合理的预防、受理投诉、调查处置等措施；及时的救济义务，比如应制止并采取有效的补救措施等，以适当的方式处理投诉，及时进行调查，并采取措施予以处置。

（三）性骚扰还会受到哪些处罚？

性骚扰行为人除了承担民事责任，还有其他承担责任的方式。《妇女权益保障法》第23条规定："禁止违背妇女意愿，以言语、文字、图像、肢体行为等方式对其实施性骚扰。受害妇女可以向有关单位和国家机关投诉。接到投诉的有关单位和国家机关应当及时处理，并书面告知处理结果。受害妇女可以向公安机关报案，也可以向人民法院提起民事诉讼，依法请求行为人承担民事责任。"第28条第1款规定："妇女的姓名权、肖像权、名誉权、荣誉权、隐私权和个人信息等人格权益受法律保护。"《治安管理处罚法》第42条第5项规定：多次发送淫秽、侮辱、恐吓或者其他信息，干扰他人正常生活的，处5日以下拘留或者500元以下罚款；情节较重的，处5日以上10日以下拘留，可以并处500元以下罚款。如果性骚扰性质严重，还要承担刑事责任，涉嫌强制猥亵、侮辱罪，处5年以下有期徒刑或者拘役。

法条链接

《民法典》第1010条：违背他人意愿，以言语、文字、图像、肢体行为等方式对他人实施性骚扰的，受害人有权依法请求行为人承担民事责任。

机关、企业、学校等单位应当采取合理的预防、受理投诉、调查处置等措施，防止和制止利用职权、从属关系等实施性骚扰。

（本篇撰写人：姜静，湖北省宜昌市夷陵区人民法院）

3 父母离婚后，未成年子女能否要求改姓？

未成年子女在父母离婚后，一方监护人未尽到抚养义务，未成年子女能否以此要求更改姓氏？未成年人子女擅自更改姓氏，监护人能否拒付抚养费？自然人姓氏的选择有哪些？自然人更改姓名的条件有哪些？这些问题均与《民法典》人格权编中有关姓名权的规定息息相关。

案例

被告李某与王某某于2009年8月相识并登记结婚，于2011年4月生下原告李某倩。因感情不和李某与王某某于2013年7月协议离婚，离婚协议约定李某倩由母亲王某某抚养，父亲李某每月支付抚养费1500元。离婚后，原告与母亲王某某一起生活，并登记在同一户口本上，被告李某按月支付抚养费至2018年5月，其后便以各种理由未按期足额支付抚养费。原告母亲认为被告没有尽到抚养和教育义务，原告随父姓，导致其在生活、学习和社交中有很大的心理障碍，另外如等原告成年后再更改姓氏，对其高考、上大学存在诸多不便。王某某多次与李某协商未果，王某某作为原告法定代理人将李某诉至法院，要求将李某倩改为随母姓，为王某倩。案件审理过程中，王某某提出只要被告李某同意更改原告姓氏，其自愿放弃被告欠付的抚养费，并从今往后孩子由其一人抚养，不再向被告主张抚养费。被告不同意原告上述主张，亦不同意将原告姓氏改为母姓。

裁判结果

法院认为,根据《民法典》第1012条、第1015条之规定,自然人有权依法变更自己的姓名,自然人通常应当随父姓或母姓。子女的姓和名是经父母双方协商一致后确定的,因此,孩子姓名的变更,也应由父母双方协商一致。父母离婚后,任何一方无权擅自更改孩子的姓名。李某倩系李某与王某某的婚生女,尚未成年,其申请变更姓名,应当经父母双方协商一致后确定。现李某倩的父亲李某未同意其变更姓名,双方也无变更姓名的约定。原告法定代理人主张现有姓名对其生活、学习和社交有诸多不便,请求变更姓名的证据不足,且其主张只要被告同意更改姓氏,愿意放弃被告应付的抚养费,与法不符,故对于原告的诉讼请求法院不予支持,依法驳回了原告的诉讼请求。

评析

本案涉及《民法典》人格权编关于姓名权和抚养权两项权益的制度规定。《民法典》第1012条规定:“自然人享有姓名权,有权依法决定、使用、变更或者许可他人使用自己的姓名,但是不得违背公序良俗。”第1015条规定:“自然人应当随父姓或者母姓,但是有下列情形之一的,可以在父姓和母姓之外选取姓氏:(一)选取其他直系长辈血亲的姓氏;(二)因由法定扶养人以外的人扶养而选取扶养人姓氏;(三)有不违背公序良俗的其他正当理由。少数民族自然人的姓氏可以遵从本民族的文化传统和风俗习惯。”在具体适用时,姓名权主要包括以下几个方面:决定权、使用权、变更权、许可权。本案中涉及的便是姓名权的决定权和变更权。李某倩系未成年人,因认为其父李某未尽到抚养义务而要求更改姓氏,改为随母姓。李某倩的母亲王某某还提出,只要李某同意更改姓氏便愿意放弃抚养费。《民法典》第1012条规定公民可以更改自己的姓名,第1016条还规定自然人决定、变更姓名,应当依法向有关机关办理登记手续。所以公民虽有权更改姓名,但应依法向有关机关办理登记手续。《湖北省公安机关户政管理工作规范》第96条规定,公民申请变更姓名,未满18周岁的须由亲生父母协商一致并同时到户口所在地公安派出所申请,已满8周岁的,还应当征得本人签字同意;父母离婚后,双方未取得一致意见,申请未满18岁子女姓名变更的,不予受理。本案中,李某倩未满18周岁，其父母李某与王某某未能就李某倩更改姓氏问题协商一致，不符合更名条件。另外，父母对子女的抚养义务是法定义务，李某未按照离婚协议按期足额支付抚养费，王某某作为原告李某倩的法定代理人有权依法向李某主张抚养费，但不能据此要求更改姓氏，更不能以放弃李某对李某倩的抚养义务作为交换条件。所以李某倩要求更改姓氏的诉请未能得到法院的支持。案件判决后，经法院明理释法，被告李某主动支付了欠付的抚养费并承诺会依法履行抚养义务，原、被告双方均未上诉。

《民法典》关于姓名权的规定系在对原《民法通则》第99条第1款的基础上修改而来的。原《民法通则》先后规定了姓名权和名称权，第1款规定了姓名权的内容，决定、使用和变更自己姓名，并排除他人干涉和非法使用。此外，原《婚姻法》《侵权责任法》《民法总则》均涉及了对姓名权的规定。《民法典》此次在姓名权上的相关规定，最大的不同之处在于将原《民法通则》中的“公民”改为“自然人”，增加了许可他人使用自己姓名的内容。姓名权作为自然人的具体人格权，是自然人决定其姓名、使用其姓名、变更其姓名并要求他人尊重自己姓名的权利。姓名权虽然为典型的精神性人格权，但随着姓名权商业化使用实践的开展，其经济价值也得到体现，规定姓名的许可使用能够使姓名权的内容更加完善。

法律小贴士

（一）姓氏的选择及更改姓氏的条件是什么？

首先，关于姓氏的选择，《民法典》第1015条规定：“自然人应当随父姓或者母姓，但是有下列情形之一的，可以在父姓和母姓之外选取姓氏：（一）选取其他直系长辈血亲的姓氏；（二）因由法定扶养人以外的人扶养而选取扶养人姓氏；（三）有不违背公序良俗的其他正当理由。少数民族自然人的姓氏可以遵从本民族的文化传统和风俗习惯。”其次，自然人更改姓氏的条件，《湖北省公安机关户政管理工作规范》第95条规定：有下列情形之一的，可以申请办理姓氏变更：（一）因血缘关系在父姓和母姓之间变更姓氏的，应当提交关系证明；（二）因收养关系变更姓氏的，应当提交收养证明；（三）因涉外婚姻关系变更姓氏的，应当提交婚姻关系证明；（四）未满18周岁公民，因父母再婚申请变更随继父或继母姓氏的，应当提交结婚证（父与继母或者母与继父间）、离婚证（生效的法院民事判决书或者民事调解书）。年满18周岁后申请的，应当具备在未满18周岁期间与继父或继母共同生活经历的条件；（五）属非婚生的未满18周岁公民，因父或母另组家庭申请变更随继父或继母姓氏的，提交结婚证（父与继母或者母与继父间）；满18周岁后申请的，应当具备在未满18周岁期间与继父或继母共同生活经历的条件；（六）符合《民法典》第1015条规定，可以随第三方姓的，应当提交关系证明；（七）少数民族公民因本民族文化传统和风俗习惯变更姓氏的，需经公安派出所调查确认属实；（八）因不规范简化字姓氏等其他特殊原因需要变更姓氏的。前款规定以外情形申请姓氏变更的，以人民法院行政或者民事诉讼判决明确的姓氏办理。

（二）父母在子女变更姓氏或支付抚养费方面应遵守哪些规则？

父母不得因子女变更姓氏而拒付子女抚养费，亦不得因另一方未支付抚养费而擅自更改子女姓氏。

《最高人民法院关于适用〈中华人民共和国民法典〉婚姻家庭编的解释（一）》第59条规定：“父母不得因子女变更姓氏而拒付子女抚养费。父或者母擅自将子女姓氏改为继母或继父姓氏而引起纠纷的，应当责令恢复原姓氏。”该条明确规定父母不得因子女变更姓氏而拒付子女抚养费。而父母对未成年子女的抚养义务是法定义务，抚养费包括子女生活费、教育费、医疗费等费用。而根据《民法典》第1067条第1款：父母不履行抚养义务的，未成年子女或者不能独立生活的成年子女，有要求父母给付抚养费的权利，所以，父母不履行抚养义务，未成年子女不能据此擅自更改姓氏，应该通过向社区求助或向法院起诉等方式来维护自身合法权益。上述案件中，李某倩的母亲提出以放弃李某对李某倩的抚养义务作为交换条件，要求更改姓氏，损害了未成年人的权益，自然得不到法律的支持。

法条链接

1.《民法典》第1012条：自然人享有姓名权，有权依法决定、使用、变更或者许可他人使用自己的姓名，但是不得违背公序良俗。

2.《民法典》第1016条第1款：自然人决定、变更姓名，或者法人、非法人组织决定、变更、转让名称的，应当依法向有关机关办理登记手续，但是法律另有规定的除外。

（本篇撰写人：安一，湖北省武汉市硚口区人民法院）

4 为他人拍摄照片是否意味着取得肖像使用权?

肖像权是自然人享有的以自己肖像上所体现的人格利益为内容的一种具体人格权,其中也可能包含着一定的财产利益。经同意将为他人拍摄的照片上传到互联网作其他用途,是否构成对他人肖像权的侵犯?《民法典》中既规定了肖像权不受他人侵害,同时也列举了合理使用他人肖像的情形,对此应当结合特定情形进行理解。

案例

朱某系甲公司的法定代表人,2015年至2017年间先后获得多项奖项,系有一定知名度的教育界人士。涉案照片系B公司对朱某采访过程中,由B公司的工作人员为朱某拍摄而成,双方未以书面方式约定案涉照片使用权的归属。2018年3月20日,A公司经营的网站将涉案照片以对外授权许可为目的进行展示,照片来源为对朱某进行采访的B公司。朱某认可B公司在关于其的采访报道中使用涉案照片,但未授权B公司将涉案照片用于其他用途,现A公司的网站将涉案照片以商业用途进行展示,故朱某诉至法院,请求判令A公司停止侵犯其肖像权的行为,并赔礼道歉,赔偿经济损失。

裁判结果

法院认为,肖像权是自然人对自己的肖像享有利益并有权排除他人侵害的人格权利,受到法律保护,未经肖像权人同意不得随意使用他人肖像。

首先,本案中涉案照片系朱某的正面半身肖像照,经朱某同意由B公司在采访中对朱某拍摄而成,朱某对其授权仅限于采访报道用途,B公司为朱某肖像照作品的著作权人。其次,《民法典》对合理使用他人的肖像的方式有具体规定,A公司在单独截取并以商业目的展示在网站上时不具备"时事新闻价值"属性,亦非出于公共安全之目的,故该行为已构成对朱某肖像权的侵犯。最后,任何人不得超出肖像权人许可或约定的范围使用肖像作品,即使是享有著作权的主体也不例外。无论A公司是否具备涉案照片的著作权许可,均不影响朱某作为肖像权人对肖像权的保护。故A公司构成对朱某肖像权的侵权责任,判决A公司立即停止侵权行为,赔偿朱某1万元。

评析

本案涉及《民法典》人格权编关于自然人肖像权的规定。对自然人肖像权的保护规定在《民法典》第1019条:"任何组织或者个人不得以丑化、污损,或者利用信息技术手段伪造等方式侵害他人的肖像权。未经肖像权人同意,不得制作、使用、公开肖像权人的肖像,但是法律另有规定的除外。未经肖像权人同意,肖像作品权利人不得以发表、复制、发行、出租、展览等方式使用或者公开肖像权人的肖像。"

《民法典》人格权编首次针对肖像权客体、内容、财产利益及合理使用等进行了明确,细化了肖像权保护规范。从条文内容来看,构成肖像权侵权责任要满足如下三点:第一,使用他人肖像,例如发表、复制、发行、出租、展览等;第二,未经肖像权人的同意而使用;第三,不属于法律规定的合理使用的范围。

自然人的肖像直接关系到其人格尊严及社会对其形象的评价,包含一定的财产利益,但核心更在于其人格利益上。在承担侵权责任方式的选择上,《民法典》对肖像权的保护在于两个方面:一是基于绝对权请求权,肖像权人可以请求侵权人停止侵权行为、恢复原状或赔礼道歉等;二是基于肖像权中的财产利益请求相应的经济损害赔偿。侵害他人的肖像权,若用于商业目的,则要承担相应的经济赔偿责任;若未进行商业利用,则在特定情形下可以请求法院颁发禁令或者判决侵权人通过赔礼道歉等方式承担侵权责任。

本案中，朱某作为有一定社会知名度的教育界人士，其正面半身的肖像被A公司网站公开展示，且出现在对外授权许可的板块中。对于朱某肖像的使用，A公司未能举证证明该行为属于对肖像的合理使用，其行为已经构成对朱某肖像的商业性利用。在未经肖像权人同意的情形下，A公司就涉案照片进行代理销售和使用，构成对朱某肖像权的侵害。虽然A公司主张得到著作权人B公司的授权，但著作权与肖像权所保护的对象不同，即便是得到著作权人的许可，要公开他人肖像也应当经过他人的同意。为他人拍摄照片而取得的著作权并不意味着著作权人同时取得肖像使用权或肖像许可权。因此，无论A公司是否具备涉案照片的著作权许可，在未经肖像权人同意的情况下，均构成对朱某肖像权的侵权责任。法院判决被告承担一定的赔偿数额，体现了《民法典》人格权编对个人权利的保护。

早期的司法实践、原《民法通则》及相关司法解释均将“以营利为目的”作为判断成立肖像权侵权的关键。但是，随着时代的发展和互联网的进步，生活中使用他人肖像的现象越来越多，给他人带来的生活及社会上的影响也越来越多，严格要求满足营利性才构成侵权责任，不利于保护肖像权人的利益。各地法院开始认可非营利性的肖像权侵权，某中级人民法院主审的案件中，法官认为肖像权体现的是精神利益和物质利益，“以营利为目的”不是认定肖像权侵权的构成要件，故未经肖像权人同意而使用他人肖像的，要承担对他人的侵权责任。对此，《民法典》不再以营利性作为侵害肖像权的构成要件，更有助于人们通过法律维护自己的权益，为解决司法实践中不以营利为目的的其他侵权纠纷，例如在“人肉搜索”行为中擅自传播他人照片、擅自制作他人肖像等侵权行为，提供了依据。

在扩大肖像权保护范围的同时，由于现实生活中制作、使用、公开肖像的行为十分常见，为减少不必要的纠纷，《民法典》第1020条增设了肖像权的合理使用规范，明确了可以不经肖像权人同意而实施的行为类型，包括个人学习欣赏、教学科研、新闻报道、国家机关履职、公共环境展示以及维护公共利益或肖像权人合法权益的其他行为等。这表明在特定的情形下，为他人拍摄照片后可以在法律规定的合理范围之内使用他人的肖像。

法律小贴士

（一）为他人拍照的著作权人如何使用被拍摄人的肖像？

经过肖像权人的同意，为他人拍摄照片的著作权人理应获得了制作肖像的许可，肖像作品中天然地包括了肖像权，但是著作权人行使对肖像作品的发表、复制、发行、出租和展览等权利，除了为个人学习、艺术欣赏、课堂教学或者科学研究，在必要范围内使用肖像权人已经公开的肖像，在新闻报道中使用、公开等法律规定的合理使用情形外，仍然需要征得肖像权人的同意。另外，因肖像作品的特殊性，著作权人在行使其著作权的同时要注意，许可他人使用其作品时也需要经过肖像权人的同意。

（二）“拍照捞人”是否构成侵权？

“拍照捞人”是指偷拍他人照片上传到互联网，通过网友搜集照片中人物信息的行为。现今网络社交平台发达，偷拍他人照片后发到网上寻人的行为比较普遍。依据《民法典》的规定，构成肖像权侵权责任的行为包括营利性和非营利性，故网上寻人上传他人照片的行为亦可能构成对他人肖像权的侵害。肖像的核心特征是可识别性，当一般社会公众显然能够通过其外部形象识别的时候即认为具有可识别性，不能认为只要不以营利为目的或经肖像权人同意就可以非营利性地使用公民的肖像。受到侵害的肖像权人，可以向法院请求判令侵权人停止侵权行为。

（三）什么样的行为会侵害名人的肖像权？

相较于普通人来说，名人出现在公众场合的机会较多，其社会知名度和影响力使其肖像更容易为大众所识别，因此一般对名人已公开的照片再进行编辑和上传不构成对其肖像权的侵犯。名人的肖像权纠纷主要存在于以下几种情形中：第一，利用名人的肖像来宣传产品或品牌，属于营利性利用；第二，制作名人的表情包并以此获利；第三，丑化、污化名人的肖像等。在认定是否构成侵害名人的肖像权时，一般均涉及肖像权中财产利益的保护，而在人格利益保护上，则要求达到丑化的程度才可以请求侵权责任。

法条链接

《民法典》第 1019 条：任何组织或者个人不得以丑化、污损，或者利用信息技术手段伪造等方式侵害他人的肖像权。未经肖像权人同意，不得制作、使用、公开肖像权人的肖像，但是法律另有规定的除外。

未经肖像权人同意，肖像作品权利人不得以发表、复制、发行、出租、展览等方式使用或者公开肖像权人的肖像。

（本篇撰写人：王晔，武汉大学法学院）

5 家长微信群内发表激烈言辞谴责教师，是否构成侵害名誉权？

在家长微信群内用“变态扭曲”“道貌岸然”等激烈言辞，表达对教师教学和管理方法的批评及谴责，是否构成侵害名誉权？应当承担何种侵权责任？《民法典》第1024条规定民事主体享有名誉权，明确了名誉权侵权行为的构成要件。民法典对上述问题作出了回应：即使家长所发言论指出的主要事实是真实的，也不得在其言论中使用侮辱、诽谤性的词语，否则就构成对他人名誉权的侵害。

案例

陈某是某小学一年级1班的班主任，祁某之子是该班学生。祁某对陈某的教学和管理方法不满，在该班家长微信群（群成员共49人）内发表文章，陈述了其子在该小学的学习生活经历，包括课业负担重、被拍摄犯错视频并在家长群公开、作业因不规范被打0分等。文中使用了“万丈深渊”“心理阴暗”“变态扭曲”“助纣为虐”“充满戾气”“霸道专横”“颐指气使”“专横之人”“道貌岸然”等词句。该文章被微信群内的部分家长转发。此后，陈某前往医院就诊，初步诊断结果为反应性精神障碍，花费医药费320元，故其诉至法院要求祁某赔礼道歉并赔偿医药费、误工费、精神损失费共9000余元。

经查明，祁某作为家长在文章中陈述的其子课业负担重、被教师公开犯错视频、作业被打0分的内容基本属实，不存在虚构事实的主观故意。

裁判结果

法院认为,公众对不符合社会主流价值标准的事件进行批评,客观上会促进个人向好、社会向善,会促使被批评者反思改正。陈某身为人师,其教学及管理方式确实值得改进。但是,祁某在发表文章时应注意谴责性言论中关于批评的合理限度。祁某发表激烈的谴责性言论,有部分用词不当,受情绪左右、视角局限,存在片面性,客观上降低了陈某的社会评价,构成侵害陈某名誉权。根据《民法典》第110条第1款、第1024条的规定,祁某应承担赔礼道歉、消除影响责任。但因该侵权行为情节轻微,未造成严重后果,陈某就医记录与侵权后果之间不存在因果关系,故法院对陈某要求祁某赔偿其9000余元的诉讼请求,不予支持。宣判后,当事人均未上诉,该判决已生效。

评析

本案涉及《民法典》人格权编关于对保护名誉权的制度规定。《民法典》人格权编规定名誉权和荣誉权,是我国对名誉权的首次系统性立法。

名誉权在性质上属于社会评价型人格权,即由他人积极性评价所体现出来的人格和利益。名誉权,是权利人对因社会对其客观评价而获得的名声、声望、信誉等的维护并防止他人损害的权利。关于祁某是否侵害了陈某的名誉权,《民法典》第1024条第1款规定:"民事主体享有名誉权。任何组织或者个人不得以侮辱、诽谤等方式侵害他人的名誉权。"认定名誉权侵权行为需要满足以下三个要件。

第一,行为人实施了侮辱、诽谤等毁损名誉的行为。家长客观陈述孩子学习的真实经历,并质疑教师的职业素养和师德修养,属于正常的批评与监督,但应当善意地表达自己的观点,而不能故意贬损他人人格,祁某使用"心理阴暗""助纣为虐""充满戾气""霸道专横""颐指气使""道貌岸然"等激烈言辞,并多次使用"变态"这一刻薄词句丑化陈某,已超出正当的批评与监督的范畴,属于通过话语来侮辱他人的行为。

此外,本案的特殊之处在于祁某陈述孩子经历的内容基本属实。那么,如果散布的事实是真实的,是否构成对名誉权的侵害?《民法典》延续了《最高人民法院关于审理名誉权案件若干问题的解答》的裁判规则:即使行为人言论所指出的主要事实是真实的，行为人也不得在其言论中使用侮辱、诽谤性的词语，否则仍可构成对他人名誉权的侵害。虽然祁某没有捏造虚假事实进行散布，但仍旧败坏了陈某的名声，导致陈某的社会评价降低。

第二，侵害名誉的行为必须有特定指向。名誉权具有特定性，即只能为特定的人所享有。因而，侵害名誉权只有针对特定的人实施，才能造成对该人的社会评价的降低。祁某在文章中指名道姓地侮辱、丑化陈某，该毁损名誉的行为特定地指向陈某。

第三，侵害名誉权的行为需为第三人所知悉。社会评价是存在于公众内心之中的，如何确定公众对受害人陈某的社会评价已经降低，这是十分困难的。因此，只要行为人所实施的侵权行为为第三人所知悉，就可以认定导致了受害人的社会评价降低。陈某在有49名成员的家长微信群内发表文章，该文被多次转发，网络的便捷性与传播的广泛性使得侵权信息传播速度更快、范围更广，足以认定该侵权行为已为第三人所知悉。

《民法典》保护自然人的名誉权，主要是为了保护自然人精神方面的利益，使其免受侮辱、诽谤等非法评价所带来的精神痛苦。因此，祁某的民事责任承担方式主要为消除影响、恢复名誉、赔礼道歉等，故法院判决祁某在家长微信群就其侵害陈某名誉权的行为向陈某赔礼道歉。如祁某拒不履行，则由人民法院分别在家长微信群和QQ群中公布上述判决书内容，并由祁某负担所产生的费用。

实践中，名誉权保护往往与言论自由、新闻自由、学术自由等基本权利和自由发生价值冲突，难以清晰划分相互间的界限。从法理上讲，名誉权会受到国家公权力以及与其存在冲突的言论自由、新闻自由等基本权利和自由的限制，本身就是一种可依法克减的权利。但反观本案，虽然被告没有捏造虚假事实进行散布，但其使用侮辱、丑化原告的激烈言辞，显然已经超过批评的限度。原告的职业素质和师德修养确实有待提高，但其并不负有相应的容忍义务，亦无须依法克减其名誉权等相应的权利。

（一）网上发言时，应该注意什么？

法律小贴士

网络为我们每一个人提供了发声的渠道，让我们能够表达自己的观点，分享自己的感受，这是社会文明进步的表现，也是每一个公民的正当权利。但是，网络不是法外之地，法律底线不可逾越。我们在享有言论自由的同时，不能违反法律的禁止性规定，不得损害国家、社会、集体利益和其他公民的合法权益。

通过网络进行的批评、监督应当具有一定的限度。例如，某人将侮辱、丑化他人的激烈言辞发布在网上，这就已经超过了批评的限度，反而变成了不加约束的谩骂或谴责，背离了批评的目的。而且，根据刑法的规定，在网上公开谩骂侮辱他人，公然败坏他人名誉，情节严重的，甚至还可能构成侮辱罪。

（二）遭受网上侮辱、谩骂、诋毁等网络暴力，如何维护自身合法权益？

网络暴力并不是法律用语，指的是发生在网络公共空间里的针对特定个人的侵权行为。随着互联网的普及和信息技术的发展，网暴诋毁行为频发，名誉权侵权纠纷案件随之增多。侵权行为的方式更加多样化，参与人数和社会影响更加量大面广。比起传统的事后救济方式，针对网络暴力的维权方式应当仔细斟酌，选择最恰当的维权路径。比如，本案中家长在微信群内发布侵权言论，教师作为受害人可以先从网络平台处寻求维权，使用微信投诉该侵权账号。递交平台投诉通知往往可以使平台第一时间删除、屏蔽、断开链接。同时，受害人也可以要求平台向自己披露实施侵权行为的网络用户信息，以便其维护自身合法权益。

此外，网络名誉侵权通常都具有较强的时效性，如果不能及时将侵权内容从网络中移除，将可能导致损害持续扩大。如果受害人选择直接启动诉讼程序，还可以充分利用《民法典》和《民事诉讼法》中赋予的权利，提出人格权行为禁令或诉讼禁令的申请，请求法院先行制止侵权行为，避免损失的进一步扩大。

（三）名誉权侵权纠纷中，如何固定和保全证据？

侵害名誉权属于一般侵权，其举证责任遵循“谁主张，谁举证”的一般规则，即应当由受害人举证证明行为人有侵害名誉权的行为、造成权利人社会评价降低的客观事实、行为和损害结果之间存在因果关系，以及行为人主观上有过错。加之，网络内容容易发生变化且难以复现，因此受害人应第一时间固定、保全证据。比如，及时通过截屏等方式备份保存，有条件的，可以通过公证处提取电子证据，并及时向法院提出证据保全申请，以便在诉讼中完成其举证义务。

法条链接

《民法典》第1024条：民事主体享有名誉权。任何组织或者个人不得以侮辱、诽谤等方式侵害他人的名誉权。

名誉是对民事主体的品德、声望、才能、信用等的社会评价。

（本篇撰写人：王潇、舒奕，湖北省武汉市青山区人民法院）

6 信用评价遭不正当贬低，是否可以维权？

当下，提前消费行为越来越受到年轻人的追捧，诸如车贷、房贷、信用卡消费等。但是金融机构在审核申请人是否具备提前消费资格时，首先要审核的便是申请人的信用评价。个人若是发现自身的信用评价受到非主观原因的不良影响时，该不该吃哑巴亏？这一问题的答案要结合《民法典》人格权编相关条款来回答。

案例

案外人王某向A银行申请贷款10万元，由张某某为其担保，并提供了张某某的身份证复印件及某县初级中学开具的张某某在该校任教及收入的证明，向该行贷得该笔借款。后因王某未按约还款，该行向法院提起诉讼，经公告传唤，张某某未到庭应诉，法院作出判决。判决生效后，在执行过程中张某某向法院申请再审。再审时查明，该行与王某、张某某签订借款合同时，张某某本人身份证丢失，借款档案里是其丢失的身份证复印件，张某某本人并未到场签字，其也并非某县初级中学教师，对给王某借款担保一事并不知情。后法院作出撤销张某某对王某的贷款承担连带保证责任的判决，该行不服提起上诉，二审法院亦判决张某某对该笔贷款不承担连带责任。张某某认为由于张家某出具虚假证明、A银行明知有担保瑕疵而要求法院公告送达，导致其被登上某日报，卷入官司，使其征信受到影响，对其名誉权造成了损害，遂起诉要求张家某、A银行消除影响、恢复其名誉。

裁判结果

法院认为,民事主体享有名誉权。任何组织和个人不得以侮辱、诽谤等方式侵害他人的名誉权。名誉是对民事主体的品德、声望、才能、信用等的社会评价。民事主体可以依法查询自己的信用评价,发现信用评价不当的,有权提出异议并请求采取更正、删除等必要措施。信用评价人应当及时核查,经核查属实的,应当及时采取必要措施。A银行作为专业金融机构,在办理涉案贷款的审批发放过程中审查不严。张家某出具虚假证明,使张某某在不知情的情况下成为贷款担保人,后又被诉至法院,成为失信被执行人,进而在全国银行征信系统留下不良信用记录,致使张某某获得的社会评价遭受了不正当的贬低,侵害了张某某的名誉权。遂依法判决A银行在全国银行征信系统中修改张某某的不良征信记录,为其消除影响,张家某向张某某出具书面道歉。

评析

本案涉及《民法典》人格权编关于名誉权依法受保护不受侵犯的制度规定。《民法典》第1024条规定:"民事主体享有名誉权。任何组织或者个人不得以侮辱、诽谤等方式侵害他人的名誉权。名誉是对民事主体的品德、声望、才能、信用等的社会评价。"

所谓名誉权,是人们依法享有的对自己所获得的客观社会评价排除他人侵害的社会权利。它为人们自尊、自爱的安全利益提供法律保障。名誉权主要表现为名誉利益支配权和名誉维护权。我们有权利用自己良好的声誉获得更多的利益,有权维护自己的名誉免遭不正当的贬低,有权在名誉权受侵害时依法追究侵权人的法律责任。侵犯名誉权的构成要件是:(1)必须有损害事实的存在;(2)行为具有违法性;(3)违法行为与损害事实之间有因果关系;(4)行为人有过错。

《民法典》第1029条规定:"民事主体可以依法查询自己的信用评价;发现信用评价不当的,有权提出异议并请求采取更正、删除等必要措施。信用评价人应当及时核查,经核查属实的,应当及时采取必要措施。"本条规定,第一,明确了民事主体可以依法查询自己的信用评价。第二,明确了民事主体发现信用评价不当的,有权提出异议并请求采取更正、删除等必要措施。第三,明确了当民事主体对信用评价提出异议并请求更正、删除时，信用评价人应当及时核查，经核查属实的，应当及时采取必要措施。

民事主体的信用评价也是一种名誉权，是人格权的重要内容，受法律保护。凡使他人信用评价遭受不正当贬低、败坏他人名誉、损害他人形象的行为，都是对名誉权的侵犯，行为人应负法律责任。民事主体的信用评价受到不良影响、名誉权受到侵害时，有权要求停止侵害，消除不良记录，恢复名誉，赔礼道歉。

本案中，A银行作为专业金融机构，在审批王某的贷款资质过程中，审核不严，存在过错，致使张某某的信用评价遭受不正当贬低，侵害了张某某的名誉权，后者有权依据《民法典》规定的名誉权条款要求A银行消除影响，恢复名誉。

名誉权是人格权的一种，人格权是人权在民事法律中的具体化，《民法典》将人格权法律制度独立成编，将“信用评价”规定到名誉权中，彰显了国家尊重和保障人权的宪法基本原则，有利于更好地推动包括人格权在内的人权司法保障事业发展。近年来，由于金融机构怠于核查、更正债务人信用记录而引发的名誉权纠纷案件渐增。不良的征信记录不仅会影响个人的金融活动，而且会导致个人的社会信用评价遭受不正当贬低。我国B省Y县曾发生过这样一个案件：原告周某某为案外人莫某某向B省Y县某银行的贷款提供连带保证担保，后经2018年作出的生效判决认定，周某某的保证责任被免除。三年后，周某某经所在单位领导提示，于2021年4月25日在中国人民银行征信中心查询个人信用，发现其已存在不良征信记录。但该银行在收到周某某提出的异议后未上报信用更正信息，导致周某某的不良征信记录一直未消除，周某某在办理信用卡、贷款等金融活动中受到限制。周某某遂诉至法院，要求B省Y县某银行协助撤销周某某的不良担保征信记录，赔偿精神损失费和名誉损失费，并登报赔礼道歉、消除影响。法院经审理认为，依据《民法典》第1029条的规定，信用评价关涉个人名誉，民事主体享有维护自己的信用评价不受他人侵害的权利，有权对不当信用评价提出异议并请求采取更正、删除等必要措施。B省Y县某银行作为提供信用评价信息的专业机构，具有准确、完整、及时报送用户信用信息的权利和义务，发现信用评价不当的，应当及时核查并及时采取必要措施。本案中，B省Y县某银行未及时核查周某某已依法免除担保责任的情况，在收到周某某上述异议申请后，仍未上报信用更正信息，造成征信系统对周某某个人诚信度作出不实记录和否定性评价，导致周某某在办理信用卡、贷款等金融活动中受到限制，其行为构成对周某某名誉权的侵害，遂判决被告向中国人民银行征信中心报送个人信用更正信息。

上述两个案件都依法适用了《民法典》关于信用评价的相关规定，明确金融机构具有如实记录、准确反映、及时更新用户信用记录的义务，对督促金融机构积极作为，加强日常征信管理，优化信用环境，引导公民增强个人信用意识，合法维护公民信用权益，具有积极意义。

法律小贴士

（一）何为信用评价，对个人日常生活有何影响？

信用评价是银行等信用评估机构对借款人等民事主体的信用情况进行评估的一种活动，最常见的便是中国人民银行征信中心生成的个人信用报告。若是个人的信用评价中有不良记录，不仅会在办理贷款、信用卡时受到限制，甚至在参加工作时也会因此丧失入职机会。

（二）在日常生活中如何防范个人信用产生不良记录，从而影响信用评价？

第一，要爱护自己的个人身份，保管好自己的身份证件，不要出借、出租身份证件，防止个人身份被盗用。近年来因身份证遗失而成为借款担保人的案例屡见不鲜，这就会为形成不良征信记录埋下隐患。第二，在日常生活中尽量养成根据收入的多少来决定开支的限度的好习惯，合理安排个人信用消费，避免不必要的还款负担。第三，养成尊重契约、履行合同的好习惯，在使用分期付款时制定好还款计划，及时归还贷款及信用卡透支额，否则，逾期还款等情况就会如实反映在信用报告中，对信用评价造成不利影响。

法条链接

1.《民法典》第1024条:民事主体享有名誉权。任何组织或者个人不得以侮辱、诽谤等方式侵害他人的名誉权。

名誉是对民事主体的品德、声望、才能、信用等的社会评价。

2.《民法典》第1029条:民事主体可以依法查询自己的信用评价;发现信用评价不当的,有权提出异议并请求采取更正、删除等必要措施。信用评价人应当及时核查,经核查属实的,应当及时采取必要措施。

(本篇撰写人:汤青丽,湖北省房县人民法院)

7 “镜头”下的执法，名誉权应当如何保护？

在推进全面依法治国过程中，人民群众的法治意识提高，行政机关也开始主动通过电视问政、媒体监督报道、视频直播执法等方式，主动推行“阳光执法”“透明执法”，以此提高行政执法的公开透明度，提升行政执法公信力，取得了良好的社会效果。但“镜头”下的执法，往往会涉及特定或不特定对象的肖像权、名誉权、隐私权等人格权保护问题。那么如何应对行政执法宣传、报道中人格权的保护问题，我们可以从《民法典》人格权编中寻找答案。

案例

某日，王某雇请人员在其租赁的土地（位于某风景区内）上栽种树木，某市城市管理执法局工作人员到场制止其继续栽种，并将已经栽种的树木拔除。在城市管理执法局工作人员执法过程中，该市融媒体中心工作人员随行采访并进行现场拍摄，制作成新闻视频短片，在当地电视台、微信公众号上播放。该新闻视频短片时长约1分钟，包含“一村民在已征地违法突击抢栽抢种楠木”“某市城市管理执法局现场执法制止”等音频内容，视频画面中出现“清除200余株违法栽种楠木”字样，王某的背影在视频中出现2次，共计时长约3秒。王某对城市管理执法局的执法行为不服，提起行政诉讼。该行政案件经两级法院审理，均确认城市管理执法局在未作出行政决定的前提下直接实施行政强制的行为违法。后王某再次向法院起诉，认为前述新闻报道贬损了其名誉，请求判决责令城市管理执法局和融媒体中心向其赔礼道歉，并承担消除影响、赔偿精神损害抚慰金等名誉权侵权责任。

裁判结果

法院认为案涉新闻客观报道了城市管理执法局的行政执法过程，并无侮辱、诽谤王某的内容，报道中并未使用王某的姓名、肖像等特殊人格标识，仅短暂出现王某的背影影像，并不会造成其在广泛不特定人群中社会评价降低的后果。城市管理执法局和融媒体中心进行的新闻报道，系基于警示、制止公众在已征收土地内抢种抢栽这一公益目的，报道内容客观真实，新闻内容也回避了王某的姓名，仅短暂使用其背影影像等，应视为已采取了合理的技术手段，尽到了相应的谨慎注意义务。综上，法院依法驳回了王某的全部诉讼请求。

评析

本案涉及《民法典》人格权编关于实施新闻报道、舆论监督等行为与保护名誉权的制度规定。《民法典》第1025条规定："行为人为公共利益实施新闻报道、舆论监督等行为，影响他人名誉的，不承担民事责任，但是有下列情形之一的除外：(一)捏造、歪曲事实；(二)对他人提供的严重失实内容未尽到合理核实义务；(三)使用侮辱性言辞等贬损他人名誉。"同时，第1026条对"合理核实义务"进行了列举说明："认定行为人是否尽到前条第二项规定的合理核实义务，应当考虑下列因素：(一)内容来源的可信度；(二)对明显可能引发争议的内容是否进行了必要的调查；(三)内容的时限性；(四)内容与公序良俗的关联性；(五)受害人名誉受贬损的可能性；(六)核实能力和核实成本。"

前述《民法典》的两条规定对行为人实施新闻报道、舆论监督等行为划分了免责与担责的界限，即行为人在为公共利益实施新闻报道、舆论监督时影响他人名誉的原则上免责，但如果存在捏造、歪曲事实，未尽到合理核实义务，使用侮辱性言辞等情形时，也应当承担名誉权侵权责任。法条中所谓行为人，一般指的是从事正式新闻报道、舆论监督的媒体自然人和其所属的机构和组织。但在由行政机关提供执法新闻材料、新闻媒体制作宣传的涉行政执法类的新闻宣传报道中，行政机关提供新闻内容与素材、新闻媒体制作并传播，笔者认为此时行政机关与新闻媒体均应受《民法典》第1026条中规定的"合理核实义务"的约束。

认定行为人实施新闻报道、舆论监督是否应当承担名誉权侵权责任，首先须判断是否出于公益目的，分析是否尽到了“合理核实义务”。本案中，城市管理执法局阻止抢种抢栽并进行报道的行为，应出于警示教育的公益目的，同时城市管理执法局的行政行为程序违法，并不必然导致其对违法抢种抢栽行为事实认定错误，因此新闻报道内容并不必然失实。此外，该新闻报道用语客观、采用了一定的视频处理技术，且传播范围有限，并未对王某造成在广泛不特定人群中社会评价降低的后果。综合全案事实，王某的名誉权侵权诉请缺乏事实和法律的依据，法院未予支持。

《民法典》将人格权独立成编，是习近平法治思想以人民为中心的具体体现，同时也是对人民群众保障人身权益、维护人格尊严、践行社会主义核心价值观客观需求的一种积极回应。行政机关在一线行政执法实践中，尤其是涉及房地征迁、城管执法、治安管理等矛盾较为尖锐、时效性较强的情况时，人民群众作为行政管理执法的对象，处于弱势一方，会产生对执法者的不信任感。为了调整这种地位的落差，打消群众的疑虑，让行政执法变得更有温度、更能让群众接受和满意，充分保障人民群众的知情权、监督权，行政机关主动开展涉行政执法类新闻宣传报道，自愿接受社会监督，以实现回应群众的诉求、警示教育普法、提升行政效能的目的，是值得鼓励和肯定的。因此，《民法典》中对于出于公益目的实施新闻报道、舆论监督的行为给予了一定的权利让与和包容。

然而，公共利益与公民合法私益之间也必须有一个合理的界限。涉行政机关执法类新闻宣传报道中，行政机关系新闻材料的提供者，新闻媒体作为新闻报道的制作、传播者，在新闻报道时实际掌握了话语权。因此，确保新闻内容的真实性，充分考虑到可能造成的不良影响，并采取合理合法的手段避免侵犯公民合法权益，应为行政机关和新闻媒体不可推卸的社会责任。

法律小贴士

（一）涉行政机关执法类新闻宣传报道如何规避侵权风险？

一方面，行政机关在向新闻媒体提供宣传报道相关资料时，需核实宣传内容的真实性和行政行为的合法性，尤其是重大外宣决策须经内部法制审查，避免因提供的新闻宣传资料不当产生侵害名誉权等不良后果。另一方面，新闻媒体在处理涉行政执法新闻宣传时，应承担更高的谨慎注意义务和更严格的核实义务，全面审查新闻报道对当事人可能造成的影响，保证新闻内容客观真实，并对音、视频充分做好技术性处理，尽可能规避侵犯名誉权的风险。

（二）“官V”直播执法，能否适用《民法典》维护人格权?

当前，在“互联网+”时代背景下，为保障信息公开和社会监督的时效性，行政执法机关在各大视频、社交媒体平台自行设立官方认证账号，动辄几百万“粉丝”、数十万关注量，传播面广、速度快、影响力大，例如公安机关官方账号直播查处酒驾、法院官方账号直播强制执行等。在这种实时播报的情况下，除应当遵守《民法典》关于人格权保护的相关规定之外，执法机关还应当在执法前制定出较完善的应急预案，执法人员应当具有更高的应变能力和法治素养，严格遵守行政执法程序，有成熟的视频处理技术作支撑，才能保证直播执法过程中公民的隐私权、肖像权、名誉权、姓名权等人格权不受侵害。

（三）公民经历“镜头”下的执法时，应当如何应对?

“镜头”下的执法，事实上是保障社会大众的监督权，考验行政机关的规范化执法的好事，公民在面对“镜头”下的执法时不必慌张，依法可以行使抗辩、申诉的权利，同时可以要求执法者不公开个人肖像、姓名、个人隐私等内容，以保障公民人格权益。另外，如果公民的声音具有非常显著的个人标识和特征，即特定对象能通过声音辨识身份，那么根据《民法典》第1023条第2款新增的对声音权保护之规定，公民还可以参照肖像权保护的法律规定，确保其声音权不受侵害。

法条链接

1.《民法典》第1025条：行为人为公共利益实施新闻报道、舆论监督等行为，影响他人名誉的，不承担民事责任，但是有下列情形之一的除外：

(一)捏造、歪曲事实;(二)对他人提供的严重失实内容未尽到合理核实义务;(三)使用侮辱性言辞等贬损他人名誉。

2.《民法典》第 1026 条:认定行为人是否尽到前条第二项规定的合理核实义务,应当考虑下列因素:(一)内容来源的可信度;(二)对明显可能引发争议的内容是否进行了必要的调查;(三)内容的时限性;(四)内容与公序良俗的关联性;(五)受害人名誉受贬损的可能性;(六)核实能力和核实成本。

(本篇撰写人:左陈杨,湖北省当阳市人民法院)

8 邻居监控摄像头朝向自家，隐私权如何保障？

随着生活水平不断提高及信息网络的日益普及，安全防护意识逐渐深入人心，人们为避免自身合法权益遭受不法侵害，可能会选择在自家住宅门口安装摄像监控装置。该行为是出于安全防护的需要，在合理限度内受法律保护。但若拍摄到邻居的私密空间，很有可能构成侵权，引发不必要的纠纷。无处不在的监控在带给自身安全感的同时，对别人隐私的侵犯如何避免？自身的隐私又如何得到保护？问题的答案还要在《民法典》隐私权条款中寻找。

案例

刘某、袁某的房屋相隔20多米。2017年，刘某为了房屋安全，在其外墙上安装监控摄像头。2021年5月，袁某以刘某安装的摄像头是旋转的，会拍摄到其房屋的厕所和卧室，令其感到不安为由，向公安机关报警。嗣后，经村委会与刘某沟通，刘某将摄像头调换至其房屋的西端南墙。但袁某认为，刘某所安装的摄像头是可以旋转拍摄的，双方房屋间隔仅23米，即使刘某调换了摄像头位置，自家房屋也依然在摄像头的监控范围之内，造成其隐私泄露。

裁判结果

一审法院认为，袁某主张刘某在其庭院内安装摄像头侵犯了自己的隐私权，但并未提交充分有效的证据证明其隐私权被侵害的事实，且刘某在自家庭院内安装摄像头的行为并不违反法律规定，不属于违法行为，遂驳回了袁某的诉讼请求。

二审法院认为，刘某房屋为三层楼且门前有较大面积的院子，案涉摄像头的监控范围并不必然超出合理范围，在摄像角度合适的情况下，不当然地侵害他人权益。案涉摄像头的功能是进行安全监控，一般都应处于工作状态。刘某没有证据证明该摄像头在朝向袁某房屋的期间内没有工作，应当推定该摄像头一直处于工作状态，且拍摄了相关视频。虽然没有证据足以证明刘某在使用该摄像头的过程中实质性地对袁某的房屋进行察看并利用了拍摄内容，但案涉摄像头确有朝向袁某的房屋，其间必然会拍摄袁某的住宅，刘某应当立即纠正该摄像头监控角度不合适的行为，确保不得对袁某住宅进行拍摄。若无论怎样对该摄像头的监控角度进行调整，都无法确保该摄像头不朝向袁某的住宅，则该摄像头应予拆除。二审法院撤销一审判决，改判立即纠正将案涉摄像头朝向袁某住宅的行为，并删除此前拍摄内容中与袁某住宅有关的相关影像资料。

评析

本案涉及《民法典》人格权编关于隐私权依法受保护的制度规定。隐私权首次出现在《民法典》人格权编中。《民法典》第1032条规定："自然人享有隐私权。任何组织或者个人不得以刺探、侵扰、泄露、公开等方式侵害他人的隐私权。隐私是自然人的私人生活安宁和不愿为他人知晓的私密空间、私密活动、私密信息。"任何组织或者个人作为隐私权的义务主体，都不得实施侵扰个人的私密空间、私密活动、私密部位、私密信息和生活安宁等侵害隐私权的行为。隐私权保护的私密空间，包括具体的私密空间和抽象的私密空间。《民法典》第1033条规定："除法律另有规定或者权利人明确同意外，任何组织或者个人不得实施下列行为：(一)以电话、短信、即时通讯工具、电子邮件、传单等方式侵扰他人的私人生活安宁；(二)进入、拍摄、窥视他人的住宅、宾馆房间等私密空间；(三)拍摄、窥视、窃听、公开他人的私密活动；(四)拍摄、窥视他人身体的私密部位；(五)处理他人的私密信息；(六)以其他方式侵害他人的隐私权。"

民事主体行使自己的权利，须以不得侵害他人合法权益为边界。权利必然与义务相伴随，公民在利用科技之便利提升自身安全的同时，也要意识到追求自身安全的权限应以不造成他人不安为限。本案所涉及的即为具体的私密空间，即个人住宅。刘某出于安全考虑，在自己房屋上安装摄像头的行为不违反法律规定，但其作为自然人，所安装摄像头的监控区域只能以自己享有的权益为限，不得超出自己房屋以及周边的合理公共区域，否则就有可能侵犯他人的隐私权。

法律小贴士

（一）隐私权的范围及侵害形式有哪些？

隐私是自然人的私人生活安宁和不愿为他人知晓的私密空间、私密活动、私密信息。隐私权是自然人享有的人格权，是指自然人对享有的私人生活安宁和不愿为他人知晓的私密空间、私密活动和私密信息等私生活安全利益自主进行支配和控制，不受他人侵扰的具体人格权。

（1）生活安宁。自然人享有安稳宁静的私人生活状态，并有排除他人不法侵扰，保持无形的精神需要得以满足的权利。生活安宁受到侵害的主要表现形式为骚扰电话、骚扰短信、电子邮件、传单等。日常生活中，因为个人通信方式泄露而收到的大量广告信息、邮件及诈骗信息即属此类。

（2）私密空间。隐私权包含的私密空间，包括具体的私密空间和抽象的私密空间。具体的私密空间如私人住宅，如本案所涉袁某的房屋、宾馆房间、个人通信等，抽象的私密空间是指日记，也即思想的私密空间，因此诸如家长不经允许翻阅孩子日记被孩子指为侵犯隐私并非无法可依。本案所涉的隐私权纠纷便是因具体的私密空间受到侵害而引发。

（3）私密活动。私密活动是一切个人的，与公共利益无关的活动，如日常生活、社会交往等。对此进行拍摄、录制、公开、窥视、窃听都构成侵害私密活动。信息时代，很多时候人们会忽略对私密活动的保护，或者无意间侵害私密活动。如拍摄他人视频并不经允许发布到微信朋友圈、微博、抖音等社交平台等行为，都可能构成侵害隐私权。

（4）私密信息。私密信息是关于个人的隐私信息，获取、删除、公开、买卖他人的私密信息，亦构成侵害隐私权。个人信息的不当扩散和不当利用已经发展为危害公民民事权利的一个社会性问题。大数据时代，人们的姓名、电话号码、社交平台账号等信息的收集和匹配成本越来越低，个人信息一旦泄露扩散，个人隐私便将遭受威胁。

（二）个人隐私权受到侵犯后的救济途径有哪些？

(1)自我救济。日常生活中要加强自我防范意识和隐私保护意识，在发现隐私权被侵害时要及时制止，防止损害后果扩大并积极应对。针对类似案涉纠纷，首先可与邻居进行沟通，尝试换位思考。有时邻居并无侵犯他人隐私权的主观故意，只是摄像头角度不当，事实上形成了对他人隐私权的侵害，此时可协商调整角度或拆除。若协商不成，被侵权人可向居民委员会、业主委员会等组织寻求帮助，在第三方的调解下化解纠纷。

(2)法律救济。一是拨打110报警电话。若侵权人态度强硬，不愿沟通亦调解不成，被侵权人一方面要及时止损，积极采取有效措施制止侵犯隐私权的行为，避免损失的扩大；另一方面可向公安机关报警，要求立案查处，由公安机关收集证据，根据案情和《治安管理处罚法》等相关法律法规作出处理，维护公民的合法权益。二是向人民法院起诉。被侵权人还可以运用法律武器，依法提起民事诉讼，要求对方停止侵害、赔偿损失等。《民法典》第1032条明确给出了隐私权的含义，对于隐私权的法律保护范围进行了一定的延展。第1033条还将侵害隐私权的行为进行了归纳和列举，该条不仅几乎涵盖所有常见的侵犯隐私权的情形，还在最后进行了兜底规定，使对隐私权的保护更加全面。

法条链接

1.《民法典》第1032条：自然人享有隐私权。任何组织或者个人不得以刺探、侵扰、泄露、公开等方式侵害他人的隐私权。

隐私是自然人的私人生活安宁和不愿为他人知晓的私密空间、私密活动、私密信息。

2.《民法典》第1033条：除法律另有规定或者权利人明确同意外，任何组织或者个人不得实施下列行为：(一)以电话、短信、即时通信工具、电子邮件、传单等方式侵扰他人的私人生活安宁；(二)进入、拍摄、窥视他人的住宅、宾馆房间等私密空间；(三)拍摄、窥视、窃听、公开他人的私密活动；(四)拍摄、窥视他人身体的私密部位；(五)处理他人的私密信息；(六)以其他方式侵害他人的隐私权。

（本篇撰写人：刘杰，湖北省武汉市中级人民法院）

9 信息盗用“被办卡”，发卡行应否承担赔偿责任？

互联网的普及和应用给人们生活带来便利的同时，也造成了公民个人信息被非法收集、记录和盗用等问题，加之部分公民不注重个人信息保护，导致其个人信息泄露，让一些不法分子有机可乘，由此出现了“被办卡”“被贷款”等现象。那么，当公民的身份信息被他人盗用办理了信用卡，恶意透支后出现个人信用下降时应如何维权？银行是否应当承担相应的责任呢？这些问题可在《民法典》中找到答案。

案例

2020年6月，原告田某为其儿子向银行贷款提供担保时，被告知个人征信存在不良记录，无法提供担保。经查询，田某得知其个人信息被他人盗取，信用卡申请人凭一张身份证复印件在某银行支行以田某名义办理了一张信用卡，该信用卡自2015年7月出现逾期，其个人征信被纳入不良记录。某银行支行提交的贷记卡申请表、领用人员推荐表上载明的田某为襄阳市某中学教师，电话X。田某对贷记卡申请表上的签字及其他信息均不予认可。某银行支行未提供证据证明申请表及领用表上的签字为田某所签，亦未提供证据证明本案涉及的信用卡一直由田某本人使用。田某与某银行支行因赔偿问题协商未果，故诉至法院，要求某银行支行立即消除其在中国人民银行个人征信系统上的不良信用记录、注销该信用卡并赔偿损失8万元。

裁判结果

法院认为，行为人因过错侵害他人民事权益造成损害的，应当承担侵权责任。本案中，某银行支行在田某名下案涉信用卡发放过程中，未对相关申请材料尽到全面审核义务，任由他人仅凭田某的一张身份证复印件就办理了上述信用卡，也未举证证明该信用卡实际由田某使用，该银行对案涉信用卡逾期导致田某个人信用下降存在过错，应当承担相应责任。田某要求银行赔偿其损失8万元，因未提交证据证实，法院最终判决某银行支行消除田某在中国人民银行个人征信系统上的不良信用记录，注销田某名下的该信用卡，驳回田某的其他诉讼请求。

评析

本案涉及《民法典》人格权编关于个人信息保护的制度规定。本案因发生于《民法典》生效前，故适用《民法总则》涉及个人信息保护和《侵权责任法》中关于过错责任原则的相关规定。为适应时代发展，更好地保护公民个人信息，《民法典》将《民法总则》第111条丰富扩展为第1034条至第1039条，共计6条，分别从个人信息的定义、处理原则和条件、免责事由、个人信息主体的权利、信息处理者的信息安全保障义务，以及国家机关、承担行政职能的法定机构及其工作人员的保密义务等方面作出了规定，为公民构建了完整的个人信息保护壁垒。本案主要涉及《民法典》第1034条第1款“自然人的个人信息受法律保护”，以及第1037条：“自然人可以依法向信息处理者查阅或者复制其个人信息；发现信息有错误的，有权提出异议并请求及时采取更正等必要措施。自然人发现信息处理者违反法律、行政法规的规定或者双方的约定处理其个人信息的，有权请求信息处理者及时删除。”

本案侵权责任纠纷，按照一般侵权的过错归责原则，构成一般侵权应当同时具备行为的违法性、损失事实存在、侵权行为与损害事实之间存在因果关系、行为人主观具有过错四个要件。日常生活中，银行依客户申请为其办理信用卡，并负有相应的信息审核义务。银行应当在确保申请信息真实无误、人证一致的情形下，才可向申请人发放信用卡。

本案中，首先，银行作为金融机构，应当知晓社会生活中存在假冒、盗用他人信息申领信用卡的情况，但其在有效身份证件所有人未亲自到场的情形下，仅凭一张身份证复印件即向申请人发放了案涉信用卡，其主观上显然具有过错。其次，银行应当自主审核判断客户身份和鉴别申请材料内容的真实性、完整性、时效性，但其未核实人证是否一致，相关申请信息是否真实、完整、有效，仅凭申请人提供的身份证复印件即向其发放了案涉信用卡，其行为不符合相关规章制度的要求。再次，案涉信用卡出现逾期直接导致田某个人信用降低，给其造成了损害后果。最后，田某的损害后果与银行疏于履行审核职责、违规发放信用卡之间存在因果关系。综上，银行应当承担相应的侵权责任，即应当消除田某在中国人民银行征信系统上的不良记录，并注销案涉信用卡。另外，若银行明知他人假冒、盗用公民个人信息申领信用卡仍发放信用卡，或私自利用客户信息为客户开卡，就会侵犯客户个人信息，甚至构成犯罪。

在《民法典》生效后，出现类似本案情况的，根据《民法典》第1037条的规定，公民对其个人信息享有查阅权、复制权、异议权、更正权以及删除权。当公民在查询到自己的征信存在不良记录后，可以向有关部门提出异议，要求更正。更正权的行使需要具有以下两个方面的条件：一方面要以个人信息确有错误为前提，这要求个人信息主体应承担举证责任，证明其个人信息出现错误；另一方面，法律规定的“更正等必要措施”不仅包括狭义的更改，还包括更新、补充等。事实上，对于一些个人信息出现错误，如出现更正不能的情况，不必强行更正，可以选择删除。

（一）日常生活中，公民可以从哪些方面防范个人信息被盗？

法律小贴士

（1）提供身份证复印件时，在含有身份信息的区域注明用途和日期。

（2）注意保护隐私。对于身份证复印件、快递单、车票等无用单据要及时销毁，不要随意丢弃，不在社交平台暴露自己及家人的姓名、身份证号、家庭住址、工作单位、出行信息等。

（3）下载手机应用软件时认真阅读用户隐私政策、服务协议等，谨慎授权；对已经不再使用的手机应用软件，及时注销个人账户，删除个人数据。

(4)不随意蹭网。在公共场所尽量使用移动数据流量，没有密码的Wi-Fi应谨慎使用。

(5)谨防钓鱼网站。不轻易点开来历不明的链接、电子邮件，不扫描来历不明的二维码。

(6)谨慎参加调查问卷、网络抽奖，以及各种以赠送礼品为噱头的注册会员、申请会员卡等活动。

(二)身份信息被盗办理信用卡应当如何处理?

(1)发现身份信息被盗用、假冒时，应当第一时间联系银行客服，反映情况并要求冻结信用卡。若不及时处理，轻则发生欠款，产生逾期利息，被银行起诉，重则会产生不良信用记录。

(2)尽快到公安机关报案。

(3)及时查询自己的信用状况，若征信已经产生不良记录，可以向银行提出异议，要求更正，或者向法院起诉，要求银行恢复信用记录，消除债务。

法条链接

1.《民法典》第1037条：自然人可以依法向信息处理者查阅或者复制其个人信息；发现信息有错误的，有权提出异议并请求及时采取更正等必要措施。

自然人发现信息处理者违反法律、行政法规的规定或者双方的约定处理其个人信息的，有权请求信息处理者及时删除。

2.《民法典》第1165条第1款：行为人因过错侵害他人民事权益造成损害的，应当承担侵权责任。

(本篇撰写人：王迎春，湖北省襄阳市樊城区人民法院)

10 墓位消失，逝者亲属能否要求赔偿？

为逝者扫墓是祭奠逝去亲人的一种方式，是中国的传统习俗。逝者的坟墓是生者悼念逝者、表达哀思、寄托感情的客观载体。亲属去祭扫时，发现逝者的墓位消失，该如何处理？墓位消失，损害了近亲属的什么权利？公墓管理处是否应当进行赔偿？上述问题需要结合《民法典》侵权责任编的精神损害赔偿条款来回答。

案例

江某的妹妹江A于1991年2月6日去世，于1991年2月8日落葬于某公墓新3区11排4号。江A目前的近亲属只有哥哥江某。2011年6月1日，某公墓管理处在当地报纸上发布迁坟公告。因江A的亲属没有留下联系方式，且多年未去扫墓，导致某公墓管理处无法联系江A亲属商量墓位的重新安置事宜。2019年5月，江某去扫墓时发现妹妹的墓地已不见踪迹。某公墓管理处检索墓区内所有姓名含“A”字的墓主信息，发现除876号墓位外，其余姓名含“A”字的墓主都有完整的姓名，876号墓位周边其他墓位的落葬时间与江A的落葬时间相隔不远，且876号墓位内的骨灰盒上隐约看到一个“A”字，某公墓管理处据此认为根据排除法并结合生活经验可以证实876号墓位就是江A的墓位。江某认为某公墓管理处疏于管理，上述876号骨灰盒不能确定是江A的，因此遭受精神痛苦。江某诉至法院，请求判令某公墓管理处赔偿其财产损失12万元、精神损失30万元。

裁判结果

法院认为,江某在2019年5月去寻找江A墓位时,某公墓管理处通过检索姓名含"A"字的墓主信息,发现编号为876号的墓位的骨灰盒上隐约可见"A"字,且876号墓位周边墓位的落葬时间与江A落葬时间接近,据此推定此墓位为江A墓。虽然存在这种高度盖然性,但推定不代表确定,某公墓管理处不能明确无误地指出哪个墓位是江A的,这种不确定性会给逝者亲属造成心理阴影,导致其精神痛苦,应承担赔偿责任。法院在综合考虑自然力的破坏、某公墓管理处的管理疏忽、逝者亲属疏于祭扫,以及特定历史时期下公墓管理体制与当前经营性的公墓管理体制的区别等多方面原因的基础上,确定精神损害赔偿金额。最终,判决某公墓管理处赔偿2万元。

评析

本案涉及《民法典》人格权编关于精神损害赔偿的制度规定。精神损害是指因侵权行为导致的受害人心理损伤,或者感情上伤心、烦恼、苦恼,以金钱赔偿作为救济方式的损害,主要包括被侵权人一方精神痛苦或其他严重精神反常情况。《民法典》第1183条第2款规定:"因故意或者重大过失侵害自然人具有人身意义的特定物造成严重精神损害的,被侵权人有权请求精神损害赔偿。"此处"具有人身意义的特定物"可以参考《民法典》第994条之规定:"死者的姓名、肖像、名誉、荣誉、隐私、遗体等受到侵害的,其配偶、子女、父母有权依法请求行为人承担民事责任;死者没有配偶、子女且父母已经死亡的,其他近亲属有权依法请求行为人承担民事责任。"

实践中,衡量某物是否属于特定物以及不可替代,可以具体考察物的来源是否特殊、物的功能是不是主要作为追思的物质载体、物的留存时间以及权利人的珍惜程度等来综合考量,并非一切寄予权利人情感、意志的物品均符合救济的准入要求。祭奠是活着的人对死去的人(通常是去世的亲人)表示悼念和敬意的一种情感活动。祭奠是中国的传统习俗。虽然我国法律没有明文规定祭奠权,但从法理上看,祭奠权应属于公民身份权的范畴,是民事主体基于特定的身份(一般是亲属关系)而产生的一种祭奠的权利。故公墓管理处对墓位管理不当,给逝者亲属造成心理阴影和精神痛苦的,应承担精神损害赔偿责任。

精神损害本身无法用金钱数额进行衡量,但是精神损害赔偿的数额应该与精神损害的严重程度相一致。侵权人的过错程度、侵害手段、场合、行为方式、侵权行为所造成的后果,是衡量被侵权人精神损害程度的重要因素。越是故意甚至恶意的主观状态,在更为公开的场合以更为恶劣的加害手段侵害被侵权人,对被侵权人造成越为严重的后果,则被侵权人所受精神损害的程度就越深,侵权人应承担的赔偿数额也就越高。同时,应当承认,侵权人的获利情况、侵权人承担责任的经济能力与司法政策、法官结合具体案件行使自由裁量权的情况密不可分,因此精神损害赔偿的数额,宜在具体案件中,结合个案情况灵活处理。随着社会经济的发展变化,精神损害赔偿的数额也会随之发生变化。

本案中,导致江某精神痛苦这一后果是任何一方当事人都不愿意看到的,这一后果也是多方面原因造成的,有自然力的破坏原因,有公墓管理处档案登记不细致的原因,还有原告自身作为逝者亲属疏于祭扫的原因。值得注意的是,特定历史时期下公墓管理体制与当前经营性的公墓管理体制应有所区别,公墓的收费状况与其应负的注意义务、维护义务相对应,不应以经营性墓地的维护标准去苛责特定历史时期下的公墓管理者,因此本案综合考虑多重因素,最终确定某公墓管理处的赔偿数额。

本案系因墓地管理不善造成的死者近亲属的情感损害,法官根据一般侵权行为的构成要件,依据当事人的过错程度,对这类特殊类型案件进行周密论证、大胆裁判,一方面对死者近亲属的情感利益予以了有力的救济和慰藉,向社会昭示了人民法院维护公民人格权益的态度,让人民群众能够感受到司法的温度;另一方面也宣示了人民法院坚定维护公序良俗、弘扬和践行社会主义核心价值观的决心,实现了个案中的公平与正义。

法律小贴士

(一)精神损害赔偿的适用范围有哪些?

《民法典》生效前,精神损害赔偿的适用有较严格的限制,仅限于侵害人身权益的侵权行为。《民法典》生效后，按第996条、第1183条第2款的规定，精神损害赔偿的适用范围扩大了，一是违约侵害人格权益并造成严重精神损害的，也可以主张精神损害赔偿；二是侵权所侵害的如果是具有人身意义的特定物并造成严重精神损害的，也可以主张精神损害赔偿。

（二）残疾赔偿金、死亡赔偿金是不是精神损害抚慰金？

《民法典》第1179条规定，侵害他人造成残疾或死亡的，还应当赔偿残疾赔偿金或死亡赔偿金；第1183条第1款规定，“侵害自然人人身权益造成严重精神损害的，被侵权人有权请求精神损害赔偿”。残疾赔偿金、死亡赔偿金与精神损害赔偿作为两种性质不同的侵权损害赔偿类型，在《民法典》中得到了明确区分。残疾赔偿金、死亡赔偿金赔偿的依据是劳动能力丧失，导致收入的减少，或生命的丧失导致收入损失，其性质是物质损害赔偿，而非精神损害赔偿，因此这两者可并行主张。

（三）具有人身意义的特定物是指什么？

《民法典》第1183条第2款对损害特定物的精神损害作出了明确的规定，比《最高人民法院关于确定民事侵权精神损害赔偿责任若干问题的解释》使用的“特定纪念物品”更为广泛。在实践中具有人身意义的特定物的范围主要涉及物品类型为：(1)与近亲属死者相关的特定纪念物品(如遗像、墓碑、骨灰盒、遗物等)；(2)与结婚礼仪相关的特定纪念物品(如录像、照片等)；(3)与家族祖先相关的特定纪念物品(如祖坟、族谱、祠堂等)。这些物品对被侵权人而言具有人身意义。

法条链接

《民法典》第1183条第2款：因故意或者重大过失侵害自然人具有人身意义的特定物造成严重精神损害的，被侵权人有权请求精神损害赔偿。

（本篇撰写人：彭林、刘雨舒，湖北省武汉东湖新技术开发区人民法院）

婚姻家庭编

HUN YIN JIA TING BIAN

1 离婚时生活困难能否请求返还彩礼？

在我国广大农村地区给付彩礼成了结婚之前的一种风俗习惯，受法律保护。但是夫妻在离婚时，给付彩礼的一方能否要求接受彩礼的一方返还彩礼呢？返还彩礼的界限在哪里?《最高人民法院关于适用〈中华人民共和国民法典〉婚姻家庭编的解释(一)》关于彩礼返还的规定给出了答案。

案例

2019年4月，郑某与向某办理结婚登记手续。同年9月，双方在向某家举行婚礼，后双方家庭之间发生矛盾。同年11月，双方因家庭琐事发生口角，后报警处理，随后二人开始分居生活。2020年1月15日，向某提起离婚诉讼，后撤回起诉。现向某以夫妻双方感情破裂为由再次起诉，要求与郑某离婚。郑某同意离婚，但表示8万元彩礼是其父母贷款给付，该款项支付已经致使其家庭生活困难，要求向某返还8万元彩礼。

裁判结果

法院认为，夫妻关系存续与否应以夫妻感情为基础。向某要求离婚，郑某表示同意，可见双方夫妻感情彻底破裂，故向某要求与郑某离婚的诉讼请求，法院予以支持。关于8万元彩礼是否返还的问题。彩礼是以缔结婚姻为目的，依民间习俗给付的财物。被告主张为与原告结婚，向原告支付了8万元彩礼，向某对此表示认可，依法确认属于彩礼。根据《最高人民法院关于适用〈中华人民共和国民法典〉婚姻家庭编的解释(一)》第5条"当事人请求返还按照习俗给付的彩礼的,如果查明属于以下情形,人民法院应当予以支持:(一)双方未办理结婚登记手续;(二)双方办理结婚登记手续但确未共同生活;(三)婚前给付并导致给付人生活困难。适用前款第二项、第三项的规定,应当以双方离婚为条件"的规定,本案中,双方虽已办理结婚登记手续并短暂共同生活了一段时间,其共同生活时间断断续续,共同居住不超过半年,在办理结婚仪式后双方并无夫妻之间相互扶助、共同维护家庭的经历,未开始实质意义上的夫妻家庭共同生活,郑某主张给付向某的彩礼来源于其父母在银行的贷款,并提交贷款凭证,虽原告予以否认,但未提供证据证明,因此,法院对贷款事实予以认定。郑某家庭经济条件一般,因本次婚姻支出大量钱财,客观上造成了家庭经济更加紧张。故判决支持郑某要求返还彩礼的主张。

评析

《民法典》对彩礼的返还没有明确规定,但在《最高人民法院关于适用〈中华人民共和国民法典〉婚姻家庭编的解释(一)》,其中进行了明确,其第5条规定:"当事人请求返还按照习俗给付的彩礼的,如果查明属于以下情形,人民法院应当予以支持:(一)双方未办理结婚登记手续;(二)双方办理结婚登记手续但确未共同生活;(三)婚前给付并导致给付人生活困难。适用前款第二项、第三项的规定,应当以双方离婚为条件。"这一条款全面诠释了我国司法实务界对于彩礼处理的原则。

我国自周朝以来,对于娶亲已经形成了一套约定俗成的婚俗,即纳彩、问名、纳吉、纳征、请期、亲迎,纳彩就是其中的纳征的俗称。该婚俗已经有2000多年的历史。就彩礼的性质而言,是一种附条件的民事法律行为或者说是一种附条件的赠与合同行为,即是以结婚为条件的赠与行为。也就是说,双方婚姻关系顺利缔结,赠与合同的目的达成,彩礼就直接归受赠人所有。反而言之,缔结婚姻的行为一旦没有完成,则应当视为条件未成就,赠与合同关系则因合同目的不能实现而解除,赠与的财产应当恢复到初始状态,彩礼此时应直接返还给赠与人,否则与其当初给付时的本意(即蕴含着以对方同意结婚)明显相背离。

适用婚前给付导致生活困难需要返还彩礼的情形主要有以下三个构成要件:第一,本地区确实存在婚前给付彩礼的风俗习惯。虽然《民法典》第1042条第1款“禁止包办、买卖婚姻和其他干涉婚姻自由的行为。禁止借婚姻索取财物”的规定表明,给付彩礼已不再被提倡,但如前之所述,彩礼在我国已流行2000多年,目前尤其在农村地区比较普遍。结合《最高人民法院关于适用〈中华人民共和国民法典〉婚姻家庭编的解释(一)》第5条之规定,我国法律对给付彩礼不禁止,但徒法不足以自行,法必须通过司法裁判体现自己的人文关切和价值追求,在司法实务中必须从严认定本地区是否存在给付彩礼的风俗习惯。第二,必须以离婚为前提,人民法院才能考虑支持给付人的返还请求。若在给付彩礼之后,在婚姻关系存续期间,给付人提出要求返还给付的,人民法院将不予支持。第三,婚前给付导致给付人生活绝对困难,生活困难有绝对困难和相对困难之分。那么《最高人民法院关于适用〈中华人民共和国民法典〉婚姻家庭编的解释(一)》所指的生活困难应当是针对生活绝对困难而言的,即依照个人财产和离婚时分得的财产无法维持当地基本生活水平。此外,婚前给付应结合当地风俗习惯来解释,不应简单以办理结婚登记时间来认定。

本案中,8万元的彩礼对于农村地区而言,确属压力较大。郑某家庭在给付彩礼后,背负着8万元的银行贷款,符合婚前给付导致生活困难需要返还彩礼的构成要件,故郑某有权要求向某返还8万元的彩礼。

本案判决进一步彰显了《民法典》的人文主义关怀,对外表明“彩礼虽是礼,但不能过度”的司法理念,有助于打压唯彩礼的攀比风,破除唯金钱论,解决了社会生活中因给付彩礼而导致债台高筑的社会问题,弘扬了社会主义核心价值观。

法律小贴士

(一)领证之前或者按照习俗举办婚礼之前所给付的款项是否都属于彩礼?

按照我国相关习俗,男女双方在恋爱期间用于表达爱意、联络情谊的小额赠与(例如易损耗的日常用品、价值较小的物品、请客花销、特殊节日向另一方转账或者以现金方式给付的有特殊含义的小额金钱)一般应当认定为赠与行为,不宜认定为彩礼。

（二）《民法典》施行后，婚前给付彩礼是否被完全禁止？

彩礼作为我国已流行了2000多年的风俗习惯，在农村地区一直存在。从《民法典》的规定来看，法律不提倡婚前给付彩礼，但也未禁止。也就是说，婚前给付彩礼不具有违法性。因此《民法典》施行后，因彩礼返还发生的纠纷，人民法院应当依法进行审理。在实践中，应当将给付彩礼与借婚姻索取财物、买卖婚姻区分开来。

（三）法院判决返还彩礼是否一定是全额返还？

法院判决返还彩礼的具体数额需要根据具体情况综合认定。一般都要根据已给付彩礼的实际使用情况、双方当事人共同生活的时间、彩礼数额、是否生育子女、是否存在过错等因素综合认定，真正体现公平原则，平衡各方当事人的合法利益，维护社会的和谐稳定。

（四）彩礼纠纷中能否将接受彩礼方的父母列为共同被告？

在实际生活中，订立婚约之后，彩礼的给付人和接受人并非仅仅局限于男女双方当事人，两个家庭都会参与其中。若双方父母是彩礼给付和接受的直接参与人，可以成为彩礼诉讼之中的当事人，法院可以将接受彩礼方的父母列为共同被告。

法条链接

1.《民法典》第1042条：禁止包办、买卖婚姻和其他干涉婚姻自由的行为。禁止借婚姻索取财物。

禁止重婚。禁止有配偶者与他人同居。

禁止家庭暴力。禁止家庭成员间的虐待和遗弃。

2.《最高人民法院关于适用〈中华人民共和国民法典〉婚姻家庭编的解释（一）》第5条：当事人请求返还按照习俗给付的彩礼的，如果查明属于以下情形，人民法院应当予以支持：（一）双方未办理结婚登记手续；（二）双方办理结婚登记手续但确未共同生活；（三）婚前给付并导致给付人生活困难。

适用前款第二项、第三项的规定，应当以双方离婚为条件。

（本篇撰写人：邓敏，湖北省宜都市人民法院）

2 发现配偶婚前隐瞒重大疾病，怎么办？

夫妻本是最亲密的两性关系，夫妻之间应当互相忠实，互相尊重，互相关爱。但随着社会婚姻观念的更迭，配偶婚前隐瞒患有重大疾病的情形时有发生。此类案件中，经常出现重大疾病范围不明、发病时间难以确定等问题，尤其是随着社会生活节奏的加快，许多夫妻婚前相识时间不长就办理了结婚登记。如何判断是否符合婚前隐瞒重大疾病的婚姻可撤销这一情形？

案例

2021年3月，卢某某（女）与徐某（男）经双方母亲介绍认识，于2021年5月办理结婚登记手续。随后，卢某某外出务工。2021年7月，徐某来到卢某某务工地，与之一起生活。在相处中，卢某某发现徐某经常做出异于常人的行为，便向徐某父母询问情况。徐某父母见难以隐瞒，便道出实情，原来徐某婚前患有精神分裂症。随后，徐某被送往医院治疗。卢某某难以接受这一事实，认为徐某隐瞒疾病的行为侵犯了自己的知情权，违背了自己的真实意志，故向法院起诉撤销婚姻。

裁判结果

法院认为，缔结婚姻关系应建立在双方彼此相互了解、信任的基础上。徐某婚前患有精神分裂症，未在婚姻登记前如实告知，对于卢某某作出结婚的意思表示是否完整具有重大影响。现卢某某在法定期间内主张撤销婚姻，事实清楚，于法有据，遂依法判决撤销卢某某与徐某的婚姻。

评析

本案涉及《民法典》婚姻家庭编关于“婚前隐瞒重大疾病的婚姻可撤销”规定，是《民法典》的新增条文。该条文是由2001年《婚姻法》第10条规定演化而来。《民法典》第1053条规定：“一方患有重大疾病的，应当在结婚登记前如实告知另一方；不如实告知的，另一方可以向人民法院请求撤销婚姻。请求撤销婚姻的，应当自知道或者应当知道撤销事由之日起一年内提出。”

在处理因隐瞒重大疾病，当事人请求撤销婚姻的案件时，注意事项主要有六点：第一，一方患有重大疾病。需注意患病方患有的疾病是否属于重大疾病的范围，因法条并未对重大疾病的范围作出明确规定，实践中一般参照《母婴保健法》的相关规定，其中第8条规定了婚前医学检查疾病的范围，主要有三类：(1)严重遗传性疾病；(2)指定传染病；(3)有关精神病。第38条对上述三类疾病作出了进一步规定。第二，重大疾病发病时间在婚姻登记之前，如果在婚后发病则不属于可撤销婚姻的情形。本条规定指向的是患病方知情且未在登记结婚前如实告知另一方的情形，如在登记结婚前未发病，患病方不知情，此时患病方没有隐瞒的故意，另一方不能据此请求撤销婚姻。第三，患病方具有隐瞒的故意，未履行如实告知的义务，导致未被如实告知的当事人当初作出结婚的意思表示具有瑕疵。第四，享有撤销权的主体仅限于婚姻中的未被如实告知的当事人本人，其近亲属不享有撤销权，未被如实告知的当事人可自主决定是否继续维持其意思表示的效力。第五，隐瞒重大疾病的婚姻撤销须经过诉讼，婚姻登记机关无权对此类婚姻进行撤销。第六，撤销权行使期限为一年，该期间为除斥期间，如被隐瞒的一方当事人在知道或应当知道之日起一年内不行使撤销权，则撤销权归于消灭。婚姻一经撤销，自始没有法律约束力。

本案中，徐某在婚姻登记前患有精神分裂症，且未如实告知卢某某，侵害了卢某某的知情权，且精神分裂症属于《母婴保健法》第38条规定的“有关精神病”的范畴，属于重大疾病范围。卢某某自知道之日起一年内向人民法院请求撤销婚姻，符合《民法典》第1053条之规定。徐某为了与卢某某缔结婚姻，隐瞒自己患病的事实，本质上是一种欺诈行为，不仅对卢某某造成了伤害，也造成了不良的社会影响。法院支持卢某某撤销婚姻的诉讼请求，发挥了司法裁判弘扬诚信，倡导互相忠实、互相尊重、互相关爱的夫妻关系的积极作用。

在《民法典》颁布之前，2001年《婚姻法》将婚前患有医学上认为不应当结婚的疾病，婚后尚未治愈的，规定为婚姻无效的情形之一。近年来，由于生物医学技术的迅猛发展、社会婚姻观念更加开放包容，许多医学上认为不应当结婚的疾病，已经有了解决的方法，对于某些传染类疾病，做好防范措施就不会影响家庭成员的身体健康和正常生活；对于一些遗传类疾病，生育也已不是现代婚姻的必然选择。疾病不应成为对婚姻效力的否定性评价，2001年《婚姻法》的该条规定已不符合当前社会发展趋势。《民法典》将重大疾病对于婚姻效力的影响由无效改为可撤销，一方面，赋予被隐瞒方可撤销婚姻的权利，保障了婚姻当事人的知情权；另一方面，尊重部分被隐瞒方不撤销婚姻的选择，保护了婚姻的存续和稳定。这一改变展示了立法的侧重点由社会公共利益向个体利益倾斜，体现了民法私法自治的精神内涵，更是当代社会婚姻自由的题中应有之义。

法律小贴士

（一）可撤销婚姻有几种情形？

《民法典》规定的可撤销婚姻情形有两种：一是本文所述的“婚前隐瞒重大疾病的婚姻”；二是因胁迫而缔结的婚姻关系。《民法典》第1052条规定：“因胁迫结婚的，受胁迫的一方可以向人民法院请求撤销婚姻。请求撤销婚姻的，应当自胁迫行为终止之日起一年内提出。被非法限制人身自由的当事人请求撤销婚姻的，应当自恢复人身自由之日起一年内提出。”

（二）被撤销婚姻的法律后果是什么？

被撤销的婚姻自始没有法律约束力。《民法典》第1054条对无效婚姻或被撤销婚姻的法律后果作了详细规定，从人身关系来看，双方当事人不再具有夫妻之间的人身关系，不享有夫妻之间的权利和义务，双方共同生活期间为同居期间。从财产关系来看，双方之间的财产关系不适用夫妻财产制。对同居期间所得的财产，双方有约定的，按约定处理；没有约定的，由双方协商确定；协商不成的，人民法院按照照顾无过错方的原则处理。从亲子关系来看，当事人所生子女与父母的关系不因婚姻无效或者被撤销而受影响。此外，对于婚姻无效或被撤销的无过错方，《民法典》新增了其享有损害赔偿请求权。

（三）可撤销婚姻和无效婚姻有何区别？

(1)请求权主体不同。请求撤销婚姻的主体只能是隐瞒重大疾病未被如实告知或被胁迫的婚姻当事人，申请宣告婚姻无效的主体包括婚姻当事人、近亲属以及基层组织。(2)所侵害的利益不同。可撤销婚姻主要侵害的是婚姻当事人的自由意志。无效婚姻违反法律禁止性规定，立法者对婚姻效力持否定性评价，不仅侵害当事人的自由意志，还侵害社会公共利益。(3)法律后果不同。无效的婚姻自始没有法律约束力，只要无效事由存在，请求权主体就可申请宣告婚姻无效。可撤销婚姻，未经撤销时有效，被撤销后自始没有法律约束力。可撤销婚姻的撤销权行使期限为撤销权人知道或者应当知道之日起一年，若一年时间经过，撤销权人不行使撤销权，则婚姻自始有效。

（四）如何防范配偶婚前隐瞒重大疾病？

准备结婚前，可采取一定措施和方法以减少此类情形发生的概率。例如，准备结婚的男女可做婚前医学检查或者去取得资质许可的医疗保健机构做婚前保健服务。双方应多沟通、多了解，互相坦诚。恋爱期间发现伴侣有异常行为时多留心，主动关心伴侣的身体健康；准备结婚时，与对方的父母、亲人、朋友多接触，全面了解对方的身体状况。

法条链接

《民法典》第1053条：一方患有重大疾病的，应当在结婚登记前如实告知另一方；不如实告知的，另一方可以向人民法院请求撤销婚姻。

请求撤销婚姻的，应当自知道或者应当知道撤销事由之日起一年内提出。

（本篇撰写人：石慧，湖北省天门市人民法院）

3 夫妻一方患病，配偶一走了之，扶养费用谁承担？

夫妻有相互扶养的义务。夫妻之间相互扶养的义务，既是婚姻关系得以维持和存续的前提，也是夫妻共同生活的保障。在夫妻关系存续期间，一方患病入院治疗且无其他固定生活来源，另一方应当负担患病一方的医疗费和生活费。

案例

马某某与徐某某系夫妻关系。2012年，双方在外务工期间，马某某被诊断为精神分裂症，精神残疾二级。此后，马某某病情反复发作并需长期服药对病情予以控制。2015年，马某某的舅舅在路边偶遇正在捡拾垃圾的马某某，得知马某某被遗弃在出租屋内，其父母遂将其接回娘家。此后，马某某一直居住在娘家。马某某在娘家居住期间，生活由其父母照料，医疗费亦由其父母垫付。马某某多次病发并频繁住院，且病情恶化，但徐某某对此不闻不问。马某某父母年迈，无力承担其住院等费用，只能让马某某在家通过服药来控制病情。鉴于此，马某某诉至法院，请求判令徐某某支付双方分居期间马某某的医疗费及夫妻关系存续期间的扶养费和医疗费。

裁判结果

法院认为，夫妻有相互扶养的义务。需要扶养的一方，在另一方不履行扶养义务时,有要求其给付扶养费的权利。马某某在与徐某某婚姻关系存续期间多次患病入院治疗,徐某某在法院认定的分居期间既未与马某某共同生活,亦未负担马某某的医疗费、生活费等,未尽到夫妻之间必要的扶养义务。加之马某某因患精神疾病无固定工作和收入来源,而徐某某正值壮年,有相应的劳动能力及负担能力。最终判决徐某某支付夫妻分居期间马某某的医疗费2万余元,并根据当地生活标准,结合马某某实际生活及治疗所需费用和徐某某需负担子女生活教育费用等实际情况,酌定徐某某自双方分居之日起至双方婚姻关系存续期间的扶养费(含医疗费用)的支付标准。

评析

本案涉及《民法典》关于夫妻相互扶养义务之条款。夫妻相互扶养义务被规定在《民法典》婚姻家庭编“家庭关系”一章中。其中,《民法典》第1059条规定:“夫妻有相互扶养的义务。需要扶养的一方,在另一方不履行扶养义务时,有要求其给付扶养费的权利。”

夫妻相互扶养义务的构成要件有以下三个:一是需要存在合法有效的婚姻关系,其不以婚姻存续时间的长短以及是否共同生活为条件。二是夫妻一方确实存在生活困难、丧失劳动能力、无固定收入、缺乏生活来源、年老、患病等原因,无独立生活能力等客观上需要扶养的因素。三是负有扶养义务的另一方具有相应的扶养能力,即可以通过物质上的资助等方式,使需要扶养的一方摆脱困难境地。

夫妻之间的扶养义务是基于双方合法有效的婚姻关系而发生的。具体表现为经济上的相互扶助、生活上的相互照料等,其目的在于保障夫妻共同生活,是婚姻关系的必然要求。该义务自双方缔结婚姻时产生,在婚姻关系有效持续的整个过程中一直存在且具有法律约束力,因婚姻的实际情形及夫妻双方的感情状况而发生变化。夫妻关系存续期间,任何一方符合需要扶养的条件,均可依法请求另一方履行相应的扶养义务。此项义务为法定义务,义务履行方必须无条件履行。如果义务方拒不履行该义务,情节恶劣,后果严重,致使扶养权人陷入生活无着落的境地,还会构成刑法上的遗弃罪,将被依法追究刑事责任。

夫妻之间的扶养主要是为了满足生活困难一方的基本生活需要和其他必要开

支，比如支付医疗费等。一般情况下，法院应根据扶养权利人一方的实际需要、支付扶养费一方的实际经济能力以及当地居民的平均生活水平，并结合需负担父母、子女的生活、教育费用等因素综合确定夫妻间扶养费的给付标准。

夫妻相互扶养义务是法定的，该义务不以夫妻就双方财产作出何种约定而免除。即使夫妻双方约定婚后财产归各自所有，也不意味着夫妻任何一方只需负担自己的生活费用等，而无须向对方履行法定扶养义务。夫妻任何一方符合需要扶养的条件时，均可依法要求对方履行法定的扶养义务。

本案中，马某某患病后被徐某某遗弃在出租屋，后被其舅舅发现，由父母接回娘家居住，自此双方开始长期分居生活，但是双方仍系夫妻关系，夫妻间的权利义务关系仍然存在。马某某因患病无固定工作和收入来源维持基本生活及支付看病必要开支。而徐某某正值壮年，有相应的劳动能力及负担能力。马某某的情况符合《民法典》规定的夫妻相互扶养义务的构成要件。其诉请徐某某支付夫妻分居期间的医疗费及分居期间至夫妻关系存续期间的扶养费（含医疗费）于法有据，故法院在查明事实的基础上，对马某某诉讼请求中的合理部分依法予以支持。

夫妻扶养义务的承担，既是婚姻关系得以维持和存续的前提，也是夫妻共同生活的保障。夫妻相互扶养义务是一个道德问题，是对中华民族传统美德的继承和发扬，有利于构建和谐的家庭关系，弥补社会保障制度等方面的不足。同时，更是夫妻之间的法定义务，有扶养能力的一方必须自觉履行这一法定义务，特别是在对方患病或者丧失劳动能力等情况下，更应该做到这一点。本案中，马某某患病期间被遗弃，且因病无固定工作及经济来源，无法维持日常基本生活及看病支出，徐某某应在其能力范围内向马某某承担一定的扶养义务。法院对于不履行夫妻间相互扶养义务这一既违反社会道德又违反法律规定的行为，旗帜鲜明地给予否定性评价，并在查明事实的前提下，依法判令徐某某履行相应的扶养义务，既彰显了法治权威，也维护了道德风尚。

法律小贴士

（一）夫妻间的扶养义务包括哪些内容？

夫妻间的扶养义务主要是在生活上和物质上相互扶助、给予供养，具体包括以下内容：

(1)当夫妻一方生病时,有负担能力的另一方必须给予必要的照顾或者送院治疗,并承担相应的医疗和护理费用等;(2)当夫妻一方为无行为能力或者限制行为能力时,另一方有担任法定监护人的权利和义务;(3)当夫妻一方失去劳动能力时,另一方负有扶养和照顾对方生活的义务。

(二)夫妻一方不履行扶养义务,可能会承担什么责任?

《民法典》第1059条明文规定夫妻间有相互扶养的义务。夫妻间的相互扶养义务,属于《民法典》规定的强制性义务,夫妻之间不得以约定的形式免除这一法定义务。夫妻间约定免除扶养义务的,该约定因违反法律规定而无效。夫妻一方不履行法定扶养义务,情节恶劣,造成严重后果的,依法承担刑事责任。在承担刑事责任的同时,亦不能免除其履行扶养义务的民事责任。

(三)夫妻一方拒绝履行扶养义务,另一方该如何维权?

夫妻一方有能力履行扶养义务而拒绝扶养的,需要扶养的一方可以通过以下途径维护自己的合法权益。第一,当夫妻间因履行扶养义务问题发生争议时,需要扶养的一方可以向人民调解组织提出调解申请。第二,可以向人民法院提起追索扶养费的民事诉讼,通过民事诉讼程序强制有扶养义务的一方履行扶养义务。同时根据《民法典》第1066条之规定,夫妻一方对患有重大疾病需要医治的配偶拒绝履行扶养义务的,配偶可以向法院请求分割共同财产。第三,夫妻一方不履行法定扶养义务,情节严重,造成严重后果的,夫妻一方可以向公安机关报案。同时,可以向人民法院起诉,要求对方承担相应的民事责任。夫妻扶养义务随夫妻关系解除而消灭,若一方在婚姻关系存续期间未积极履行法定扶养义务,另一方在离婚时亦可行使追索扶养费(含医疗费等)相关权利。

法条链接

《民法典》第1059条:夫妻有相互扶养的义务。

需要扶养的一方,在另一方不履行扶养义务时,有要求其给付扶养费的权利。

(本篇撰写人:王俊秋,湖北省随县人民法院)

4 夫妻一方向婚外第三人转账，配偶能否要求返还？

法律设定夫妻财产制度，有利于保障夫妻的财产权益，维护和谐的家庭关系。在我国，对夫妻共同财产的处理应当遵循什么原则？哪些财产属于夫妻共同财产？哪些财产属于夫妻个人财产？当夫妻一方未经另一方同意向婚外第三人转让财产时，受损害的一方应当如何维护自己的权益？上述问题需要从《民法典》婚姻家庭编中有关夫妻财产制度的规定中寻找答案。

案例

张某与杜某于1999年6月登记结婚。2021年4月，杜某因呼吸心脏骤停死亡。其后张某得知杜某生前曾于2018年12月11日、2021年4月7日以及同年4月10日、4月28日通过中国农业银行账户四次向施某转账，银行转账金额共计56000元。同时，在2019年1月至2021年4月期间，杜某多次以微信红包、转账的方式向施某转账，扣除施某向杜某转账支付的款项，杜某通过微信共向施某转账32万余元。张某遂诉至法院，要求施某返还上述款项。

裁判结果

法院认为，根据《民法典》第1062条的规定，夫妻对于共同财产有平等的处理权。对于超出日常生活需要的夫妻共同财产的处分，双方应当协商一致，一方不得未经另一方同意进行处分。本案中,杜某在婚姻存续期间数次处分夫妻共同财产,未经张某同意对施某进行赠与,该行为严重侵害了张某的财产权利,亦违反公序良俗,该行为应为无效。故法院判决施某向张某返还所收财产。

评析

本案涉及《民法典》婚姻家庭编第1062条关于夫妻共同财产的范围以及夫妻对共同财产平等处理权的规定。《民法典》第1062条规定:"夫妻在婚姻关系存续期间所得的下列财产,为夫妻的共同财产,归夫妻共同所有:(一)工资、奖金、劳务报酬;(二)生产、经营、投资的收益;(三)知识产权的收益;(四)继承或者受赠的财产,但是本法第一千零六十三条第三项规定的除外;(五)其他应当归共同所有的财产。夫妻对共同财产,有平等的处理权。"该条在《婚姻法》第17条的基础上进一步完善了夫妻共同财产制度,明确夫妻共同财产的概念,并根据市场经济的发展,对列举的各项夫妻共同财产范围加以完善,回应了现实社会生活中的相关问题。

基于对我国现实国情的考量,立法规定我国以夫妻婚后所得共同财产制为主、约定财产制为辅,这符合我国传统文化和现代社会多数人的现实需求。在社会生活中,受经济、社会、文化等各方面因素的影响,一些女性没有参加就业或因抚养子女、照顾家庭而放弃工作,缺乏独立的经济收入。在此情形下,以共同财产制为法定财产制,有利于保护夫妻关系中经济能力较弱的一方,有利于实现夫妻平等,维护更加和谐的家庭关系。

婚后所得共同财产制,是指在婚姻关系存续期间,除一方的个人财产和夫妻另有约定的财产外,夫妻双方或一方在婚后所得的财产,由夫妻双方共同共有,双方享有平等的占有、使用、管理、处分、收益的权利。而夫妻双方作为婚姻关系的主体,在处理夫妻共同财产时,应当遵循平等处理的原则,征求另一方的意见。《民法典》第1062条第2款即规定夫妻双方对共同财产有平等的处理权,这意味着夫妻双方对于全部共同财产均享有同等权利、承担同等义务。除法律另有规定的情形外,一方处分夫妻共同财产应当得到另一方的同意,未经同意不得擅自处分共同财产。

根据《民法典》第1062条第1款的规定，我国的夫妻共同财产是指夫妻在婚姻关系存续期间所得的财产，包括：(1)工资、奖金、劳务报酬。即夫或妻作为劳动者获得的各项劳动收入。(2)生产、经营、投资的收益。即夫妻双方或一方从事生产、经营所得的各种收入和投资所得的收入，包括从事农业、工业及第三产业等各行业的生产经营收益，也包括投资股票、债权、股权的资本收益。(3)知识产权的收益。知识产权既是一种财产权，也是一种人身权。婚后，知识产权中的人身权仅归权利人所有，由权利人行使，但是由知识产权所产生的经济利益属于夫妻共同财产，由夫妻共同所有。(4)继承或受赠的财产。夫妻双方或任何一方继承或受赠的财产属于夫妻共同财产，但遗嘱或赠与合同中明确只归一方所有的除外。(5)其他应当归共同所有的财产。对此，根据《最高人民法院关于适用〈中华人民共和国民法典〉婚姻家庭编的解释(一)》第25条之规定，还包括一方在婚姻关系存续期间以个人财产投资取得的收益；男女双方在婚姻关系存续期间实际取得或者应当取得的住房补贴、住房公积金；男女双方在婚姻关系存续期间实际取得或者应当取得的基本养老金、破产安置补偿费。

当夫妻一方未经对方同意擅自处分共同财产，如向婚外第三人转让财产时，受损害的一方有权请求法院宣告转让财产的行为无效。本案中，杜某在婚姻关系存续期间与施某产生婚外情，并多次擅自处分与张某的夫妻共同财产，将其赠与施某。其行为不仅违反了对张某的夫妻义务、违背了公序良俗，而且损害了张某的财产权益。法院在对杜某与张某的夫妻共同财产认定的基础上，认为杜某的行为超出了处理家庭日常生活事务的必要，应为无效行为，并判决施某将其所获赠与返还张某。该判决合法合理，维护了婚姻家庭生活的稳定，体现了《民法典》所遵循的公序良俗原则和保护婚姻家庭的理念。

法律小贴士

(一)夫或妻一方在哪些情况下能够单独处分夫妻共同财产?

《民法典》第1060条第1款规定："夫妻一方因家庭日常生活需要而实施的民事法律行为，对夫妻双方发生效力，但是夫妻一方与相对人另有约定的除外。"根据上述规定，夫或妻一方只要在家庭日常生活需要的范围内处分共同财产的，原则上应为有效。此类家庭日常生活需要的事务包括购置食物、衣物、家具等生活用品，子女教育支出，赡养老人以及正常的娱乐、医疗、交通费用等。是否属于日常生活需要，应当从夫妻家庭关系的具体情况、当地的风俗习惯以及社会的一般观念等角度加以判断。只要没有超出家庭日常生活需要，夫或妻单方处分共同财产的行为就应为有效。

（二）夫妻欲采取约定财产制的，应当满足哪些条件？

《民法典》第1065条第1款规定：男女双方可以约定婚姻关系存续期间所得的财产以及婚前财产归各自所有、共同所有或者部分各自所有、部分共同所有。约定应当采用书面形式。没有约定或者约定不明确的，适用本法第1062条、第1063条的规定。由于男女双方就财产关系进行约定属于一种民事法律行为，因此应当满足民事法律行为的一般要件。结合上述规定，夫妻欲采取约定财产制的条件包括：第一，男女双方在订约时具有完全民事行为能力；第二，男女双方意思表示真实；第三，约定的内容应当合法；第四，约定应当采用书面形式，但如果当事人主张是以口头形式进行了约定且男女双方对此并无异议的，口头约定的夫妻财产关系也有效。

（三）哪些财产属于夫妻个人财产？

根据《民法典》第1063条的规定，夫妻个人财产包括：第一，一方的婚前财产。包括婚前个人劳动所得财产、继承或受赠财产以及其他合法财产。第二，一方因受到人身损害获得的赔偿或补偿。这些财产具有人身专属性，为了维护受害人的合法利益，应由个人所有。第三，遗嘱或赠与合同中确定只归一方的财产。为了尊重遗嘱人和赠与人的意愿，如果其在遗嘱或赠与合同中明确只归夫或妻一方的财产，不应认定为共同财产。第四，一方专用的生活用品。个人使用的衣物等具有专属于个人的特点，应认定为个人财产。此外，一方使用婚前个人积蓄在婚后购买的房屋、车辆等有形财产也属于夫妻个人财产。但出于对家务劳动价值的尊重及对弱势一方利益的保护，一方的婚前财产在婚后产生的收益原则上属于夫妻共同财产，例如用婚前财产炒股、投资的，所获得的收益属于夫妻共同财产。

法条链接

《民法典》第1062条：夫妻在婚姻关系存续期间所得的下列财产，为夫妻的共同财产，归夫妻共同所有：(一)工资、奖金、劳务报酬；(二)生产、经营、投资的收益；(三)知识产权的收益；(四)继承或者受赠的财产，但是本法第一千零六十三条第三项规定的除外；(五)其他应当归共同所有的财产。

夫妻对共同财产，有平等的处理权。

(本篇撰写人：邓思瑜，武汉大学法学院)

5 夫妻一方以个人名义借款，配偶是否也要偿还？

一般来说，夫妻在婚姻关系中取得的财产属于共同财产，债务也理应属于共同负债。但是，从法律角度来讲，婚姻关系存续期间夫妻个人一方所负债务是否属于共同债务，则需要视情况而论。那么对于夫妻一方在婚姻关系存续期间未经对方同意，以个人名义借款的，此债务属于夫妻共同债务吗？配偶是否负有偿还义务？《民法典》婚姻家庭编夫妻共同财产的相关规定给出了答案。

案例

2015年2月，李某以经营周转为由向刘某借款46万元，约定借款年利率为18%，期限为4个月，合计应还本息48.76万元。借款期限届满后，李某无法偿还，遂与刘某协商，再次向刘某借款26.24万元，并将2015年2月的借款本息48.76万元计入借款本金。达成协议后，李某向刘某出具了一份本金为75万元的借条，口头约定借款利率为18%，借款期限为3个月。借款到期后，李某仅偿还了30万元。刘某遂向法院提起诉讼，因借款发生在李某与金某夫妻关系存续期间且用于家庭经营，故刘某请求判令李某、金某夫妻共同返还借款75万元并支付相应利息。

裁判结果

法院认为，刘某与李某之间签订的借款合同是双方真实意思表示，合同不违反法律法规的强制性规定，合法有效，应受法律保护。刘某按约定向李某给付了借款，李某应按约定向刘某返还借款并支付利息，李某仅向刘某支付了30万元，按先息后本的惯例，该30万元应认定为利息。李某不完全履行合同义务，应承担民事责任。对刘某要求李某返还借款75万元并支付相应利息的诉讼请求予以支持。李某两次向刘某借款虽然都发生在李某与金某夫妻关系存续期间，从刘某与金某的短信记录中可知刘某与金某不相识，金某从未参与借款之事，刘某确实向金某催讨过借款本息，但金某未给任何回复，也未向刘某作过任何承诺，金某没有借款的意思表示，刘某既无证据证明金某参与了借款和对借款予以事后追认的事实，也无证据证明借款用于家庭共同经营。75万元借款本息是李某个人债务，与金某无关，故金某不应当承担偿还借款本息的义务。刘某要求金某返还借款75万元并支付相应利息的请求，无事实和法律依据，法院不予支持。

评析

本案涉及《民法典》婚姻家庭编中关于夫妻共同财产的认定。《民法典》第1064条规定：“夫妻双方共同签名或者夫妻一方事后追认等共同意思表示所负的债务，以及夫妻一方在婚姻关系存续期间以个人名义为家庭日常生活需要所负的债务，属于夫妻共同债务。夫妻一方在婚姻关系存续期间以个人名义超出家庭日常生活需要所负的债务，不属于夫妻共同债务；但是，债权人能够证明该债务用于夫妻共同生活、共同生产经营或者基于夫妻双方共同意思表示的除外。”

本条分两款，规定了以下三类比较重要的夫妻共同债务情形：(1)基于共同意思表示所负的夫妻共同债务。本条第1款规定，“夫妻双方共同签名或者夫妻一方事后追认等共同意思表示所负的债务”，属于夫妻共同债务。也就是“共债共签”，即多个民事主体基于共同签字等共同意思表示所形成的债务属于共同债务。(2)为家庭日常生活需要所负的夫妻共同债务。本条第1款规定，“夫妻一方在婚姻关系存续期间以个人名义为家庭日常生活需要所负的债务”，属于夫妻共同债务。也就是基于夫妻日常家事代理权所生的债务属于夫妻共同债务。夫妻日常家事代理权，是指夫妻一方因家庭日常生活需要而与第三方为一定民事法律行为时互为代理的权利。夫妻一方在日常家庭事务范围内，与第三方所实施的一定民事法律行为，视为依夫妻双方的意思表示所为的民事法律行为，另一方也应承担因此而产生的法律后果。夫妻双方共同签名或者夫妻一方事后追认等共同意思表示所负的债务，以及夫妻一方在婚姻关系存续期间以个人名义为家庭日常生活需要所负的债务，属于夫妻共同债务。(3)债权人能够证明的夫妻共同债务。本条第2款规定："夫妻一方在婚姻关系存续期间以个人名义超出家庭日常生活需要所负的债务，不属于夫妻共同债务；但是，债权人能够证明该债务用于夫妻共同生活、共同生产经营或者基于夫妻双方共同意思表示的除外。"夫妻共同生产经营的情形非常复杂，主要是指由夫妻双方共同决定生产经营事项，或者虽由一方决定但另一方进行了授权的情形。夫妻共同生产经营所负的债务，一般包括双方共同从事工商业、共同投资以及购买生产资料等所负的债务。

本案中，李某向刘某借款虽然都发生在李某与金某夫妻关系存续期间，但从庭审证据可知刘某与金某不相识，金某从未参与借款之事，刘某虽然向金某催讨过借款本息，但金某未给任何回复，也未向刘某作过任何承诺，金某没有借款的意思表示。刘某既无证据证明金某参与了借款和对借款予以事后追认的事实，也无证据证明借款用于家庭共同经营，75万元借款本息是李某个人债务，与金某无关。因此，本案刘某要求金某返还借款本息的诉请于法、于理无据。

法律小贴士

(一) 如何判断夫妻一方所负债务是否为夫妻共同债务?

夫妻一方在婚姻关系存续期间以个人名义借款时，判断债务是否为夫妻共同债务，可从以下三个方面入手：第一，夫妻有无举债的合意。如果夫妻有共同举债的合意，则不论该债务所带来的利益是否为夫妻共享，该债务均应视为共同债务。第二，夫妻是否共享了债务所带来的利益。尽管夫妻事先或事后均没有共同举债的合意，但该债务发生后，夫妻双方共享了该债务所带来的利益，则同样应视为共同债务。第三，夫妻之间是否有约定。如果夫妻之间存在约定，即使不具备以上两个条件，同样应当认定为夫妻共同债务。

（二）哪些情形下的共同债务应认定为夫妻共同债务？

关于夫妻共同债务的理解与认定可具体分为以下三种类型：第一，因夫妻共同生活所负的债务的理解与认定。为共同生活所负的债务，在日常生活中，主要包括购置共同生活用品所负的债务，购买、装修共同居住的住房所负的债务，夫妻一方或双方为治疗疾病支付医疗费用所负的债务，从事双方同意的文化教育、文娱体育活动所负的债务，以及其他发生在日常生活中的应由双方共同负担的债务等。第二，因夫妻共同经营所负的债务的理解与认定。夫妻共同经营所负的债务包括双方共同从事工商业或农村承包经营所负的债务，购买生产资料所负的债务，共同从事投资或者其他金融活动所负的债务，以及在这些生产、经营活动中欠缴的税款等。这里的共同经营既包括夫妻双方一起共同从事投资、生产经营活动，也包括夫妻一方从事生产、经营活动但利益归家庭共享的情形。第三，因履行抚养、赡养义务所负的债务的理解与认定。根据我国《民法典》的规定，父母对子女有抚养教育的义务，子女对父母有赡养扶助的义务。夫妻各自因为履行其应尽的抚养、赡养、扶养的法定义务，比如为必须予以抚养、赡养、扶养的亲属支付生活费、医疗费、教育费等而欠下的债务，此种债务因属于履行法定义务所形成，因而属于夫妻共同债务，应由夫妻共同承担。

（三）为避免、减少纠纷，债务人为夫妻借款或借款用于夫妻共同生活时，债权人在形成债务时应该如何做？

第一，牢记“共签”二字。共债共签原则意在引导债权人加强事前风险防范，要求夫妻双方共同签字。出借款项时，债权人处于主动地位，可以要求夫妻共同签字来规避风险，一旦夫妻双方都签字认可，则无论是否离婚、债务多高，夫妻双方均需承担债务。第二，获取未签字一方的事后追认。如果债权人未能在款项出借时让夫妻双方签字，可以事后要求未签字一方进行追认，追认的方式有多种，包括书面追认（在原有借条或借款协议上补签字、出具还款承诺书等）以及电话、短信、微信、邮件等追认方式。

法条链接

《民法典》第 1064 条：夫妻双方共同签名或者夫妻一方事后追认等共

同意思表示所负的债务，以及夫妻一方在婚姻关系存续期间以个人名义为家庭日常生活需要所负的债务，属于夫妻共同债务。

夫妻一方在婚姻关系存续期间以个人名义超出家庭日常生活需要所负的债务，不属于夫妻共同债务；但是，债权人能够证明该债务用于夫妻共同生活、共同生产经营或者基于夫妻双方共同意思表示的除外。

（本篇撰写人：汪思缘，湖北省仙桃市人民法院）

6 非婚生子女的正当权利如何维护？

男女双方在婚恋中应相互忠诚，洁身自爱，保持和谐、健康的两性关系。但在现实生活中，因未婚同居甚至婚外情同居生子的情形时有发生。若生父拒绝确认与非婚生子女的亲子关系，非婚生子女的合法权益如何维护？

案例

2015年，周某某独自在外打工期间与未婚女青年黄某相识并追求黄某。黄某不顾周某某已婚已育的事实，与周某某建立恋爱关系并同居生活。同居期间黄某怀孕。在怀孕4个月时，黄某独自回到自己老家待产并生下黄某某。黄某某出生3天后，周某某到医院看望，并以生父的名义为黄某某登记出生医学证明。未等黄某母子出院，周某某便离开。黄某某一直随黄某生活。其后，黄某多次要求周某某给付小孩抚养费，但周某某以对其与黄某某的亲子关系存疑为由，拒绝给付抚养费。黄某某遂诉至法院，要求周某某支付从其出生之日起至年满18周岁的抚养费。

裁判结果

法院认为，本案争议焦点为黄某某与周某某是否存在亲子关系。黄某某起诉要求周某某给付抚养费，并向法院提供了其母亲黄某与周某某同居怀孕以及周某某以父亲名义为其登记出生医学证明的基本事实。周某某虽然对涉案亲子关系存疑,但未提交足以反驳的证据,且经法院释明后仍拒绝进行亲子鉴定。法院据此推定黄某某与周某某存在亲子关系。非婚生子女享有与婚生子女同等的权利。周某某不直接抚养黄某某,应当负担黄某某的抚养费。遂依法判决支持黄某某的诉讼请求。

评析

本案涉及《民法典》亲子关系确认及非婚生子女权利保护条款。造成非婚生的原因在于父母,非婚生子女和父母之间也存在血缘关系,不应由子女承担不利法律后果。故非婚生子女与婚生子女在法律地位上是平等的。

非婚生子女合法权利保护的核心问题在于亲子关系的确认。而非婚生子女亲子关系确认的关键是如何认定子女生父。实践中分主动确认与强制确认两种。主动确认是指生父承认自己与非婚生子女间的亲子关系,并愿意履行抚养义务。强制确认是指当生父不主动承认时,有关当事人诉请法院予以强制确认生父与非婚生子女间的亲子关系。《民法典》第1073条第1款规定:“对亲子关系有异议且有正当理由的,父或者母可以向人民法院提起诉讼,请求确认或者否认亲子关系。”从科技角度讲,虽然亲子鉴定的准确率很高,但是亲子鉴定在采集检材时需要当事人的配合。如果一方当事人申请进行亲子鉴定,另一方当事人不配合的,根据我国的实际情况,不宜强制当事人进行鉴定。在此情形下,人民法院应结合现有的证据作出判断。如原告已经提供必要证据予以证明,另一方没有相反证据又拒绝做亲子鉴定的,人民法院可以作出对原告有利的推定。《最高人民法院关于适用〈中华人民共和国民法典〉婚姻家庭编的解释(一)》第39条第2款规定:“父或者母以及成年子女起诉请求确认亲子关系,并提供必要证据予以证明,另一方没有相反证据又拒绝做亲子鉴定的,人民法院可以认定确认亲子关系一方的主张成立。”该条款为非婚生子女确认亲子关系指明了法律途径:(1)请求确认亲子关系的一方需要有必要证据证明亲子关系存在;(2)被请求一方在没有相反证据的情形下,有配合做亲子鉴定的义务;(3)被请求一方拒绝配合做亲子鉴定的,人民法院可以推定存在亲子关系。

本案中,黄某某起诉要求周某某给付抚养费,该诉的法律基础是其对与周某某亲子关系的确认。黄某某提供了必要的证据证明其与周某某存在亲子关系,如黄某某生母黄某系在与周某某同居期间怀孕并生下黄某某，周某某以生父名义为黄某某登记出生医学证明。而周某某虽然否定其与黄某某的亲子关系，但并未提交相反的证据，且在人民法院释明后仍未在指定的期间内做亲子鉴定。基于此，法院依法推定其二人存在亲子关系。

《民法典》第1071条规定："非婚生子女享有与婚生子女同等的权利，任何组织或者个人不得加以危害和歧视。不直接抚养非婚生子女的生父或者生母，应当负担未成年子女或者不能独立生活的成年子女的抚养费。"父母对子女的抚养，自子女出生时开始，所以若父母一方未对子女承担过抚养义务，子女有权向未直接抚养自己的父母一方追索自出生后的抚养费，并可就将来预计应当发生的抚养费用一并予以主张。本案中，黄某某自出生起即随生母单独生活，周某某从未尽到抚养义务。因此，黄某某起诉向周某某追索从其出生之日起至起诉之日止的抚养费，并要求周某某支付从起诉之日起至其年满18周岁止的抚养费合理合法，人民法院依法予以支持。

《民法典》及相关司法解释确立了非婚生子女争取合法身份和要求抚养的制度，保护了这一弱势群体的合法权益，为未成年人健康茁壮成长提供了法治保障，也为社会树立正确的婚恋观起到了价值引导作用，有助于弘扬优秀的婚恋传统文化。本案对非婚生子女亲子关系确认的途径及抚养费给付范围进行了梳理与论证，为日常生活中非婚生子女维护自身合法权益提供了法律指引，同时也对摒弃不道德婚恋观起到了警示作用。

法律小贴士

（一）主张确认亲子关系时，需要提供哪些必要证据予以证明？

行使权利时应节约司法资源，法律也限制了亲子关系推定确认的前提，即只有在主张确认亲子关系一方提供必要证据予以证明的前提下，人民法院才会启动亲子鉴定程序或适用亲子关系推定确认规则。至于何种为必要证据，法律没有明确规定。司法实践中普遍认为至少需要同时符合生物规律和社会生活的一般行为习惯，如男女双方同居生活的时间、子女出生的医学孕周、被诉一方参与陪产及产后护理的情况等。如本案例中，原告提交的其生母与被告同居生活并怀孕的证据，以及被告以生父名义为原告办理相关出生登记的证据，应当认定为提供了必要证据。

（二）婚外生育子女有哪些不良影响?

司法实践中，非婚生子女合法权益受到侵害主要表现为难以确认与生父的亲子关系。在生父拒绝确认亲子关系的情形下，非婚生子女的社会评价、生活、学习都会受到影响，不利于未成年人的健康成长。本案中，黄某不顾周某某已婚已育的事实而与其同居生活，导致黄某某出生时即缺失父爱，没有一个完整的家庭。婚恋自由，但在婚恋过程中，要对自己负责，对他人负责，否则必将受到法律的制裁与道德的谴责。

（三）抚养费的标准如何确定?

抚养费是指父母不能充分履行或不履行抚养义务时，支付给未成年子女或者不能独立生活的成年子女的费用，包括子女生活费、教育费、医疗费等费用。抚养费的数额一般根据子女的实际需要、父母双方的负担能力和当地的实际生活水平确定。给付抚养费一方有固定收入的，抚养费一般可以按其月总收入的20%～30%的比例给付；无固定收入的，抚养费的数额可以依据当年总收入或者同行业平均收入，参照前述比例确定。

法条链接

1.《民法典》第 1067 条第 1 款：父母不履行抚养义务的，未成年子女或者不能独立生活的成年子女，有要求父母给付抚养费的权利。

2.《民法典》第 1071 条：非婚生子女享有与婚生子女同等的权利，任何组织或者个人不得加以危害和歧视。

不直接抚养非婚生子女的生父或者生母，应当负担未成年子女或者不能独立生活的成年子女的抚养费。

3.《最高人民法院关于适用〈中华人民共和国民法典〉婚姻家庭编的解释（一）》第 39 条第 2 款：父或者母以及成年子女起诉请求确认亲子关系，并提供必要证据予以证明，另一方没有相反证据又拒绝做亲子鉴定的，人民法院可以认定确认亲子关系一方的主张成立。

（本篇撰写人：邓姣华，湖北省松滋市人民法院）

7 签订断绝亲子关系协议后还要履行赡养义务吗？

“鸦有反哺之义，羊知跪乳之恩。”成年子女对父母有赡养扶助的法定义务，赡养老人是中华民族的传统美德。但父母与子女之间难免发生矛盾，更有甚者，父母和子女之间会签订断绝亲子关系的协议书。那么，该协议书在法律上是否有效呢？签订协议书之后，子女是否仍负有对父母的赡养义务？

案例

徐某现年77周岁，系余某的母亲。徐某除生育了余某外，还生育了4个儿子。除余某外，徐某的其他4个儿子分别支付其每年3000元的赡养费。1993年4月，因余某与徐某发生矛盾，双方遂在他人见证下签订了断绝亲子关系的协议，徐某同意余某不负担其养老的一切费用。现徐某起诉至法院，称其与丈夫婚后含辛茹苦把被告余某养育成人，现年老体弱，已丧失劳动能力，请求法院判令余某自2021年起每年支付徐某赡养费3000元，以及自2021年起承担徐某医药费用的五分之一。

裁判结果

法院认为，尊重和赡养老人是中华民族的传统美德，子女对父母有赡养扶助的法定义务，无劳动能力或生活困难的父母，有要求子女赡养的权利。赡养义务不得附加任何条件，不因父母经济能力较好或子女经济困难、其他子女进行了赡养而予以免除。父母也不得任意放弃被赡养的权利。断绝父母子女关系、人为排除子女对父母赡养义务的协议有违公序良俗和法律的强制性规定，损害了老年人的合法权益，属于无效的民事行为，不具有法律约束力。原告年迈，需要更多的关心照顾与经济支撑，其诉讼请求合情合理合法，应当予以支持。据此，法院依照《民法典》第26条、第153条，以及《老年人权益保障法》第14条、第15条之规定，判决余某自2021年起每年支付徐某赡养费3000元；余某承担自2021年起徐某支出的所有医疗费用（扣除医保报销部分）的五分之一。

评析

本案涉及《民法典》关于民事法律行为效力以及父母子女关系的相关规定。关于民事法律行为效力，《民法典》第143条规定："具备下列条件的民事法律行为有效：（一）行为人具有相应的民事行为能力；（二）意思表示真实；（三）不违反法律、行政法规的强制性规定，不违背公序良俗。"关于父母子女关系，《民法典》第26条第2款规定："成年子女对父母负有赡养、扶助和保护的义务。"《民法典》第1067条第2款规定："成年子女不履行赡养义务的，缺乏劳动能力或者生活困难的父母，有要求成年子女给付赡养费的权利。"《民法典》第1115条规定："养父母与成年养子女关系恶化、无法共同生活的，可以协议解除收养关系。不能达成协议的，可以向人民法院提起诉讼。"

父母和子女之间自愿约定断绝亲子关系是否具有法律效力？拿着双方签字同意的断绝亲子关系协议书，要求法院确认该协议书具有法律效力的请求能否得到支持呢？根据上述法律条款的规定，双方合意达成断绝亲子关系协议的民事法律行为，需要满足三个要件方为有效：行为人具有相应的民事行为能力；双方意思表示真实；不违反法律、行政法规的强制性规定，不违背公序良俗。其中，签订断绝亲子关系协议的民事法律行为不符合最后一个要件，应属无效的民事法律行为。一方面，亲生父母与子女的关系是一种自然血亲关系，基于子女出生的事实而发生，不能通过法律或其他手段人为地加以解除。根据我国法律规定，只有养父母子女之间可以通过合法途径解除收养关系，故断绝亲子关系的协议违反了法律强制性规定。另一方面，尊重和赡养老人是中华民族的传统美德，子女对父母有赡养扶助的法定义务，断绝父母子女关系继而免除子女对父母赡养义务的协议有违公序良俗。换言之，我国法律目前不认可这种断绝亲子关系的协议，其不具有相应的法律效力。

抛开断绝亲子关系的协议而言，若父母曾经同意免除子女的赡养义务，子女是否依然需要负有赡养父母的义务？法律明确规定，成年子女对父母负有赡养义务，而未规定赡养父母义务的免除情形。赡养老人是美德更是义务。在我国，赡养父母的义务不得附加任何条件，不因父母经济能力较好或子女经济困难、其他子女进行了赡养而予以免除。父母也不得任意放弃被赡养的权利。

本案中，年迈的徐某育有5个儿子，余某也是其子之一。若干年前，徐某和余某在他人见证下签订了断绝亲子关系的协议，当时徐某及其丈夫同意余某不负担其二人养老的一切费用。但断绝父母子女关系、人为排除子女对父母赡养义务的协议有违公序良俗和法律的强制性规定，损害了老年人合法权益，属于无效的民事法律行为，不具有法律约束力。签订断绝亲子关系的协议不具有法律效力，因此即使签订了相关协议，也不能免除赡养义务。简言之，本案中余某不能以该协议中约定其不负有对父母的赡养义务为由，请求免除其赡养义务。本案中，徐某年迈，需要更多的关心照顾与经济支撑，因此徐某请求判令余某自2021年起每年支付其赡养费3000元，以及自2021年起承担其医药费用的五分之一，这一诉请合情合理合法。法院支持父母向成年子女主张必要赡养费的诉讼请求，发挥了社会主义核心价值观的积极引导作用。

总之，协议解除父母子女关系的行为是无效的，签订断绝亲子关系的协议有违公序良俗和法律的强制性规定，不能产生法律效力。赡养老人是美德也是义务，赡养父母的义务不得附加任何条件。

法律小贴士

（一）拟制血亲关系能不能被合法解除？

我国现行法律确认的拟制直系血亲有两类：一是养父母子女；二是在事实上形成了抚

养关系的继父母子女。拟制血亲关系在一定情形下可以被解除。

对于养父母子女关系，养父母与成年养子女关系恶化、无法共同生活的，可以协议解除收养关系。如果收养关系是经民政部门登记成立的，应当到民政部门办理解除收养关系的登记。如果收养关系是经公证证明的，应当到公证处办理解除收养关系的公证证明。如果双方协商不成，可向人民法院提起解除收养关系的诉讼。

对于形成抚养关系的继父母子女关系，只能通过法院的调解协议或者判决解除。法院应视具体情况作出是否准许解除的调解或判决。在解除继父母子女关系时，继父母有权要求继子女补偿在共同生活期间或在抚养期间所支出的抚育费。在继父母年老缺乏劳动能力又没有生活来源时，受继父母抚养成人的继子女应负担继父母的生活费。

（二）成年子女拒绝赡养父母有什么法律后果？

根据《民法典》和《老年人权益保障法》的相关规定，成年子女对父母负有赡养义务，包括基本生活的保障以及精神上的慰藉，照顾老年人的特殊需要。成年子女没有尽到赡养义务的，缺乏劳动能力或者生活困难的父母有要求成年子女给付赡养费的权利。成年子女赡养父母是法定义务，任何人不得逃避、拒绝履行赡养义务或以其他方式达到免除赡养父母义务的目的。

子女不赡养老人属于民事纠纷，一般不涉及刑事犯罪，老人可以向法院起诉要求子女支付赡养费。但如果不赡养老人涉及遗弃，并且情节恶劣的，可能涉嫌构成《刑法》第261条规定的遗弃罪，要被追究刑事责任。如果子女不仅不赡养父母，还虐待父母，让父母遭受身体折磨或精神摧残，情节严重的，可能构成《刑法》规定的虐待罪。

（三）子女不尽赡养义务，父母应该怎么办？

如果成年子女不履行赡养父母的义务，父母可以通过以下方式来解决问题：

（1）协商解决。双方当事人在平等自愿的基础上，通过友好协商、互谅互让达成和解协议，进而解决纠纷。

（2）调解解决。寻求人民调解委员会、村委会、居委会、民政部门等相关部门或组织的帮助。在有关组织的主持下进行调解协商，在平等、自愿、合法的基础上分清是非、明确责任，促使双方当事人自主达成协议，解决纠纷。

(3)诉讼解决。如果协商未果，可以依法向人民法院提起诉讼进行解决。由法院依法审理作出裁判，通过当事人对生效裁判的自觉履行或法院的强制执行来解决纠纷。提起民事诉讼需要准备的材料有民事起诉状、当事人的身份证复印件、其子女的联系方式、户口本、子女不履行赡养义务的证据等。

法条链接

1.《民法典》第 26 条第 2 款：成年子女对父母负有赡养、扶助和保护的义务。

2.《民法典》第 1067 条第 2 款：成年子女不履行赡养义务的，缺乏劳动能力或者生活困难的父母，有要求成年子女给付赡养费的权利。

（本篇撰写人：蔡忻言，武汉大学法学院）

8 继子女或过继出去的子女应对父母尽赡养义务吗？

成年子女有赡养扶助父母的义务。赡养扶助的主要内容是在现有经济和社会条件下，子女在经济上应为父母提供必要的生活用品和费用，在生活上、精神上、感情上对父母应尊敬、关心和照顾。亲生子女对父母理所当然应尽赡养义务。那么，继子女对继父母是否应尽赡养义务？过继出去的子女应该对亲生父母尽赡养义务吗？

案例

王某某系王某1亲生女儿（生于1983年，于1987年过继给王某1之弟王某2，后王某1对王某某未尽抚养义务，由王某2抚养教育成人），周某某（生于1981年11月）、周某（生于1984年11月）与王某1系继父子关系。王某1与周某某、周某之母孙某某于1992年11月在没有办理结婚登记的情况下举行婚礼，入赘孙某某家生活。当时周某某仅11岁，周某仅9岁，均没有独立生活的能力。王某1与孙某某结婚后，视两个孩子如同亲生孩子一样，供周某某、周某读书，将周某某、周某抚养教育成人。然而，到2014年6月，周某某、周某无视王某1对他们的养育之恩，将其逐出家门。王某1从2014年被赶出家门后居无定所，逢年过节孙某某、周某某、周某也没有接王某1回家。目前王某1年老，体弱多病，生活上无人照顾，平时医疗费及生活费都没有着落。王某某偶尔接济王某1，周某某、周某则对王某1不闻不问。王某1遂诉至法院，请求判令王某某、周某某、周某三人对其履行赡养义务。在庭审中，王某1认为其对王某某未尽抚养义务，主动提出不要求王某某承担赡养义务。

裁判结果

法院认为，原告王某1与被告周某某、周某之母孙某某形成事实婚姻关系，与被告周某某、周某形成继子女关系，且原告王某1对被告周某某、周某履行了抚养教育义务。现原告王某1年事已高，缺乏劳动能力，被告周某某、周某应当对原告王某1履行赡养义务。故对原告王某1要求被告周某某、周某支付赡养费的诉讼请求予以支持。被告王某某自幼过继给原告王某1之弟王某2，由原告王某1之弟王某2抚养教育，原告王某1未对被告王某某履行抚养教育义务。庭审中，原告王某1自愿放弃要求被告王某某承担赡养责任，应予准许。法院依照《民法典》相关规定，作出判决：被告周某某自2022年起每年6月30日前给付原告王某1赡养费7000元；被告周某自2022年起每年6月30日前给付原告王某1赡养费7000元。

评析

本案涉及《民法典》关于赡养义务的规定。赡养义务在《民法典》总则编和婚姻家庭编中都有明确的规定。《民法典》第26条规定："父母对未成年子女负有抚养、教育和保护的义务。成年子女对父母负有赡养、扶助和保护的义务。"第1067条第2款规定："成年子女不履行赡养义务的，缺乏劳动能力或者生活困难的父母，有要求成年子女给付赡养费的权利。"第1072条第2款规定："继父或者继母和受其抚养教育的继子女间的权利义务关系，适用本法关于父母子女关系的规定。"以上规定构成了《民法典》关于赡养义务的法律制度。同时，《老年人权益保障法》第14条第1款也规定："赡养人应当履行对老年人经济上供养、生活上照料和精神上慰藉的义务，照顾老年人的特殊需要。"

继子女与继父母之间是一种因为生母(父)与继父(母)的结婚而产生的亲属关系，即姻亲关系。一般可以分为三种：一是父或母再婚时，继子女已成年并独立生活；二是父或母再婚后，未成年的或未独立生活的继子女未与继父母共同生活或未受其抚养教育；三是父或母再婚后，未成年的或未独立生活的继子女与继父母长期共同生活，继父或继母对其进行了抚养教育。继父母与继子女虽然没有血缘关系，但法律赋予特定的继父母与继子女之间存在与生父母子女间相同的权利义务关系。

本案中的被告周某某、周某就属于第三种情况，他们事实上接受了继父王某1的长期抚养和教育，因此他们应当履行对王某1的赡养义务。给付赡养费的标准根据赡养人的经济状况、当地的实际生活水平和被赡养人的实际情况来确定。

在农村生活风俗中，许多没有子女的老人会认养亲戚的未成年子女，这一现象称为过继。过继是我国传统宗法制度下一种特殊的收养形式。过继从法律行为的角度看，应考量其是否成立收养关系。过继的子女，自幼长期与养父母共同生活，接受养父母的抚养教育，应当成立收养关系。养父母对养子女履行抚养教育义务的，应当由养子女对养父母履行赡养义务。同理，亲生父母没有对亲生子女履行抚养教育义务的，过继子女与亲生父母的权利、义务消除，过继子女没有赡养亲生父母的义务。所以本案另一被告王某某，因原告未对其尽抚养义务，且原告当庭放弃要求其承担赡养义务而不用给付赡养费。

本案作为适用《民法典》第1072条第2款的典型案例，为本条在司法实践中的适用提供了参考。在确认了父或母再婚后，未成年的或未独立生活的继子女与继父母长期共同生活，继父或继母对其进行了抚养教育的情况下，继子女应履行赡养义务。这不仅是对老年人合法权益的保护，也是对社会主义核心价值观的弘扬。

法律小贴士

（一）事实婚姻如何认定?

《最高人民法院关于适用〈中华人民共和国民法典〉婚姻家庭编的解释(一)》第7条第1项规定:“1994年2月1日民政部《婚姻登记管理条例》公布实施以前，男女双方已经符合结婚实质要件的，按事实婚姻处理。”针对我国事实婚姻的状况，一律承认事实婚姻的法律效力会使男女两性的结合脱离国家的指导和监督，影响优生优育，降低人口素质。但不承认其效力不仅使事实婚姻的当事人及其子女的合法权益得不到保护，而且还会不可避免地带来家庭关系的不稳定，既不符合我国传统习惯，也不符合法律的本意。所以，我国采用的是限制承认制度，首先，在1994年2月1日以前，未办理结婚登记即以夫妻名义同居生活者，只要符合结婚实质要件的，即可认定为事实婚姻；其次，1994年2月1日以后，补办结婚登记是同居关系合法化的必要条件，如果双方不补办结婚登记，其关系为同居关系，不视为事实婚姻。

（二）继子女的抚养义务如何认定？

《最高人民法院关于适用〈中华人民共和国民法典〉婚姻家庭编的解释（一）》第54条规定：“生父与继母离婚或者生母与继父离婚时，对曾受其抚养教育的继子女，继父或者继母不同意继续抚养的，仍应由生父或者生母抚养。”司法实践中，一般不要求继父母给付离婚后的继子女抚养费，当然，如果继父母同意抚养继子女或给付抚养费的，一般应予支持。

（三）孙子女对祖父母的赡养义务如何认定？

根据《民法典》第1074条之规定：“有负担能力的祖父母、外祖父母，对于父母已经死亡或者父母无力抚养的未成年孙子女、外孙子女，有抚养的义务。有负担能力的孙子女、外孙子女，对于子女已经死亡或者子女无力赡养的祖父母、外祖父母，有赡养的义务。”孙子女对祖父母、外祖父母在特定情形下负有赡养义务。不仅保障了老年人的合法权益，也维护了社会的和谐稳定。

法条链接

1.《民法典》第26条：父母对未成年子女负有抚养、教育和保护的义务。成年子女对父母负有赡养、扶助和保护的义务。

2.《民法典》第1067条第2款：成年子女不履行赡养义务的，缺乏劳动能力或者生活困难的父母，有要求成年子女给付赡养费的权利。

3.《民法典》第1072条第2款：继父或者继母和受其抚养教育的继子女间的权利义务关系，适用本法关于父母子女关系的规定。

（本篇撰写人：丁海，湖北省钟祥市人民法院）

9 何为离婚冷静期？

婚姻自由是当事人的法定权利，但婚姻的解除绝不是一拍两散的事情，会牵扯到婚后家庭的方方面面。为了防止当事人因一时冲动或者规避政策而草率离婚，同时也为了善意提醒大家谨慎行使权利，激发大家对婚姻家庭的责任心，《民法典》新增了离婚冷静期制度。那么，何为离婚冷静期？离婚冷静期对婚姻关系有何影响？

案例

原告赵某与苏某经自由恋爱相识，于2018年3月登记结婚，婚后生育一女。婚后因性格不合，常为家庭琐事发生争吵。2021年12月，双方就离婚达成一致并到当地婚姻登记机关办理离婚手续。但在离婚冷静期届满后，双方未到婚姻登记机关申请离婚证。2022年1月，双方再次为琐事发生争吵，赵某遂起诉至法院，请求依法判令双方离婚，婚生女儿赵某A由赵某抚养，苏某每月支付抚养费1000元。

裁判结果

法院认为，婚姻关系存续与否，应以感情为基础。《民法典》第1079条规定了应当判决离婚的情形，将夫妻感情破裂作为离婚的标准。本案中，赵某起诉离婚，但其提交的证据并未达到夫妻感情确已破裂的程度。虽然双方曾到民政部门办理离婚手续，但是在离婚冷静期届满后，双方并未到民政部门申请离婚证，视为撤回离婚登记申请。二人婚姻关系仍然存续。这表明二人经过离婚冷静期后，认为夫妻感情有所改善。鉴于此，法院判决驳回赵某的诉讼请求。

评析

本案涉及《民法典》婚姻家庭编离婚冷静期制度。

《民法典》第1077条规定："自婚姻登记机关收到离婚登记申请之日起三十日内，任何一方不愿意离婚的，可以向婚姻登记机关撤回离婚登记申请。前款规定期限届满后三十日内，双方应当亲自到婚姻登记机关申请发给离婚证；未申请的，视为撤回离婚登记申请。"

离婚冷静期制度是《民法典》新创设的制度。离婚冷静期制度是指为了避免当事人轻率离婚，而在离婚程序中设置的夫妻任何一方都可以在婚姻登记机关收到离婚申请后一定时间内撤回申请，终结登记离婚程序。具体而言，男女双方若申请登记离婚，需要经过递交离婚登记申请后的30日离婚冷静期。在离婚冷静期届满后的30日内，男女双方还需要亲自到婚姻登记机关申请发给离婚证。婚姻登记机关在审查后认为符合离婚登记条件的，应当发给离婚证。如果任何一方未到场申请确认，则视为双方未达成一致，不予颁发离婚证。对处于冲动期的夫妻而言，离婚冷静期制度能够发挥暂时冷却双方情绪的缓冲功能，促使婚姻关系恶化的当事人重新评估离婚的意愿，达到稳定婚姻关系的目的。

离婚冷静期制度的出台，引发了社会热议。有人认为冷静期是婚姻的守护者，也有人认为是自由的绊脚石。那么离婚冷静期真的会让离婚更难么？在离婚冷静期内是否无法离婚？答案显然是否定的。《民法典》关于离婚冷静期的制度仅适用于夫妻双方自愿的协议离婚，并不适用于诉讼离婚。换言之，不是所有的离婚都需要经过30天的离婚冷静期。如果诉讼离婚中因为家暴、赌博、吸毒等违法行为或其他事实表明夫妻感情确已破裂，人民法院应当准予离婚，以避免夫妻一方受到潜在的伤害。如果出现类似于本案的情形，即现有证据无法证明夫妻感情达到破裂的程度，虽然未适用离婚冷静期的制度，但是法院依然不会准予离婚。

总而言之，设置离婚冷静期，既用法律手段反对轻率离婚，也保障离婚自由。《民法典》规定的30天离婚冷静期，只是在程序上让协议离婚的时间长了一些，离婚的门槛并没有显著提高。如果夫妻感情确实已经破裂,夫妻双方则无须吞服离婚冷静期这剂婚姻后悔药。

法律小贴士

(一)办理离婚登记的程序有哪些?

一般而言,夫妻离婚登记按照如下程序办理:(1)申请。夫妻双方自愿离婚的,应当签订书面的离婚协议;共同到当地的婚姻登记机关提出申请,并且提供结婚证、有效身份证件,在现场填写离婚登记申请书。(2)受理。婚姻登记机关的工作人员按照有关规定对当事人提交的上述材料进行初审,对不符合离婚登记申请条件的,不予受理;对初审无误的,发给离婚登记申请受理回执单。(3)冷静期。自婚姻登记机关收到离婚登记申请并向当事人发放离婚登记申请受理回执单之日起30日内,任何一方不愿意离婚的,可以持有效身份证件向受理离婚登记申请的婚姻登记机关撤回离婚登记申请并填写撤回离婚登记申请书,婚姻登记机关经核实无误后,发给撤回离婚登记申请确认单。自离婚冷静期届满后30日内,双方未到婚姻登记机关申请发给离婚证的,视为撤回离婚登记申请。(4)审查、登记(发证)。自离婚冷静期届满后的30日内,当事人到婚姻登记机关申请发给离婚证的,婚姻登记机关依照有关程序和条件执行和审查,对符合离婚条件的,予以登记,发给离婚证。

(二)离婚诉讼案件的审理结果包括哪些情形?

离婚案件的审理结果有三种:撤诉、调解和判决。(1)原告撤诉。原告有权提出撤诉申请,是否准许由人民法院裁定。此外,原告未按照规定足额缴纳诉讼费,或者无正当理由拒不到庭,或者未经法庭许可中途退庭的,人民法院将依法裁定按原告撤诉处理。原告撤诉或按撤诉处理后6个月内,没有新情况、新理由不得再次起诉。(2)达成调解。离婚案件达成调解,包括调解和好与调解离婚。前者可由人民法院记录在案,不再出具正式的调解文书,后者则由人民法院对当事人自愿达成的协议进行确认后制发民事调解书。当事人在宣判前均可针对是否同意离婚、子女抚养安排及夫妻共同财产自行或请求法院主持调解。调解和好的离婚案件,没有新情况、新理由,前次诉讼中的原告不得在6个月内又起诉离婚。

(3)作出判决。如果宣判前双方调解不成,则由人民法院根据庭审查明的事实依法作出判决。当事人对判决不服的,可在收到判决书之日起15日内上诉。调解或判决离婚的法律文书生效前,当事人不得另行结婚;生效后,双方婚姻关系即解除。其中具有强制执行内容的部分,如果一方不履行相应义务,另一方可向法院申请强制执行。同时,为保护当事人隐私,离婚案件的法律文书不在网络公开。判决不准离婚的离婚案件,没有新情况、新理由,前次诉讼中的原告不得在6个月内又起诉离婚。

法条链接

《民法典》第1077条:自婚姻登记机关收到离婚登记申请之日起三十日内,任何一方不愿意离婚的,可以向婚姻登记机关撤回离婚登记申请。

前款规定期限届满后三十日内,双方应当亲自到婚姻登记机关申请发给离婚证;未申请的,视为撤回离婚登记申请。

(本篇撰写人:陈理,武汉大学法学院)

10 经法院判决不准离婚后仍继续分居的，能否判决离婚？

法院判决不准离婚后，当事人的婚姻关系未得到任何改善，继续长期分居生活的，可根据《民法典》第1079条“调解及诉讼离婚”规定，请求人民法院认定夫妻感情确已破裂。人民法院对于经判决不准离婚后继续分居满一年以上的离婚案件，应当判决准予离婚。

案例

陈某与王某于2000年经人介绍相识，2001年1月办理结婚登记手续，婚后生育一子一女。后因家庭琐事产生矛盾，陈某于2020年7月向法院提起离婚诉讼，法院经审理后认为未达到离婚的法定条件，依法判决驳回了诉讼请求。后陈某又于2022年1月再次起诉离婚，请求法院判决离婚。

裁判结果

法院认为，陈某曾于2020年7月以夫妻感情破裂为由向法院提起离婚诉讼，法院经审理后认为双方还有和好的可能，给予了原、被告一次维护家庭完整的机会，故依法判决驳回了陈某的离婚诉讼请求。陈某于2022年1月以夫妻感情更加恶化、双方没有交往联系为由，再次向法院提起离婚诉讼。王某对夫妻双方没有和好意愿，以及陈某从第一次起诉离婚后就再也没有回家、没有一起共同生活等事实予以认可。同时，在经法院判决不准离婚后，夫妻双方处于分居状态已达一年以上。基于以上事实，法院依法判决准许陈某与王某离婚。

评析

本案涉及《民法典》第1079条第5款关于“离婚的法定条件”的规定：“经人民法院判决不准离婚后，双方又分居满一年，一方再次提起离婚诉讼的，应当准予离婚。”

根据法律规定，判断夫妻感情破裂的标准之一是要求因感情不和分居满两年，或者其他导致夫妻感情破裂的情形，调解无效的，应当准予离婚。但在司法实践中，起诉离婚的当事人往往对夫妻感情破裂的举证非常困难。夫妻一方起诉到法院离婚，经常要到法院多次提起离婚诉讼，并且还可能一直得不到法院对其离婚诉讼请求的支持。在其诉讼请求合法且合情合理的情况下，一方面婚姻当事人的合法权益无法得到有效保护，另一方面增加了司法成本。鉴于此，《民法典》第1079条新增了一款婚姻关系确已破裂的情形，有效降低了当事人起诉离婚的举证难度。

本案中，“经人民法院判决不准离婚后”是适用上述法律条文的一个先决条件，是指夫妻双方因为离婚提起过诉讼，被法院判决驳回离婚的诉讼请求。“双方又分居满一年，一方再次提起离婚诉讼的，应当准予离婚”，是指经过法院判决不准离婚后，夫妻双方没有和好，没有共同生活时间达到一年以上，夫妻感情无任何改善，就可以认定为经人民法院判决不准离婚后，双方又分居满一年，一方再次提起离婚诉讼的，应当准予离婚。本案陈某第二次起诉要求与丈夫王某离婚，是陈某第一次起诉离婚被判决驳回诉讼请求的一年以后，夫妻双方均承认这段时间内双方没有共同生活，且双方均无改善夫妻关系的意愿。据此，法院准予离婚。对陈某而言，其第二次起诉离婚，无须提出双方存在其他婚姻关系破裂的证据，只需要举证证明第一次被法院判决驳回离婚的诉讼请求后至再次提起离婚诉讼前，时间满一年或一年以上，且这段时间内夫妻双方没有共同生活即可，大大降低了举证难度。该案的办理是适用《民法典》第1079条的典型案例，对实现在婚姻家庭案件中减轻当事人诉累，维护当事人婚姻自由起到了一定的积极作用。

（一）离婚案件当事人如何收集证据？

法律小贴士

离婚案件中，夫妻感情破裂的证据相对于其他方面的证据而言是比较难收集的。《民法典》规定了五种应该判决离婚的情形，这五种情形下当事人只要有证据证实，法院在调解无果的前提下，一般应予判决离婚。实践中，需要当事人做一个有心人，注意收集双方之间交流沟通的信息，比如手机短信，以及微信、QQ信息等。手机短信作为证据适用，已经逐渐被司法实践所认可。收集该类证据可以采取以下方法：一是在接收信息者未将短信删除的情况下，直接将此类信息予以储存，以及将该类手机短信的发送时间、双方手机号码及短信内容打印出来；二是在与案件相关的短信被删除的情况下，可以通过手机短信运营商来调取短信内容，然后将对应的手机短信的发送时间、双方手机号码及短信内容打印出来，并由在场的工作人员签字盖章证实出处，以供审判使用。其他的，如微信、QQ等相关的此类信息内容也可以用这种方式取证。

（二）夫妻感情破裂的情形有哪些？如何举证？

（1）重婚或有配偶者与他人同居的。婚外情被曝光，一方情急之下写下的表示悔改的保证书；嫖娼被查处，警方的笔录；单位查实职工的婚外情后，对其生活作风进行处理的材料；双方来往的书信、短信、电子邮件等聊天记录；出轨的照片、视频、录像等（但是注意不要侵犯隐私）；夫妻就婚外情交涉的录音资料；邻居或者亲朋好友等人的证人证言。（2）实施家庭暴力或者虐待遗弃家庭成员的。如实施暴力的悔过书；向妇联、居委会或村委会投诉及调解的证据；遭受家庭暴力后的报警记录或询问笔录，以及公安机关出具的伤检报告；医院的伤残伤情鉴定材料；家人、邻居等目击证人的证言。（3）有赌博、吸毒等恶习屡教不改的。如亲属、朋友、邻居的证人证言；所在单位、居委会、村委会对赌博、吸毒等行为的教育材料；公安机关作出的处罚决定；司法机关的有罪判决书。（4）因感情不和分居满两年的。如分居后另行租房的租房协议或房东的证明，其他同居人的证明；当地居委会的证明；所在小区物业管理处的证明；亲朋好友、邻居的证人证言；双方的书信往来、录音等证据；分居期间一方在外打工而办理的暂住证等。（5）一方被宣告失踪，另一方提出诉讼离婚的。公安机关对一方失踪的证明；人民法院对一方失踪的判决书。(6)其他导致夫妻感情破裂的情形的证据，如草率结婚当事人自诉及有关知情人的证言、婚后仍无感情的陈述。

法条链接

《民法典》第1079条：夫妻一方要求离婚的，可以由有关组织进行调解或者直接向人民法院提起离婚诉讼。

人民法院审理离婚案件，应当进行调解；如果感情确已破裂，调解无效的，应当准予离婚。

有下列情形之一，调解无效的，应当准予离婚：(一)重婚或者与他人同居；(二)实施家庭暴力或者虐待、遗弃家庭成员；(三)有赌博、吸毒等恶习屡教不改；(四)因感情不和分居满二年；(五)其他导致夫妻感情破裂的情形。

一方被宣告失踪，另一方提起离婚诉讼的，应当准予离婚。

经人民法院判决不准离婚后，双方又分居满一年，一方再次提起离婚诉讼的，应当准予离婚。

（本篇撰写人：李晓华、王泓洋，湖北省竹溪县人民法院）

11 人身安全保护令有何作用？

2022年3月5日，最高人民法院、全国妇联、教育部、公安部、民政部、司法部、卫生健康委共同发布《关于加强人身安全保护令制度贯彻实施的意见》，强调进一步做好预防和制止家庭暴力工作，依法保护家庭成员特别是妇女、未成年人、老年人、残疾人的合法权益。何为人身安全保护令？法院作出人身安全保护令后是否一定会判决离婚？

案例

张某与姚某于2000年经人介绍相识，2001年1月登记结婚，2003年5月生育一女，取名姚某1，2008年2月生育一子，取名姚某2。2011年7月，双方因夫妻感情破裂在民政部门办理离婚。2013年5月，双方再次登记结婚。复婚后，二人常因家庭琐事发生争吵，张某曾多次遭到姚某殴打，并向公安机关报警寻求保护。2019年4月，张某再次遭到姚某殴打后，被迫离家外出生活至今。而后张某向人民法院提起离婚诉讼，又于2019年7月在双方亲戚劝导下撤回起诉。现因姚某性格偏激，张某经常遭到姚某威胁、辱骂、殴打。张某认为双方夫妻感情已彻底破裂，因不堪忍受姚某的家庭暴力，于2021年11月向人民法院提起离婚诉讼。案件审理期间，为保证人身安全不再受到伤害和威胁，张某向人民法院申请人身安全保护令。法院依法作出裁定后，姚某不服申请复议。

裁判结果

1. 关于张某人身安全保护令申请结果

法院认为，根据申请人张某提供的相关证据及陈述，被申请人姚某确有殴打张某的行为，张某还有可能再次受到家庭暴力的威胁。根据《反家庭暴力法》第23条、第28条的相关规定，张某的申请符合人身安全保护令的法定条件，故作出裁定：一、禁止被申请人姚某殴打、侮辱、威胁申请人张某及其家人；二、禁止被申请人姚某在申请人张某的住所、工作场所或其他申请人经常出入的场所200米内活动。

2. 关于姚某撤销人身安全保护令复议申请结果

姚某不服法院作出的人身安全保护令民事裁定，申请复议，要求法院撤销前述人身安全保护令裁定。经复议，法院认为，首先，人身安全保护令的目的在于制止尚未发生的和可能再次发生的家庭暴力。张某提交的诊断证明及视频资料，能够证明张某有遭受家庭暴力和面临家庭暴力现实危险的情形，法院根据张某的申请发出人身安全保护令符合法律规定。其次，人身安全保护令本身不属于处罚性质，只要姚某不实施人身安全保护令所禁止的行为，人身安全保护令对其行为将不产生任何不利影响。故根据《反家庭暴力法》第31条的规定，裁定驳回姚某的复议申请。

3. 关于当事人双方离婚纠纷的裁判结果

法院认为，原、被告共同生活近二十年，生育两个子女，应当视为建立了牢固的夫妻感情，虽然婚后共同生活期间常为琐事发生争吵，但双方经过离婚后又再次复婚，可见原、被告对于夫妻关系还是较为珍惜。现婚生子姚某2正处于身体发育和性格形成的关键期，父母理应多予以关心帮助，原、被告双方的离婚不利于孩子的身心健康，势必对其成长和学习产生不利影响。因原告未能提供充分证据证明夫妻双方感情已达到完全破裂、无法挽回的程度，法院对张某要求与姚某离婚的诉讼请求，依法不予支持。依照《民法典》第1079条、《民事诉讼法》第67条第1款之规定，判决不准张某与姚某离婚。

评析

本案主要涉及《民法典》《反家庭暴力法》等法律对弱势群体人身安全的保护，以及对不服人身安全保护令提出复议申请的审查的规定。

1. 对弱势群体人身安全的保护

《反家庭暴力法》第23条第1款规定："当事人因遭受家庭暴力或者面临家庭暴力的现实危险，向人民法院申请人身安全保护令的，人民法院应当受理。"第28条规定："人民法院受理申请后，应当在七十二小时内作出人身安全保护令或者驳回申请；情况紧急的，应当在二十四小时内作出。"第29条规定："人身安全保护令可以包括下列措施：（一）禁止被申请人实施家庭暴力；（二）禁止被申请人骚扰、跟踪、接触申请人及其相关近亲属；（三）责令被申请人迁出申请人住所；（四）保护申请人人身安全的其他措施。"依据上述法律规定，张某的申请符合人身安全保护令的法定条件。法院根据张某提供的相关证据及陈述，认定姚某确有殴打张某的行为，张某还有可能再次受到家庭暴力的威胁，据此作出人身安全保护令，并向当事人所在地的村委会及派出所送达了人身安全保护令裁定，派出所还派出公安民警协助保卫离婚诉讼庭审的正常进行，均说明了近年来《民法典》等法律对弱势群体合法权益的重视程度明显提高和保护力度明显加强，提高了人身安全保护令对于预防和制止家庭暴力的效能。

2. 对人身安全保护令提出复议申请的处理

根据《反家庭暴力法》第31条的规定，"申请人对驳回申请不服或者被申请人对人身安全保护令不服的，可以自裁定生效之日起五日内向作出裁定的人民法院申请复议一次"。姚某不服人身安全保护令裁定，有权向法院申请复议，要求撤销人身安全保护令。法院复议主要考虑当事人是否确有遭受家庭暴力的现实危险，如果存在这样的危险，就应驳回复议申请。

3. 对家庭关系的维护和对子女健康成长的关注

本案中，虽然法院发出人身安全保护令维护了张某的人身安全，但张某并未提出夫妻感情彻底破裂的证据。法院经过审理后认为，多年的相识相守实属不易，对于生活中遇到的问题，夫妻应互相勉励，互相信任。尤其是姚某如能反思自己，克服自身缺点，冷静而妥善地化解矛盾，在生活上对张某多些关心和照顾、多些体贴和理解，夫妻关系就会缓和一些。念及离婚对子女的学习和生活的影响，判决不准离婚，这凸显出近年来法律对家庭关系的维护和对子女健康成长的关注，彰显着文明和谐的社会主义核心价值观。

法律小贴士

（一）申请人身安全保护令需要以提起离婚诉讼为前提吗？

人身安全保护令案件单独立案，不以申请人提起离婚诉讼等为前提。申请人不想离婚，仍可以单独提出人身安全保护令申请。

（二）申请人身安全保护令需要提供哪些证据材料？

向人民法院申请人身安全保护令时，应提交涉及家庭暴力的各类证据，可以包括：(1)伤情照片、病历或医疗机构的检查报告；(2)申请人的亲友、被申请人的亲友或村（居）委会工作人员等知道事情经过的人的证言；(3)公安机关的接警、出警、询问笔录或警察证言；(4)国家机关、社会团体或社会组织的相关记录和证明；(5)录音、录像、手机短信、电子邮件、微信聊天记录等证据；(6)被申请人的悔过书、保证书等；(7)其他能够证明存在家庭暴力或明显的家庭暴力倾向的证据。

申请人因客观原因不能自行收集的证据，可申请人民法院调取、收集。

法条链接

1.《民法典》第1079条第1款至第3款：夫妻一方要求离婚的，可以由有关组织进行调解或者直接向人民法院提起离婚诉讼。

人民法院审理离婚案件，应当进行调解；如果感情确已破裂，调解无效的，应当准予离婚。

有下列情形之一，调解无效的，应当准予离婚：(一)重婚或者与他人同居；(二)实施家庭暴力或者虐待、遗弃家庭成员；(三)有赌博、吸毒等恶习屡教不改；(四)因感情不和分居满二年；(五)其他导致夫妻感情破裂的情形。

2.《反家庭暴力法》第31条：申请人对驳回申请不服或者被申请人对人身安全保护令不服的，可以自裁定生效之日起五日内向作出裁定的人民法院申请复议一次。人民法院依法作出人身安全保护令的，复议期间不停止人身安全保护令的执行。

（本篇撰写人：周榆泰，湖北省天门市人民法院）

12 诉讼离婚应满足什么条件?

在婚姻关系中,夫妻之间无法继续共同生活时,离婚可以终止双方的婚姻关系。想要离婚的夫妻可以到民政局办理离婚登记解除婚姻关系,也可以选择到法院诉讼的方式进行离婚。那么,通过诉讼方式离婚要经过哪些程序?需要满足哪些条件?

案例

王某与孙某在1992年经他人介绍相识,于1993年8月登记结婚。婚后,由于双方性格存在差异,在共同生活中经常吵架,甚至互相动手。2007年3月,王某与孙某开始分居。2011年6月,孙某与王某签订离婚协议书。但由于种种原因,二人并未到民政部门办理离婚登记。之后,王某拖延办理离婚手续。孙某分别于2012年10月、2013年7月两次到法院起诉要求离婚,后又以需要收集证据为由而撤诉。现孙某第三次提起诉讼,要求判决与王某离婚。

裁判结果

法院认为,王某与孙某的情形符合《民法典》第1079条第3款的规定,即在调解无效的情形下,因感情不和分居满二年,应当准予离婚。本案中,王某与孙某虽然结婚多年,但由于性格不合,在共同生活期间常常发生矛盾,并已分居满二年,夫妻感情确已破裂,故判决准予二人离婚。

评析

本案涉及《民法典》婚姻家庭编调解和诉讼离婚的规定。《民法典》第1079条规定："夫妻一方要求离婚的，可以由有关组织进行调解或者直接向人民法院提起离婚诉讼。人民法院审理离婚案件，应当进行调解；如果感情确已破裂，调解无效的，应当准予离婚。有下列情形之一，调解无效的，应当准予离婚：(一)重婚或者与他人同居；(二)实施家庭暴力或者虐待、遗弃家庭成员；(三)有赌博、吸毒等恶习屡教不改；(四)因感情不和分居满二年；(五)其他导致夫妻感情破裂的情形。一方被宣告失踪，另一方提起离婚诉讼的，应当准予离婚。经人民法院判决不准离婚后，双方又分居满一年，一方再次提起离婚诉讼的，应当准予离婚。"

诉讼离婚，是指由夫妻一方向人民法院提出离婚请求，由人民法院通过调解或判决的方式解除婚姻关系的离婚制度。诉讼离婚通常适用于婚姻当事人双方对离婚存在分歧的情况，具体而言，包括两种情况：第一，一方要求离婚而另一方不同意离婚；第二，双方均同意离婚，但在子女抚养和财产分割等问题上不能达成一致意见。

在诉讼离婚的过程中，调解是法院审理离婚案件的先行程序。本条第2款就规定了对于离婚案件法院必须进行调解。《最高人民法院关于适用〈中华人民共和国民事诉讼法〉的解释》第145条也对此进行了规定。只有在调解不成的情况下，法院才能判决处理。经过法院调解之后，对于调解和好的案件，根据《民事诉讼法》第101条的规定，应当记入笔录，笔录由双方当事人、审判人员以及书记员签名或者盖章后具有法律效力，可以不制作调解书。如果双方经调解，就解除婚姻关系以及子女抚养、财产分割等有关事项达成一致的，法院应当根据该内容制作调解书，经双方当事人签收后调解书发生效力。如果经调解双方不能和好，也不能就离婚及其他相关事项达成一致的，法院则应进行裁判，判断双方是否符合离婚的认定标准，判决是否准予离婚。

关于离婚的认定标准，我国以感情破裂作为判决离婚的基本标准。法院在判断夫妻感情是否破裂时，应当从婚姻基础、婚后感情状态、请求离婚的原因、婚姻关系现状、是否存在和好可能等各方面进行综合分析。根据法律规定，感情破裂主要有以下情形：第一，重婚或者与他人同居的；第二，实施家庭暴力或虐待、遗弃家庭成员的；第三，有赌博、吸毒等恶习屡教不改的；第四，因感情不和分居满二年的；第五，其他导致夫妻感情破裂的情形。本案中，王某与孙某婚后性格不合，经常发生矛盾甚至大打出手，后两人又分居多年。根据其女儿的证词以及两人的相处方式，以及孙某多次向法院提起诉讼请求离婚等事实，可以认定两人感情确已破裂。在这种情况下，法院准予两人离婚是合理且恰当的。

对于离婚诉讼案件的审理，既要注重社会效应也要考虑个人意愿。一方面，家庭作为社会的细胞，家庭的稳定和谐对社会的稳定和谐至关重要，因此，对于离婚应当持谨慎态度。另一方面，婚姻是以夫妻双方的感情为基础的，应当保障当事人的离婚自由，尊重当事人的离婚意愿。

法律小贴士

（一）离婚诉讼中法院为什么要主动调解？

在离婚诉讼中，当事人没有申请或同意的情况下，法院也需先行进行调解，理由在于婚姻家庭纠纷一方面具有丰富的社会和家庭伦理道德的内容；另一方面也夹杂着生活、情感等复杂的因素，如果仅仅单纯依照法律条文进行机械执法、简单下判，不利于纠纷的处理和积怨的化解。因此，从维护家庭这一社会细胞稳定的角度出发，对于离婚纠纷案件的处理，无论当事人是否愿意调解，法院都应当先行进行调解。

（二）离婚诉讼中，是否可以由他人代理进行诉讼？

我国《民事诉讼法》第65条规定："离婚案件有诉讼代理人的，本人除不能表达意思的以外，仍应出庭；确因特殊情况无法出庭的，必须向人民法院提交书面意见。"这样规定的理由在于，婚姻关系具有极强的人身属性，夫妻关系也是特定的身份关系，因此，原则上离婚诉讼的当事人应为夫妻双方本人，而不能由他人代理进行诉讼。但是，这种规定也存在例外情形，《民事诉讼法》第60条规定："无诉讼行为能力人由他的监护人作为法定代理人代为诉讼。法定代理人之间互相推诿代理责任的，由人民法院指定其中一人代为诉讼。"

（三）在婚姻中存在过错的一方能否提出离婚?

在婚姻中存在过错的一方可以提出离婚。《最高人民法院关于适用〈中华人民共和国民法典〉婚姻家庭编的解释(一)》第63条规定：人民法院审理离婚案件，符合民法典第1079条第3款规定“应当准予离婚”情形的，不应当因当事人有过错而判决不准离婚。由上述规定可知，即使是在婚姻中有过错的一方也可以提出离婚。实践中，如果有过错的一方要求离婚，但是无过错方不同意的，法院应当判断双方是否确已感情破裂，如果确实已经感情破裂了，那么还是应当判决离婚。但是，为了避免过错方通过离婚逃避家庭责任，对无过错方加以保护，《民法典》在第1091条又设立了离婚过错赔偿制度。无过错方可根据第1091条的规定，要求过错方加以赔偿。

法条链接

《民法典》第1079条：夫妻一方要求离婚的，可以由有关组织进行调解或者直接向人民法院提起离婚诉讼。

人民法院审理离婚案件，应当进行调解；如果感情确已破裂，调解无效的，应当准予离婚。

有下列情形之一，调解无效的，应当准予离婚：(一)重婚或者与他人同居；(二)实施家庭暴力或者虐待、遗弃家庭成员；(三)有赌博、吸毒等恶习屡教不改；(四)因感情不和分居满二年；(五)其他导致夫妻感情破裂的情形。

一方被宣告失踪，另一方提起离婚诉讼的，应当准予离婚。

经人民法院判决不准离婚后，双方又分居满一年，一方再次提起离婚诉讼的，应当准予离婚。

（本篇撰写人：王珏，武汉大学法学院）

13 婚前买房，婚后共同还贷，离婚时怎么分？

现实生活中，存在一方婚前签订房屋买卖合同、支付首付款并且在银行按揭贷款，婚后双方共同偿还房贷的情况。此类房产在离婚案件中如何分割？

案例

刘某、姜某系夫妻关系，二人婚后未生育子女。刘某婚前与A村村委会签订房屋买卖合同，合同约定房屋价格为6.1万元。刘某用婚前个人财产支付首付款5万元，并约定后续的价款等房产证办好后付齐。刘某和姜某结婚后，剩余的1.1万元由刘某使用二人的婚后共同财产支付，但房屋仅登记在刘某一人名下。2019年4月，刘某向人民法院起诉离婚，法院判决准予离婚。后刘某又请求法院依法分割该房屋。在庭审中，双方确认房屋的市场价值为60万元。

裁判结果

法院认为，本案系离婚财产纠纷。就房屋归属而言，由于案涉房产的房产证登记于刘某名下，故应认定该房产属刘某所有。案涉房产的购房款总计6.1万元，刘某于婚前缴纳5万元，剩余的1.1万元系刘某、姜某婚后用共同财产缴纳。依照相关法律规定，刘某应对姜某共同支付房款的部分以及所对应增值部分予以补偿。结合房产价值增值情况并兼顾照顾女方的原则，法院判决刘某应补偿姜某人民币5万元。

评析

本案涉及《民法典》关于离婚时贷款房屋分割的相关规定。详见于《最高人民法院关于适用〈中华人民共和国民法典〉婚姻家庭编的解释(一)》第78条:“夫妻一方婚前签订不动产买卖合同,以个人财产支付首付款并在银行贷款,婚后用夫妻共同财产还贷,不动产登记于首付款支付方名下的,离婚时该不动产由双方协议处理。依前款规定不能达成协议的,人民法院可以判决该不动产归登记一方,尚未归还的贷款为不动产登记一方的个人债务。双方婚后共同还贷支付的款项及其相对应财产增值部分,离婚时应根据民法典第一千零八十七条第一款规定的原则,由不动产登记一方对另一方进行补偿。”

从条文内容来看,《最高人民法院关于适用〈中华人民共和国民法典〉婚姻家庭编的解释(一)》第78条的适用应同时满足以下几个条件:第一,不动产买卖合同必须签订于婚前,因为房屋买卖合同如果签订于婚后,意味着购买房屋的意思表示发生于夫妻关系存续期间,此时无论房屋登记在一方名下还是在双方名下,均不符合本条适用的情形;第二,首付款由签订合同一方以个人财产支付;第三,婚后还贷或者偿还剩余房屋价款使用的是夫妻共同财产;第四,不动产登记于首付款支付方名下;第五,夫妻双方实行的是法定共同财产制,因为在约定财产制下,双方财产依照约定各自分离,不存在房屋如何判定所有权及如何补偿的问题。

本条第2款表述为“人民法院可以判决该不动产归登记一方”。这意味着对于一方婚前签订房屋买卖合同并且以个人财产支付首付款,婚后以夫妻共同财产还贷或者支付剩余价款的行为,法院并非一定要将房屋所有权判给登记一方,也可以根据个案实际情况进行衡平。特殊情况下,不排除将房屋判归非产权登记一方的可能。取得产权的一方应当向另一方补偿房屋的对应增值部分,而不是仅给付夫妻关系存续期间双方共同还贷或者剩余价款所支付款项的一半。因此,在具体计算补偿数额时,首先要确定房屋的价值,如果双方对房屋价值达成一致,应当以双方认可的数额为基数。如果双方不能达成一致意见,就需要委托具有专业资质的资产评估机构进行评估来确定案涉房屋的价值。

本条规定不排除在特殊情况下,给另一方更多补偿或将房屋判归并非首付款支付方所有。例如,如果离婚时子女较小,需要随女方生活,女方另有居住房屋但经济困难，则首先考虑在分割房屋时，对于夫妻共同还贷部分所对应的财产价值，根据照顾子女、女方和无过错方权益的原则，给女方多分。如果结合案件事实认为将该部分全部分给女方才足以体现上述原则，也并不违反本条规定。

本案中，案涉房产登记在刘某名下，刘某于婚前缴纳5万元，剩余的1.1万元系刘某、姜某婚后用共同财产缴纳，案涉房屋在离婚时的市场价值为60万元。法院因此依据房屋增值情况，结合夫妻共同偿还的比例，兼顾照顾女方的原则，判决房屋归刘某所有，刘某向姜某支付补偿款5万元，于情合理，于法有据。

法律小贴士

（一）按揭贷款的房屋在离婚分割时如何兼顾债权人的利益？

对于生活中常见的按揭贷款买房的情形，法院在审理此类案件时应充分了解贷款归还情况。一般而言，还贷义务与房屋所有权应当归于贷款的夫妻一方，否则，权利义务的不对等可能会导致贷款人拒绝还款，房屋可能被银行通过诉讼和执行程序实现债权，反而损害取得产权一方的利益。此外，如果婚前购房的一方当事人因某种原因使经济状况发生变化，离婚时不具备继续偿还银行贷款的能力，而另一方当事人有此能力，为了避免案涉房屋被银行行使抵押权，另一方要求取得所有权并按照本条的规定承担相应义务的，人民法院应当予以支持。

（二）房产证上有第三人的名字，在离婚时怎么处理？

实践中经常存在房产证上除有夫妻双方的名字外，还有子女或者一方父母的名字的情形。由于此类房屋涉及第三人的合法权益，通常在离婚诉讼中不能直接对此进行分割，而是采取如下措施：(1)根据当事人的申请，对房屋部分的财产分割不予审理，由当事人另案起诉；(2)根据当事人的申请，将案件中止审理，告知当事人另行提起析产之诉，后根据析产的判决结果，对夫妻共有部分的房屋进行分割。

（三）离婚时非首付款支付一方没有住处，怎么处理？

实践中还存在非首付款支付一方没有住处，离婚时获得的房屋补偿款仍然不足以满足其独立生活居住需求的情形。如果判决房屋归非首付款支付一方所有，满足其居住需求，但是其显然无法向另一方支付高额的房屋补偿。此种情形下，如果另一方有负担能力的，人民法院可以根据《民法典》第366条和第1090条的规定，判决有负担能力的一方给予帮助，在房屋上设立居住权，保障没有住处的一方长期安定的居住权利，而房屋分割的补偿可用作其生活费用，保证其安居乐业。同时，考虑到如将居住权设立成永久性居住权必然妨碍房屋所有权人的权益，因此建议设立居住权时充分考虑双方实际情况，约定有限的居住权期限，并增加终止条件，比如另一方再婚、经济条件改善或者孩子成年后居住权消灭等。

（四）当离婚遇上经济适用房分割，怎么处理？

经济适用房是指政府提供政策优惠，限定套型面积和销售价格，按照合理标准建设，面向城市低收入住房困难家庭供应，具有保障性的政策性住房。因此，经济适用房的定价远低于市场价，并且申请人在申请购房资格时需要经过严格的审查和公示程序。作为一种保障性住房，经济适用房在离婚分割时，权属认定的主要依据应为购房对象的资格。经济适用房由一方申请而由夫妻双方共同还贷，另一方出资的部分应视为一种债权行为，并可就此获得一定程度的补偿，但是补偿标准应当略低于普通房屋按照共同财产分割的补偿标准。若按普通房屋分割标准计算，会使得另一方在离婚财产分割时享受高房价带来的增值部分，与申请一方申购经济适用房用来解决居住困难的初衷相悖。

法条链接

1.《民法典》第1087条：离婚时，夫妻的共同财产由双方协议处理；协议不成的，由人民法院根据财产的具体情况，按照照顾子女、女方和无过错方权益的原则判决。

对夫或者妻在家庭土地承包经营中享有的权益等，应当依法予以保护。”

2.《最高人民法院关于适用〈中华人民共和国民法典〉婚姻家庭编的解

释(一)》第78条:夫妻一方婚前签订不动产买卖合同,以个人财产支付首付款并在银行贷款,婚后用夫妻共同财产还贷,不动产登记于首付款支付方名下的,离婚时该不动产由双方协议处理。

依前款规定不能达成协议的,人民法院可以判决该不动产归登记一方,尚未归还的贷款为不动产登记一方的个人债务。双方婚后共同还贷支付的款项及其相对应财产增值部分,离婚时应根据民法典第一千零八十七条第一款规定的原则,由不动产登记一方对另一方进行补偿。

(本篇撰写人:陈理,武汉大学法学院)

14 子女非亲生，抚养人所受损害如何救济？

婚外情伤害夫妻感情，违背公序良俗，损害一夫一妻制的法律尊严，是不为法律和道德所容忍的行为。若一方违背忠实义务，隐瞒子女系与他人所生的事实，致使配偶一方误将他人子女视为亲生子女予以抚养，夫妻忠实一方的受损权益应当如何救济？《民法典》婚姻家庭编离婚损害赔偿条款进行了规定。

案例

万某和杨某系夫妻关系。婚后杨某生育一子万甲，万某抚养万甲两年多后委托鉴定机构进行亲子鉴定，发现万甲并非自己亲生。万某因此与杨某产生矛盾并分居。万某认为双方夫妻感情已完全破裂，故提起离婚诉讼，请求判令解除双方婚姻关系，依法分割夫妻共同财产，并要求杨某向其返还已支付的孩子抚养费17万元和支付精神损害赔偿金10万元。

裁判结果

法院认为，万某与杨某虽系自主婚姻，但婚后因杨某对婚姻不忠产生矛盾并分居，导致夫妻感情破裂。现万某提出离婚，杨某亦同意离婚，故法院对万某要求离婚的诉讼请求予以准许。因万甲系杨某与他人所生之子，万某并非其生父，故判决万甲由杨某抚养。杨某婚内出轨，违背夫妻忠实义务，并隐瞒万甲非万某亲生的事实，致使万某违背其真实意愿抚养其非亲生子，侵犯了万某基于婚姻家庭关系产生的配偶权和亲权,由此给万某造成的抚养费损失及精神损害,万某有权要求杨某赔偿。关于抚养费损失数额,法院根据万某与万甲共同生活的时间,综合考虑当地生活水平、万甲实际生活需要及万某的经济状况,酌定为71300元。关于精神损害赔偿数额,考虑万某精神损害程度、杨某过错程度、双方经济能力及当地生活水平,法院酌定30000元。关于夫妻共同财产分割,法院根据照顾无过错方原则,酌情对万某适当多分。

评析

本案涉及《民法典》关于离婚损害赔偿制度的规定。离婚损害赔偿制度是我国三大离婚救济制度之一,被规定在《民法典》婚姻家庭编“离婚”一章中,是侵权责任在婚姻法领域的延伸体现。《民法典》第1091条规定:“有下列情形之一,导致离婚的,无过错方有权请求损害赔偿:(一)重婚;(二)与他人同居;(三)实施家庭暴力;(四)虐待、遗弃家庭成员;(五)有其他重大过错。”该条款在《婚姻法》第46条规定的基础上,增加了“有其他重大过错”作为可以适用离婚损害赔偿的情形,扩大了离婚损害赔偿制度的适用范围。

离婚损害赔偿责任的构成要件有如下五个:第一,过错方实施了妨害婚姻家庭关系的行为,分为以下几种情形:重婚、与他人同居、实施家庭暴力、虐待或遗弃家庭成员、有其他重大过错。第二,行为人主观上必须存在过错,且该种过错是导致离婚的原因。第三,另一方没有过错。第四,过错方的损害行为造成了损害结果。第五,过错行为与损害结果之间存在因果关系。

离婚损害赔偿包括物质损害赔偿和精神损害赔偿。无论过错方的过错行为造成了物质损害还是精神损害,无过错方都有权要求赔偿。物质损害赔偿主要是指财产损失,以全部赔偿为原则,法院根据过错方的过错程度、造成的损失大小等确定赔偿数额。精神损害赔偿则根据《最高人民法院关于确定民事侵权精神损害赔偿责任若干问题的解释》第5条的规定,根据过错方的过错程度、承担责任的经济能力、造成的损害后果和受诉法院所在地的平均生活水平等因素予以综合认定。需要注意的是,离婚损害赔偿请求权的主体只能是夫妻双方中的无过错一方,双方均有过错的,如一方实施家庭暴力,另一方与他人婚外同居,则双方均无资格请求离婚损害赔偿。

本案中，杨某违背夫妻忠实义务，在明知所生子女与万某并不存在亲子关系的情况下，故意隐瞒实情，致使万某误将他人子女视为亲生子女予以抚养，构成欺诈性抚养，侵犯了万某基于婚姻家庭关系产生的人身权利，使万某蒙受物质上和精神上的双重损害，构成重大过错，其过错行为致使双方夫妻感情破裂，导致双方离婚，故万某作为无过错方有权就其遭受的经济损失（主要体现为抚养费损失）和精神损害请求离婚损害赔偿。

本案通过对离婚纠纷中无过错方离婚损害赔偿请求的支持，使违背夫妻忠实义务的过错方因其损害行为受到惩罚，使无过错方因欺诈性抚养被损害的权益得到补偿和救济，有利于弘扬家庭美德，维护平等、和睦、文明的婚姻家庭关系。

《民法典》颁布之前，《婚姻法》第46条规定将离婚损害赔偿的适用情形限制在以下四种：(1)重婚；(2)有配偶者与他人同居；(3)实施家庭暴力；(4)虐待、遗弃家庭成员。根据上述规定，该四种情形以外的违反婚姻家庭义务的过错行为，均不能适用离婚损害赔偿，导致该制度在实践中适用并不多。但实际上，婚姻中的过错行为远不止这些，当一方存在赌博、吸毒、通奸、嫖娼等其他过错行为时，非过错方若不能通过离婚损害赔偿制度得到相应的补偿和救济，就有失公允。《民法典》第1091条在《婚姻法》第46条规定的基础上，增加了“有其他重大过错”作为可以适用离婚损害赔偿的情形，把概括式规定作为兜底，扩大了离婚损害赔偿制度的适用范围，使人民法院能够根据具体案情，对过错方是否存在重大过错进而应否承担离婚损害赔偿责任进行认定，更有利于保护婚姻中无过错一方的权益。

法律小贴士

（一） 非婚生子女的法律地位是怎样的?

《民法典》第1071条规定：“非婚生子女享有与婚生子女同等的权利，任何组织或者个人不得加以危害和歧视。不直接抚养非婚生子女的生父或者生母，应当负担未成年子女或者不能独立生活的成年子女的抚养费。”造成子女非婚生的原因在于父母，不应由无辜的子女承担不利法律后果，故非婚生子女与婚生子女享有相同的法律地位，有关父母与子女关系的规定同样适用于非婚生子女：父母对子女有抚养、教育和保护的权利和义务；子女成年后对父母有赡养扶助的义务；父母与子女之间有相互继承遗产的权利。此外，任何组织和个人不得对非婚生子女加以危害和歧视，应当尊重和保护非婚生子女的隐私，给其健康的成长环境，有关单位对非婚生子女落户、入学等与其个人利益密切相关的事项，应当制定相应措施，保障非婚生子女的合法权益。

（二）违反夫妻忠实义务的民事法律后果有哪些？

《民法典》第1043条规定："家庭应当树立优良家风，弘扬家庭美德，重视家庭文明建设。夫妻应当互相忠实，互相尊重，互相关爱；家庭成员应当敬老爱幼，互相帮助，维护平等、和睦、文明的婚姻家庭关系。"该条款是婚姻家庭道德规范的法律化，体现了社会主义核心价值观，以立法形式明确宣示我国所提倡的婚姻家庭关系，属于倡导性、宣誓性条款。当事人不起诉离婚，仅依据该条款以对方违反夫妻忠实义务为由提起诉讼的，人民法院不予受理，但这并不意味着司法对违反夫妻忠实义务行为的纵容。对于违背夫妻忠实义务的重婚或者与他人同居的行为，无过错方可以起诉离婚，并请求离婚损害赔偿，重婚或与他人同居属于法定离婚事由和适用离婚损害赔偿的法定情形。对于通奸、卖淫嫖娼等其他违反夫妻忠实义务的行为，无过错方亦可起诉离婚，若该行为确已致使夫妻感情破裂，调解无效的，应当准予离婚；若根据具体案情该行为能够认定为属于《民法典》新增的"有其他重大过错"这一离婚损害赔偿适用情形，过错方亦应承担离婚损害赔偿责任。此外，关于离婚时夫妻共同财产的处理规则，《民法典》第1087条在《婚姻法》第39条的基础上增加了照顾无过错方权益的原则，违反夫妻忠实义务的一方系过错方，在分割夫妻共同财产时应对无过错方予以照顾。

（三）离婚损害赔偿与离婚经济补偿、离婚经济帮助的适用情形有何不同？

离婚损害赔偿是指因夫妻一方的重大过错致使婚姻关系破裂的，过错方应对无过错方的损失予以赔偿的法律制度。离婚经济补偿是指夫妻一方因抚育子女、照料老年人、协助另一方工作等负担较多义务的，离婚时有权向另一方请求补偿。该制度的主要功能是在夫妻共同财产分割的基础上，对家庭义务承担较多一方的权利给予救济和平衡。离婚经济帮助是指离婚时如果一方生活困难，有负担能力的另一方应当给予适当帮助。该制度是对离婚时生活困难一方基本生存权益的救济。

法条链接

《民法典》第1091条：有下列情形之一，导致离婚的，无过错方有权请求损害赔偿：（一）重婚；（二）与他人同居；（三）实施家庭暴力；（四）虐待、遗弃家庭成员；（五）有其他重大过错。

（本篇撰写人：黄秀莲，湖北省武汉市汉阳区人民法院）

15 收养小孩要办理什么手续?

孩子不仅是祖国的未来，也是个体生命的延续，大多数家庭因为有了孩子而更加圆满，但是也有一些夫妻，因为各种原因丧失了生育子女的能力。但是这并不代表他们不能成为优秀的父母，收养孩子也是一种弥补遗憾的方式。那么收养孩子需要办理什么手续呢?

案例

迟某与陈某系夫妻，两人共生有二子一女，即迟某A、迟某B与迟某C(女)，三个子女均已成年。迟某B患有精神残疾，生活不能自理。迟某A虽名义上被其大伯迟某D收养，但无正式收养协议。陈某系居住地的低保贫困户，因车祸受伤生活不能自理，而迟某因高血压等疾病丧失劳动能力，迟某B则因残疾需要照顾，家庭生活非常困难。为此，陈某多次要求迟某C支付一定的赡养费用。遭到拒绝后，陈某起诉至人民法院要求迟某C履行向陈某定期支付赡养费、负担陈某全部医疗费等赡养义务。

裁判结果

法院认为，成年子女不履行赡养义务的，缺乏劳动能力或者生活困难的父母有要求成年子女给付赡养费的权利。赡养人应当使患病的老年人及时得到治疗和护理;对经济困难的老年人，应当提供医疗费用。本案中，陈某年事已高、患有疾病且已丧失劳动能力、生活困难，陈某的子女应履行赡养义务，故对陈某要求迟某C履行赡养义务，即给付赡养费、医疗费的诉讼请求应予支持。具体而言，迟某B缺乏劳动能力，无法给付赡养费与医疗费。而迟某A因与迟某D之间未在县级以上人民政府民政部门办理正式收养登记手续，故迟某A与迟某D之间不构成收养关系。迟某A作为陈某的儿子也应尽到赡养义务。综上，迟某C应承担二分之一的赡养义务，支付陈某二分之一的赡养费和医疗费。

评析

本案涉及《民法典》关于收养关系的成立的规定。《民法典》第1105条规定："收养应当向县级以上人民政府民政部门登记。收养关系自登记之日起成立。收养查找不到生父母的未成年人的，办理登记的民政部门应当在登记前予以公告。收养关系当事人愿意签订收养协议的，可以签订收养协议。收养关系当事人各方或者一方要求办理收养公证的，应当办理收养公证。县级以上人民政府民政部门应当依法进行收养评估。"

从条文内容来看，本条规定了收养登记的程序、收养查找不到生父母的未成年人的公告程序和签订收养协议、办理收养公证等内容，特别规定了民政部门应当进行收养评估。收养登记是国家通过主管部门对申请建立收养关系的家庭和未成年人，依照法律规定的收养条件进行审查，对符合法定收养条件的准予登记，发给收养证，收养关系即成立的一项制度。除收养关系的成立以登记为生效要件外，收养关系的解除也应办理登记。

收养为要式法律行为，只有履行了法定登记程序，收养才能成立并具有法律效力。未经登记，收养关系不得成立。在收养关系未成立的前提下，被收养人与生父母及其他近亲属间的权利义务关系仍然存在。例如本案中，被收养人赡养父母的义务并未消除。

本案中，虽然陈某与迟某A均声称因迟某D终身未婚没有孩子而收养迟某A，从而迟某A与陈某的父母子女权利义务关系消灭，但是迟某A与迟某D之间既未办理收养登记，也没有提交正式的收养协议，户口本也载明迟某A系迟某D的侄子,因此迟某A与迟某D的收养关系并未成立。作为成年子女,迟某A应当向缺乏劳动能力或者生活困难的母亲陈某给付赡养费。法院判决迟某A和迟某C各承担一半的赡养义务,让老年人老有所养、老有所依,实现了社会效果与法律效果的有机统一。

我国关于收养关系成立的规定主要经历三个阶段:第一个阶段是新中国成立后至1992年《收养法》施行之前,此时对于收养成立的条件没有统一的法律规定,有收养事实就可以成立收养关系。第二个阶段是1992年《收养法》施行后至1999年修正的《收养法》施行之前。1992年施行的《收养法》针对不同的被收养人分别规定了收养的成立要件,收养弃婴、儿童以及孤儿的,应当向民政部门登记。对于收养弃婴、儿童和孤儿以外的儿童的,并未强制要求必须办理登记,而仅要求签订收养协议,可以办理收养公证。第三个阶段是1999年修正的《收养法》施行之后至今,法律正式将收养登记作为各类收养行为统一的成立要件,未经登记的,收养不能成立。收养登记将收养行为纳入国家的监督管理,有利于保护收养各方当事人尤其是被收养人的合法权益。这对充分发挥收养制度的作用,实现收养的社会效果具有重要意义。对于该法施行前的收养行为,根据法不溯及既往原则,虽然未进行登记,但是签订收养协议或者办理收养公证应当承认其具有收养的效力。

此外,自民政部2012年开展收养评估试点工作以来,上海、天津、山东、安徽、江苏等多地的民政部门都已经广泛开展了收养评估试点工作,并取得了良好的成效。收养评估对收养主体是否具备法定资质和相应条件进行实质审查,有利于强化对被收养人合法权益的保护。《民法典》新增民政部门应当进行收养评估的规定,为民政部门推广收养评估制度提供了上位法依据,有利于收养评估制度的规范化发展。

法律小贴士

(一)收养登记手续到哪里办理?

法律规定,收养关系当事人应当亲自到收养登记机关办理成立收养关系的登记手续,办理收养登记的机关一般是县级人民政府民政部门。收养社会福利机构抚养的查找不到生父母的弃婴、儿童和孤儿的，在社会福利机构所在地的收养登记机关办理登记。收养非社会福利机构抚养的查找不到生父母的弃婴和儿童的，在弃婴和儿童发现地的民政部门办理登记。收养生父母有特殊困难无力抚养的子女或者由监护人监护的孤儿的，在被收养人生父母或者监护人常住户口所在地的民政部门办理登记。收养三代以内同辈旁系血亲的子女，以及继父或者继母收养继子女的，在被收养人生父或者生母常住户口所在地的民政部门办理登记。

（二）办理收养登记手续需要哪些材料？

对收养人而言，办理收养登记应当提交收养申请书和下列证件和证明材料：收养人的居民户口簿和居民身份证；本人婚姻状况和抚养教育被收养人的能力等情况的证明，以及收养人出具的子女情况声明；未患有不应当收养子女的疾病的身体健康检查证明。收养继子女的，可以只提交居民户口簿、居民身份证和收养人与被收养人生父或者生母结婚的证明。对送养人而言，办理收养登记应当提交下列证件和证明材料：送养人的居民户口簿和居民身份证；其他有抚养义务的人同意送养的书面意见。生父母为送养人的，应当提交不违反计划生育规定的协议；有特殊困难无力抚养子女的，还应当提交送养人有特殊困难的声明。子女由三代以内同辈旁系血亲收养的，还应当提交与收养人有亲属关系的证明。

（三）收养人需要满足什么条件？

收养人应当同时具备下列条件：无子女或者只有一名子女；有抚养、教育和保护被收养人的能力；未患有医学上认为不应当收养子女的疾病；无不利于被收养人健康成长的违法犯罪记录；年满30周岁。此外，法律还制定了一些限制或放宽收养的规定，例如，(1)无配偶者收养异性子女，收养人与被收养人年龄差应当在40周岁以上，但收养三代以内旁系同辈血亲的子女，可以不受该限制。(2)无子女的收养人可以收养两名子女，有子女的收养人只能收养一名子女。但收养孤儿、残疾未成年人或福利机构收养的找不到生父母的未成年人，继父或者继母收养继子女可以不受该限制。

法条链接

《民法典》第1105条：收养应当向县级以上人民政府民政部门登记。收养关系自登记之日起成立。

收养查找不到生父母的未成年人的，办理登记的民政部门应当在登记前予以公告。

收养关系当事人愿意签订收养协议的，可以签订收养协议。

收养关系当事人各方或者一方要求办理收养公证的，应当办理收养公证。

县级以上人民政府民政部门应当依法进行收养评估。

（本篇撰写人：陈理，武汉大学法学院）

继承编

JI CHENG BIAN

1 再婚家庭继承起纷争，如何兼顾法理情理来化解？

近年来，随着离婚率的提高，再婚重组家庭的数量也逐步攀升，重组家庭人员关系较为复杂，财产继承问题也相对复杂，一旦处理不好，很容易引发家庭矛盾，破坏家庭和谐。当再婚重组家庭夫妻财产分割与遗产分割重叠时，应当如何确定遗产范围？继承人的身份如何确定？继子女能否作为继承人继承养父母的遗产？遗产应当如何分割？以上问题的答案还需要结合《民法典》继承编的相关条款来回答。

案例

何某（女，携儿子杨甲）与杨某（男，携女儿杨乙、杨丙）于1964年成立组合家庭，婚后二人生育婚生子女杨一、杨二。2015年何某因病去世，其名下有银行存款若干元。何某去世时，其原单位发放了抚恤金。2017年4月，杨某自书遗嘱一份，将其所有遗产赠与杨二之子杨小二。2019年杨某去世时，其单位发放了抚恤金，以上存款及抚恤金均已由杨二取出，杨某去世后，杨二将杨某和何某共有的一套房屋出售。原告杨甲、杨一称他们并未放弃其合法的继承权利，父亲杨某所书遗嘱不是父亲的真实意思表示，该遗嘱无效。因双方争议较大，原告杨甲、杨一遂诉至法院。

裁判结果

法院认为，原告杨甲系何某之子，且原告杨甲与杨某形成了扶养关系，原告杨一与被告杨二系杨某和何某的婚生子女，故原告杨甲、杨一和被告杨二均系杨某与何某遗产的第一顺序继承人。因杨某已立遗嘱将其财产赠予杨二之子杨小二，故原告杨甲、杨一和被告杨二可以继承何某的遗产及分割杨某、何某去世后的抚恤金，杨某的遗产由杨二之子杨小二继承。关于何某的遗产。何某去世时，何某和杨某共有银行存款若干元，共有房屋价值若干元。据此，何某个人财产（遗产）为上述价款总额的一半，何某的遗产应由杨某、杨甲、杨一、杨二分得。关于何某、杨某去世后的抚恤金。何某去世后的抚恤金应由杨某、杨甲、杨一、杨二分得，杨某去世后的抚恤金应由杨乙、杨丙、杨甲、杨一、杨二分得。同一顺序继承人继承遗产、分割抚恤金的份额，一般应当均等处理，同时也要综合考虑各分配对象与被继承人的亲密程度、对被继承人所尽的扶养义务等因素。本案中，杨二提出杨甲、杨一未尽赡养义务，与本院查明的事实不符，但被告杨二对杨某、何某的日常照护相对于原告杨甲、杨一较多，故被告杨二可以适当多分遗产和抚恤金。

评析

本案涉及《民法典》继承编遗嘱继承、法定继承的相关规定。《民法典》第1123条规定："继承开始后，按照法定继承办理；有遗嘱的，按照遗嘱继承或者遗赠办理；有遗赠扶养协议的，按照协议办理。"第1127条规定："遗产按照下列顺序继承：（一）第一顺序：配偶、子女、父母；（二）第二顺序：兄弟姐妹、祖父母、外祖父母。继承开始后，由第一顺序继承人继承，第二顺序继承人不继承；没有第一顺序继承人继承的，由第二顺序继承人继承。本编所称子女，包括婚生子女、非婚生子女、养子女和有扶养关系的继子女。本编所称父母，包括生父母、养父母和有扶养关系的继父母。本编所称兄弟姐妹，包括同父母的兄弟姐妹、同父异母或者同母异父的兄弟姐妹、养兄弟姐妹、有扶养关系的继兄弟姐妹。"根据《民法典》的规定，继承顺序为遗赠抚养协议，遗嘱继承、遗赠，法定继承。也就是在被继承人订立遗赠扶养协议、遗嘱的情况下，优先适用遗赠抚养协议，其次按照遗嘱内容继承，最后依照法定继承方式继承。在没有遗赠扶养协议及遗嘱的前提下，按照法定继承方式继承。法定继承顺序为第一顺序：配偶、子女、父母；第二顺序：兄弟姐妹、祖父母、外祖父母。存在抚养关系的继子女、继父母享有同婚生子女相同的继承权。

在本案中，杨某与原告杨甲形成了抚养关系，杨甲、杨一、杨二为何某、杨某的法定继承人，可以依法继承何某、杨某的遗产。《民法典》第1122条规定："遗产是自然人死亡时遗留的个人合法财产。依照法律规定或者根据其性质不得继承的遗产，不得继承。"在确定遗产范围时，首先应当判断财产的性质是否属于遗产。抚恤金是国家机关、企事业单位、集体经济组织对死者家属或伤残职工发给的抚慰和经济补偿，不是死者生前拥有的个人合法财产，不属于遗产范围。本案中，何某去世时，其原单位发放了抚恤金。2019年杨某去世时，其单位发放了抚恤金。因抚恤金不属于遗产，应由其直系亲属处置分配，不应作为遗产来继承。

《民法典》第1130条规定："同一顺序继承人继承遗产的份额，一般应当均等。对生活有特殊困难又缺乏劳动能力的继承人，分配遗产时，应当予以照顾。对被继承人尽了主要扶养义务或者与被继承人共同生活的继承人，分配遗产时，可以多分。有扶养能力和有扶养条件的继承人，不尽扶养义务的，分配遗产时，应当不分或者少分。继承人协商同意的，也可以不均等。"本案中，何某去世后，并没有留下遗嘱，因此何某的遗产应由杨某、杨甲、杨一、杨二通过法定继承的顺序继承；杨某去世后，因其生前留下遗嘱，将其财产赠与杨二之子杨小二，故杨某的遗产应当由其孙杨小二继承。

法律小贴士

现实生活中，重组家庭人员关系较为复杂，财产继承问题也相对复杂，一旦处理不好，很容易引发家庭矛盾，破坏家庭和谐。遗产继承常见问题有以下几种。

（一）在遗产继承纠纷中，不得作为遗产的主要有哪些？

《民法典》第1122条规定："遗产是自然人死亡时遗留的个人合法财产。依照法律规定或者根据其性质不得继承的遗产，不得继承。"不得作为遗产的主要有哪些呢？主要从两方面予以界定:一是依照法律规定不得继承的,不得作为遗产;二是根据其性质不得继承的除外。表现为依据法律规定不能继承的财产权利,这类权利包括自然资源利用权、宅基地使用权、生前租用或借用他人的财产、指定了受益人的保险金等。另具有抚恤、救济性质的财产权利不得作为遗产,如抚恤金、补助金、残疾补助金、救济金、最低生活保障金等。

(二)在继承纠纷中,如何确定继承权主体?哪些人具有遗产继承资格?

本案中,对于重组家庭而言,根据《民法典》第1127条的规定,除了亲生子女、亲生父母、配偶是法定第一顺序继承人,符合"有扶养关系"这一条件的继子女、继父母也同为第一顺序继承人。如何判断有扶养关系呢?扶养关系泛指家庭成员之间经济上的供养、生活上的照顾、精神上的关爱,包括长辈对晚辈的抚养教育、晚辈对长辈的赡养扶助,以及平辈之间的互相扶持。关于继子女与继父母之间形成扶养关系的情形,具体概括如下:(1)建立重组家庭时,继子女未成年,或者继子女虽然成年,但是因尚在学校学习、生病等原因还不能独立生活,凡继父或继母对其承担了部分或全部生活教育费的,不论是否与继父或继母一起生活,都形成抚养关系;(2)建立重组家庭时继子女尚未独立生活,随生父母一方与继父或继母共同生活时,继父或继母给予教育上帮助和生活上照料的,即使未承担生活教育费,也形成抚养关系;(3)成年继子女对继父母长期进行了赡养扶助,形成扶养关系。本案即符合第一种情形,建立重组家庭时继子女未成年,不能独立生活,继父对其承担了部分生活教育费。

(三)关于继承方式的相互关系是什么?

继承开始后,遗赠扶养协议、遗嘱或遗赠、法定继承,一般按先后顺序处理遗产,即优先考虑遗赠扶养协议,遗嘱或遗赠次之,法定继承最后考虑。

本案中,在遗产继承资格确定后,在被继承人订立遗赠扶养协议、遗嘱的情况下,首先适用遗赠扶养协议,其次按照遗嘱内容继承,最后依照法定继承方式继承。当发生纠纷时,在家庭成员之间,纠纷双方应当有正确的心态,相互之间多一分理解,加强沟通与交流,本着亲情为重的原则,来妥善解决双方之间的纠纷。

法条链接

1.《民法典》第 1122 条:遗产是自然人死亡时遗留的个人合法财产。

依照法律规定或者根据其性质不得继承的遗产,不得继承。

2.《民法典》第 1123 条:继承开始后,按照法定继承办理;有遗嘱的,按照遗嘱继承或者遗赠办理;有遗赠扶养协议的,按照协议办理。

3.《民法典》第 1127 条:遗产按照下列顺序继承:(一)第一顺序:配偶、子女、父母;(二)第二顺序:兄弟姐妹、祖父母、外祖父母。

继承开始后,由第一顺序继承人继承,第二顺序继承人不继承;没有第一顺序继承人继承的,由第二顺序继承人继承。

本编所称子女,包括婚生子女、非婚生子女、养子女和有扶养关系的继子女。

本编所称父母,包括生父母、养父母和有扶养关系的继父母。

本编所称兄弟姐妹,包括同父母的兄弟姐妹、同父异母或者同母异父的兄弟姐妹、养兄弟姐妹、有扶养关系的继兄弟姐妹。

4.《民法典》第 1130 条:同一顺序继承人继承遗产的份额,一般应当均等。

对生活有特殊困难又缺乏劳动能力的继承人,分配遗产时,应当予以照顾。

对被继承人尽了主要扶养义务或者与被继承人共同生活的继承人,分配遗产时,可以多分。

有扶养能力和有扶养条件的继承人,不尽扶养义务的,分配遗产时,应当不分或者少分。

继承人协商同意的,也可以不均等。

(本篇撰写人:邓年红,湖北省钟祥市人民法院)

2 遗产继承，侄甥能否代位获得财产？

被继承人的兄弟姐妹的子女是否具有代位继承资格涉及《民法典》侄甥代位继承条款。被继承人在没有留下遗嘱，又没有遗赠或遗赠扶养协议的前提下，按法定继承方式进行继承，《民法典》进一步对代位继承进行规定，将被继承人的兄弟姐妹的子女也纳入法定继承人的范围，突破原先由晚辈直系血亲继承的范围限制。

案例

被继承人李某（女），2019年9月10日去世，一生未婚未育，系原武汉某公司职工，其在母亲去世后被舅舅童戊收养，养父童戊与养母刘某另育有一子童己。童己与李某为兄妹。童己与妻子武某育有四子、二女（六子女系被继承人李某的外甥和外甥女），分别为原告童甲，被告童乙、童丙、童丁以及童庚、童辛。养父母童戊、刘某、兄长童己、外甥童庚、童辛均先于李某去世。被继承人李某去世后，遗留有位于武汉市青山区XX街XX门XX层XX号的房屋一套，银行存款共计若干元。李某生前未留有遗嘱或遗赠抚养协议。李某去世前，生病住院由外甥童甲照顾，去世后的丧葬事宜也由童甲操办。另，李某的生父亦先于李某去世，生前也只育有一女，即被继承人李某。原告童甲认为自己有权继承姑母李某名下的全部遗产，故起诉至法院，请求法院判令自己有权继承被继承人李某名下的全部遗产。

裁判结果

法院认为，因被继承人李某一生未婚，未生育子女，而其养父母、生父母、兄长均已先于其去世，依照《民法典》第1128规定"被继承人的子女先于被继承人死亡的，由被继承人的子女的直系晚辈血亲代位继承。被继承人的兄弟姐妹先于被继承人死亡的，由被继承人的兄弟姐妹的子女代位继承。代位继承人一般只能继承被代位继承人有权继承的遗产份额"，被继承人李某的遗产应由童己的子女继承。童己共育有四子、二女，分别为被告童乙、童丙、童丁、原告童甲以及童庚（2011年9月12日去世）、童辛（于2009年5月4日因去世被注销户口）。而被告童乙、童丙、童丁均表示自愿放弃对被继承人李某遗产的继承权，并同意被继承人李某的遗产均由原告童甲继承，故本案的原告童甲有权继承被继承人李某的全部遗产。遂依法判决被继承人李某名下的位于武汉市青山区XX街XX门XX层XX号的房屋一套以及银行存款共计若干元均应由原告童甲继承。

评析

本案涉及《民法典》代位继承权新修订的相关规定。《民法典》代位继承权条款增加了被继承人的兄弟姐妹的子女可代位继承，即侄甥代位继承条款。《民法典》第1128条规定："被继承人的子女先于被继承人死亡的，由被继承人的子女的直系晚辈血亲代位继承。被继承人的兄弟姐妹先于被继承人死亡的，由被继承人的兄弟姐妹的子女代位继承。代位继承人一般只能继承被代位继承人有权继承的遗产份额。"

本条规定了两种代位继承：一种是被继承人的子女的直系晚辈血亲的代位继承；另一种是被继承人的兄弟姐妹的子女的代位继承。其中，第二种为《民法典》新设的代位继承方式。也就是在被继承人没有第一顺序继承人的情况下，如果第二顺序继承人也都先于被继承人死亡，其第二顺序继承人中的兄弟姐妹有子女的，则兄弟姐妹的子女可以代位继承。这就是《民法典》新增的侄甥代位继承条款。侄甥代位继承条款为侄子、侄女、外甥、外甥女在特定条件下继承伯父、叔父、姑母、姨母、舅舅的遗产提供了明确的法律依据。

本案中，被继承人李某没有第一顺位继承人，第二顺位继承人也先于被继承人死亡，其也没有子女，亦没有子女的直系晚辈血亲进行代位继承。若依照原继承法的规定，本案中不存在有继承资格的继承人，李某的财产应收归国家所有。然而，依据《民法典》继承编新修改的代位继承相关规定，被继承人李某一生未婚，未生育子女，而其养父母、生父母、兄长均先于其去世，童甲是被继承人李某的侄子，且满足代位继承条件，故享有代位继承权。本案中，被继承人李某虽然是在《民法典》实施前去世的，但根据《最高人民法院关于适用〈中华人民共和国民法典〉时间效力的若干规定》第3条、第14条规定，当时遗产未处理，其兄弟姐妹的子女请求代位继承的，可以适用《民法典》第1128条第2款和第3款的规定。故法院最终判决童甲继承李某的全部财产。

本案通过适用《民法典》代位继承制度的新规定，判决李某的侄子童甲继承李某的全部财产，解决被继承人的财产无人继承的问题。让具有亲密血缘关系或情感联系的亲属继承，增加了公民合法财产在家族中延续的可能，加大了对私产的保护力度，也体现了国家不与民争利的基本原则。

随着过去几十年计划生育政策的推行，我国大部分家庭都是独生子女，在继承方面也面临着继承人少甚至无继承人的现状。为了更好地延续分配逝者的遗产，《民法典》在制定过程中考虑到我国独生子女家庭较多的现状，将被继承人的甥侄也纳入代位继承人的范围。一方面，能够很好解决遗产无人继承的问题，增加公民合法财产在家族中延续的可能，体现中国传统的家族传承理念；另一方面，也体现国家不与民争利的基本原则。自罗马法以来，西方国家民法理论中对私人财产权的保护，在法律层面对继承人范围的规定一直都是相当宽泛的。例如，在早期的民法中，自家人、近宗亲属或同一亲等的近亲属、族人等都属于继承人的范围。特别是近代以来，为了最大限度地保护私有财产，使被继承人的财产不致因被继承人死亡而分散、外流，确保私有财产的存续和发展，在法律上将法定继承人的范围规定得相当宽泛。我国《民法典》新增兄弟姐妹的子女代位继承的规定，不仅符合中国的传统理念和善良风俗，也与国际立法趋势相契合，具有合理性和必要性。

《民法典》扩大代位继承人范围，有利于鼓励被继承人得到近亲属的积极赡养。以前的《继承法》将法定继承人的范围规定过窄，许多没有直系亲属的老人，虽然有其他近亲属，但这些近亲属（例如侄甥）不属于法定继承人的范围，也在法律上没有赡养被继承人的法定义务，又不能依法继承被继承人的遗产，可能会导致被继承人落入老无所养的境况。当前，侄甥被纳入代位继承人的范围，在一定程度上将鼓励侄甥等近亲属积极赡养无直系亲属的被继承人，同时让私有财产在血缘家族内部流转，促进亲属关系的发展，加强亲属之间的交流与沟通，引导人们重视亲情，鼓励亲属间相互扶助、养老育幼、共同守望，既符合我国历史传统和民族习惯，又有利于彰显中华民族尊老爱幼的优良传统与传统善良风俗，积极弘扬社会主义核心价值观，促进社会和谐稳定发展。

法律小贴士

（一）兄弟姐妹的子女行使代位继承权应当具备哪些条件？

根据《民法典》第1128条之规定，代位继承应具备以下条件：(1)享有继承权的被代位人必须先于被继承人死亡；(2)先死亡的被代位人必须是被继承人的子女或兄弟姐妹；(3)代位继承人必须是被继承人的子女的直系晚辈血亲或被继承人的兄弟姐妹的子女；(4)被代位人生前必须享有继承权，如果被代位继承人基于法定事由丧失继承权，就连带引起代位继承权的消灭；(5)代位继承人无论人数多少，被代位人无论是否全部死亡，原则上代位继承人只能继承被代位人有权继承的份额；(6)代位继承只适用于法定继承，在遗嘱继承中不发生代位继承，在遗赠中也不发生代位受遗赠。由此可见，代位继承人的资格限制较为严格，只有被继承人的子女的直系晚辈血亲或被继承人的兄弟姐妹的子女才享有代位继承权。即兄弟姐妹的子女行使代位继承权的条件主要有：一是被继承人没有第一顺位继承人，其已去世子女也没有子女或直系晚辈子孙代位继承；二是被继承人的兄弟姐妹先于被继承人去世；三是被继承人的兄弟姐妹及其子女均未丧失继承权；四是被继承人生前并未订立遗嘱或扶养协议。当被继承人的兄弟姐妹的子女满足以上条件即具备代位继承的资格，享有代位继承权。

（二）代位继承资格要不要以有血缘关系为前提？

现实中经常发生被继承人去世后其兄弟姐妹与被继承人的继子女或养子女发生纠纷，

主张后者与被继承人没有血缘关系，故不享有继承权，而作为扩大继承范围的代位继承制度是否应以有血缘关系为前提呢?《民法典》第1127条第3款、第4款、第5款规定:“本编所称子女，包括婚生子女、非婚生子女、养子女和有扶养关系的继子女。本编所称父母，包括生父母、养父母和有扶养关系的继父母。本编所称兄弟姐妹，包括同父母的兄弟姐妹、同父异母或者同母异父的兄弟姐妹、养兄弟姐妹、有扶养关系的继兄弟姐妹。”可见，是否有血缘关系不是决定是否具有继承权的决定因素，只要符合法律意义上的身份即能享有法律赋予的继承人资格。《最高人民法院关于适用〈中华人民共和国民法典〉继承编的解释(一)》第14条规定:“被继承人的孙子女、外孙子女、曾孙子女、外曾孙子女都可以代位继承，代位继承人不受辈数的限制。”故现代社会关系中，是否享有法律意义上的继承权是不需要以具有血缘关系为前提的，只要符合法律认可的继承人资格、依据法规行事做人，即可合理使用权利带来的权益。

(三)代位继承是否只适用于法定继承?

代位继承只适用于法定继承，在遗嘱继承中不适用。亦即只有被代位继承人的法定继承权才能被代位，如果被代位继承人享有的是遗嘱继承权，那么该遗嘱会因被代位继承人先于被继承人死亡而失效，此时不发生依据遗嘱的代位继承。(1)享有继承权的被代位人必须先于被继承人死亡。被代位人在继承开始前死亡，是发生代位继承的前提条件。如果被代位人于继承开始后死亡，则因继承已经开始，遗产已经为被代位人取得，只是尚未来得及分割遗产。此时，只发生转继承而无代位继承，即被代位人应继承的遗产份额转由其法定继承人或者遗嘱继承人继承。转继承实际是按照一般的法定规则来处理的。(2)先死亡的被代位人必须是被继承人的子女或兄弟姐妹，其他继承人如被继承人的配偶、父母、祖父母、外祖父母等先于被继承人死亡，不发生代位继承。

(四)兄弟姐妹的其他直系晚辈是否具有代位继承资格?

兄弟姐妹的其他直系晚辈不具有代位继承资格。《民法典》第1128条规定代位继承人包括两类:一类是被继承人子女的直系晚辈血亲;一类是被继承人的兄弟姐妹的子女。从法条文义解释来看，只有第一类中被继承人子女的代位继承人不受辈数的限制，被继承人的孙子女、外孙子女、曾孙子女、外曾孙子女都可以代位继承。而在第二类中，被继承人的兄弟姐妹的子女代位继承时，应仅限于兄弟姐妹的子女，而不包括兄弟姐妹的其他直系晚辈。因此，在兄弟姐妹的子女代位继承的情况下，代位继承人是受辈数限制的。

法条链接

1.《民法典》第 1127 条：遗产按照下列顺序继承：(一)第一顺序：配偶、子女、父母；(二)第二顺序：兄弟姐妹、祖父母、外祖父母。

继承开始后，由第一顺序继承人继承，第二顺序继承人不继承；没有第一顺序继承人继承的，由第二顺序继承人继承。

本编所称子女，包括婚生子女、非婚生子女、养子女和有扶养关系的继子女。

本编所称父母，包括生父母、养父母和有扶养关系的继父母。

本编所称兄弟姐妹，包括同父母的兄弟姐妹、同父异母或者同母异父的兄弟姐妹、养兄弟姐妹、有扶养关系的继兄弟姐妹。

2.《民法典》第 1128 条：被继承人的子女先于被继承人死亡的，由被继承人的子女的直系晚辈血亲代位继承。

被继承人的兄弟姐妹先于被继承人死亡的，由被继承人的兄弟姐妹的子女代位继承。

代位继承人一般只能继承被代位继承人有权继承的遗产份额。

3.《最高人民法院关于适用〈中华人民共和国民法典〉继承编的解释(一)》第 14 条：被继承人的孙子女、外孙子女、曾孙子女、外曾孙子女都可以代位继承，代位继承人不受辈数的限制。

(本篇撰写人：宋淼军，湖北省高级人民法院；胡阳，湖北省武汉市青山区人民法院)

3 与生父断绝联系20多年，能否全额继承遗产？

继承纠纷中，对子女对父母已尽赡养义务及夫妻之间已尽到扶养义务的度量没有很明确的判断标准，那么成年后与亲生父亲断绝联系，至父亲去世后方返乡，是否应认定为未尽赡养义务？在继承纠纷中是否应不分或少分遗产？

案例

被继承人季某（1939年出生）于1992年1月11日与李某（1947年出生）登记结婚，双方均系再婚。季某与李某再婚前育有两子，姜某（1968年生）及季某斌（已夭折），自季某再婚后，姜某（原告、上诉人）与季某无任何联系。李某与被继承人季某再婚前育有三女，在李某与季某登记结婚时，三女均已经成年。被继承人季某于2013年12月12日去世，李某于2021年4月15日去世。有证据可以证明至今仍在季某个人名下且仍然存续的财产，即有季某生前与李某婚姻关系存续期间，共同出资购买的其生前单位通过住房制度改革分配的房屋一套。姜某诉至法院，请求继承该房产的四分之一份额（足额继承遗产）。

裁判结果

法院认为，该房产为季某与李某婚后共同房产，属于季某的二分之一部分可以作为遗产由其法定继承人姜某及李某继承，但因姜某成年后与其生父季某（被继承人）断绝联系20多年，主客观上均未尽到赡养义务，理应不分或少分遗产。而李某与姜某的夫妻关系持续20多年，一直共同生活，应认定已尽到了夫妻之间的扶养义务，可以多分遗产。故酌定姜某可分得该房产六分之一的份额。

评析

本案件涉及《民法典》第1130条第3款、第4款规定的“对被继承人尽了主要扶养义务或者与被继承人共同生活的继承人，分配遗产时，可以多分。有扶养能力和有扶养条件的继承人，不尽扶养义务的，分配遗产时，应当不分或者少分”的理解与适用问题。

随着生活水平的逐渐提高，许多老年人往往不需要或者很少需要子女在物质上予以帮助，甚至拒绝子女在物质上的付出。因此，子女是否尽赡养义务并不以是否在物质上给予帮助作为唯一的判断标准，还要看是否在生活上给予老人主要照料和帮助，以及精神生活上是否给予抚慰。但生活涉及的细节问题很难一一列举，即便同一屋檐下共同生活的亲人之间也可能存在爱恨交织难以判定是非的家务事。这就给法官适用《民法典》第1130条认定继承人可以多分或少分甚至不分遗产增添了难度。

本案中，姜某是被继承人季某的唯一亲子，也是高级知识分子，亦有十分体面的工作，但在其生父再婚后便主动断绝与其父的联系，此时姜某已成年，直至其父去世后才返乡做短暂停留。返乡期间，以街坊邻里的只言片语断定其父未被其继母及继子女(无抚养关系)善待，主张对方不能继承遗产。姜某却从未反思自己在其父老年期间最需要子女陪伴时自己的缺位，反而一味指责对方的扶养义务不到位。本案法官针对姜某的上诉理由一一说理，从其与其父之间的年龄差入手，鲜明对比了其处于人生精力最旺盛的年龄阶段时，也正是其父垂暮之年最需要陪伴和倾听之际，其作为亲生子女的缺席，应认定为其主客观上均未尽到赡养义务。而李某与季某的夫妻关系持续20余年，夫妻间的因果得失、冷暖情谊，并非街坊邻里就单次事件的旁观就能断定是非。旁观者的说辞终只能作为参考，在没有确凿证据的情况下，不能仅仅依据旁观者无法辨别真伪和立场的说辞来否定共同生活20多年的夫妻之间的扶养之情。同时，也向其传递了“赡养义务并非比拼家资丰厚程度，亦非以得到利益的多寡为赡养的前提条件，属于可主动积极行使的义务”的观点，从而适用《民法典》第1130条判定姜某少分遗产，积极宣扬了主动赡养、用心倾听、温情陪伴对老人、家庭的重要性。

对于被认定为未尽赡养义务的继承人，适用不分还是少分，应结合案件实际情况决定。本案中，姜某虽未尽赡养义务，但并无《民法典》第1125条规定的丧失继承权的情形，在其父季某生前未留下遗嘱的情况下，无法主观揣测季某对其唯一亲生儿子姜某的态度。因此，法官在酌情考虑了姜某未尽赡养义务的情节和李某与季某20多年夫妻情谊及晚年相伴之情，最终认定姜某应少分遗产。现实生活中，家庭关系可能更加复杂难断，若有确凿证据证明季某生前立有有效遗嘱，载明其子姜某不能继承其遗产，人民法院就应尊重被继承人的真实意思表示。

当然，本案中姜某也提及与其生父断绝联系，是因为其生父虐待妻儿，纵观全案，该说辞并未举证证明。若其有确凿证据证明该情节，亦可考虑其与生父之间的情感纠葛，综合酌定财产份额。若姜某属于缺乏劳动能力又没有生活来源的特殊困难群体，如残疾人等，也可以从维护弱势群体的角度综合酌定其应继承的财产份额。本案中，姜某并非弱势群体，且是工作体面，因此其成年后在其生父人生中的缺席，是不可以忽略的酌定少分遗产的情节，法院的判决体现了《民法典》第1130条第3款、第4款中遵循公平价值、体现对弱者关爱、对付出者回报的价值理念。

法律小贴士

（一）多个继承人之间经济条件相差较大，对于经济相对困难的继承人能否免除其赡养义务，而足额继承遗产？

我国立法对于成年子女免除给付赡养费主要体现在以下几种情形：(1)未婚或离异的成年子女无经济收入、丧失劳动能力或不能独立生活的；(2)已婚的成年子女本身无经济收入，其家庭收入不足以维持当地基本生活水平的；(3)父母对子女有严重犯罪行为的。但无给付赡养费能力的成年子女虽然可以免除给付义务，但生活上的照料、精神上的慰藉义务不能免除。继承人之间经济条件相差较大，不是拒绝履行赡养义务，对老人不闻不问的理由。能否足额继承遗产，也要结合其他继承人赡养或抚养义务是否到位来综合判定。

（二）被继承人生前给予继承人的实惠利益分配不均，未得利益，能否作为不履行赡养义务的免责事由？

目前，在我国社会保障机制尚不完善，养老育幼职责仍由家庭成员主要承担的现状下，子女对父母的赡养义务不能轻易免除，但子女与父母身份关系特殊，也不能简单地等价有偿。父母有抚养能力而拒绝抚养子女或对子女虐待、遗弃等情节严重的，可以免除子女的赡养义务。但父母若确因经济原因或其他客观原因（如被监禁）未能履行抚养义务，也不能简单免除子女的赡养义务。因此，若不涉及抚养义务，成年子女若仅仅以从父母处得到的实惠利益比其他人少而不尽赡养义务，不利于社会的和谐与稳定。能否足额继承遗产也要结合其他继承人是否尽到赡养义务的情节来综合认定。

（三）父母与子女约定免除其赡养义务，能否作为子女未尽赡养义务的免责事由？

因赡养义务不同于一般的一次性的民事债权债务，是一种长期的、持续性的义务，且父母主张子女赡养必须是在父母无劳动能力或生活困难的情况下，因此，即使子女与父母因特殊原因有过免除赡养义务的约定，在父母无劳动能力或生活困难时，也不能免除子女的法定赡养义务。同理，虽然父母与子女协议约定免除子女的赡养义务，但并未约定子女不具有继承权的情况下（父母立有有效遗嘱除外），子女亦可以主张法定的继承权。至于继承份额也要结合其他继承人是否尽到赡养义务的情节来综合认定。

法条链接

1.《民法典》第1125条："继承人有下列行为之一的，丧失继承权：（一）故意杀害被继承人；（二）为争夺遗产而杀害其他继承人；（三）遗弃被继承人，或者虐待被继承人情节严重；（四）伪造、篡改、隐匿或者销毁遗嘱，情节严重；（五）以欺诈、胁迫手段迫使或者妨碍被继承人设立、变更或者撤回遗嘱，情节严重。

继承人有前款第三项至第五项行为，确有悔改表现，被继承人表示宽恕或者事后在遗嘱中将其列为继承人的，该继承人不丧失继承权。

受遗赠人有本条第一款规定行为的，丧失受遗赠权。

2.《民法典》第1130条：同一顺序继承人继承遗产的份额，一般应当均等。

对生活有特殊困难又缺乏劳动能力的继承人，分配遗产时，应当予以照顾。

对被继承人尽了主要扶养义务或者与被继承人共同生活的继承人，分配遗产时，可以多分。

有扶养能力和有扶养条件的继承人，不尽扶养义务的，分配遗产时，应当不分或者少分。

继承人协商同意的，也可以不均等。

（本篇撰写人：王会容、刘汎，湖北省孝感市中级人民法院）

4 亲生子女、养子女继承份额如何确定？

婚姻关系解除后，婚生子女与未共同生活的父或母之间的法律关系是否会与正常家庭不同？若未共同生活的父或母有其他养子女，婚生子女与养子女是否有平等的继承权？婚生子女与养子女的遗产继承份额如何确定呢？这些问题可在《民法典》法定继承制度中寻找答案。

案例

1950年，陈甲与姚某结婚，1953年生育一女陈乙。1958年双方因感情不和，开始分居，陈甲独自一人生活。陈甲的哥嫂因家庭生活困难，于1973年将陈丙（时年12岁）过继给陈甲并共同生活。1992年，陈甲与姚某经法院调解离婚，之后陈乙与陈甲交往甚少。陈丙成年后，经常看望陈甲，陈甲病重期间的护理及病故后的丧葬事宜均由陈丙料理，未通知陈乙。陈甲在病危之际将存单、存折等交由陈丙保管，陈丙在陈甲病故后取得陈甲生前存款，陈乙遂将陈丙诉至法院，请求依法判令继承其应得的遗产份额。

裁判结果

法院认为，陈乙作为陈甲与姚某的婚生女，其与陈甲的父母子女关系并不因陈甲与姚某的离婚行为而消除，现陈甲病故，在生前并未订立有效遗嘱，故陈乙依法享有继承权。陈丙与陈甲之间已形成事实上的收养关系，陈丙作为陈甲的养女也依法享有继承权，因陈丙尽到了对陈甲的主要赡养义务，故法院判决对讼争的遗产由陈丙分得五分之三的份额，陈乙分得五分之二的份额。

评析

本案涉及《民法典》关于法定继承制度的规定。法定继承制度规定在《民法典》继承编第二章中，规定了继承人的范围、继承的先后顺序以及遗产分配原则，具有法定性和强行性。关于继承人的范围和继承的先后顺序，《民法典》第1127条规定："遗产按照下列顺序继承：(一)第一顺序：配偶、子女、父母……继承开始后，由第一顺序继承人继承，第二顺序继承人不继承……本编所称子女，包括婚生子女、非婚生子女、养子女和有扶养关系的继子女……"关于遗产分配原则，《民法典》第1130条规定："同一顺序继承人继承遗产的份额，一般应当均等。……对被继承人尽了主要扶养义务或者与被继承人共同生活的继承人，分配遗产时，可以多分。有扶养能力和有扶养条件的继承人，不尽扶养义务的，分配遗产时，应当不分或者少分。……"

法定继承的构成要件有如下三个：(1)继承应当在被继承人死亡后才能发生；(2)继承遗产的人应当是被继承人的合法继承人，就是依照法律规定能够作为继承人的继承人；(3)遗产应当是被继承人生前属于个人的所有财产。

国家保护自然人的继承权，但为了规范继承人的合法继承行为，维护社会的道德人伦和家庭秩序，维持良好的遗产继承秩序，维护被继承人的遗嘱自由，继承人有下列行为之一的，丧失继承权：(1)故意杀害被继承人；(2)为争夺遗产而杀害其他继承人；(3)遗弃被继承人，或者虐待被继承人情节严重；(4)伪造、篡改、隐匿或者销毁遗嘱，情节严重；(5)以欺诈、胁迫手段迫使或者妨碍被继承人设立、变更或者撤回遗嘱，情节严重。继承人有前述第(3)至(5)项行为，确有悔改表现，被继承人表示宽恕或者事后在遗嘱中将其列为继承人的，该继承人不丧失继承权。

继承权属于法定权利。同一顺序的各个法定继承人，在生活状况、劳动能力和对被继承人所尽的赡养义务等方面条件基本相同或相近时，所应继承的份额应当均等。但是为弘扬中华民族的优良传统，保护老年人的合法权益，对被继承人尽了主要扶养义务或者与被继承人共同生活的继承人，分配遗产时可以多分。

本案的特殊之处在于，陈乙系离婚后未共同生活的子女，陈丙为养子女。此时就涉及陈乙、陈丙是否有继承权、继承顺序以及继承遗产的分割问题。陈甲与姚某离婚，婚生女陈乙与父亲陈甲的关系并不会因离婚行为而消除，双方还是父母与子女的关系，那么在父亲陈甲死亡后，陈乙享有继承权。从本案查明的事实来看，陈丙自12岁起与陈甲共同生活，且双方以父女相称，并为群众及有关组织公认，也存在相互扶养的事实，且陈丙与生父母在事实上已终止父母子女间的权利义务关系，陈甲与陈丙之间符合1992年《收养法》实施之前事实收养关系的法律特征，陈甲与陈丙形成养子女关系，在陈甲死亡后，陈丙享有继承权。陈乙、陈丙均为第一顺序继承人。因陈丙有时间就照料陈甲的衣食住行，陈甲病故后的丧葬事宜亦由陈丙主持操办，而陈乙因其他原因很少与其父亲陈甲来往，自其父母离婚后双方之间不再有任何联系。据此，陈丙尽到了对陈甲的主要赡养义务，符合多分遗产的情形。综上，确定原告陈乙继承五分之二遗产份额，被告陈丙继承五分之三遗产份额。

本案作为适用《民法典》法定继承的典型案例，为司法实践提供了参考作用：当发生法定继承纠纷案件时，在确定继承人范围和被继承人遗产后，实践的难点和争议焦点在于遗产分割比例的认定，原则上应以平均分配为原则，对于尽到主要扶养义务的继承人，分配遗产时可以多分。对主要扶养义务的审查，应结合当事人陈述、证人证言、被继承人的医疗记录、被继承人的银行账户、照片、视频等证据认定被继承人生前生活状况、就医情况、经济来源以及身体状况等事实，进而判断部分继承人是否尽到对被继承人的主要扶养义务。本案中，陈丙虽系养子女，但其成年后，一直照顾陈甲的生活，陈甲病重期间的护理及病故后的丧葬事宜均由陈丙料理，陈丙对陈甲尽到了主要扶养义务，法院依法判决陈丙分得五分之三份额的遗产，既符合法律规定，又弘扬了尊老爱幼的中华民族传统美德。

法律小贴士

（一）未尽到对父母的扶养义务，会影响遗产继承的份额吗？

《民法典》第1130条第4款规定：“有扶养能力和有扶养条件的继承人，不尽扶养义务的，分配遗产时，应当不分或者少分。”继承人与被继承人之间是有法定的扶养权利义务的，如果被继承人生前需要继承人扶养（既包括经济、劳务上的扶助，也包括精神上的扶助），继承人有扶养能力、扶养条件而不尽扶养义务的，在分配遗产时应当不分或者少分。当然，如果继承人有扶养能力、扶养条件，愿意尽扶养义务，但被继承人因有固定收入和有劳动能力等原因，明确表示不要求其扶养的，或继承人没有扶养能力和扶养条件，其不尽扶养义务是客观原因造成的，而不是主观上拒不履行或不愿尽扶养义务的，分配遗产时，一般不应因此而影响其继承份额。

（二）养子女与其生父母的权利义务关系是否消除？

《民法典》第1111条第2款规定：“养子女与生父母以及其他近亲属间的权利义务关系，因收养关系的成立而消除。”养子女同养父母的关系确立之后，就无权再继承其生父母的遗产，但在现实生活中，有的被收养人不仅对养父母尽了赡养义务，而且对生父母在生活上也扶养较多，根据《民法典》第1131条的规定，如果养子女在成年后与生父母保持往来，在生活上给予生父母关照，经济上给予生父母扶助，在生父母去世后还帮助安葬等，可以依照法律适当分得其生父母的遗产。

（三）为减少和避免继承纠纷的发生，被继承人应该如何做？

继承权不明往往会产生继承纠纷，虽然有法定继承作为定分止争的底线，但所引起的纠纷极易导致亲情破裂，对家庭和睦产生十分不利的影响。因此，被继承人可以充分运用遗嘱、遗赠扶养协议等继承制度来分配遗产。所谓遗嘱，是指公民生前按照法律规定的方式，对自己的财产或者事务作出处分，并于其死亡时发生效力的一种法律行为。《民法典》认可的遗嘱形式包括自书遗嘱、代书遗嘱、打印遗嘱、录音录像遗嘱、口头遗嘱、公证遗嘱等六种形式。对于遗嘱，法律明确规定有形式要件，不具有法定形式的遗嘱不能证明是被继承人的真实意思表示，没有法律效力。故在订立遗嘱时，要注意符合各类遗嘱的形式要件，以保证遗嘱真实合法有效。

法条链接

《民法典》第1130条：同一顺序继承人继承遗产的份额，一般应当均等。

对生活有特殊困难又缺乏劳动能力的继承人，分配遗产时，应当予以照顾。

对被继承人尽了主要扶养义务或者与被继承人共同生活的继承人，分配遗产时，可以多分。

有扶养能力和有扶养条件的继承人，不尽扶养义务的，分配遗产时，应当不分或者少分。

继承人协商同意的，也可以不均等。

（本篇撰写人：蒋亚平，湖北省老河口市人民法院）

5 子女生前受养父全身心呵护，死后养父是否有权获得赔偿？

被侵权人死亡的，其近亲属有权请求侵权人承担侵权责任。父母当属近亲属的范畴，但当养父与生父同时主张权利时，应确定谁为赔偿权利人？如何判断受害人死亡所产生的死亡赔偿金等损失的性质？死亡赔偿金与遗产有何区别？如何在受害人被扶养人或近亲属之间分割死亡赔偿金？以上问题的答案需要通过对《民法典》继承编相关规定的精神进行解读才能获得。

案例

戴某（女）、丰某（男）于2009年4月21日登记结婚，2015年9月，戴某离开丰某，与郑某（男）一同生活。2016年5月29日，戴某产下郑某之子，取名为郑某乐。郑某乐出生后半个月，丰某及其亲属找到戴某，将郑某乐带至丰某家与其生活，并改名为丰某轩，戴某继续在郑某家生活。戴某、丰某未办理离婚，戴某、郑某未办理结婚。2019年9月2日，丰某轩发生交通事故身亡。丰某轩发生交通事故身亡前的所有开支均由丰某承担，戴某、郑某未给付抚养费，丰某轩从出生时起直至发生交通事故身亡时止未办理户口登记手续。丰某、郑某、戴某遂将交通事故肇事方程某、肇事车辆挂靠公司及保险公司诉至法院，要求赔偿丰某轩死亡所产生的死亡赔偿金等各项损失共计239920.50元。

裁判结果

法院认为，郑某虽系丰某轩生父，但丰某轩系郑某与戴某非法同居所生，郑某未对丰某轩承担抚养义务，违反我国公序良俗原则，若将其作为赔偿权利主体，将不利于弘扬社会主义核心价值观及维护社会和谐稳定。丰某负责了丰某轩的生养死葬事宜，丰某轩与丰某及其家庭成员之间形成了稳固的家庭生活关系，应当认定丰某与丰某轩之间形成了事实上的收养关系和抚养关系。丰某轩与丰某之间的拟制血亲关系的效力与自然血亲的父母子女关系相同，丰某轩与其生父郑某之间的权利义务关系也因此消除。丰某独自抚养丰某轩，丰某为抚养丰某轩，在物质及生活照料等方面投入了大量的财力和人力，丰某的付出远远超过了普通的父亲，丰某尽到了一个父亲应尽的责任，应认定丰某为赔偿权利人。判决赔偿义务人向丰某、戴某支付赔偿款，驳回郑某的诉讼请求。

评析

本案涉及《民法典》收养关系的认定、《民法典》遗产的范围、《最高人民法院关于审理人身损害赔偿案件适用法律若干问题的解释》被扶养人范围的认定等条款。《民法典》第1105条第1款规定："收养应当向县级以上人民政府民政部门登记。收养关系自登记之日起成立。"第1111规定："自收养关系成立之日起，养父母与养子女间的权利义务关系，适用本法关于父母子女关系的规定；养子女与养父母的近亲属间的权利义务关系，适用本法关于子女与父母的近亲属关系的规定。养子女与生父母以及其他近亲属间的权利义务关系，因收养关系的成立而消除。"本案中，丰某轩出生后，一直由丰某抚养，并长期共同生活。丰某轩与丰某及其家人之间形成了稳固的家庭生活关系和亲属关系，且丰某负责了丰某轩的生养死葬事宜，应当认定丰某与丰某轩之间形成了事实上的收养关系和抚养关系，即应当认定丰某是丰某轩的被扶养人。本案的特殊之处在于，丰某轩系在丰某与戴某婚姻关系存续期间出生，丰某也一直以丰某轩系其婚生子而予以抚养，故本案并不存在办理收养登记手续的基本前提。因此，基于本案的特殊事实，不能仅以丰某与丰某轩之间没有办理收养登记手续来否认丰某与丰某轩之间存在事实上的收养关系和抚养关系，而应认定丰某轩与丰某之间基于收养关系而形成拟制血亲关系。根据《最高人民法院关于审理人身损害赔偿案件适用法律若干问题的解释》第1条之规定，应认定丰某系丰某轩法律上的被扶养人或近亲属，属于本案的赔偿权利人。

本案受害人丰某轩因故死亡后，其被扶养人或近亲属可以获取的赔偿主要是死亡赔偿金等损失。该赔偿金的性质是由相关责任人按照一定的标准给予死者被扶养人或近亲属的一定数量的赔偿款。考虑到戴某与丰某在未离婚的情况下与郑某生育受害人丰某轩，并长期与郑某同居生活，戴某与郑某的行为违背了公序良俗及法律规定，若认定郑某为赔偿权利人，明显有违社会主义核心价值观。而与之相对应的是，丰某虽非丰某轩的生父，但丰某在客观上对其与戴某婚姻关系存续期间，戴某与郑某生育的丰某轩予以抚养，法院应从法律层面认可和赋予丰某原告主体资格，支持其所主张的死亡赔偿金等相关损失的诉讼请求。虽然死亡赔偿金在法律性质上不属于遗产，不能完全按照遗产的分配方式在其继承人之间进行分配，但该笔财产毕竟属于受害人的被扶养人或近亲属共同共有，在扣除丧葬费用等必要费用后，仍可以参照《民法典》第1130条、第1131条之规定在权利人之间进行合理分配。由于丰某系丰某轩的被扶养人，对丰某轩尽到了抚养义务，因此有权分割受害人丰某轩的死亡赔偿金。本案参照《民法典》继承编关于遗产的相关规定进行处理，符合立法本意，也是道德范畴所应予以首肯的，充分体现了司法对道德的支撑作用。

法律小贴士

（一）如何确定受害人的被扶养人的范围？

在人身损害赔偿纠纷案件中，确定受害人的被扶养人的范围是确定原告主体资格的基础，非常重要。被扶养人是指受害人依法应当承担扶养义务的未成年人或者丧失劳动能力又无其他生活来源的成年近亲属。这里说的扶养，是指广义的扶养，包括《婚姻法》上所说的赡养、抚养和扶养。实践中，人民法院确定的受害人被扶养人的范围主要有以下两类。第一类是受害人依法应当承担抚养义务的未成年人，具体指的是未成年子女（包括养子女、已形成抚养关系的继子女）。第二类是受害人依法应当承担扶养义务的丧失劳动能力又无其他生活来源的成年近亲属，具体包括：(1)丧失劳动能力又无其他生活来源的配偶；(2)丧失劳动能力又无其他生活来源的父母(包括养父母、形成抚养关系的继父母)。本案中，丰某轩与丰某之间形成事实收养关系，进而形成拟制血亲关系，应认定丰某是丰某轩的被扶养人。

（二）死亡赔偿金与遗产有何区别？

死亡赔偿金，也称死亡补偿费，是指受害人因各种非正常原因导致死亡的，由相关责任人按照一定的标准给予受害人被扶养人或近亲属的一定数额的赔偿款。死亡赔偿金并非对死者的财产损害的赔偿，其不是受害人享有的一项民事权利，而是因为受害人的死亡，导致其一定范围内的被扶养人或近亲属依赖受害人预期可享有的权益的灭失，以及因为受害人的死亡给被扶养人或近亲属造成的损失，受害人的被扶养人或近亲属为此依法应当获得经济补偿的一项民事权利。因死亡赔偿金是公民因人身损害事故死亡之后才产生的，而不是公民死亡时所遗留的，因此从死亡赔偿金的性质上来分析，其不是遗产。

而遗产是被继承人死亡时遗留的个人所有财产和法律规定可以继承的其他财产权益。主要包括：(1)公民的收入；(2)公民的房屋、储蓄和生活用品等。从以上可以看出，遗产是公民死亡时尚存的个人合法财产，是在公民死亡前就已经存在的属于公民的合法财产。死亡赔偿金与遗产有明显的区别，本案中，丰某可以获取的赔偿是其基于系丰某轩被扶养人的身份而获得的民事权益，并非继承丰某轩的遗产。

（三）死亡赔偿金如何分配，能否按照继承法中关于遗产的分配方式进行分配？

死亡赔偿金的分割不同于遗产分配。死亡赔偿金原则上应由受害人的被扶养人或近亲属共同共有，当事人请求分割且赔偿协议未明确赔偿项目，应视为是对权利人物质损失与精神损害的混合赔偿。在分割该笔赔偿金前，应扣除已实际支付的丧葬费用，并优先照顾被扶养人的利益，剩余部分的分配应根据与死者关系的亲疏远近、与死者共同生活的紧密程度及生活来源等因素合理分割，而非一定是等额分配。当然，如果被扶养人或继承人明确表示放弃的，应尊重其意思表示。虽然死亡赔偿金并非死者的遗产，不能完全按照遗产的分配方式在其继承人之间进行分配，但该笔财产毕竟属于受害人的被扶养人或近亲属共同共有，在扣除丧葬费用等必要费用后，仍可以参照《民法典》第1130条、第1131条之规定，在权利人之间进行合理分配。本案中，丰某系丰某轩的被扶养人，对丰某轩尽到了扶养义务，有权分割受害人丰某轩的死亡赔偿金。

法条链接

1.《民法典》第1122条：遗产是自然人死亡时遗留的个人合法财产。

依照法律规定或者根据其性质不得继承的遗产，不得继承。

2.《民法典》第1131条：对继承人以外的依靠被继承人扶养的人，或者继承人以外的对被继承人扶养较多的人，可以分给适当的遗产。

3.《最高人民法院关于审理人身损害赔偿案件适用法律若干问题的解释》第1条：因生命、身体、健康遭受侵害，赔偿权利人起诉请求赔偿义务人赔偿物质损害和精神损害的，人民法院应予受理。

本条所称“赔偿权利人”，是指因侵权行为或者其他致害原因直接遭受人身损害的受害人，以及死亡受害人的近亲属。

本条所称“赔偿义务人”，是指因自己或者他人的侵权行为以及其他致害原因依法应当承担民事责任的自然人、法人或者非法人组织。

（本篇撰写人：杨华、范晨，湖北省黄冈市中级人民法院）

6 代书遗嘱的形式要件和实质要件有哪些?

众所周知,遗嘱为死因行为,即遗嘱只有在被继承人死亡时才发生法律效力。过去,我国由于民间文化禁忌等原因,多数人不愿意立遗嘱,易出现因争夺遗产引起的家庭纠纷。如今,随着社会经济发展、个人财富累积,遗嘱的意义及价值日益凸显,围绕遗嘱的讨论与争议在不断发酵,国民对遗嘱的观念也正在悄然改变。但观念转变的同时,立遗嘱的技术并未同步提升,在继承纠纷案件中各类无效遗嘱层出不穷,而相较于自书遗嘱,更为复杂的代书遗嘱存在的问题更多。那么如何设立一份符合法律规定的代书遗嘱?这一问题需要结合《民法典》继承编的相关条款来回答。

案例

1967年9月,孔某与张某结婚,婚后生育三个子女,即孔某一、孔某二、孔某三。1990年1月1日,孔某购买其所在单位的房改房一套。1996年6月1日,孔某与张某经法院调解离婚,案涉房屋由张某使用,房屋产权未作分割。2002年6月18日,某市房地产管理局向孔某发放了案涉房屋的产权证。张某于2008年7月26日因病去世,案涉房屋属张某部分的产权未作分割。张某娥原系照顾孔某的保姆,二人于2015年4月28日结婚。在孔某住院期间,在法律工作者李某及杜某的见证下,由李某为孔某代书遗嘱并同步录音录像。代书遗嘱的内容为案涉房产的十分之九和孔某的其他存款由张某娥继承,另十分之一房产由孔某一继承。2019年1月19日,孔某因病去世,张某娥为遗产继承问题与孔某的三个子女发生争议,故而诉至法院,请求法院依照该代书遗嘱分割孔某的遗产约60万元。

裁判结果

法院认为，代书遗嘱要求立遗嘱人必须亲自口述遗嘱内容，代书人只能按照立遗嘱人的意思表示，如实记载立遗嘱人口述的遗嘱内容，而不是由代书人按照自己的意思设立遗嘱。该案中，代书遗嘱形成过程的视频显示，遗嘱设立全程被继承人孔某几乎没有开口说话，对代书人和见证人的问话仅能点头或摇头，所立遗嘱由代书人李某书写完毕读给被继承人孔某听后，在张某娥的帮助下捺上手指印。立遗嘱之时被继承人孔某是否有清醒的意识，是否听明白了代书人李某所念遗嘱的内容，均不能体现，故张某娥提交的遗嘱所载意思不能认定是被继承人孔某自主的真实意思表示。见证人之一及代书人李某是张某娥在该案中的委托诉讼代理人，与张某娥具有利害关系，依照《民法典》第1140条的规定（本案审理时《民法典》尚未施行，原为《继承法》第18条。因《继承法》已经废止，故全文均以《民法典》的相应条款予以表述），不能作为见证人。见证人李某、杜某虽系法律工作者，但属法律服务人员，其见证业务亦应符合《律师见证业务工作细则》的规定，两位见证人未以见证人所在法律服务所的名义出具见证书，见证行为不符合《律师见证业务工作细则》的规定，见证不具有法律效力。综上，该遗嘱不能认定是被继承人孔某的真实意思表示，不符合代书遗嘱的形式要件，不具有法律效力，该遗嘱所涉的遗产应按法定继承的规定进行分割，遂判决将被继承人孔某的财产按法定继承依法分割，并驳回了张某娥的其他诉讼请求。

评析

本案涉及《民法典》关于代书遗嘱的规定。《民法典》第1135条规定，代书遗嘱应当有两个以上见证人在场见证，由其中一人代书，注明年、月、日，并由代书人、其他见证人和遗嘱人签名。代书遗嘱，是指由遗嘱人口述而由他人代替立遗嘱人书写遗嘱内容的一种遗嘱形式。本条只在字面上规定了代书遗嘱的基本形式，但没有详细规定代书遗嘱形成过程中的细节问题。依据文义解释和体系解释，该条款规定的代书遗嘱的构成要件应包括：形式要件：(1)订立过程应当符合高度的时空一致性；(2)代书人应当亲自书写形成遗嘱；(3)见证人应当适格;(4)代书遗嘱应当明确载明具体的形成时间;(5)代书遗嘱应当具备多方主体的签字。实质要件:(1)遗嘱人应当具有立遗嘱的能力;(2)遗嘱应当是遗嘱人的真实意思表示;(3)遗嘱所处分的财产应当是遗嘱人的个人合法财产;(4)遗嘱不得取消缺乏劳动能力又没有生活来源的继承人的继承权;(5)遗嘱不得违背公共秩序和善良风俗。代书遗嘱的核心在于高度的时空一致性上,要求遗嘱人真实意思表示的全过程、代书人书写遗嘱的全过程及见证人的见证行为全过程同时发生,即具有空间上的统一性和时间上的同步性。

《民法典》第1140条规定:"下列人员不能作为遗嘱见证人:(一)无民事行为能力人、限制民事行为能力人以及其他不具有见证能力的人;(二)继承人、受遗赠人;(三)与继承人、受遗赠人有利害关系的人。"本条系第1135条的辅助条款,见证人的见证对代书遗嘱的效力会产生至关重要的影响。本条规定了遗嘱见证人必须具备能够证明遗嘱系被继承人本人所订立,且遗嘱内容能够体现被继承人的真实意思表示这一实质要件。第一项从见证人是否具备完全民事行为能力以及相应的智力、健康状况的角度对其资格进行限制,将事实上不具有见证能力的人员排除在外。第二、三项从见证人与被继承人之间是否存有利害关系角度,对见证人的资格予以限制。综合观之,只有具有完全民事行为能力并在事实上具备相应见证能力,且与遗嘱内容无法律上利害关系的人员,才能作为代书遗嘱的见证人。

具体到本案中,法院认定案涉遗嘱无效的主要原因在于,其一,遗嘱人孔某的意思表示不明确,且与代书人李某的代书过程不同步(代书人书写后读给孔某听,而非孔某口述与代书人书写同时进行),据此难以认定该代书遗嘱系遗嘱人孔某的真实意思表示,不符合代书遗嘱必须为遗嘱人真实意思表示的实质要件;其二,代书人李某既是遗嘱见证人,又是张某娥在案件中的委托诉讼代理人,与张某娥具有利害关系,不符合见证人应当与遗嘱人的继承人无利害关系的形式要件。综上,人民法院认定该份代书遗嘱无效。

我国司法实践对代书遗嘱的形式要件遵循严格法定主义,其法理依据在于,遗嘱是立遗嘱人对其财产的终意处分,且在其死后才能得以执行,为了确保其真实性和严肃性,法律必须对遗嘱设以严格的要式性要求来最大限度地防止他人伪造、篡改遗嘱内容。代书遗嘱是由他人代为书写，立遗嘱人虽有签名，但其意思表示要通过他人的代书来表达，其表达个人意愿的自由度会有所降低，如果没有其他形式要件的约束，立遗嘱人在他人胁迫或诱导下签名，或者他人伪造遗嘱的情形就容易发生。当然，继承法对于代书遗嘱的形式要求虽然严格，但是并非苛刻，并不需要立遗嘱人付出太大代价即可以实现。即立遗嘱人意图通过代书遗嘱的形式来处分其身后的财产，只需找到两个以上无利害关系的人来见证，并由其中一人代书即可。如果这一相对简单的形式要求都无法满足，该代书遗嘱是否能够反映立遗嘱人的真实意图就值得商榷，遗嘱的真实性和客观性不易得到保证，遗嘱自由原则也就会落空。因此，有必要对《民法典》关于代书遗嘱法定形式要件的要求从严掌握，对违反法定形式要件的代书遗嘱，不宜认定为有效。唯其如此，才能按照遗嘱人的生前真实意愿处分其财产，在继承纠纷中定分止争，维护社会稳定。

法律小贴士

（一）若代书遗嘱中未保留必留份会怎样？

《最高人民法院关于适用〈中华人民共和国民法典〉继承编的解释（一）》第25条第1款规定："遗嘱人未保留缺乏劳动能力又没有生活来源的继承人的遗产份额，遗产处理时，应当为该继承人留下必要遗产，所剩余的部分，才能参照遗嘱确定的分配原则处理。"本条系对弱势群体的强制性保护条款，因而对公民遗嘱自由进行了一定的限制。代书遗嘱中未保留必留份的，并不会导致遗嘱无效，通常情况下，法院会在遗产总额中合理扣除一部分，剩余部分再按代书遗嘱进行继承。值得注意的是，本条第2款规定应当按遗嘱生效时继承人的具体情况确定其是否属于应当保留必留份的主体。即代书遗嘱设立时，该继承人既缺乏劳动能力又没有生活来源，而代书遗嘱生效时（被继承人死亡时）该继承人已经恢复劳动能力或取得生活来源，那就不必再为其保留必留份。这亦符合"法律只做必要的事，而不做多余的事"这一法理。

（二）如何判断见证人是否属于与继承人、受遗赠人是有利害关系的人？

《最高人民法院关于适用〈中华人民共和国民法典〉继承编的解释（一）》第24条规定：

“继承人、受遗赠人的债权人、债务人，共同经营的合伙人，也应当视为与继承人、受遗赠人有利害关系，不能作为遗嘱的见证人。”本条以“列举式”明确规定利害关系人的范围，而未采用概括式界定利害关系人的范畴。依据文义解释，利害关系必须是因遗嘱受有利益或受有损失，因此利害关系实质应指具有法律上利害关系的人，在遗嘱不可能使具有事实上利害关系的人得到实际利益或遭受实际损失的情况下，不宜将其认定为不具有见证资格的利害关系人。举个例子，甲与乙系师生关系，丙为乙的债权人，乙父系商界大亨，弥留之际立下代书遗嘱，并由甲、丙二人作为见证人。甲为人师，桃李满天下，多一个富豪门徒脸上有光，二人具有事实上的利害关系，但甲并不因该遗嘱实际享有法律上的利益，甲与乙即为具有事实上利害关系的人。丙系乙的债权人，乙通过遗嘱继承巨额遗产，会使丙的债权得到更充分的保障，丙与乙属于具有法律上利害关系的人。加之司法实践中，一般不可能直接从大街上找几个完全没有干系的路人作为见证人，若盲目将利害关系人扩大解释，将诸如邻居、学生、老师、村镇干部、医生、护士、门前摊贩等具有事实上利害关系的人排除在外，会增大代书遗嘱的难度，也有违客观实际，不利于代书遗嘱制度的实施。

（三）伪造、篡改遗嘱要承担什么责任？

首先，需要承担民事责任。依据《民法典》第1125条第1款第4、5项的规定，继承人伪造、篡改、隐匿、销毁遗嘱，或以欺诈、胁迫手段迫使、妨害被继承人设立、变更、撤回遗嘱，情节严重的，该继承人丧失继承权。其次，依据《民事诉讼法》第114条第1款第1项的规定，伪造、毁灭重要证据，妨碍人民法院审理案件的，人民法院可以根据情节轻重予以罚款、拘留，构成犯罪的依法追究刑事责任。可见，若当事人诉至法院，经鉴定后发现存在伪造遗嘱人签名等情形的，人民法院会对此类妨害司法行为予以处罚。另外，伪造、篡改遗嘱，其行为模式符合以虚构事实、隐瞒真相的方式侵犯其他继承人的合法继承权（该权利兼具人身、财产属性），也符合以捏造的事实提起民事诉讼，妨害司法秩序或严重侵害他人合法权益，可能涉嫌构成诈骗罪及虚假诉讼罪。因此，继承人、代书人、见证人伪造、篡改代书遗嘱，不仅仅是民事侵权行为、妨害司法行为，甚至可能构成刑事犯罪。

法条链接

1.《民法典》第1135条：代书遗嘱应当有两个以上见证人在场见证，由其中一人代书，并由遗嘱人、代书人和其他见证人签名，注明年、月、日。

2.《民法典》第1140条：下列人员不能作为遗嘱见证人：（一）无民事行为能力人、限制民事行为能力人以及其他不具有见证能力的人；（二）继承人、受遗赠人；（三）与继承人、受遗赠人有利害关系的人。

（本篇撰写人：骆红梅、邱爱民，湖北省十堰市张湾区人民法院）

7 瑕疵遗嘱的效力如何认定与处理？

一份律师打印的遗嘱，其尾部有遗嘱人和见证人的签字，但遗嘱人的子女却认为遗嘱不合法，应属无效遗嘱，该份打印遗嘱是否合法有效？法院是如何按《民法典》关于继承的规定来解决这件子女与继母争夺房产的遗嘱继承纠纷案件的？

案例

李某（男，1942年1月14日出生）1983年与第二任妻子纪某结婚，并在与纪某婚姻关系存续期间对祖传房屋进行了翻新加盖。李某有与前妻的婚生子女2名和继子女2名，子女均已成家，另行居住。2007年纪某去世，李某与聋哑的弟弟居住，未与子女对纪某的遗产份额进行分割。后李某因年老体衰，于2016年雇请张某某做家政服务，2017年5月26日李某与张某某登记结婚。2018年因旧城改造，李某的房屋被拆迁，其于同年10月24日用拆迁款新购买一套价值33万余元的房屋登记在自己名下，与张某某共同居住。张某某在婚前、婚后一直对李某进行照料、扶养，夫妻关系和睦。因张某某年逾六旬，为使张某某老有所居，李某于2019年5月1日委托律师胡某打印了一份遗嘱，表示自愿将其居住的房屋遗留给妻子张某某继承。律师对李某请求打印遗嘱的过程进行了录音录像，但未在打印遗嘱上签字。李某在律师打印的遗嘱第2页上签名，却未在第1页上签字。李某另找了见证人黄某某、杨某某分别在遗嘱第2页签字，但见证人未实际在现场见证打印遗嘱的过程。2020年李某因病去世后，张某某认为遗嘱已经生效，申请办理房屋过户手续。而李某的子女李某甲、李某乙认为该遗嘱属打印遗嘱，遗嘱人未在遗嘱第1页签字，见证人没有实际在场见证，也没有在遗嘱第1页上签字；录像仅能看到、听到李某对律师的陈述过程，而没有李某签字的影像，见证人没有在录像现场。因此，该打印遗嘱不符合法律规定的形式要件，应认定无效。李某甲、李某乙对房屋过户均不予配合，提出按法定继承分割房屋。张某某遂诉至法院，请求确认李某生前所立遗嘱合法有效，房屋归其所有。

裁判结果

法院认为，案涉遗嘱订立时虽有遗嘱人口述遗嘱内容的影像，但没有两名见证人在口述现场见证；委托律师代为打印遗嘱，但作为代为打印的律师并未在遗嘱上签名，打印遗嘱时两个见证人未在打印现场见证并签字，因此该遗嘱不符合代书遗嘱、打印遗嘱、录音录像遗嘱成立的法律要件。但庭审时通过播放李某请律师打印遗嘱时的影像，能够看出立遗嘱时李某神志清醒，语言意思表示明确，结合李某打印遗嘱后又分别找两名见证人签字证明的情形，再结合李某生前确由张某某负责照料、扶养，李某的子女李某甲、李某乙也在多年前成家，在外地居住，较少尽到对李某的赡养义务的事实，法庭确认遗嘱所述内容应当是李某生前真实意思表示。法庭向张某某释明了李某遗嘱法律形式上的瑕疵，并从尊重李某真实情感意愿的角度做李某子女李某甲、李某乙的思想工作，后经法院主持调解，双方确认李某所立的遗嘱真实有效，案涉房屋由张某某继承，张某某自愿补偿李某甲、李某乙现金6万元。调解协议达成后，张某某履行了现金补偿义务，李某甲、李某乙也主动配合张某某完成了房屋过户手续。

评析

本案涉及遗嘱效力问题。公民可以立遗嘱处分自己所有的财产，但只有合法的遗嘱才会发生法律效力，才会产生按照遗嘱内容处分遗嘱人遗产的法律后果。

遗嘱，是指自然人生前按照法律规定处分自己的财产及安排与此有关的事务,并于死亡后发生效力的单方民事法律行为。《民法典》第1133条规定:“自然人可以依照本法规定立遗嘱处分个人财产,并可以指定遗嘱执行人。自然人可以立遗嘱将个人财产指定由法定继承人中的一人或者数人继承……”遗嘱作为一种单方民事法律行为,其要产生法律效果必须符合民事法律行为的一般有效要件。

第一,遗嘱人设立遗嘱时要有立遗嘱的民事行为能力。即遗嘱人立遗嘱时必须处于神志清醒状态,对自己订立遗嘱的后果清楚明白,而且在遗嘱生效前的任一时刻,遗嘱人都可按自己的意思变更或者撤回遗嘱。

第二,遗嘱是遗嘱人独立自主的民事法律行为。遗嘱人立遗嘱时必须意志自由并完全自愿,受胁迫、受欺诈,违背遗嘱人真实意愿的遗嘱无效。为保证遗嘱体现遗嘱人的真实意愿,遗嘱不能代理,代理的遗嘱无效。

第三,遗嘱是死因法律行为,即遗嘱必须是在遗嘱人死亡后才能发生法律效力,在遗嘱人死亡后才生效。要注意的是,遗嘱有效和生效是两个不同的法律概念。有效指的是遗嘱符合法律规定的要件,为法律所认可。生效指的是遗嘱产生法律效力,可以依照遗嘱来处理遗产。

第四,遗嘱是一种要式法律行为。自然人所订立的遗嘱必须符合法律规定的遗嘱形式,不符合法定形式的遗嘱是无效的遗嘱,不能发生遗嘱继承的效力。《民法典》规定的遗嘱形式有自书遗嘱、代书遗嘱、打印遗嘱、录音录像遗嘱、口头遗嘱、公证遗嘱,但都必须具备相应的形式要件。前述案例中存在争议的遗嘱形式涉及打印遗嘱、代书遗嘱和录音录像遗嘱形式,但又不完全符合每一种遗嘱的法定形式。《民法典》第1135条规定:“代书遗嘱应当有两个以上见证人在场见证,由其中一人代书,并由遗嘱人、代书人和其他见证人签名,注明年、月、日。”第1136条规定:“打印遗嘱应当有两个以上见证人在场见证。遗嘱人和见证人应当在遗嘱每一页签名,注明年、月、日。”第1137条规定:“以录音录像形式立的遗嘱,应当有两个以上见证人在场见证。遗嘱人和见证人应当在录音录像中记录其姓名或者肖像,以及年、月、日。”可以看出,无论是代书遗嘱、打印遗嘱抑或是以录音录像形式立的遗嘱,都必须有两个以上见证人在场见证。不同的是,代书遗嘱需由其中一人代书,并由遗嘱人、代书人和其他见证人签名,而打印遗嘱的遗嘱人和见证人应当在遗嘱的每一页签名。《最高人民法院关于适用〈中华人民共和国民法典〉时间效力的若干规定》第15条明确规定:“民法典施行前,遗嘱人以打印方式立的遗嘱,当事人对该遗嘱效力发生争议的,适用民法典第一千一百三十六条的规定,但是遗产已经在民法典施行前处理完毕的除外。”也就是说,无论是何时订立的打印遗嘱,只要在遗产尚未处理完毕的案件中,均应当适用《民法典》的新规定来审查打印遗嘱的效力。

第五,遗嘱效力的认定标准。由于遗嘱直接体现着被继承人的遗愿,又对法定继承人的权利造成重大影响,因此法律要求遗嘱在符合一般民事行为的形式要件外,还必须满足几个特殊的实体要件。一是遗嘱指定的继承人仅限于法定继承人的范围,法定继承人中的一人或数人可成为指定继承的对象,而超出范围指定遗产接受人的为遗赠。二是遗嘱人用遗嘱形式处分的只能是个人财产。即遗嘱只能处分遗嘱人有权处分的财产,对共有财产的单方处置行为无效。《民法典》第1122条规定:“遗产是自然人死亡时遗留的个人合法财产。依照法律规定或者根据其性质不得继承的遗产,不得继承。”三是遗嘱人指定继承的财产未灭失或所有权未发生转移,且应当为无劳动能力又无生活来源的其他法定继承人保留必要的份额。四是被继承人虽立遗嘱将遗产指定由继承人继承,但该继承人如存在杀害被继承人,为争夺遗产而杀害其他继承人行为的,存在遗弃、虐待被继承人情形的,有伪造、篡改、销毁遗嘱情节的,则丧失继承权。

法律小贴士

(一)什么是打印遗嘱?

打印遗嘱是《民法典》继承编新增加的遗嘱形式。所谓打印遗嘱,是指先用电脑将遗嘱内容书写完整,然后用打印机将书写好的遗嘱打印出来的遗嘱。根据《民法典》的规定,在用电脑书写遗嘱时,对使用的字体、字号等书写形式无具体要求,对打印机、纸张也无限制,只要打印的是书写人书写的内容即可。而电脑打印遗嘱的字体,不能使用传统的笔迹鉴定方式来确定遗嘱内容是否为遗嘱人所写,为保证打印遗嘱的内容是遗嘱人的真实意愿,不至于被他人伪造、篡改,故法律规定在订立打印遗嘱时需要有两个以上的见证人在场见证。见证人应全程参与订立遗嘱的过程,见证遗嘱的全套制作程序。打印遗嘱实际上是通过两个步骤形成的，一是在电脑上书写遗嘱，二是在打印机上将遗嘱打印出来。因此，要求见证人全程参与遗嘱的订立过程，也就是要求见证人全程参与这两个步骤，即在书写遗嘱时其应在场，全程见证遗嘱人在电脑上书写遗嘱；在打印遗嘱时其也应该在场，全程见证电脑中的遗嘱被打印机打印出来。如果遗嘱在打印出来后不止一页，遗嘱人和见证人应当在遗嘱的每一页上都签上自己的姓名，并注明年、月、日。由遗嘱人亲自制作并打印的遗嘱和由他人代为打印制作的遗嘱，在客观呈现效果上并无不同，这一点是和传统手写遗嘱不同的地方。传统手写遗嘱可以通过笔迹鉴定的方式确定真伪，而打印遗嘱是印刷字体，不易确定是由谁书写并打印出来，故需要遗嘱人和见证人在每一页上均签名并注明年、月、日，以此确定遗嘱的真实性和合法性。因打印遗嘱容易被伪造，而签名的字数又较少，容易被模仿，因此规定需要有两个以上的见证人，以达到相互监督的效果。上述案例中，两个见证人没有在打印现场见证并当场签字，遗嘱人没有在打印遗嘱的第一页上签字，这也是该份遗嘱产生争议的原因。

（二）形式有瑕疵的遗嘱如何处理？

对于形式有瑕疵的遗嘱，要结合案件具体情况，释法明理，充分考量双方当事人的利益，尽量调解化解纠纷。案涉遗嘱虽然在形式上存在瑕疵，但双方实际对遗嘱的真实性、遗嘱内容是否为遗嘱人真实意思表示并无异议，仅对遗嘱的法律效力产生争议。本案在处理上根据 2021 年 1 月 1 日实施的《民法典》对遗嘱的法律规定，通过向双方当事人说法明理，进行调解，打开对方心结，互谅互让化解矛盾，促使双方认可遗嘱的效力，使争执的双方握手言和，既彰显了《民法典》的制度价值，又不违背当事人基于法律所形成的合理预期。

（三）订立遗嘱必须符合法律规定的哪些形式要件？

实践中，无论是打印、代书遗嘱还是其他形式的遗嘱，都应严格按照法律规定的形式进行，按照要求由两个以上与遗嘱无利害关系的见证人在现场见证，避免遗嘱无效，造成遗嘱人身故后亲人纠纷不断的不利后果。

法条链接

1.《民法典》第1136条:打印遗嘱应当有两个以上见证人在场见证。遗嘱人和见证人应当在遗嘱每一页签名,注明年、月、日。

2.《民法典》第1137条:以录音录像形式立的遗嘱,应当有两个以上见证人在场见证。遗嘱人和见证人应当在录音录像中记录其姓名或者肖像,以及年、月、日。

3.《民法典》第1140条:下列人员不能作为遗嘱见证人:(一)无民事行为能力人、限制民事行为能力人以及其他不具有见证能力的人;(二)继承人、受遗赠人;(三)与继承人、受遗赠人有利害关系的人。

（本篇撰写人:熊彩平,湖北省竹山县人民法院）

8 母亲和弟弟私自侵吞遗产，该怎么办？

亲情本应是人间至善至美的存在，然而欲望却能够让亲情沦为利益争夺的牺牲品。为了获得更多遗产，有的继承人通过虚假陈述等手段骗取公证书，从而严重损害了其他继承人的合法权益。面对此种隐匿、侵吞遗产的行为，应该如何维护其他继承人的合法权益，《民法典》继承编给出了相关答案。

案例

李某系被继承人秦某的妻子，二人婚后育有一双儿女，即秦某甲与秦某乙。秦某一家居住在其单位分配的福利房内。婚后，夫妻俩又凭自己的努力买下了一套商品房。可谁知，好不容易将两个孩子抚养成人，秦某却于2021年3月因病去世了。令姐姐秦某甲没想到的是，在父亲去世后不久，母亲李某就和弟弟秦某乙前往公证处，在故意隐瞒自己系秦某法定继承人之一的情况下，对秦某的遗产进行了所谓的继承分割，公证书上的内容居然是两套房屋属于秦某的份额均归弟弟秦某乙一人继承。为维护自己的权益，秦某甲于2022年3月向公证处提交了撤销公证书申请，经公证处审查后，该公证书被撤销。然而，公证书虽然被撤销了，但秦某遗留的其中一套价值200万元的房屋却已被母亲李某和弟弟秦某乙以50万元的低价出卖给了案外人。无奈之下，秦某甲起诉至法院，维护自己的合法权益。

裁判结果

法院认为，秦某甲、秦某乙、李某均系被继承人秦某的第一顺位法定继承人，原则上应均等继承遗产。但秦某乙、李某存在故意，隐瞒秦某甲系法定继承人之一，诱导公证处作出错误公证书并以此将案涉房屋过户的行为，侵害了秦某甲的合法权益，符合法律规定的故意隐匿、侵吞遗产情形，故应依法对秦某乙、李某的继承份额酌情予以减少，酌定原告秦某甲享有50%的遗产份额，被告秦某乙、李某各享有25%的遗产份额。

评析

本案涉及《民法典》继承编关于遗产保管及隐匿、侵吞遗产后果的相关规定。《民法典》第1151条规定："存有遗产的人，应当妥善保管遗产，任何组织或者个人不得侵吞或者争抢。"根据这一条款，被继承人死亡时，实际控制遗产的人负有妥善保管遗产的义务。本条在《继承法》第24条规定的基础上增加了"任何组织"不得侵吞或者争抢遗产的规定。因此，本条所指"存有遗产的人"即遗产保管人，可能是遗嘱执行人，也可能是继承人，还可能是其他组织或个人。

从继承开始到遗产分割结束，一般要经过一段时间。在此期间，遗产是否能够得到妥善保管，与继承人最终能够分得的遗产价值大小关系紧密。在本案中，秦某遗留的两套房屋均为其与李某的夫妻共同财产，而秦某乙居住在其中一套房屋内，因此李某、秦某乙分别凭借房屋共有人、房屋实际占有人的身份，成了本案在被继承人死亡时的遗产保管人，二人均负有妥善保管遗产、保护其价值不受贬损的法定义务。但他们不仅未妥善保管遗产，反而通过虚假公证行为擅自处分了秦某的遗产，以远低于市场价值的价格将房屋出卖给了案外人，导致遗产价值受到了贬损，且将秦某甲的继承权完全排除在外，属于为了多分遗产而故意侵吞、争抢遗产的行为，《最高人民法院关于适用〈中华人民共和国民法典〉继承编的解释(一)》第43条规定："人民法院对故意隐匿、侵吞或者争抢遗产的继承人，可以酌情减少其应继承的遗产。"

继承纠纷中对隐匿、侵吞或争夺遗产的行为，一般从以下几个方面予以认定：

(1)是否存在主观故意。当事人必须明知其他合法继承人的存在,隐匿遗产或者在未经其他继承人协商一致的情况下擅自处理遗产。(2)是否客观上造成了侵害其他合法继承人继承权的后果。例如,继承人控制了不属于自己份额的房产并过户,或控制银行卡、银行卡账户账号密码、房产证等重要文件,拒绝与其他继承人分割等。

本案中,李某在庭审时曾提交一份过继协议,拟证明李某与案外人曾于1999年约定将秦某甲送由案外人收养,秦某甲不具有法定继承人资格,因此两被告不存在隐匿、侵吞遗产的故意。但该协议并无被继承人秦某的签名,且协议签订之时秦某甲已成年,不符合法律关于收养的规定,故法院认定该过继协议不具备合法性。在我国要形成合法的收养关系,收养人和被收养人须具备一定的条件,还需要有合法收养的手续及办理合法收养的流程。结合李某和秦某乙的年龄与受教育水平,应当知晓合法收养的相关知识,法律意识亦不应淡薄至此,故二人存在较为明显的侵吞遗产的主观故意。再结合二人擅自处分遗产所造成的后果,其行为属于比较典型的侵吞遗产行为,严重侵害了秦某甲的合法继承权。

人民法院认定存在侵吞、争夺遗产行为后,应综合考量各方因素及具体案件的特定情形,对各继承人的继承份额予以调整。"酌情减少"的规定赋予了法官一定的自由裁量权,至于如何裁量,则应遵循公正、衡平的法律精神和法律原则,结合主观恶意程度和遗产价值等因素,合理选择适当比例,酌情作出裁判。在本案中,法院鉴于李某和秦某乙未妥善保管遗产及存在侵吞遗产的行为,酌定李某、秦某乙的继承份额减少至25%,而秦某甲享有50%的遗产份额,对失信继承人的不当行为进行了相应的惩罚,同时也体现了法律对权益受侵害方的保护。

在我国目前的法律实务中,由遗产分配问题而造成的当事人争夺遗产控制权以及继承人擅自处分遗产的纠纷越来越多,本案就是一起比较典型的继承人侵吞遗产的案例。继承开始后,原为被继承人所有的财产均划归为遗产范畴,无论遗产的占有状态为何,均不影响其应当依法或按照遗嘱内容在继承人之间进行分割。《民法典》对存有遗产的人规定相应的保管义务,并对侵吞、争抢遗产的行为予以减少继承份额的处罚,不仅保障了继承人的合法权益,更能体现法律对隐匿、侵吞遗产行为的惩罚和预防。另外,在遗产处理部分,《民法典》新增的遗产管理制度相关规定将更有利于保证遗产的独立性，确保遗产得到妥善管理、顺利分割，特别是对需要及时处置或采取保护措施的遗产，能够避免因管理不善而减损其价值。目前，选任遗产管理人的继承案件数量并不多，但为了统筹保障遗产价值、实现继承人权利、保护债权人利益，构建遗产管理人制度十分必要，期待这一制度在以后能得到更为广泛的运用。

法律小贴士

（一）当继承权被虚假公证行为侵害，有哪些救济途径？

虚假公证行为，即利用虚假手段获取内容不符实的公证书的行为。虚假公证行为主要有以下几种：(1)进行虚假陈述或提供虚假的证人证言；(2)让他人冒充公证当事人；(3)提供内容不符实的证件或证明材料。

当我们的合法权益被虚假公证行为侵害时，首先我们可以向公证机构提起公证投诉复查。如果公证书的内容违法或者与事实不符，公证机构就会撤销该公证书并予以公告，公证书的内容也就自始无效了。其次，我们还可以向人民法院提起诉讼。例如，当被继承人的遗产被其他继承人以虚假公证的方式擅自处分后，我们可以到法院提起继承案件的诉讼，请求法院对被继承人的遗产重新分配。

在本案中，秦某甲就充分运用了上述两种救济途径，先向人民法院提起了继承案件的诉讼，在该案件的审理过程中又向公证处提交了撤销公证书的申请，最终使自己的权益得到了维护。

（二）遗产保管人与遗产管理人的区别是什么？

存有遗产的人并不等同于遗产管理人。遗产管理人制度是《民法典》新增的亮点制度之一。虽然《民法典》未对遗产管理人的概念本身进行界定，但从条文规定看，遗产管理人制度主要是在继承开始后遗产分割前，通过选任遗产管理人对遗产进行管理和处分，协调债权人和各继承人之间的利益衡平，从而减少继承纠纷的制度。

遗产保管人与遗产管理人之间最主要的区别在于主体资格和职责的不同。从主体资格上来看，凡是存有遗产的组织和个人，均为遗产保管人，而常见的情况是各个继承人都可能存有遗产，因此遗产保管人可能会有多个。而遗产管理人一般是通过推选程序产生，通常只设立一个遗产管理人。从职能上来看，遗产保管人的主要义务是对遗产进行妥善保管，需尽到善良管理人的注意义务，也就是说，至少应当以处理自己事务的同等注意程度进行管理，但并没有管理和处分遗产的权利。而遗产管理人的职责更为广泛，《民法典》第1147条规定："遗产管理人应当履行下列职责：(一)清理遗产并制作遗产清单；(二)向继承人报告遗产情况；(三)采取必要措施防止遗产毁损、灭失；(四)处理被继承人的债权债务；(五)按照遗嘱或者依照法律规定分割遗产；(六)实施与管理遗产有关的其他必要行为。"

（三）遗产保管人未予妥善保管遗产，有何法律后果？

存有遗产的人应当妥善保管遗产。遗产保管人未妥善保管遗产的，应当承担因其未妥善保管遗产而导致的遗产价值贬损的民事责任。若该遗产保管人也是被选任的遗产管理人，其因故意或者重大过失造成继承人、受遗赠人、债权人权益受损害的，应当承担相应的民事责任。此处的民事责任一般有以下几种：(1)侵害遗产的行为正在进行的，应当停止侵害、排除妨害、消除危险；(2)遗产已经被毁坏，但能够进行修理或恢复原状的，应当进行修理、恢复原状；(3)私自隐匿、侵占遗产的，应当返还遗产；(4)遗产已经被彻底毁损、不能修复的，能够用其他种类物代替的，应当以同种类物替换，不能替换的，应当赔偿相应的损失。

若遗产保管人不仅未予妥善保管遗产，还有擅自处分遗产，将遗产据为己有，或以公开方式争夺遗产所有权等行为的，则具有侵吞、争抢遗产的情节，势必会影响正常继承程序的进行，侵害继承人的合法权益。对于此种情形，人民法院可以根据《最高人民法院关于适用〈中华人民共和国民法典〉继承编的解释(一)》第43条的规定，酌情减少其应继承的遗产。

（四）遗产被侵占后，继承人应当怎么办？

当继承人或其他非继承人趁机擅自处置或侵占遗产时，其他继承人可以通过以下方式维护权益：(1)追究遗产保管人或遗产管理人的责任。若遗产保管人未妥善保管遗产、遗产管理人有故意或重大过失，造成继承人、受遗赠人、债权人利益受损害的，我们可以通过向人民法院提起诉讼来追究其民事责任。若没有继承权的人擅自保管遗产，且拒不归还的，构成侵占罪，可以追究其刑事责任。(2)继承人隐匿、侵占遗产的，可酌情减少其继承份额。若遗产的共有人和持有人未如实提供遗产情况，或擅自处分遗产的，我们可诉至法院，要求法院酌情减少其相应继承的遗产。(3)在诉前或诉中申请法院对相关财产予以保全。为避免遗产流失，我们可以申请法院对案涉遗产采取限制办理转让、过户、冻结存款等措施，待判决后再解除保全。

法条链接

1.《民法典》第 1151 条：存有遗产的人，应当妥善保管遗产，任何组织或者个人不得侵吞或者争抢。

2.《最高人民法院关于适用〈中华人民共和国民法典〉继承编的解释(一)》第 43 条：人民法院对故意隐匿、侵吞或者争抢遗产的继承人，可以酌情减少其应继承的遗产。

（本篇撰写人：陈倩倩、雷岑岑，湖北省武汉市青山区人民法院）

9 由他人代书的遗赠扶养协议，能否等同代书遗嘱？

我国法律规定有多种遗嘱形式，其中一种为代书遗嘱，代书遗嘱应有两个以上见证人在场见证，由其中一人代书。自然人生前可以根据本人真实意愿设立遗嘱，也可以与继承人以外的组织或者个人签订遗赠扶养协议。当遗赠扶养协议系由他人代书形成时，认定该遗赠扶养协议是否生效需要考虑哪些因素？能否因该协议系由他人代书形成，而直接适用代书遗嘱的法律规定？以上问题的答案需要结合《民法典》继承编的相关条款来回答。

案例

朱某某是赵某甲的养母、赵某乙的生母，朱某某自丈夫去世后一直独居。朱某某曾因赵某甲对其不管不顾向法院提起过赡养纠纷诉讼，后因年事渐高生活不能自理，赵某乙的女儿王某某将朱某某接到家中悉心照顾。朱某某生前与王某某签订了一份遗赠扶养协议，主要内容为朱某某自愿将其生前独居的一间房屋赠与王某某，王某某负责朱某某的生养死葬。该协议系由王某某委托的某法律服务所的一位法律工作者代为书写，该法律工作者对协议签订现场进行了录像，并在遗赠扶养协议上签名。协议显示另有两名见证人，经查，其中一名见证人已经去世，另一名不认可自己见证人的身份。朱某某去世后，王某某将其安葬。后朱某某生前居住的房屋被征收，得到拆迁补偿款若干元。王某某与赵某甲均称自己系房屋的所有权人，后由赵某甲代签拆迁补偿协议，拆迁补偿款暂由拆迁指挥部保管。

王某某遂向法院提起遗赠纠纷诉讼，请求确认其与朱某某签订的遗赠扶养协议合法有效，并判令协议中赠与王某某房屋的拆迁补偿款归王某某所有。

裁判结果

法院认为，赵某甲并未提交充分有效证据证实案涉被征收房屋系其个人所有财产，案涉被征收房屋应归朱某某所有。案涉遗赠扶养协议是委托法律服务机构进行制作的，虽系由他人代书，但不能等同于代书遗嘱。我国法律并未规定签订遗赠扶养协议必须有见证人在场，因此，虽然案涉遗赠扶养协议所显示的两名见证人其中一名已经去世，另一名不认可自己见证人的身份，即两名见证人的身份存在瑕疵，但是对于协议是否生效并无影响。案涉遗赠扶养协议上有赠与人朱某某和受赠人王某某的签名或印章，结合现场录像以及王某某赡养朱某某等事实，应当认定遗赠扶养协议是朱某某生前的真实意思表示，该协议合法有效。遂依法判决确认王某某与其外婆朱某某签订的遗赠扶养协议合法有效，该协议中朱某某赠与王某某房屋的拆迁补偿款若干元归王某某所有。

评析

本案涉及《民法典》中遗赠扶养协议的相关条款。《民法典》第1123条规定："继承开始后，按照法定继承办理；有遗嘱的，按照遗嘱继承或者遗赠办理；有遗赠扶养协议的，按照协议办理。"继承自被继承人死亡时开始，在法定继承、遗嘱继承、遗赠扶养协议同时存在的情况下，应首先适用遗赠扶养协议，然后适用遗嘱，最后适用法定继承。

《民法典》第1158条规定："自然人可以与继承人以外的组织或者个人签订遗赠扶养协议。按照协议，该组织或者个人承担该自然人生养死葬的义务，享有受遗赠的权利。"遗赠扶养协议中的受赠人应当是法定继承人以外的组织或者个人，则受赠人不应是被扶养人的配偶、父母、子女、兄弟姐妹、祖父母或者外祖父母，且不存在代位继承的情形，受赠人应当按照协议约定对被扶养人承担生养死葬等义务，然后享有获得受赠财物的权利。因此，遗赠扶养协议中的赠与一般是附条件的赠与,并非无偿赠与。本案中,受赠人王某某是赠与人朱某某的外孙女,外孙女不属于法定继承人范畴,王某某的母亲即朱某某的女儿赵某乙仍健在,不存在代位继承的情形,则朱某某与王某某签订的遗赠扶养协议不违反法律规定。王某某按照协议约定承担了朱某某生养死葬的义务,应当享有受遗赠的权利。

《民法典》第1135条规定:“代书遗嘱应当有两个以上见证人在场见证,由其中一人代书,并由遗嘱人、代书人和其他见证人签名,注明年、月、日。”遗赠扶养协议与遗嘱并不相同,当遗赠扶养协议是由他人代书形成时,不能因协议的形式与代书遗嘱相似就直接适用代书遗嘱的法律规定。尽管代书遗嘱对见证人有明确要求,但我国法律并未规定签订遗赠扶养协议时必须有见证人在场。因此,签订遗赠扶养协议时有无见证人在场,或者协议中所显示的见证人其身份有无瑕疵,对于遗赠扶养协议是否生效并无影响。本案系当事人委托基层法律服务所代为制作遗赠扶养协议,协议显示有两名见证人,经查,其中一名见证人在遗赠纠纷发生前已经去世,另一名见证人不认可自己见证人的身份,则两名见证人的身份无法查实。但遗赠扶养协议对见证人并无要求,不能因本案的遗赠扶养协议系由他人代书形成就将其视为代书遗嘱,也不能因代书遗嘱对见证人有要求,就认为本案的遗赠扶养协议中显示的见证人不符合法律规定,进而认定协议无效。遗赠扶养协议中有赠与人和受赠人双方的签名、印章,还有现场录像相佐证,结合其他案件事实及证据,能够证实遗赠扶养协议是赠与人和受赠人的真实意思表示,应当合法有效。

“百善孝为先,孝为德之本。”父母抚养关爱子女,子女赡养孝敬父母,既是人类最原始、最基本的自然情感,也是中华民族源远流长的传统美德。父母将子女抚养成人后,若成年子女不履行赡养父母的义务,父母不仅可以依法提起赡养纠纷诉讼,还可以与法定继承人以外的组织或者个人签订遗赠扶养协议,将个人财产附条件地赠与其他组织或者个人。遗赠扶养协议的出现,一方面,能在一定程度上督促被扶养人的法定继承人自觉履行赡养、扶养等法定义务;另一方面,遗赠扶养协议一经签订,协议双方均应认真遵守相关约定。认定遗赠扶养协议是否合法有效,需要根据协议内容、当事人的行为能力、是否是当事人的真实意思表示以及协议形成的背景等综合审查认定,以期作出既符合法律规定,又切合客观情理的公正判决。

（一）成年子女对父母不履行赡养义务时，父母如何维护自身合法权益？

法律小贴士

父母可以向人民法院提起赡养纠纷诉讼，要求成年子女对自己履行赡养义务。子女履行赡养义务的方式包括与父母共同生活照料父母的日常起居、定期给付赡养费、分担父母的医疗费等，可根据实际情况选择其中一种或多种。人民法院在审理赡养纠纷时，通常需要审查父母的年龄、有无劳动能力和收入来源、有几名子女、各个子女的居住情况和经济状况等事实，再结合父母本人意愿及当地经济发展水平等予以综合考量。当事人可以围绕上述事实举证，以证明个人主张。

除了提起赡养纠纷诉讼，父母也可以与法定继承人以外的组织或个人签订遗赠扶养协议，签订协议时双方应当均具有完全民事行为能力，协议中需要明确遗赠人与受赠人各自的权利义务，协议内容均系双方的真实意思表示，且不违反国家法律规定。需要注意的是，遗赠人自愿赠与受赠人的财产，必须是真实存在的、遗赠人个人所有的合法财产。

（二）签订遗赠扶养协议以后可以反悔吗？

签订遗赠扶养协议是双方法律行为，需要在双方自愿协商一致的基础上才能成立，同样，协议的解除也应当经过双方协商一致。若双方经过协商，均同意解除协议，遗赠扶养协议即可解除，同时，双方还可协商确定遗赠人是否需要就受赠人已经履行的扶养义务给予补偿或补偿多少。若是因一方原因导致协议解除，需根据实际情况分别处理：若是受赠人无正当理由不履行协议约定的义务，导致协议解除，受赠人不能再享有受遗赠的权利，其已支付的扶养费用，一般不予补偿；若是遗赠人无正当理由不履行协议约定，致使协议解除，遗赠人应适当偿还受赠人为扶养遗赠人所支付的费用。

（三）被继承人生前既签订有遗赠扶养协议，又立有遗嘱时，如何处理？

根据《最高人民法院关于适用〈中华人民共和国民法典〉继承编的解释（一）》第3条的规定，继承开始后，如果被继承人生前签订的遗赠扶养协议与其立下的遗嘱没有抵触，则被继承人的遗产分别按照协议和遗嘱处理；如果有抵触，应当按照遗赠扶养协议处理，与协议相抵触的遗嘱全部或部分无效。

法条链接

1.《民法典》第 1123 条：继承开始后，按照法定继承办理；有遗嘱的，按照遗嘱继承或者遗赠办理；有遗赠扶养协议的，按照协议办理。

2.《民法典》第 1135 条：代书遗嘱应当有两个以上见证人在场见证，由其中一人代书，并由遗嘱人、代书人和其他见证人签名，注明年、月、日。

3.《民法典》第 1158 条：自然人可以与继承人以外的组织或者个人签订遗赠扶养协议。按照协议，该组织或者个人承担该自然人生养死葬的义务，享有受遗赠的权利。

（本篇撰写人：童尧，湖北省襄阳市中级人民法院）

10 债务人死亡，债务由谁偿还？

债务人去世，其继承人需要清偿债务吗？我国自古有父债子偿的说法，这一理念是诚信观念深化为习惯法的结果。在当代法律体系中，债务人死亡后，其继承人是否需要偿还债务？债权人又应该如何维护自身的合法权益？这些问题的答案就在《民法典》限定继承原则中。

案例

姬某生前与许某系夫妻关系，育有长子姬某1、次子姬某2。2020年2月15日，姬某因病去世。姬某遗留住房一套，许某、姬某1均放弃继承权，由姬某2继承，2020年9月4日，该事项经公证确认。姬某生前向某公司出借资金，许某、姬某1、姬某2向某公司主张债权。2021年1月，各方达成调解协议，并经法院民事调解书确认，由某公司向许某、姬某1、姬某2偿还借款。姬某生前欠付马某借款20万元，现马某认为许某及姬某1、姬某2应当在继承姬某遗产范围内向其偿还借款。故引起本案纠纷。

裁判结果

法院认为，马某于2019年7月15日向姬某出借20万元，有借条和转账凭证为证，故其与姬某之间的借贷关系真实、合法、有效。根据《民法典》第1161条的规定，被继承人姬某死亡后，其生前债务应由其继承人在其继承的遗产价值范围内向债权人清偿债务。公证处对被继承人姬某遗留的一套房屋由继承人姬某2一人继承进行公证，同时，许某、姬某1、姬某2还作为姬某的继承人向姬某的债务人某公司主张债权，该权利已经法院确认。因此，姬某的继承人为许某、姬某1、姬某2三人，姬某的遗产除公证书中提到的房屋外，还有经法院民事调解书确认的145万元债权，且许某、姬某1并未放弃对145万元债权的继承，那么许某、姬某1、姬某2应当在各自继承的遗产价值范围内向姬某的债权人马某清偿债务。故对于马某要求许某、姬某1、姬某2在继承遗产范围内偿还借款本金及利息的请求，法院予以支持。

评析

本案涉及《民法典》中限定继承原则的规定。《民法典》第1161条规定："继承人以所得遗产实际价值为限清偿被继承人依法应当缴纳的税款和债务。超过遗产实际价值部分，继承人自愿偿还的不在此限。继承人放弃继承的，对被继承人依法应当缴纳的税款和债务可以不负清偿责任。"这一原则也是民法公平原则在《民法典》继承编中的体现。

限定继承，具体包括以下几点内容：第一，如果继承人继承被继承人的财产权利，那么也继承了被继承人留下的财产义务；第二，财产义务包括被继承人依法应当缴纳的税款和债务；第三，继承人的清偿责任仅以继承人所得遗产的价值为限，对超出遗产价值部分的债务，继承人不负有清偿责任；第四，对于继承人自愿偿还的情形，法律未予限制；第五，继承人放弃继承的，对被继承人依法应当缴纳的税款和债务不负有偿还责任。

限定继承原则最主要的特征是继承人对被继承人的债务承担责任是有限的，以所继承的遗产实际价值为限，而非无限清偿责任。相比之下，还有一种为概括继承，体现于罗马法中，指的是被继承人死亡后，其财产上的权利（包括所有权、债权等）和义务（如债务）全部由继承人承受。对于继承人自愿偿还超过所得遗产实际价值部分的被继承人遗留的应缴纳的税款和债务的，属于继承人权利自治的范畴，法律对此并不进行强制和干预，这一例外规定体现在《民法典》第1161条第2款中。

本案中，原告马某与姬某之间的借贷关系合法有效，姬某生前未向债权人马某偿还借款，作为继承人的许某、姬某1虽然放弃了对姬某房屋的继承权，办理了公证，由姬某2继承房屋，但许某、姬某1并未放弃对姬某另有的145万元债权的继承，因许某、姬某1、姬某2均继承有财产，故他们应当在各自继承的遗产价值范围内向姬某的债权人马某清偿债务。

本案例即是在运用限定继承原则的基础上，合理确认了遗产、继承人以及继承人应偿还债务的范围，既保护了债权人的合法权益，也明确了继承人的责任限度。从《民法典》第1161条规定的内容来看，我国采用的是无条件限制继承原则。即只要继承人表示接受继承遗产，则会导致限定继承的法律后果，不需要附加其他任何条件。但还需要注意以下问题：第一，债务继承有时间节点，被继承人债务与继承人债务以继承的开始来区分，遗产债务仅是被继承人生前所欠的债务。第二，遗产的实际价值需明确，这里的实际价值指的是债务人死亡时其遗产的实际价值，而非遗产分割时。当出现被继承人死亡后长时间不进行遗产分割的情形时，可能会造成分割遗产时遗产的实际价值与继承开始时遗产的实际价值不同，那么，继承人应承担的债务或债务份额仍应按继承开始时遗产的实际价值确定。第三，债务具有个人属性，被继承人所负的债务应是完全用于个人生活和生产需要所欠的债务。

（一）遗产的范围如何确定？

法律小贴士

原《继承法》第3条规定："遗产是公民死亡时遗留的个人合法财产，包括：（一）公民的收入；（二）公民的房屋、储蓄和生活用品；（三）公民的林木、牲畜和家禽；（四）公民的文物、图书资料；（五）法律允许公民所有的生产资料；（六）公民的著作权、专利权中的财产权利；（七）公民的其他合法财产。"《民法典》第1122条规定："遗产是自然人死亡时遗留的个人合法财产。依照法律规定或者根据其性质不得继承的遗产，不得继承。"相比于《继承法》第3条采取列举式与概括式相结合的方式，《民法典》则概括式地规定了遗产范围，主要是由于随着市场经济的发展和科技的进步，新的财产类型不断出现，没必要再详细列明各种财产类型为遗产的范围。

但必须指出的是，遗产在家庭共有财产之中应先分出他人财产，对遗产范围进行界定，应区分被继承人个人财产和共有财产中的个人财产份额。例如，对于夫妻共同所有的财产，除有约定的外，遗产分割时应当先将共同所有财产的一半分出为配偶所有，其余的为被继承人的遗产。此外，依据法律规定不能继承的财产权利，如自然资源利用权、宅基地使用权等，以及因被继承人死亡而依法由其近亲属获得的赔偿金，如死亡赔偿金、丧葬费或抚恤金等，不属于遗产范围。

（二）债务人死亡，债权人该如何维护自身权益?

首先要区分债务是否属于债务人即被继承人的个人债务。若是个人债务，且留有遗产的情况下，债权人可以依据《民法典》第1161条之规定向债务人的继承人主张权利，要求继承人在其继承的遗产范围内承担清偿责任；若在诉讼中债务人死亡的，债权人可通过申请追加继承人为被告来实现债权；若在案件执行过程中债务人死亡的，则可以申请将继承人列为被执行人，申请强制执行，由法院依法执行债务人的遗产；若遇到继承人拖延继承消极面对债务的情况，债权人还可以通过提起代位析产诉讼来实现权利救济。

（三）遗产清偿有无顺序?

有。根据《民法典》第1161条第1款的规定，“继承人以所得遗产实际价值为限清偿被继承人依法应当缴纳的税款和债务”。这也是我国税款优先原则的体现。税收是公法上的债权，因其具有公益属性，一般立法均给予其一定的优先权，即当纳税人的财产不足以偿还或支付各类债务时，应优先清偿税款。《民法典》第1159条规定：“分割遗产，应当清偿被继承人依法应当缴纳的税款和债务；但是，应当为缺乏劳动能力又没有生活来源的继承人保留必要的遗产。”这一规定也是税收优先原则的体现，明确税收优先于遗产继承。但这一项优先权同时受到一定限制，即缺乏劳动能力又没有生活来源的继承人的遗产继承权优先于税收，税收优先于其他继承人的遗产继承权。

法条链接

《民法典》第1161条:“继承人以所得遗产实际价值为限清偿被继承人依法应当缴纳的税款和债务。超过遗产实际价值部分,继承人自愿偿还的不在此限。继承人放弃继承的,对被继承人依法应当缴纳的税款和债务可以不负清偿责任。”

(本篇撰写人:熊聪俐,湖北省襄阳市高新技术产业开发区人民法院)

侵权责任编
QIN QUAN ZE REN BIAN

1 擅自使用他人商标和商号，赔不赔？

企业在市场竞争中擅自使用他人注册商标从事商业活动，是否构成侵权？如果将他人注册商标或者商号(字号)登记为自己的商号使用，是否构成侵权？一个企业若发现自己的注册商标和商号被他人冒用或盗用，可以通过何种途径维权？以上问题的答案可在《民法典》规定的知识产权及侵权制度中寻找。

案例

甲公司是一家以“德仁堂”老字号品牌店为核心的药品零售企业。“德仁堂”于1996年被国内贸易部认证为“中华老字号”。2006年，“德仁堂”再次被商务部认定为“中华老字号”。甲公司在国家商标局注册了以“德仁堂”为核心标识的系列商标，即第186889号注册商标、第1400627号注册商标、第6021266号注册商标德仁堂和第11988072号注册商标，核定使用商品/服务项目包括药品(中药材)、医疗用品零售或批发服务等。

乙公司成立于2003年，将“德仁堂”登记为企业名称中的字号，经营范围包括药品、医疗器械销售等。乙公司先后经营26家药店，药店的招牌均标识为“德仁堂大药房”，其店员工作制服、药品包装袋、店内装潢、广告牌、微信公众号等突出使用“德仁堂”为标识。

2021年，甲公司诉至法院，请求判令乙公司停止侵犯商标权及不正当竞争的行为，并赔偿经济损失150万元。

裁判结果

法院认为,"德仁堂"既是甲公司的传统老字号,也是其注册商标。甲公司长期将"德仁堂"之标识用于广告宣传、推销以及药品(中药材)零售、批发服务,两者已形成牢固的对应关系,"德仁堂"亦成为承载甲公司商誉的标识。因乙公司经营的零售业务与甲公司注册商标所核定使用的商品或服务项目构成相同或类似,故其在药店的招牌、包装袋、店内装潢、微信公众号以及店员工作服等突出使用"德仁堂"为标识,易混淆商品或服务的来源,侵犯了甲公司的注册商标专用权。同时,甲公司的字号"德仁堂"被商务部认定为"中华老字号",在市场上具有较高的知名度和美誉度。乙公司将"德仁堂"作为字号使用,引人误认为两者存在特定关系,扰乱了市场竞争秩序,构成不正当竞争。综上,乙公司的侵权行为割离了甲公司与其商标之间的对应关系,使得甲公司凝聚在商标中的商誉遭受不当利用的损害,误导了相关消费者。依照《民法典》第120条、第123条,以及《商标法》第57条等规定,判决乙公司停止侵害,并赔偿甲公司经济损失60万元。

评析

本案涉及商标权和商号权的保护。《民法典》第123条规定民事主体依法享有知识产权。知识产权是权利人依法对作品、发明、实用新型、外观设计、商标、地理标志、商业秘密、集成电路布图设计、植物新品种以及其他客体享有的专有的权利。知识产权具有非物质性,其客体是知识产品或智力成果。知识产权是《民法典》规定的民事权利之一,但因其内容庞杂,且新领域的知识产权还在探索之中,故在《民法典》中不设专编,而另以《著作权法》《商标法》《专利法》等单行法予以特别规定。因此,在具体处理因知识产权而产生的侵权纠纷时,仍要适用《民法典》关于知识产权的基本规定和侵权责任的相关规定。

企业的商标和商号均是知识产权保护的对象。商标作为一种商业标记,由文字、图形、字母、数字、颜色等组合构成。商标权利人依法享有商标专用权,有权禁止他人擅自使用。商号又称字号,是商事主体用于标示自己并区别于其他主体的一种营业标记。商号权是企业对自己使用的营业标记所依法享有的专用权。商标是用于识别商品或服务的来源，而商号或字号用于标记商事主体。一个企业可以注册多个商标，但只能登记一个商号或字号。保护商标专用权，其目的是防止混淆；保护商号权，也是为了避免发生混同。因此，判断是否造成混淆则是认定商标或商号侵权的前提。

在本案，“德仁堂”既是甲公司的商号（字号），又是商标。乙公司是否侵犯甲公司的商标权和商号权呢？

首先，擅自使用他人注册商标是侵害商标专用权的行为。《商标法》第57条规定了常见的侵害商标权的行为，即擅自使用他人注册商标、销售侵犯商标权的商品、伪造商标标识、更换商标、为商标侵权行为提供便利条件以及其他侵权行为。擅自使用他人注册商标，包括在同一种商品或者类似商品上使用相同或近似的商标。在本案，甲公司共有四个注册商标，其中第6021266号注册商标为“德仁堂”，其余三个注册商标虽是由汉字“德仁堂”及字母、图形组合而成的平面形象，但“德仁堂”三个汉字是其显著性标识。乙公司擅自在同一种商品或者类似商品或服务上使用与甲公司的注册商标相同或近似的商标，主要表现为以下情形：其一，乙公司将甲公司的注册商标“德仁堂”用于商品包装、店内装潢、广告宣传等商业活动中，容易使相关公众产生误认；其二，乙公司将“德仁堂”作为企业的字号使用。以上行为侵犯了甲公司的注册商标专用权。

其次，擅自使用他人商标为企业商号（字号），或擅自使用他人的商号（字号），属不正当竞争行为，亦构成侵权。《反不正当竞争法》第6条第2项规定，经营者擅自使用他人有一定影响的企业名称（包括简称、字号等），应认定为不正当竞争行为。《商标法》第58条规定：“将他人注册商标、未注册的驰名商标作为企业名称中的字号使用，误导公众，构成不正当竞争行为的，依照《中华人民共和国反不正当竞争法》处理。”可见，在我国还可用《反不正当竞争法》制裁侵犯商标权和商号权的行为。在本案中，因“德仁堂”被商务部认定为“中华老字号”，在市场上具有较高的知名度，是为相关公众所知悉的字号。乙公司将“德仁堂”作为商号或字号使用，容易造成混同，引人误认为两者之间存在特定联系，构成不正当竞争，依法亦构成侵权。

综上，乙公司应当负侵权责任。因乙公司侵权达18年之久，而甲公司所受到的实际损失或乙公司因侵权所获得的利益难以确定，故依照《商标法》第63条等规定，判决乙公司赔偿甲公司经济损失60万元。本案反映出个别企业以侵犯他人知识产权的经营方式参与市场竞争，终究要为侵权行为付出代价。

法律小贴士

（一）侵害商标权要承担哪些法律责任？

侵害商标专用权，属于侵权行为，将依法承担民事责任或行政责任、刑事责任。侵权人承担民事责任的方式包括停止侵害、赔偿损失等，具体赔偿数额的确定方法，按照《商标法》第63条的规定执行。若权利人因被侵权所受到的实际损失、侵权人因侵权所获得的利益、该商标的许可使用费难以确定的，可由法院根据侵权情节判决给予500万元以下的赔偿。行政责任，市场监督管理部门除责令立即停止侵权行为，没收、销毁侵权商品和制假工具之外，还要处以罚款。刑事责任，《刑法》第213条至第215条分别规定了假冒注册商标罪、销售假冒注册商标的商品罪和非法制造、销售非法制造的注册商标标识罪。犯罪情节严重的，处3年以下有期徒刑，并处或单处罚金；情节特别严重的，处3年以上10年以下有期徒刑，并处罚金。单位犯以上罪行的，既要对单位判处罚金，又要对相关的责任人员判处刑罚。

（二）侵权人被判处刑罚后，权利人是否有权诉请侵权者承担民事责任？

民事责任具有优先性。《民法典》第187条规定：“民事主体因同一行为应当承担民事责任、行政责任和刑事责任的，承担行政责任或者刑事责任不影响承担民事责任；民事主体的财产不足以支付的，优先用于承担民事责任。”因此，如果责任主体的财产不足以同时承担民事责任、行政责任和刑事责任时，优先承担民事责任。

（三）发现商标专用权被侵犯，如何处置？

首先，可向市场监督管理部门投诉或举报。其次，当事人可以协商解决；若不愿协商或者协商不成，可以请求市场监督管理局处理，也可以向法院起诉。 最后，若侵权行为严重，可能构成犯罪的，可以向公安机关报案。

（四）销售不知道是侵犯注册商标专用权的商品，怎样才能证明该商品是自己合法取得？

销售不知道是侵犯注册商标专用权的商品，若有供货清单，或进货合同和支付货款的凭据，或发票等证据，能够证明自己合法取得并说明提供者的，依法不承担赔偿责任，但要停止销售。

法条链接

1.《民法典》第120条：民事权益受到侵害的，被侵权人有权请求侵权人承担侵权责任。

2.《民法典》第123条：民事主体依法享有知识产权。

知识产权是权利人依法就下列客体享有的专有的权利：（一）作品；（二）发明、实用新型、外观设计；（三）商标；（四）地理标志；（五）商业秘密；（六）集成电路布图设计；（七）植物新品种；（八）法律规定的其他客体。

（本篇撰写人：吴如玉，湖北省宜昌市中级人民法院）

2 卖个花露水差点赔了5600元，咋回事？

开个小卖部或小超市，在网络平台上兼营一个小网店，卖点小商品，挣点生活费，是很多中小经营者的日常。有时候，可能一不小心就卖了假货或“山寨”商品，会导致什么样的法律后果呢？如果你认为只是退换货或退一赔三的话，那就错了，很多小卖场的业主，除承担上述法律责任外，往往还因为侵犯注册商标专用权，而需要赔偿商标权人的损失和合理维权费用。以上问题的答案可在《民法典》规定的知识产权及商标法制度中寻找。

案例

星星超市系由李某负责经营的非加盟性质的小型超市。星星超市内的产品紧跟市场趋势，生意火爆。因天气炎热，店内销售的一款花露水销量颇高，成为该店的明星产品。某日，某日化公司工作人员经过星星超市，在店内发现该款花露水与某日化公司旗下具有较高市场美誉度的花露水在视觉上高度相似，且该花露水的瓶身上明显标有某日化公司享有的注册文字商标。某日化公司在经过公证取证后，以星星超市侵害其依法注册商标权为由起诉，请求判令星星超市立即停止侵犯某日化公司注册商标专用权的行为，赔偿经济损失2万元以及合理维权费用5000元，诉讼费由星星超市承担。星星超市则主张该款花露水是通过微信从某美妆批发经营者某店进货，并与张某沟通发货，进货价格与正品进货价格相当，上诉人在进货及销售方面已尽合理审查注意义务，并不是故意侵权，对于该花露水具有合法的交易记录和进货渠道，不应承担法律责任。

裁判结果

一审法院认为，星星超市销售带有XX标识的花露水，侵犯了某日化公司的注册商标专用权，其虽提交了微信聊天记录和自制的销售单，但销售单上未加盖印章，微信聊天记录只能证实双方曾就花露水的买卖进行过协商，不能证实双方真实发生过案涉花露水买卖行为。鉴于某日化公司不能举证证实因侵权行为所受的损失及星星超市的获利情况，本案应适用法定赔偿。一审法院根据星星超市侵权行为的性质情节、超市规模、所处地域以及某日化公司为制止侵权行为所支付的合理费用等因素，酌情确定星星超市赔偿某日化公司5600元(包括维权合理开支)。

二审法院认为，星星超市作为个体经营户，由于节约成本的现实需要，在进行小额交易时往往具有随机性和不规范性，不应苛求其提供十分完备的合同及发票，应结合销售特点和日常经验判断相关证据的关联性和证明力。星星超市在二审中提交的供货方营业执照、快递单、转账凭证等新证据，经核查属实，与本案有关联，可以作为定案的新证据。上述新证据与一审中星星超市提交的微信聊天记录之间能够相互印证，在时间、对象、数量、金额上均相吻合，可以证实星星超市所售的XX花露水来自某供货商，且其进货价格与出售价格和正品均基本相当，星星超市还审查了供货商的营业执照，表明其尽到了合理的注意义务，没有销售侵权商品的主观故意。某日化公司也未举证证明星星超市明知所售商品系侵权商品仍予以销售，星星超市合法来源抗辩的主张成立，依法不承担赔偿责任。但合法来源抗辩只是免除赔偿责任的抗辩，而非不侵权抗辩，不改变星星超市销售侵权商品这一行为的侵权性质，不免除星星超市承担停止侵权、承担某日化公司维权合理开支的法律责任。此外，因星星超市在二审中提交的新证据在一审开庭审理前即已经存在，其怠于提交证据的行为导致本案认定的基本事实发生改变，额外增加了对方的诉讼支出，在确定合理开支及诉讼费分担时应予以一并考量。故判决星星超市立即停止销售侵犯某日化公司XX注册商标专用权的产品，星星超市向某日化公司支付维权合理开支1600元。一审诉讼费用依法由双方分担，二审诉讼费用全部由星星超市负担。

评析

本案主要涉及《商标法》中“合法来源”抗辩的规定。合法来源抗辩直接来自《商标法》，源自《民法典》。《民法典》第123条规定：“民事主体依法享有知识产权。知识产权是权利人依法就下列客体享有的专有的权利：(一)作品；(二)发明、实用新型、外观设计；(三)商标；(四)地理标志；(五)商业秘密；(六)集成电路布图设计；(七)植物新品种；(八)法律规定的其他客体。”《民法典》直接将知识产权与人身权利、财产权利等一同列为重要的民事权利，从权利客体的角度对知识产权予以概括性规定，这是《民法典》对知识产权民法地位的宣示和确认。因为《民法典》分编未纳入“知识产权编”，关于知识产权的具体规则可以根据《民法典》第11条有关“其他法律对民事关系有特别规定的，依照其规定”的规定，依照相应的单行法《商标法》。如果他人侵犯民事主体的商标权，商标权人可以根据《商标法》的规定主张侵权责任，侵权人亦可以根据《商标法》第64条第2款“销售不知道是侵犯注册商标专用权的商品，能证明该商品是自己合法取得并说明提供者的，不承担赔偿责任”的规定，提出免予赔偿责任抗辩。

销售者在商标侵权中主张合法来源抗辩需要满足主、客观要件。主观要件是不知道销售的是侵犯注册商标专用权的商品。客观要件是该商品是自己合法取得并能够说明提供者。往往被诉侵权商品、商标的知名度越高，销售者证明“不知道”的标准也就越高；销售者本身经营规模越大、专业性越高（比如专营某品牌商品），注意义务和举证义务就越高。本案中，星星超市遵从合法、正常的市场交易规则，取得的花露水来源清晰、渠道合法、价格合理，合乎交易惯例，可以推定星星超市不知道且不应当知道其所销售的案涉花露水系侵权产品，即推定销售者无主观过错，客观上又有合法来源，故不承担赔偿责任。

合法来源抗辩主要有四种情形：有供货单位合法签章的供货清单和货款收据且经查证属实或者供货单位认可的；有供销双方签订的进货合同且经查证已真实履行的；有合法进货发票且发票记载事项与案涉商品对应的；其他能够证明合法取得案涉商品的情形。

如果合法来源抗辩不成立，第一，销售者需要对权利人承担民事赔偿责任。侵犯商标专用权的赔偿数额，按照权利人因被侵权所受到的实际损失确定；实际损失难以确定的，可以按照侵权人因侵权所获得的利益确定；权利人的损失或者侵权人获得的利益难以确定的，可以参照该商标许可使用费的标准合理确定。对恶意侵犯商标专用权，情节严重的，还可能承担惩罚性赔偿责任。第二，根据案件情节，销售者也可能受到行政处罚。市场监督管理部门可以责令销售者立即停止侵权行为，没收、销毁侵权商品和主要用于制造侵权商品、伪造注册商标标识的工具，违法经营额5万元以上的，可以处违法经营额5倍以下的罚款，没有违法经营额或者违法经营额不足5万元的，可以处25万元以下的罚款。对5年内实施两次以上商标侵权行为或者有其他严重情节的，还会从重处罚。销售不知道是侵犯注册商标专用权的商品，能证明该商品是自己合法取得并说明提供者的，市场监督管理部门会责令停止销售。第三，如果案件情节严重，销售者还可能承担刑事责任。他人销售明知是假冒注册商标的商品，销售金额数额较大的，处3年以下有期徒刑或者拘役，并处或者单处罚金；销售金额数额巨大的，处3年以上7年以下有期徒刑，并处罚金。

法律小贴士

（一）为什么销售者会构成商标侵权？

本案中，星星超市的合法来源抗辩虽然成立，但销售行为仍然对某日化公司的商标构成侵权。《商标法》第57条第3项规定，销售侵犯注册商标专用权的商品的，属于侵犯注册商标专用权。《商标法》上的假货，假不在“货”而在于“标”，未经商标注册人许可，将商标与商品结合在一起，经由这种结合之后的商品，便是冒牌货或假货。因为商标往往与商品质量有关联，使用假商标产品的质量不大可能好到哪里去，多为假货次品。如果销售这种假货次品或“山寨”商品，此种销售行为本身就造成了混淆商品来源的后果，会对商标权人和消费者造成损害。因此，为保护商标权人和消费者的合法权益，销售侵犯注册商标专用权商品的行为也构成侵权。

（二）销售者应如何尽到合理注意义务？

（1）查验商品上标注的商标信息。知名品牌的商品容易被消费者认可，商标权被侵犯的概率相对较高，经营者在采购与销售此类商标的商品时，需要特别注意，对该商品是否属于侵权商品仔细检查。除此之外，经营者同样要查验商品提供者的资质、商品外观、商品质检证书等。(2)审查商品的价格。经营者在采购商品时要尽到合理注意义务，价格应当与正品价格相差无几，如果与正品价格相差甚远，往往可能属于侵权产品。(3)查验供货商的经营资质。销售者在采购相关商品时，需要对产品提供者的相关资质进行查验，核实商品提供者是否构成侵权。(4)查验商品外观。销售者在采购时需要对商品外观进行查验，核对商品外包装上是否标注生产厂家名称、生产标准等信息，避免采购及销售三无产品。(5)在商品进货单中应尽可能要求卖家写明品牌、规格、价格等进货信息，如尽量避免只写花露水，而应写XX花露水，这样可以有效减轻自己的举证责任。(6)分类保存好采购合同、发票、付款记录、微信聊天记录等能证明商品来源和付款凭证的相关证据。

（三）销售者如何避免商标侵权?

销售者应提高保护商标权等知识产权意识，尽可能避免在销售过程中侵犯他人知识产权，减少自身经营风险。第一，商品的销售应当符合法律规定。销售者应当避免销售侵犯注册商标专用权的商品。第二，销售者不能故意为侵犯他人商标专用权行为提供便利条件，帮助他人实施侵犯商标专用权的行为。在类似的案件中，有销售者明知产品涉嫌商标侵权，仍然在其店铺内为侵权产品提供销售位置，可能构成帮助侵权。第三，销售者应当尽到合理注意义务。销售者应当在签订合同、进货、销售全程做好查验工作，保留好一切凭证，不断规范自身销售行为。

法条链接

1.《民法典》第123条：民事主体依法享有知识产权。

知识产权是权利人依法就下列客体享有的专有的权利：(一)作品；(二)发明、实用新型、外观设计；(三)商标；(四)地理标志；(五)商业秘密；(六)集成电路布图设计；(七)植物新品种；(八)法律规定的其他客体。

2.《民法典》第1165条：行为人因过错侵害他人民事权益造成损害的，

应当承担侵权责任。

依照法律规定推定行为人有过错,其不能证明自己没有过错的,应当承担侵权责任。

3.《商标法》第57条:有下列行为之一的,均属侵犯注册商标专用权:(一)未经商标注册人的许可,在同一种商品上使用与其注册商标相同的商标的;(二)未经商标注册人的许可,在同一种商品上使用与其注册商标近似的商标,或者在类似商品上使用与其注册商标相同或者近似的商标,容易导致混淆的;(三)销售侵犯注册商标专用权的商品的;(四)伪造、擅自制造他人注册商标标识或者销售伪造、擅自制造的注册商标标识的;(五)未经商标注册人同意,更换其注册商标并将该更换商标的商品又投入市场的;(六)故意为侵犯他人商标专用权行为提供便利条件,帮助他人实施侵犯商标专用权行为的;(七)给他人的注册商标专用权造成其他损害的。

(本篇撰写人:严开元,湖北省高级人民法院)

3 游戏公司需要赔偿游戏升级中毁损的道具吗？

《民法典》规定对数据、网络虚拟财产予以保护。个人网络游戏的账号价值及道具是否属于个人网络虚拟财产？游戏规则和风险提示是否构成损害个人网络虚拟财产的免责条款？回答上述问题，可以结合《民法典》关于数据、网络虚拟财产的相关规定进行分析。

案例

陈某系A公司运营游戏的玩家，于2020年10月28日通过A公司平台给本人游戏账号充值14笔，通过B平台向其他玩家购买游戏装备，交易近20万元。A公司曾在游戏官网发布六条关于通过特殊途径对游戏道具进行升级的公告，并提示玩家在升级道具的过程中随着级别升高，可能造成道具消失等风险。2020年10月28日至10月31日，陈某通过特殊途径进行道具升级，共有136条记录，升级结果均为失败。2020年10月28日至10月31日，陈某通过普通升级方式进行升级，共有18条记录，其中升级结果失败13次，升级成功5次。后陈某诉至法院，请求判令A公司解除对原告拥有的游戏角色作出的“收回部分游戏道具”的处理，继续履行网络服务合同，返还原告152210.65元。

裁判结果

法院认为，游戏账号和道具属于个人网络虚拟财产，但游戏运营有其商业运作规则和游戏规则。在平台规则不存在不合理条款的情况下，玩家自愿接受，则应当承认其效力。A公司通过游戏官网发布道具升级的公告，向玩家说明了游戏规则，告知玩家在升级道具时有一定的风险，越高级别失败率越高。2020年3月26日陈某查看了道具升级的相关游戏规则，由此可知，A公司已履行了告知义务，陈某在对其道具进行升级之前，已经知悉游戏存在的风险，属于正常的商业运作规则和游戏规则。陈某主张忽略无效免责条款及涉及人身财产安全重要部位设置风险告知的情形没有依据，陈某对是否通过特殊途径对道具进行升级有自主决定的自由，故承担道具消失的风险属于合同双方自由缔结的约定，不构成平台的免责条款。且案涉游戏账号现可以继续正常使用，不存在不能正常使用游戏账号的情况，陈某不得请求A公司退款或对其网络虚拟财产的损害进行赔偿。判决驳回陈某的诉讼请求。

评析

本案涉及《民法典》关于网络虚拟财产保护的规定。《民法典》继承了《民法总则》对网络虚拟财产的保护规定。其中第127条规定："法律对数据、网络虚拟财产的保护有规定的，依照其规定。"

网络虚拟财产是指为所有人支配和控制，且能带来经济利益或精神利益的，存于网络空间的数字化、非物化财产，包括虚拟物类、虚拟货币类、身份认证信息类及虚拟空间类。虚拟财产虽然以数据形式存在于特定空间，但由于其具有一定价值，能够满足人们的需求，具有合法性，能够为人所掌控，属于在一定条件下可以进行交易的特殊财产，因此具有财产利益的属性。若运营主体通过合同约定等方式明显免除责任，排除用户主要权利等，不当造成用户的网络虚拟财产减损，应当承担对用户的损害赔偿责任。另外，若第三人通过技术手段盗窃、毁损用户的网络虚拟财产，应当根据其手段认定是否属于对网络虚拟财产的侵害或构成其他类型的侵权，从而请求侵害人承担责任或请求平台恢复数据。

本案中，陈某的游戏账号及其道具属于个人网络虚拟财产。依照《民法典》的规定，受到法律的保护。陈某作为游戏玩家，与运营主体A公司之间存在网络服务合同关系。陈某参与案涉游戏时，A公司对风险进行了提示，且陈某在升级道具前多次对游戏规则进行询问，在此情况下仍然参与游戏，应当视为其接受该游戏规则，否则其可以选择不接受规则而不参与。故陈某在明知参与案涉游戏可能遭受损失的情况下仍然继续，现又无证据证实A公司存在违反游戏规则的情形，要求A公司承担其参与游戏的损失缺乏依据。站在保护用户网络虚拟财产的角度，尽管网络平台在规则订立和技术控制方面占据优势，其应遵守更严格的标准，进行自我约束，承担更多不利，但也要尊重网络平台的正常运作规则，判断用户缔结合同的自愿性。

在网络虚拟财产中，与数据平台明确可分、有独立使用价值的，如电子邮件数据、网络账户个人发帖、游戏角色装备、虚拟货币等，在服务器运作的平台中具有类似物权的性质。但由于网络账号本身系基于接受网络服务商提供的服务而形成的数据、网络虚拟财产，账号主体与服务提供平台之间的服务合同限制了账号主体将其网络虚拟财产作为普通财物的处分。在某互联网法院于2022年2月公布的一则案例中，钟某通过交易获得彭某在某游戏中的账号、密码并使用，其间在平台上多次发布违规账号交易信息而被封号，侵害在线游戏运营环境和公平性，平台有权对案涉游戏账号作封禁处理。法院在处理该案件时认为，钟某并非案涉账号所关联服务合同的当事人，无权基于彭某的账号行使相关的权利。

与游戏账号有关的盗号、代练、私下交易、代为充值等行为，导致实名注册人和实际登录人不一致的情况较为常见。虽然游戏账号有其价值，权利人可以对网络账号等网络虚拟财产主张防御性权利，但这并不意味着账号注册人可以随意转让账号的使用权，账号主体与网络服务提供者之间成立的网络服务合同当事人仍未发生变动。另外，曾有网络服务提供者主张服务器上的数据、用户账号的所有权归平台所有，用户仅依合同享有使用权，但司法实践中均认可网络账号归属于平台用户的观点。

（一）玩家出售自己的游戏账号中的装备和道具合法吗？

法律小贴士

游戏运营商提供游戏平台，消费者通过设立游戏账号，作为玩家参与游戏，其中可能会支出相应费用获取游戏账号内的虚拟人物、装备及道具。对其账号及账号内的虚拟人物、装备等相关衍生品，玩家拥有类似于现实世界中的占有、使用、收益或者处分这些虚拟财产的权利。在不涉及账号主体相关的个人信息时，仅就游戏账号中的装备和道具进行交易，应属合法行为。平台已通过装备、道具的销售，流量变现获得利益，若还支持平台对用户玩家账号中的虚拟财产主张权利会造成双方权利义务明显失衡。

（二）游戏开外挂被封号，可以要求退还已充值的款项吗？

在参与网络游戏中，使用外挂软件是不诚信、不遵守网络道德和社会公德的行为。在注册游戏账号前，平台通常会以同意协议的形式，就游戏服务和许可协议与用户进行约定。约定中明确“使用脚本进行游戏将封号并不予退款”的条款，并非排除用户一方权利的不公平条款，而是平台服务商应有的，制定合理规则并实施合理惩戒措施的权利。虽然游戏账号中的装备、道具甚至账号本身的投入价值很高，构成网络虚拟财产，但违反规定而被永久封号所造成的损失，属于用户自己承担的后果。游戏运营方对违规用户作出封号等处置是不需要退还充值的。

（三）网络虚拟财产可以继承吗？

我国《民法典》规定，自然人合法的私有财产可以继承。由于没有直接的法律依据或司法解释，对网络虚拟财产的保护力度类似于对数据的保护，由此一般裁判不认为网络虚拟财产可以继承。网络账号的本质是对某个系统的访问权限，继承网络账号必然受到与服务提供商之间签订的服务协议的影响，但网络账号中真实存在的财产，例如微信余额、支付宝余额等可用于正常交易消费的财产，不属于网络虚拟财产，可以按照法律规定进行继承。

法条链接

《民法典》第127条：法律对数据、网络虚拟财产的保护有规定的，依照其规定。

（本篇撰写人：王晔，武汉大学法学院）

4 酒驾发生事故，同饮人是否担责？

婚丧嫁娶期间摆酒席宴请亲朋好友，是中国自古以来的传统。亲朋相聚，开怀畅饮，也是人之常情。但是如果饮酒后驾车，以致发生交通事故受伤，应由谁来承担责任？操办宴席、提供酒水的东家是否应当赔偿？同桌饮酒的宾客是否承担责任？作为宴席东家或者同桌宾客，在宴席中应当尽到何种程度的注意义务，才能避免悲剧发生，或者是免于承担责任？

案例

乐某与彭某、张某、何某、文某是初中同学。乐某因儿子上大学宴请亲朋好友。席间，彭某与张某、何某、文某等10人共聚一桌。宴席开始时，何某给彭某、刘某等人斟酒，刘某以不喝酒为由拒绝。后彭某以同学之间长期未见面为由提议饮酒，张某、何某、文某表示同意。饮酒过程中，彭某等人互相礼节性敬酒，不存在劝酒、逼酒等强迫饮酒行为。彭某、张某、何某、文某共饮白酒一瓶。宴席结束后，张某等人劝彭某留下休息，继续参加晚上的宴席。彭某稍作休息后驾驶摩托车离开。途中，彭某驾驶的摩托车撞到路边花坛，致其受伤。经鉴定，彭某广泛脑挫裂伤致四肢瘫痪，构成五级残疾，三级护理依赖。因赔偿事宜协商未果，彭某遂诉至法院，请求判令乐某、张某、何某、文某连带赔偿其经济损失的30%。

裁判结果

法院认为，彭某饮酒后驾驶机动车，违反法律禁止性规定。其违法驾车导致发生单方交通事故，主观上存在重大过错。同时，彭某作为完全民事行为能力人，在参加宴席时，对于是否饮酒、饮酒多少以及酒后驾车存在的危险性，具有完全的认知能力。乐某等四人是否承担责任，关键在于确定其对彭某交通事故的发生是否存在过错。对乐某而言，参加宴席的人数较多，其作为宴席的组织者，无法对每一位客人是否饮酒后驾车尽到非合理的提醒和劝阻，乐某对彭某的损害后果不存在过错。张某、何某、文某是与彭某同桌饮酒的宾客，在饮酒过程中没有劝酒或强迫彭某喝酒，且宴席结束后，张某、何某、文某曾与其他同学一起劝彭某留下休息，继续参加晚上的宴席，已尽到了一般社会公众应尽的合理提醒义务，对彭某的损害后果亦不存在过错。乐某、张某、何某、文某不应对彭某的损失承担赔偿责任。判决驳回彭某的全部诉讼请求。

评析

本案涉及《民法典》侵权责任编中关于过错责任原则的规定。《民法典》第1165条第1款规定：“行为人因过错侵害他人民事权益造成损害的，应当承担侵权责任。”

在过错责任原则下，如果同时满足以下四个要件，行为人就应当承担侵权责任。第一，行为人实施了某一行为；第二，行为人在实施行为时主观上存在故意或者过失，也就是存在过错；第三，受害人的民事权益受到损害；第四，受害人的民事权益受到损害与行为人的行为之间存在因果关系，也就是受害人的损害是因行为人的行为所致。

本案中，彭某向法院起诉时，提出乐某、张某、何某、文某在席间存在劝酒行为，宴席结束后，乐某等人也没有阻止彭某离开，乐某作为宴席的组织者，没有尽到合理的安全保障义务，张某、何某、文某作为同桌饮酒者，没有尽到合理的提醒和劝阻义务，导致了本案交通事故和损害后果的发生。但是从查明的事实来看，乐某等人并没有劝酒、逼酒行为。在宴席结束时，乐某等人还劝阻彭某离开。因此，乐某作为宴席组织者，张某、何某、文某作为同桌饮酒者，都已经尽到了与其行为相对应的一般社会公众所应尽的义务，对于彭某交通事故的发生，主观上不存在过错。彭某发生交通事故的损害后果与乐某、张某、何某、文某的行为之间不存在法律上的因果关系。彭某要求乐某、张某、何某、文某承担赔偿责任，缺乏法律依据。彭某发生单方交通事故，主要是因为其没有充分认识到酒后驾驶机动车的危险性，以致驾驶过程中操作失误，应自行承担因自身过失导致的损害后果。

近年来，因同桌饮酒后发生意外导致纠纷的案例时有发生，如饮酒后回家途中坠入池塘身亡、饮酒后在家门口冻伤冻死、饮酒后诱发疾病身亡等，有不少案例最终判决同桌饮酒者对受害人的损失承担一定的赔偿责任。判决同桌饮酒者承担责任的理由主要是以下几点：同桌饮酒者强迫性劝酒、明知受害人不能喝酒仍劝其喝酒、没有对醉酒的受害人尽到相应的安全照顾义务等。结合《民法典》关于过错责任原则的规定，只有在同桌饮酒过程中存在过错，才应承担民事责任。本案与其他案例的不同之处在于，同桌饮酒者是因为参加宴席偶然相聚一桌，关系相对较为松散，有的甚至互不相识，所负的相互安全注意义务应当相对较轻。宴席组织者虽然邀请宾客，提供酒水，但是不能苛责其对每一位客人是否饮酒、饮酒后是否开车等进行细致的管理，同桌饮酒者相互之间只需要尽到一般的提示义务即可。彭某的遭遇固然令人同情，但法院审理应遵循法定的归责原则，作出符合社会主义核心价值观的公正判决。

法律小贴士

（一）什么情况下适用过错责任原则？

《民法典》侵权责任编确定了过错责任原则、无过错责任原则、公平责任原则三种归责原则。过错责任原则是一般的归责原则，也就是如果法律没有特别规定，一般的民事责任认定都应遵循过错责任原则。无过错责任原则和公平责任原则是特殊的归责原则，只有在法律有明确规定的情况下才能适用。比如，《民法典》第1202条对无过错责任原则的规定："因产品存在缺陷造成他人损害的，生产者应当承担侵权责任。"即只要因为产品质量存在缺陷造成他人损害，不论产品的生产者主观上是否存在过错，都应当承担赔偿责任。当然，他人对损害发生存在重大过错或者故意造成损害等情形除外。还有《民法典》第1186条规定："受害人和行为人对损害的发生都没有过错的，依照法律的规定由双方分担损失。"

此即对公平责任原则的规定。

（二）同桌饮酒时应当注意什么？

亲朋相聚，喝酒助兴，是常有之事。但作为成年人，应当对可能发生的危险有所预见，并尽量避免意外发生。首先，在同桌人不愿意喝酒时，不应强行劝酒，应当摒弃赌酒、逼酒等陋习。特别是当同桌人表示自己的身体状况不适合饮酒时，切莫强求。其次，当发现亲朋开车赴约时，最好询问饭后是否准备驾车离开，如果得到肯定答复，就应当劝阻亲朋喝酒，或者提醒亲朋酒后不要开车。最后，当同桌饮酒人醉酒时，应当谨慎注意其身体状况，如有明显不适，应及时送医，如没有明显不适，也应当将其安全护送至休息处妥善安置。

（三）如果在同桌饮酒过程中未尽到安全注意义务，会承担什么法律责任？

如前所述，依照过错责任原则，如果在同桌饮酒过程中没有尽到合理的安全注意义务，对受害人饮酒后发生的损害存在过错，就应当承担相应的赔偿责任。但是这并不意味着受害人的全部损失都由同桌饮酒人承担。《民法典》第1173条规定："被侵权人对同一损害的发生或者扩大有过错的，可以减轻侵权人的责任。"通常情况下，受害人饮酒后发生损害是多种原因造成的，受害人忽视自身安全或者自行大量饮酒等往往也是损害发生的原因之一。在受害人自身也存在过错的情况下，应当结合案件事实和各方过错大小，在受害人与同桌饮酒人之间划分责任。

法条链接

《民法典》第1165条：行为人因过错侵害他人民事权益造成损害的，应当承担侵权责任。

依照法律规定推定行为人有过错，其不能证明自己没有过错，应当承担侵权责任。

（本篇撰写人：杨艳荣，湖北省汉江中级人民法院）

5 下水管道堵塞导致房屋被水浸泡，谁担责？

高层住宅因共用排水管，发生堵塞造成财产损失的事件时有发生，被侵权业主主张权利时有时会吃闭门羹，导致矛盾难以化解。《民法典》对此类问题明确适用过错推定原则，即业主不能证明公用排水管道的堵塞非系其排水行为造成的，均应对其产生的财产损失承担赔偿责任。

案例

魏某某的房屋位于C市一小区某单元203号，该栋一共27层，每层2个单元，1个单元是两梯三户。魏某某家下面没有住户，是架空层，某物业公司系该小区的物业服务公司。魏某某于2020年3月开始对其上述房屋进行装修，房屋尚未装修完工，其本人未入住。2021年1月，魏某某在验收房屋的美缝时，发现屋内进水，屋内物品被水浸泡，便立刻通知物业公司。物业公司在收到通知后，立即派人前往房屋进行初步清扫，对下水管道进行疏通。经检查发现，在该单元一层架空层处的下水管道内堵塞了饭渣和油污，导致下水管道的污水倒灌进入魏某某的房屋内。之后，魏某某起诉了其对应的正上方楼层一共22户已经装修入住的住户，以及某物业公司，要求赔偿其损失20000元。

裁判结果

法院认为，公民的合法财产受法律保护。魏某某的房屋被浸泡造成损失，其有权提起诉讼,要求赔偿。公用下水管道属于公共设施,由物业公司进行日常维护保养,其有保证楼栋管道正常使用的责任。某物业公司未提交证据证明其日常对案涉下水管道进行了清理维护,以及未在堵塞时及时发现,造成魏某某的损失,其存在一定过错,故酌定其对魏某某的损失承担60%的赔偿责任。同时,本案系下水道堵塞导致的财产损害,案涉下水管道是该楼公共下水管道,魏某某起诉的22户均系已经入住的住户,平日均有使用下水管道的事实,虽然辩称无不当使用的行为,但对堵塞的原因均无确凿证据排除使用不当。因此,鉴于下水管道堵塞的原因力大小不能确定,在无法确定造成堵塞后果的具体侵权人的情况下,楼上的22户住户均有可能因使用不当造成堵塞,应当平均分担余下40%的赔偿责任。判决某物业公司赔偿12000元,楼上22户共同赔偿8000元。

评析

本案涉及《民法典》侵权责任编"过错责任和推定过错责任"条款。《民法典》第1165条规定:"行为人因过错侵害他人民事权益造成损害的,应当承担侵权责任。依照法律规定推定行为人有过错,其不能证明自己没有过错的,应当承担侵权责任。"

过错责任,是指行为人实施了某一行为(包括作为和不作为),有过错并且其行为造成了受害人的民事权益受到了损害,该行为人就应承担过错责任。过错推定责任,是指法律规定推定行为人有过错,行为人不能证明自己没有过错的,应当承担侵权责任。二者在构成要件上相同,都包含损害行为、损害后果、因果关系和过错,但是将过错责任中需要由原告举证证明加害人有过错的证明责任,以法律规定的形式转嫁给了加害人自己证明,也就是所谓的举证责任倒置。

过错推定原则从本质上说也是过错责任原则的一种,其价值判断标准和责任构成要件都与一般过错责任原则的要求是一致的,但是作为一项独立的归责原则,二者也存在很大区别。本案如果适用过错责任原则,在魏某某不能举证证明楼上住户存在主观上的故意或过失的情况下,很可能要承担败诉的法律后果。立法者考虑当前受害人遭受侵害的事件频繁发生,维权后证明行为人主观过错难度很大,受害人往往无法得到救济的现实，在程序上规定了一项补救措施，即在法律有特别规定的场合，从损害事实的结果推定行为人有过错，行为人要对自身没有过错承担举证责任，如不能完成举证责任，则要承担侵权责任。举证责任倒置就是过错推定的重要特征。而在实体法上，《民法典》亦用具体的条款予以了明确，除本案适用的第1165条第2款外，第1199条、第1222条、第1242条、第1248条、第1253条、第1255条、第1256条、第1257条、第1258条等都是过错推定的关联条款。所以，在适用过错推定责任原则的侵权责任纠纷中，受害人在诉讼中能够举证证明损害事实、违法行为和因果关系三个要件的情况下，如果行为人不能证明对于损害的发生自己没有过错，就从损害事实的本身推定其在致人损害的行为中有过错，并就此承担侵权责任。

同时，本案也涉及《民法典》侵权责任编“无意思联络的分别侵权的按份责任”的有关内容。《民法典》第1172条规定：“二人以上分别实施侵权行为造成同一损害，能够确定责任大小的，各自承担相应的责任；难以确定责任大小的，平均承担责任。”即数个行为人事先没有共同故意、共同过失，只是由于各自行为与损害后果之间有客观上的联系，造成了同一损害结果的侵权行为，因原因力大小不能确定而最终不能确定责任份额的，平均承担责任。该条款的构成要件：一是二人以上分别实施侵权行为；二是造成同一损害后果；三是每个人的侵权行为都足以造成全部损害。同时，明确了无意思联络分别实施侵权行为，承担按份责任。例如，多个医疗机构的诊疗行为造成患者同一损害，一般应以过错为归责原则，在两个以上医疗机构分别实施侵权行为，造成同一损害，且该侵权行为是损害结果发生的共同原因或者竞合原因的情况下，亦可以适用该条款确定平均分担责任的大小。

本案中，魏某某刚装修尚未入住的房屋发生下水道污水倒灌，其财产权受到侵害。其向某物业公司、楼上住户要求对其损失进行赔偿，被推脱尽到了管理责任以及均系合理使用下水道，没有任何责任，不应予以赔偿。其认为未对损害后果存在故意、主动的侵权行为，就不应承担任何民事责任。这还是一种惯用思维模式，事不关己，高高挂起的态度，使类似维权容易陷入困境。为此，魏某某依据《民法典》的相关规定主张权利。本案亦适用《民法典》，严格区分了某物业公司与楼上住户之间、楼上住户之间的责任。先根据分别实施的侵权行为按份承担各自的责任，再由难以确定责任大小的楼上住户平均分担责任。此判决对提高物业公司与住户的法律意识起到了一定的警示作用。

法律小贴士

（一）《民法典》出台前后受损住户维权有何区别？

现实生活中，住户回家发现下水管道被堵，污水四溅，第一反应是这是谁堵了我家的下水管道，要找谁赔偿损失。找楼上住户，楼上住户的第一反应是啥都没干凭什么赔钱。此前，在法律没有例外规定的情况下，一般由受损住户对其他业主的侵权行为承担举证责任，无充分证据证明楼上业主等实施了侵权行为、主观具有过错且行为与损害后果之间有因果关系，则应承担举证不能的不利后果。所以，导致受损住户维权屡屡受挫，楼上业主仍然我行我素。但是，《民法典》对此类问题作出了规定，最大限度地保证了老百姓的切身利益，适时填补了对此类行为约束的空白。让相邻的业主亦知晓，房屋下水管道属于相邻业主共同使用、共同管理、共同维护，在使用过程中出现问题而无法查明造成问题的具体责任人时，在无免责事由的情况下，需要各业主共担赔偿责任。

（二）受损住户维权时应注意哪些问题？

首先，受损住户应第一时间查找受损的原因，让物业、业主代表见证，查勘现场，打开下水管道，拍摄视频或拍照留存，对证据进行固定，以便查找下水管道堵塞的原因，为日后确定责任分担打下基础。其次，此类事件的损失金额往往难以确定，通常需要通过鉴定机构评估损失，受损住户对泡水后的证据应进行固定，涉及家具、物品的损坏，最好能提供购买发票等，已经支付的维修费用，举出付款凭证等，为鉴定机构的鉴定提供依据。最后，受损住户还要提供自己尚未入住或非自身原因造成堵塞的证据，否则亦应与楼上住户共同分摊责任。

（三）造成侵权的楼上住户该如何应对？

如果做了被告，首先要做的是收集证据，例如自己长期不在家居住、自己房屋的下水管道进行了改造，单独走水，或者对应的下水管道的房间进行了重新装修，改成衣帽间等，用于排除自己存在侵权行为。避免此类纠纷，重在每个人都要有公德心，特别是城市的高层建筑，每个住户都不要认为下水管道堵塞与自己无关，如果每个人在使用排水时，都随意将如清洁球、抹布之类的垃圾丢弃至下水管道，损害的虽是底层住户的利益，但责任是全体住户共担。人人都树立这个意识，既是遵纪守法的表现，也体现了邻里友善、互助、和睦的传统美德。

法条链接

1.《民法典》第296条：不动产权利人因用水、排水、通行、铺设管线等利用相邻不动产的，应当尽量避免对相邻的不动产权利人造成损害。

2.《民法典》第942条：物业服务人员应当按照约定和物业的使用性质，妥善维修、养护、清洁、绿化和经营管理物业服务区域内的业主共有部分，维护物业服务区域内的基本秩序，采取合理措施保护业主的人身、财产安全。

对物业服务区域内违反有关治安、环保、消防等法律法规的行为，物业服务人应当及时采取合理措施制止、向有关行政主管部门报告并协助处理。

3.《民法典》第1165条：行为人因过错侵害他人民事权益造成损害的，应当承担侵权责任。

依照法律规定推定行为人有过错，其不能证明自己没有过错的，应当承担侵权责任。

4.《民法典》第1172条：二人以上分别实施侵权行为造成同一损害，能够确定责任大小的，各自承担相应的责任；难以确定责任大小的，平均承担责任。

（本篇撰写人：孙兰，湖北省咸宁市中级人民法院）

6 交通事故受害方身患疾病，能否少赔？

在交通事故案件中，受害方的身体健康情况常常成为双方责任划分的争议焦点。加害方常以受害方有自身疾病，应适用《民法典》"与有过错"条款为由主张减轻其赔偿责任，受害方则主张自身疾病不是法律规定的过错为由进行反驳。那么受害方自身疾病能否成为减轻侵权方责任的理由呢？以上问题还要在《民法典》侵权责任编中寻找答案。

案例

某日下午，黄某某驾驶小型客车（在某保险公司投保了交强险）沿某路段行驶至某学校公交站时，将横穿马路的行人倪某某撞倒致伤。经交警部门认定，黄某某负主要责任，伤者倪某某负次要责任。事故发生后，伤者倪某某被送至医院进行住院治疗。经鉴定，伤者倪某某因此次交通事故被评定为一处八级伤残、一处十级伤残，伤残赔偿指数为32%。在协商赔偿事宜的过程中，双方对倪某某的伤情和医疗费用再次进行鉴定，确定倪某某患有高血压，但与交通事故无关，治疗期间发生的费用与交通事故之间存在关联性，未见明显不合理费用。后倪某某在治疗过程中发生呼吸衰竭死亡。倪某某死亡后，其近亲属项某某、余某某诉至法院，要求黄某某和某保险公司赔偿倪某某死亡赔偿金、丧葬费、医疗费等损失共计70余万元。

裁判结果

法院认为，侵害他人造成人身损害的，应当赔偿医疗费、护理费、交通费、营养费、住院伙食补助费等为治疗和康复支出的合理费用，以及因误工减少的收入。原告项某某、余某某要求赔偿经济损失的请求符合法律规定。伤者倪某某虽自身有高血压疾病的高危因素，但其高血压与交通事故的发生不具有法律上的因果关系，自身疾病亦不属于过错，不适用《民法典》"与有过错"条款的规定，我国立法也并未规定在确定交通事故责任时依据受害人体质状况对损害结果的影响做相应扣减，且经鉴定，其治疗期间的住院费用与交通事故之间存在关联性，未见明显不合理费用，因此对于黄某某提出的因倪某某自身疾病，应当减轻侵权人承担的责任的抗辩理由，法院不予支持。对于原告项某某、余某某的其他诉讼请求，法院参照相关法律规定及标准酌情予以处理。判决某保险公司在交强险范围内承担责任，黄某某赔偿项某某、余某某共计20余万元。

评析

本案涉及《民法典》侵权责任编"与有过错"条款，《民法典》第1173条规定："被侵权人对同一损害的发生或者扩大有过错的，可以减轻侵权人的责任。"该条规定即过失相抵规则，是指在侵权人依法应承担损害赔偿责任的前提下，如果被侵权人对损害事实的发生或者扩大也有过错，则可以减轻侵权人的赔偿责任。

该规则始见于原《民法通则》之规定，后被《侵权责任法》吸收，旨在规定由于被侵权人的过错，而减轻侵权人的责任，但被侵权人的过错仅限于对损害发生的过错。《民法典》第1173条将《侵权责任法》第26条的规定增补修改为"发生或者扩大"，体现了责任承担上的利益平衡。根据《民法典》第1173条的规定，一方面，明确被侵权人对同一损害发生或者扩大有过错的，可以减轻侵权人的责任；另一方面，明确减轻侵权人的责任前提是被侵权人对同一损害的发生或者扩大有过错，该过错可以是故意也可以是过失。同时，需注意减轻侵权人的责任，是"可以"而不是"应当"。

本案中，关于被侵权人自身患有疾病能否减轻侵权者的赔偿责任，存在两种意见:第一种意见认为,对于倪某某的损害结果,交通事故只是原因之一,死亡的损害结果是交通事故和倪某某患有高血压等疾病共同造成的,不能将损害结果全部归因于交通事故,侵权人的赔偿责任应当扣减受害方自身疾病的因素。第二种意见认为,倪某某死亡的结果是交通事故造成的,倪某某自身患有高血压等疾病虽然可能加大损害结果,但与交通事故的发生不存在法律上的因果关系,且我国立法也未规定在确定交通事故责任时依据受害人的体质状况对损害结果的影响做相应扣减,不能减轻侵权人的死亡赔偿责任。

法院最终采纳了第二种意见,理由如下:第一,从法律规定来看,《民法典》第1173条规定,被侵权人对同一损害的发生或者扩大有过错的,可以减轻侵权人的责任。《道路交通安全法》第76条第1款第2项规定,机动车与行人之间发生交通事故,行人有过错的,根据过错程度适当减轻机动车一方的赔偿责任。本案中,倪某某虽然承担次要责任,但是其对自身疾病的发生不存在过错,对损害结果的加重亦不存在过错。第二,从因果关系来看,对于倪某某的损害结果,在事实上有自身疾病的因素,但该自身疾病没有达到中断交通事故与损害结果之间的因果关系的程度。损害结果存在事实上的因果关系,并不能等同于疾病与损害结果发生之间存在法律上的因果关系。第三,从生活经验来看,倪某某自身疾病是造成损害结果的事实原因之一,但若不是因为交通事故就不会造成其受伤,若根据倪某某自身的疾病情况,让肇事者减轻责任,那么只要撞倒自身有疾病的人就可以扣减责任,不同的病扣减不同的责任,这对被侵权人来说不公平。综上,法院认为在交通事故责任侵权案件中,不能因为伤者自身存在疾病,就扣减侵权人相应的赔偿责任。这既保护了被侵权人的合法权益,又彰显了公平正义。

法律小贴士

(一)如何正确理解与适用“与有过错”条款?

虽然自身疾病因不属于受害方的自身过错,而不适用“与有过错”条款,但在受害方对同一损害发生或扩大有过错的情况下,仍可以减轻加害方的赔偿责任。例如,在上述案例中,若倪某某受伤后无正当理由拒不配合就医治疗,侵权人就该损害的扩大,可以减轻其赔偿责任。

为了方便更好地理解和适用，笔者总结了适用该条款的三个要点：第一，加害人依法应承担损害赔偿责任，没有责任就无须相抵；第二，受害人对损害事实的发生或扩大有过错，这里的过错包括故意和过失；第三，适用该条款的结果是“可以”减轻侵权人的责任，而不是“应当”减轻。

（二）因交通事故受伤后，可以获得哪些民事赔偿？

《民法典》第1179条规定：“侵害他人造成人身损害的，应当赔偿医疗费、护理费、交通费、营养费、住院伙食补助费等为治疗和康复支出的合理费用，以及因误工减少的收入。造成残疾的，还应当赔偿辅助器具费和残疾赔偿金；造成死亡的，还应当赔偿丧葬费和死亡赔偿金。”《民法典》第1183条规定：“侵害自然人人身权益造成严重精神损害的，被侵权人有权请求精神损害赔偿。因故意或者重大过失侵害自然人具有人身意义的特定物造成严重精神损害的，被侵权人有权请求精神损害赔偿。”交通事故的被侵权人可以根据上述条款主张民事赔偿。

（三）交通事故赔付中交强险、商业险、加害人的赔偿，有无先后顺序？

为了使交通事故的受害人能够获得及时有效的经济保障和医疗救治，减轻交通事故肇事方的经济负担，充分发挥保险的社会保障功能，《民法典》第1213条对赔偿顺序作出了规定：“机动车发生交通事故造成损害，属于该机动车一方责任的，先由承保机动车强制保险的保险人在强制保险责任限额范围内予以赔偿；不足部分，由承保机动车商业保险的保险人按照保险合同的约定予以赔偿；仍然不足或者没有投保机动车商业保险的，由侵权人赔偿。”

法条链接

1.《民法典》第1173条：被侵权人对同一损害的发生或者扩大有过错的，可以减轻侵权人的责任。

2.《民法典》第1179条：侵害他人造成人身损害的，应当赔偿医疗费、护理费、交通费、营养费、住院伙食补助费等为治疗和康复支出的合理费用，以及因误工减少的收入。造成残疾的,还应当赔偿辅助器具费和残疾赔偿金;造成死亡的,还应当赔偿丧葬费和死亡赔偿金。

3.《民法典》第1213条:机动车发生交通事故造成损害,属于该机动车一方责任的,先由承保机动车强制保险的保险人在强制保险责任限额范围内予以赔偿;不足部分,由承保机动车商业保险的保险人按照保险合同的约定予以赔偿;仍然不足或者没有投保机动车商业保险的,由侵权人赔偿。

（本篇撰写人:孙鼎豪,湖北省十堰市张湾区人民法院）

7 高中生在校打篮球受伤，为何自担责任？

向某、陈某等8名同学在学校打篮球对抗过程中，向某被陈某撞倒受伤，向某是否有权要求陈某等8名同学或学校赔偿？一起来看看《民法典》规定的“自甘风险”和教育机构责任制度。

案例

某日下午，体育课上，向某、陈某等8名同学相约打篮球。陈某带球突破撞击到了向某的腹部，导致向某倒地并出现腹部疼痛。向某在受伤后自我感觉并无大碍。后班主任在教室发现向某脸色不对，向某称肚子不舒服，班主任便让其休息。至下午6时左右，班主任巡查发现向某的情况没有好转，遂将相关情况报告给年级主任并通知其家长，此时向某才告知下午打篮球时被撞击的事情。向某亲属来校后，与其班主任、年级主任一同将向某送往医院救治，后因病情复杂，医院建议将向某转往上级医院治疗。次日零点左右，向某转往某大学医学院附属某医院，经住院治疗29天后出院。后因向某父母与陈某及学校协商赔偿事宜未果，向某遂向法院起诉，要求判决陈某及学校共同赔偿其各项损失5万元。

裁判结果

法院认为，篮球运动属于具有群体对抗性及一定风险的文体活动，参与者无一例外地处于潜在的危险中，既是危险的潜在制造者，又是危险的潜在承担者。向某、陈某等8名同学在学校进行篮球对抗赛运动，虽然为未成年人，但均为高三学生，对篮球运动的风险性应有正常的认知。陈某在运动中与向某发生冲撞，这种冲撞在篮球对抗赛中随时存在，在无证据证明陈某有故意或者重大过失的情况下，应认定属正常冲撞，陈某不应承担侵权责任。同时，学校履行了教育、管理职责，不存在过错行为，故判决驳回向某的全部诉讼请求。

评析

本案涉及《民法典》“自甘风险”条款和教育机构过错责任条款。具体规定详见《民法典》第1176条第1款：“自愿参加具有一定风险的文体活动，因其他参加者的行为受到损害的，受害人不得请求其他参加者承担侵权责任；但是，其他参加者对损害的发生有故意或者重大过失的除外。”第1200条：“限制民事行为能力人在学校或者其他教育机构学习、生活期间受到人身损害，学校或者其他教育机构未尽到教育、管理职责的，应当承担侵权责任。”第1201条：“无民事行为能力人或者限制民事行为能力人在幼儿园、学校或者其他教育机构学习、生活期间，受到幼儿园、学校或者其他教育机构以外的第三人人身损害的，由第三人承担侵权责任；幼儿园、学校或者其他教育机构未尽到管理职责的，承担相应的补充责任。幼儿园、学校或者其他教育机构承担补充责任后，可以向第三人追偿。”

所谓“自甘风险”，是指受害人应当预见参与某项文体活动可能受到损害的风险或损失，仍自愿参与此行为，并同意自行承担可能的后果。其主要表现方式是用其行为表明自愿接受损害的发生并自行承担后果，该行为不要求受害人的同意或承诺。活动的其他参加者只有在故意或重大过失的情形下，才对损害的结果承担赔偿责任。“自甘风险”作为减轻或免除加害人赔偿责任的一项抗辩事由，属《民法典》一项新的规定。从文义解释的角度分析，该制度的适用范围是“自愿参加具有一定风险的文体活动”，而非全部的社会活动，目前较多体现在体育活动中。该制度设立的重要意义在于：(1)对促进文体活动，特别是具有一定风险性的体育活动具有一定的推广作用，激发社会大众积极参与，对增强人民体质具有积极意义。(2)体现了法律对社会道德、公序良俗的维护，弘扬了社会主义核心价值观。(3)有利于保障行为自由，促进文化体育事业有序健康发展。本案对“自甘风险”制度的实践，彰显了司法对社会行为的引领、示范作用，宣示了体育活动的合理边界，也提醒了广大群众在参加文体活动时要提高风险防范意识。

法律小贴士

（一）文体活动的参加者、组织者是否都能依据“自甘风险”规则而免责？

“自甘风险”规则保护的是尊重文体活动规则的参加者。参加者在参加体育活动时一定要充分了解活动的内容和强度，根据自身的身体情况和对活动风险进行合理预估后，再决定是否参加。参加后，要尊重活动规则，做好防护措施，保护好自己和他人。对故意或者重大过失造成他人损害的，仍应承担侵权责任。而对于活动的组织者，不能适用“自甘风险”原则，如果活动的组织者未履行安全保障义务的，应承担侵权责任。

（二）学校能否依据“自甘风险”规则，免除学生在校受损害的责任？

学生在校期间，学校应该履行好教育、管理职责，要充分做好安全保障工作，尽可能地避免发生学生受损害的事故。“自甘风险”规则并没有改变学校作为教育管理机构在发生学生受损害时的归责标准，也没有免除学校的安全保障义务。如果学校未履行教育、管理职责，对学生在校期间受损害仍应承担侵权责任。

（三）除文体活动外，“自甘风险”规则还能适用哪些情形？

根据法律规定，“自甘风险”规则仅限适用在参加具有一定危险的文体活动中。文体活动是指与文化、体育相关的活动，如参加文化娱乐活动、参加对抗性竞赛活动和参加冒险活动。除此之外，工伤事故、交通事故、经济性行为等情形，均不能适用“自甘风险”规则。

法条链接

1.《民法典》第1176条第1款：自愿参加具有一定风险的文体活动，因其他参加者的行为受到损害的，受害人不得请求其他参加者承担侵权责任;但是,其他参加者对损害的发生有故意或者重大过失的除外。

2.《民法典》第1200条:限制民事行为能力人在学校或者其他教育机构学习、生活期间受到人身损害,学校或者其他教育机构未尽到教育、管理职责的,应当承担侵权责任。

3.《民法典》第1201条:无民事行为能力人或者限制民事行为能力人在幼儿园、学校或者其他教育机构学习、生活期间,受到幼儿园、学校或者其他教育机构以外的第三人人身损害的,由第三人承担侵权责任;幼儿园、学校或者其他教育机构未尽到管理职责的,承担相应的补充责任。幼儿园、学校或者其他教育机构承担补充责任后,可以向第三人追偿。

(本篇撰写人:唐学敏,湖北省赤壁市人民法院)

8 吃霸王餐逃跑摔伤，谁担责？

吃霸王餐是不为法律和道德所容忍的恶劣行为，店家可以在保护合法权益的必要范围内采取扣留财物等措施，但为了避免"以恶制恶"，不得超出必要范围造成不当损害。吃霸王餐者被店家追赶，逃跑过程中摔伤，如何认定其中的法律责任？店家的行为是否超过了法律规定的必要范围？当合法权益受到侵害时，可以通过什么途径维权？以上问题的答案可在《民法典》新增制度"自助行为"中寻找。

案例

佘某某、李某系夫妻关系，二人经营餐馆。马某等人在佘某某、李某经营的餐馆就餐，餐费260元左右。李某因发现马某等人未结账即离开，于是沿路追赶。李某看到马某等人后，呼喊买单再走，马某等人遂分散走开，其中马某距离李某最近，李某便紧跟着马某，并拨打"110"报警。随后，佘某某赶到，与李某一起追赶马某，马某在逃跑过程中摔伤。经鉴定，马某损伤程度属轻伤二级，住院治疗产生医疗费等支出。马某提起诉讼，请求判令佘某某、李某赔偿其因被追摔伤所造成的各项经济损失4万余元。

裁判结果

法院认为，就餐后付款结账是完全民事行为能力人均应知晓的社会常理。马某等人就餐后未买单，也未告知餐馆经营人用餐费用怎么处理，即离开饭店，属于吃霸王餐的不诚信行为，经营者李某要求马某等人付款的行为并无不当。佘某某、李某在发现马某等人逃跑后阻拦其离开，并让马某买单或者告知请客付款人的联系方式，属于正当的自助行为，不存在过错。马某在逃跑过程中因自身原因摔伤，与李某、佘某某恰当合理的自助行为之间并无直接因果关系，李某、佘某某不应对马某摔伤造成的损失承担赔偿责任，故判决驳回马某的诉讼请求。

评析

本案涉及《民法典》新增的"自助行为"规定。自助行为首次出现在《民法典》侵权责任编中，属于民事责任的免责事由之一。《民法典》第1177条规定："合法权益受到侵害，情况紧迫且不能及时获得国家机关保护，不立即采取措施将使其合法权益受到难以弥补的损害的，受害人可以在保护自己合法权益的必要范围内采取扣留侵权人的财物等合理措施；但是，应当立即请求有关国家机关处理。受害人采取的措施不当造成他人损害的，应当承担侵权责任。"

自助行为的构成要件有如下四个：第一，民事主体的合法权益受到侵害；第二，情况紧迫且不能及时获得国家机关保护，不立即采取措施将难以弥补损害；第三，受害人可以在保护自己合法权益的必要范围内采取扣留财物等措施，但不得超出必要范围，造成不当损害；第四，在条件适宜的情况下，应当立即请求国家机关处理。

立法机关为了谨慎起见，在条文中对可以采取的措施只列举了扣留财物，但实际生活中拘束侵权人人身自由的措施也较常见，并为司法实践所容许。但不能随意进行扩张解释，例如泼洒脏物、人格侮辱等形式显然超出了必要范围，属于自助行为的滥用。另外，对于上述第四点，若被侵权人通过自助行为已经恢复其合法权益，也没有造成其他损害，则没有必要再请求国家机关处理。

自助行为属于民事责任的免责事由，在完全符合自助行为要件的情况下，被侵权人实施的行为被阻却了违法性，故行为人不承担侵权责任。但如果自助过当或未按规定及时请求国家机关处理，则行为人应当承担相应的侵权责任；情节严重，构成犯罪的，依法追究刑事责任。

本案中，马某在餐馆吃饭逃避买单，侵犯了餐馆经营者佘某某、李某的财产权，后者有权依据《民法典》规定的自助行为制度在必要限度内对马某采取适当措施以挽回损失。佘某某、李某为索要餐款仅对马某进行追赶,并及时报警,属于为寻求救济而采取的必要合理行为,完全符合自助行为的适用条件。并且,本案亦无证据证明马某摔伤与佘某某、李某的追赶行为有法律上的因果关系,因此本案马某要求佘某某、李某承担赔偿责任的诉请于法、于理无据。

本案中,吃霸王餐逃跑致伤者反向餐馆索赔,不仅于法无据,更颠覆了社会公众的是非观。本案不支持“我伤我有理”“我闹我有理”,法院对吃霸王餐者无理的索赔请求不予支持,发挥了司法裁判匡扶正义,引领诚信、友善、文明的社会新风尚的积极作用。

近年来,吃霸王餐暴力催收等现象频发,使得从立法层面确立自助行为制度日益重要。与保障被侵权人积极作为维护自身权益同等重要的是,应当明确自助行为的边界。S市J区人民法院于2022年1月发布如下案例:原告张某与被告朱某因故相识,而后被告朱某以资金周转为由向原告借款25000元。原告张某通过支付宝和微信转账方式出借上述借款。双方没有明确约定还款期限。后原告张某向被告朱某催讨欠款。催讨欠款过程中,原告张某采取了微信语音、网络视频恶意评论、手机电话、尾随跟踪等方式骚扰被告朱某及其家庭。案件诉至法院后,最终以调解方式结案,但法院要求原告张某必须停止骚扰行为。从该案可知,即使公民的合法权益被侵犯,也绝不能在法外寻求救济,以恶制恶不可取。

自助行为是秩序与正义、个人权利与国家权力、权利保障与防止权利滥用的对立统一。该制度的确立,赋予自助人在一定条件下自我保护的权利,使其及时有效地保障自身的合法权益有了法律依据,有助于实现社会对纠纷的自我修复功能。《民法典》首次对自助行为作出明确规定,不仅有利于民事权益受侵害的民事主体及时维护自身权益、弥补损害,还能在一定程度上减少国家机关的执法压力,促进社会发展进步。

法律小贴士

(一)来不及寻求公权力救济,如何维护自身合法权益?

我国法律中规定了正当防卫、紧急避险、自助行为等私力救济方式。正当防卫是指对正在进行不法侵害行为的人采取的制止不法侵害的行为。正当防卫是为了抵抗或阻止正在发生的不法侵害，较自助行为具有更大的紧迫性。例如，某人在遭到歹徒抢劫的时候，奋起反抗，将歹徒打伤或者失手将歹徒打死，其可能因正当防卫而免除刑事责任。紧急避险是在不得已的情况下，用小损失去避免大损失，强调一种利益的比较。自助行为是受害人在合法权益受到侵害且来不及请求公权力保护时实施的必要合理的措施。自助行为是为了保护自己的合法权益免受损害而采取的措施，而正当防卫和紧急避险不局限于此。正当防卫和紧急避险可以是为了自己的权益，也可以是为了保护他人人身财产利益或国家公共利益免受侵害而采取的措施。

（二）用自助行为制度保障合法权益时应注意什么？

为了避免自助行为条款被恶意利用而侵犯他人权益，自助行为有6个限制性条件：(1)情况紧迫；(2)不能及时获得国家机关保护；(3)不立即采取措施将使其合法权益受到难以弥补的损害；(4)在保护自己合法权益的必要范围内采取措施；(5)采取的措施只限于扣留侵权人的财物等合理措施；(6)事后应当立即请求有关国家机关处理。

尤其应当注意行为人采取措施的合理性，“采取扣留侵权人的财物等合理措施”中，“其他合理措施”的强度应当与“扣留侵权人的财物”相近，也就是说原则上是不允许对侵权人人身权利进行限制的。“不立即采取措施将使其合法权益受到难以弥补的损害的”，意味着如果通过行政或诉讼等手段可以基本维护合法权益，损害没有明显扩大的，那么就不能采取措施。

（三）吃霸王餐可能受到哪些法律处罚？

首先，吃霸王餐是一种行政违法行为。根据《治安管理处罚法》第26条，吃霸王餐属于处罚行为第3项中的强拿硬要公私财物行为，处5日以上10日以下的拘留，可以并处500元以下罚款；情节较重的，处10日以上15日以下拘留，可以并处1000元以下罚款。其次，根据《刑法》第293条规定，长期吃霸王餐，情节严重的，还可能构成寻衅滋事罪，处5年以下有期徒刑、拘役或者管制。另外，以欺诈方式逃单的，还可能涉及诈骗罪或合同诈骗罪。因此，吃霸王餐不仅仅是占小便宜，更可能因此构成民事侵权、行政违法甚至是刑事犯罪。

法条链接

《民法典》第 1177 条:合法权益受到侵害,情况紧迫且不能及时获得国家机关保护,不立即采取措施将使其合法权益受到难以弥补的损害的,受害人可以在保护自己合法权益的必要范围内采取扣留侵权人的财物等合理措施;但是,应当立即请求有关国家机关处理。

受害人采取的措施不当造成他人损害的,应当承担侵权责任。

（本篇撰写人:蔡忻言,武汉大学法学院）

9 雇员因第三人原因受伤害，雇主能否追偿？

在日常工作和生活中，个人之间因雇佣与被雇佣而形成劳务关系的情况普遍存在，如农村劳作中雇请搬运工、家庭雇佣保姆或小时工等。雇员作为提供劳务的一方，如果在为雇主提供劳务的过程中因第三人的行为遭受人身损害，雇主应否赔偿？雇主赔偿后，是否可以向造成损害的第三人追偿？雇主行使追偿权的对象第三人包括哪些人？雇主向第三人追偿的责任范围是什么？这些问题需要结合《民法典》侵权责任编“个人劳务关系中的侵权责任”条款来回答。

案例

杨某某因需要砍树出售，分别找到陈某甲与陈某乙，由陈某甲雇请何某某等人共同到指定地点进行挖树、搬运。陈某甲负责与杨某某进行结算和安排工人的交通、生活，并在现场参与指挥。陈某乙负责驾驶吊车、携带工具在现场操作吊树，约定陈某乙将树全部吊装完毕后与杨某某结算。在陈某乙操作吊车将第二棵树吊运装车的过程中，该树发生摆动，树根部的土球挤压位于车厢内负责将树装车的何某某，造成何某某腹部受伤。何某某被立即送往医院抢救、治疗，发生医疗费等经济损失共计10万余元。后何某某起诉陈某甲及杨某某，要求赔偿其经济损失，陈某甲依据法院生效判决赔偿了何某某经济损失8万余元。现陈某甲以其作为雇主支付雇员受伤害的损失后有权向第三人追偿为由，向法院提起对陈某乙及杨某某的诉讼，要求二人赔偿其损失8万余元。

裁判结果

法院认为，何某某与陈某甲系劳务关系，何某某因第三人的行为受伤，陈某甲作为雇主赔偿何某某8万余元后，有权向第三人追偿。本案中，陈某乙作为吊车的操作者及吊车相关设备的提供者，对吊车作业负有管理和安全保障义务，其在起重机械作业资格有效期已届满的情况下，操作吊车卸货，致树木发生摆动，将何某某挤伤，应承担主要赔偿责任。杨某某将树木的吊装工作交付给陈某乙，由陈某乙携带吊车及工具按照杨某某的要求完成工作，杨某某向陈某乙支付报酬，双方之间形成了承揽合同关系。杨某某作为定作人未过问或核查承揽人陈某乙的吊车资质情况，对何某某的受伤负有相应的赔偿责任。陈某甲作为劳务活动的组织、指示和风险防范者，对何某某负有管理和安全保障义务，其在现场未尽到管理职责和安全保障义务，对何某某在提供劳务过程中遭受的人身损害负有相应的赔偿责任。综上，法院综合评定由陈某乙、陈某甲及杨某某分别承担70%、20%及10%的赔偿责任。陈某乙及杨某某就何某某受损害所应承担的赔偿责任，陈某甲作为雇主代二人支付后，有权向陈某乙及杨某某追偿，但其自身应承担的部分不在追偿范围内。最终，法院判决陈某乙、杨某某分别支付陈某甲5万余元、8000余元。

评析

本案涉及个人因提供劳务造成第三人遭受损害及侵权行为在劳务关系和承揽关系并存的情况下的责任承担问题。《民法典》第1192条规定："个人之间形成劳务关系，提供劳务一方因劳务造成他人损害的，由接受劳务一方承担侵权责任。接受劳务一方承担侵权责任后，可以向有故意或者重大过失的提供劳务一方追偿。提供劳务一方因劳务受到损害的，根据双方各自的过错承担相应的责任。提供劳务期间，因第三人的行为造成提供劳务一方损害的，提供劳务一方有权请求第三人承担侵权责任，也有权请求接受劳务一方给予补偿。接受劳务一方补偿后，可以向第三人追偿。"

关于雇员因第三人的侵权行为受损害的赔偿问题，在《侵权责任法》中未作规定，《民法典》第1192条增加了提供劳务一方遭受第三人侵权的责任承担条款，承继了2003年《最高人民法院关于审理人身损害赔偿案件适用法律若干问题的解释》第11条的立法精神，赋予遭受第三人侵害的提供劳务一方以选择请求权，其既可以请求实施侵权行为的第三人承担赔偿责任，也可以请求接受劳务一方承担赔偿责任，接受劳务一方承担侵权责任后，可以向第三人追偿。实施侵权行为的第三人与接受劳务一方的关系为不真正连带债务，从终局责任承担的角度考虑，接受劳务一方承担赔偿责任后，可以向第三人追偿，该追偿是代位清偿的追偿权。

由此可见，雇主行使追偿权的对象范围是第三人，指的是造成雇员受损害的终极责任人，即对雇员遭受损害存在过错的侵权人。在本案中，第三人不仅包括直接侵权人，还应包括存在选任过失的定作人。其中，直接侵权人陈某乙，即吊车的实际操作人，其在起重机械作业资格有效期已届满后仍操作吊车，应当预见起吊的树木存在摆动致人受伤的风险，未能有效防范，操作吊车致何某某受伤，负有被追偿的义务。此外，《民法典》第1193条规定："承揽人在完成工作过程中造成第三人损害或者自己损害的，定作人不承担侵权责任。但是，定作人对定作、指示或者选任有过错的，应当承担相应的责任。"定作人杨某某未对承揽人陈某乙的资质进行审查，在选任上存在过错，也应当对何某某的受伤承担相应的责任。

在考虑定作人对承揽人在完成承揽事项时致人侵权的行为承担过错责任时，应注意满足以下构成要件：一是定作人与承揽人之间存在特定的承揽合同关系，承揽人按照合同约定或定作人的指示完成加工承揽事项；二是侵权行为是承揽人在执行承揽合同、完成承揽事项过程中发生的；三是承揽人造成第三人损害的，承揽人的行为成立侵权行为；四是定作人对定作、指示或者选任有过错，且这种过错与损害后果的发生具有因果关系。

关于雇主向第三人追偿的赔偿责任范围，应是第三人因过错承担的赔偿责任由雇主代为赔偿雇员的部分，故应对雇主对损害的发生是否有过错进行审查，雇主存在过错，所应承担的部分应扣除在其向第三人追偿的范围之外。本案中，陈某乙及杨某某就何某某受损害所应承担的赔偿责任，陈某甲作为雇主代二人赔偿后，有权向陈某乙及杨某某追偿，但其雇请何某某来挖树和运树，对何某某负有管理和安全保障义务，作为雇主对损害的发生亦存在一定过错，其自身应承担的部分不在追偿范围内。

法律小贴士

（一）雇员因劳务造成他人损害的，由谁承担责任？

《民法典》第1192条规定了雇员因提供劳务造成他人损害、自己遭受损害和在提供劳务期间遭受第三人侵害三种情形。雇员因劳务造成他人损害的，由雇主承担侵权责任，该责任为无过错责任、替代责任，即只要雇员因劳务造成他人损害的行为构成侵权，则雇主应承担侵权责任，而不论雇主是否存在过错。《民法典》第1192条删去了提供劳务一方与接受劳务一方对外承担连带责任的规定，强调接受劳务一方承担替代责任后，可以向具有故意或者重大过失的提供劳务一方追偿。这一方面保留了《侵权责任法》的立法精神，另一方面扩大了接受劳务一方承担替代责任后享有追偿权的范围。故雇员因劳务造成他人损害的，对外而言，侵权责任由雇主单独承担，对内而言，雇主承担侵权责任后，可以向有故意或重大过失的雇员追偿。

（二）劳动关系和劳务关系有何区别？

劳动关系和劳务关系的区别主要在于：(1)在劳动关系中，当事人是特定的，即劳动者需是达到劳动年龄且具有与履行劳动合同义务相适应的行为能力的自然人，用人单位需是符合法定条件的用人单位，劳动者与用人单位之间是管理与被管理的关系。而劳务关系中的当事人则没有上述限制，可以发生在自然人之间。(2)在劳动关系中，劳动者除享有工资外，还享有社会保险和福利等待遇，用人单位必须按照规定为职工购买社会保险，而劳务关系中的当事人则不享有社会保险和福利待遇。(3)劳动关系受《劳动法》调整，在法律制度的设计上突出对劳动者的保护，而劳务关系受民事法律规范调整，对当事人的权利予以平等保护。(4)劳动关系的双方发生劳动争议时应遵循特定程序，即调解、仲裁和诉讼，而因劳务关系发生纠纷的，当事人可以直接向法院提起民事诉讼。

（三）劳务关系与承揽关系如何区分？

法律关系不同，适用的法律规则不同，责任主体就可能不同。劳务关系与承揽关系主要的区别在于:(1)劳务关系是以提供劳务为目的,而承揽关系是以完成工作成果为目的,提供劳务系完成工作成果的手段,承揽人提供的并非单纯的劳务。(2)承揽人在完成工作中具有独立性,而在劳务关系中,雇员受雇主的安排、指挥并在其监督下为雇主提供劳务。在司法实践中,情况纷繁复杂,可以通过对参考因素进行综合判断加以区分,如报酬的支付是按次按量结算还是定期定量支付、是提供劳务方自备工具设备还是接受劳务方提供工具设备、受雇时间是临时的还是长期的、工作性质是应急的还是日常的,等等。一般来说,前者属于承揽关系的特点,后者为劳务关系。在承揽关系中,履行合同的风险由承揽人承担,承揽人在完成工作过程中造成第三人损害或者自己损害的,定作人不承担侵权责任。但是,定作人对定作、指示或者选任有过错的,应当承担相应的责任。

法条链接

1.《民法典》第1192条:个人之间形成劳务关系,提供劳务一方因劳务造成他人损害的,由接受劳务一方承担侵权责任。接受劳务一方承担侵权责任后,可以向有故意或者重大过失的提供劳务一方追偿。提供劳务一方因劳务受到损害的,根据双方各自的过错承担相应的责任。

提供劳务期间,因第三人的行为造成提供劳务一方损害的,提供劳务一方有权请求第三人承担侵权责任,也有权请求接受劳务一方给予补偿。接受劳务一方补偿后,可以向第三人追偿。

2.《民法典》第1193条:承揽人在完成工作过程中造成第三人损害或者自己损害的,定作人不承担侵权责任。但是,定作人对定作、指示或者选任有过错的,应当承担相应的责任。

(本篇撰写人:彭晓莹,湖北省潜江市人民法院)

10 请人盖房，工人摔伤谁之责？

请人盖房，工人因操作不当摔伤，定作人和承揽人是否都需要承担责任？责任比例如何划分？以上问题可以在《民法典》侵权责任编"承揽关系中的侵权责任"中寻找答案。

案例

李某某口头邀约王某某在其居住的农村宅基地上为其建房，该工程由王某某组织人员承建，李某某自备建筑材料并支付报酬，承建方式为包工不包料。王某某承接该房屋建设作业后，因房屋上的预制板需人调板，王某某即给在另一工地上的江某某打电话，要求安排人员到李某某的房屋工地上调预制板。江某某遂与樊某某前去。二人来到李某某房屋工地上的一楼处(约3.6米高)开展工作。此时，预制板已经吊上了该房屋的一楼。樊某某与江某某二人在一楼用撬钎配合调整预制板。因操作不当和缺少安全保护措施，樊某某摔下受伤，致腰椎压缩性骨折。因赔偿事宜协商未果，樊某某遂诉至法院，请求判令王某某、李某某赔偿其各项经济损失共计人民币21万余元。

裁判结果

法院认为，李某某将农村自建房屋发包给王某某承建，李某某为定作人，王某某为承揽人，王某某以包工不包料的形式按照李某某的要求完成工作，交付工作成果，李某某支付报酬，双方之间形成承揽合同关系。王某某承接本案房屋建设作业也已取得相应资质，故李某某对樊某某的损失并无定作、指示或者选任过失，依法不应承担赔偿责任。王某某个人雇佣樊某某从事劳务，并支付劳动报酬，双方形成劳务关系。樊某某在提供劳务过程中受到损害，双方责任应依据各自的过错予以确认。樊某某在作业过程中未采取必要防护措施，且施工中因疏忽大意未注意观察作业环境安全，其自身对损害的发生具有一定过错。王某某在未提供安全防护措施，未配备现场指挥人员协调作业的情况下，未及时提醒楼上人员注意安全，存有过错。根据双方各自过错程度及原因力大小，法院酌定樊某某、王某某各自承担50%的赔偿责任，扣减已支付款项，王某某于判决生效10日内赔偿樊某某9万余元。李某某不承担民事赔偿责任。

评析

本案涉及《民法典》对劳务关系及承揽关系中侵权责任的认定。《民法典》第1192条第1款规定："个人之间形成劳务关系，提供劳务一方因劳务造成他人损害的，由接受劳务一方承担侵权责任。接受劳务一方承担侵权责任后，可以向有故意或者重大过失的提供劳务一方追偿。提供劳务一方因劳务受到损害的，根据双方各自的过错承担相应的责任。"本条规定的构成要件：(1)要形成劳务关系，劳务关系是指劳动者与用工者根据口头或者书面约定，由劳动者向用工者提供一次性或者特定的劳动服务，用工者依约向劳动者支付劳务报酬的关系；(2)有提供劳务的一方造成他人损害或自身受到损害的结果；(3)造成他人损害的，接受劳务的一方承担侵权责任，并可向有故意或重大过失的提供劳务一方追偿；(4)劳动者因劳务活动受损，其与接受劳务一方按照各自过错承担责任。

《民法典》第1193条规定："承揽人在完成工作过程中造成第三人损害或者自己损害的，定作人不承担侵权责任。但是，定作人对定作、指示或者选任有过错的，应当承担相应的责任。"本条规定的构成要件：(1)构成承揽合同关系，即承揽人按照定作人要求完成工作，交付工作成果，定作人支付报酬。其在实务中的显著特点有：①承揽人以自身的设备、技术及劳动力完成工作，强调工作的独立性；②承揽人与定作人无从属关系，即如何完成工作由承揽人自己决定，本质上是一种劳动+工作成果的模式，且该种关系更加注重工作成果。(2)在完成承揽工作的过程中造成自己或者第三人损害，定作人不承担侵权责任。(3)定作人对定作、指示或者选任有过错的，应当承担相应的责任。

个人雇用劳动者从事劳务活动，该关系存在的方式并无固定的模式，现实常常是以非正式的方式出现，即少以书面形式合同约定双方的权利义务关系，而以口头约定的形式居多。从内容上看，是多种多样的，例如组装、加工等生产经营性活动，保姆、家教、保洁等非生产经营性活动。从时间上看，该种关系持续的时间一般较短，稳定性不高，具有临时性。提供劳务的一方因劳务受损，首先，作为接受劳务一方，承揽人王某某应当承担民事赔偿责任毋庸置疑，关键在于如何进行赔偿，若不分主次责任则于理不合，于法不合。按照《民法典》第1192条之规定，接受劳务一方与提供劳务一方按过错承担相应责任，完全民事行为能力人应对自身的行为负责，不偏不倚，体现的是客观与公正。其次，定作人李某某是否承担责任，判断依据是定作人明晰承揽人王某某取得资质与否，承揽人有资质且定作人也明晰的，证明定作人已尽到审查的义务，定作人在无过错的情况下有理由相信承揽人能力之专业性，故定作人不应承担责任。《民法典》第1193条体现的正是对这种信任的保护。

本案对责任的合理认定与划分，既是对诚实信用这种良好品质的人文关怀，又以案促警，促进当地工地承包方改善施工环境，以及劳动者提高自身的安全意识，契合习近平法治思想，引领和谐、公正的社会新气象。

法律小贴士

（一）在从事高空或者高危工作时如何尽量消除安全隐患？

首先，有资质要求的要审核高空高危作业人资质。其次，在进行劳动作业时，双方应进行必要的检查工序，佩戴好安全设备，确保安全设施正常运行。最后，提供劳务一方尽量避免单独作业，接受劳务的一方亦要保证在作业时起到警示和提醒的义务。

（二）如何避免在出现纠纷时互相间责任不清晰？

提供劳务的一方与接受劳务的一方，双方在事前签订书面合同，明确双方的义务与责任。事中以拍照、录像留证的方式证明尽到各自义务与否。事后保存好材料，在诉讼过程中提交至法院。

（三）定作方应注意哪些问题？

提供劳务一方受伤，除接受劳务方外，可能存在定作方的因素。定作方应注意，当接受劳务方作为承揽人时，要注意审查其是否具有资质证书；对于自身定作的内容要合理；定作人不可随意指挥，避免错误指示。

法条链接

1.《民法典》第1192条第1款：个人之间形成劳务关系，提供劳务一方因劳务造成他人损害的，由接受劳务一方承担侵权责任。接受劳务一方承担侵权责任后，可以向有故意或者重大过失的提供劳务一方追偿。提供劳务一方因劳务受到损害的，根据双方各自的过错承担相应的责任。

2.《民法典》第1193条：承揽人在完成工作过程中造成第三人损害或者自己损害的，定作人不承担侵权责任。但是，定作人对定作、指示或者选任有过错的，应当承担相应的责任。

（本篇撰写人：李兆宇，湖北省京山县人民法院）

11 网络平台要对网络用户侵权承担连带责任吗？

《民法典》在网络服务提供者涉及他人侵权行为时的责任规定中，承继避风港原则的同时，正式引入了红旗原则。依据上述原则，网购平台入驻商家销售侵害专利权的产品时，网络平台应否承担连带责任？

案例

A公司于2020年6月9日获得了甲外观设计专利的公告授权，该专利至今有效。后发现B公司在C电子商务平台上擅自销售、许诺销售与A公司上述专利权所保护的产品完全一致的某产品。被告B公司销售案涉被诉侵权产品中，部分被诉侵权产品系B公司从D公司处采购。对此，A公司向C电子商务平台发送侵权对比分析报告、投诉说明、侵权方与我方详细分析对比图，被投诉方为B公司。C电子商务平台建议A公司补充书面对比说明、相关司法判定或专利管理机关的行政裁定，确认投诉资料审核不通过。A公司诉至法院，请求判令B公司和D公司立即停止侵害外观设计专利权，判令C电子商务平台立即删除B公司在其平台上的侵权链接，判令3个被告向原告赔偿100万元及原告为调查和制止侵权行为的合理开支5万元。

裁判结果

法院认为，网络服务提供者在审查通知和反通知时，应秉承审慎客观的态度，妥善实现各方主体之间的利益平衡。本案中,C电子商务平台在依法履行平台治理的法律责任基础上,对通知和反通知是否具备法定的形式要件进行审查,并排除明显不构成知识产权侵权的通知或明显不能证明被通知人行为合法的反通知,实际上避免了造成利益失衡。根据《民法典》第1195条、第1196条之规定,网络服务提供者承担的侵权责任属于过错责任,且网络服务提供者并非侵权行为的具体实施者,故其系基于过错责任对网络用户的侵权行为承担帮助侵权责任。C电子商务平台系基于网络服务提供者的善良管理义务对案涉投诉事宜进行评价,并依法行使经营自主权,无须因此承担连带责任。

评析

本案涉及《民法典》新增的网络服务提供者承担侵权责任的规定。《民法典》第1194条规定:"网络用户、网络服务提供者利用网络侵害他人民事权益的,应当承担侵权责任。法律另有规定的,依照其规定。"红旗原则由《民法典》第1197条规定:"网络服务提供者知道或者应当知道网络用户利用其网络服务侵害他人民事权益,未采取必要措施的,与该网络用户承担连带责任。"

从条文内容来看,网络服务提供者对可能存在的网络侵权行为有两个义务:一是转通知义务,即是指网络服务提供商接到权利人侵权通知后,需要及时将该通知转送给相关的网络用户;二是反通知义务,当网络平台收到网络用户发出的未侵权声明后,须及时转送给投诉权利人,并告知权利人其他维权途径。

网络服务提供者收到权利人侵权的通知,未及时将该通知转送给被控侵权的网络用户并采取必要措施的,将对该侵权行为的损害扩大部分与相关网络用户承担连带责任。若收到相关网络用户未侵权的声明,应及时将该声明再转送给权利人,同时告知该权利人可以采取向有关部门投诉或者向人民法院提起诉讼等其他维权手段。未及时解除针对相关侵权行为的必要措施的,网络平台也需要承担对网络用户造成损失的赔偿责任。

本案中,A公司作为外观设计专利权利人,依法向C电子商务平台提出了对B公司侵权产品的投诉和初步举证。A公司投诉时提供的某产品侵权报告中关于专利基本信息表与专利文本图不一致,且A公司投诉时提交的侵权方与我方详细分析对比图与其公证取证的案涉被诉侵权产品亦存有明显区别，两者并非同款产品。尽管事实上B公司的产品侵害了A公司的专利权，网络服务提供者也不能以高度盖然性进行实质性审查，充当裁判者角色。在只能审查A公司投诉所提供的证据的情况下，C电子商务平台已尽到了网络平台的形式审查义务，不应当认定其知道或者应当知道B公司利用其网络服务侵害他人民事权益，因此不应当承担对该其专利产品的连带侵权责任。

《民法典》同时将避风港原则和红旗原则入典，规范了网络用户、网络服务提供者、权利人三者的行为，对平衡各方的利益作出了适当的考虑。网络服务提供者对权利人所反馈的侵权信息应当采取其能力范围之内的必要措施，否则也不能认定其履行了相应的转通知义务和采取措施的义务。2021年B互联网法院发布的案例中，刘某在乙平台上发布不实信息侵害甲公司权利。法院认为，在具有后台数据查询能力的情况下，乙平台仅以评论的形式对案涉信息进行辟谣，而未及时采取通知、删除等法定措施，一定程度上扩大了相关言论的传播范围，应对损害扩大部分与刘某承担连带责任。

另外，对于采取必要措施，《民法典》的规定在删除或断开链接的基础上进行了优化。网络服务提供者可以对涉嫌侵权的内容采取删除、屏蔽、断开链接等必要措施，防止侵权损害的扩张。另外，网络服务提供者也有权根据不同的服务类型采取不同的必要措施，为网络平台预留根据自身发展特征来维护平台秩序的空间。

（一）文章、音乐等作品被盗版上传，平台要承担责任吗？

法律小贴士

红旗原则是对避风港原则的补充和限制。网民们在享受各种网站的服务和使用各种手机应用，诸如读书软件或音乐软件时，若网站或者平台上的侵权内容是显而易见的，就像红旗飘扬一样，但网络服务提供者却视若无睹，没有采取合理措施，则应当承担侵权责任。对于基本不可能由作者或音乐人授权网络用户完整上传至网络平台上免费公开的作品，网络平台自然负有较高的注意义务。网络平台若未及时下架侵权作品或者采取其他限制措施，平台需要与网络用户承担连带责任。

（二）自媒体报道失实，可以请求平台承担责任吗？

现如今信息传播快，自媒体遍地开花，在保证消息真实与个体人格权益的同时，也应顾及新闻媒体的自由。对此，《民法典》规定了基于公共利益而进行新闻报道、舆论监督等行为影响他人名誉的免责事由。若公民有证据证明报道失实，其名誉权受到侵害的，有权请求相关媒体及时采取更正或者删除等必要措施，但不宜要求自媒体的管理平台对发布的内容进行详尽的真实性审查。因此，除非是十分显而易见的侵害他人名誉权的行为，管理平台一般不承担连带侵权责任。

（三）平台对网络暴力负有治理责任吗？

在网络虚拟空间中，网民对他人进行攻击，这些非正常的评论会破坏当事人的工作、学习和生活秩序，严重的甚至会造成当事人死亡等后果。虽然这已然构成侵权，但对于此类侵权，对所有参与的人提起诉讼是不现实的。平台需要建立起打击和治理互联网违法、有害信息传播的第一道防线，例如建立识别预警机制、细化网络暴力信息分类标准，以及建立网络暴力当事人实时保护机制、制定私信功能规则、开启“一键防护”功能、形成行为识别和舆情发现机制等。2022年4月，新浪微博启用用户IP归属地展示，意在建设澄澈清朗的网络环境，也是对超出合理范围的舆论实施监督，便于网络侵权的事实追踪与纠纷解决。但仍需注意，对信息的利用不得超过秩序治理的范围，否则平台可能涉及对用户个人信息的侵权。

法条链接

《民法典》第1197条：网络服务提供者知道或者应当知道网络用户利用其网络服务侵害他人民事权益，未采取必要措施的，与该网络用户承担连带责任。

（本篇撰写人：王晔，武汉大学法学院）

12 自动扶梯"咬"伤幼童，谁之过?

商场、超市等经营场所的自动扶梯为消费者带来通行便利，同时其作为一种存在一定危险性的工具，经营者在日常管理中对其安全、正常运行的保障力度应更大。幼童作为特殊的消费人群，跟随监护人或其他成年人进入商场等经营场所，经营者和监护人共同承担着保障幼童安全的责任。一旦发生意外，责任应如何认定?《民法典》侵权责任编"公共场所经营者、管理者安全保障义务"条款给出了答案。

案例

某日，姚某(案发时不满4周岁)跟随母亲刘某到购物中心购物，在乘坐购物中心的自动人行扶梯时，姚某的右脚被电梯卡住，购物中心的工作人员向消防救援站报警，消防救援站接警后，迅速展开救援，对电梯进行破拆，成功救出姚某。姚某受伤后住院治疗25天，出院后，鉴定机构出具鉴定意见："被鉴定人姚某所受伤，建议给予后期治疗费7000元或据实赔付；自受伤之日起给予治疗时限150日，护理期90日，营养期90日。"因赔偿事宜协商未果，姚某起诉购物中心，要求其赔偿医疗费等经济损失11万余元。

裁判结果

法院认为，公共场所的经营者、管理者责任纠纷，是指宾馆、商场、银行、车站、娱乐场所等公共场所的经营者、管理者，未尽到其依法所负有的在合理限定范围内保护他人人身和财产安全的义务,致他人人身财产遭受损害所引发的纠纷。本案中,该购物中心的自动扶梯于2020年1月21日经检验合格,并提示设备使用单位在使用过程中要加强安全检查和管理。购物中心虽提交了该报告和其在经营场所张贴的温馨提示的照片,但是未提交证据证明其在自动扶梯的日常使用过程中开展了安全检查和管理,以及在高峰期在各个扶梯上下口安排安全人员进行安全管理和提醒,故购物中心未尽到充分的安全保障义务,与姚某的受伤具有一定的因果关系,故应当对姚某的损伤承担次要责任,即40%的赔偿责任。姚某随母亲在购物中心因右脚被自动扶梯卡住而受伤,与其自身行为及监护人的监护不当有关。事发时,姚某作为不满4岁的幼童在乘坐自动扶梯这种具有一定危险性的工具时,其监护人应当全程陪同牵引,且监护人对姚某的看管照顾义务更为重要。而姚某在乘坐自动扶梯的过程中,其监护人疏于照顾和看管,对于损害的发生其监护人亦存在一定的过失,故应对其损失自行承担主要责任,即60%的赔偿责任。

评析

本案涉及《民法典》侵权责任编关于公共场所经营者、管理者安全保障义务的规定。详见于《民法典》侵权责任编"责任主体的特殊规定"一章中。其中,第1198条规定:"宾馆、商场、银行、车站、机场、体育场馆、娱乐场所等经营场所、公共场所的经营者、管理者或者群众性活动的组织者,未尽到安全保障义务,造成他人损害的,应当承担侵权责任。因第三人的行为造成他人损害的,由第三人承担侵权责任;经营者、管理者或者组织者未尽到安全保障义务的,承担相应的补充责任。经营者、管理者或者组织者承担补充责任后,可以向第三人追偿。"

经营场所、公共场所的经营者、管理者责任的构成要件有以下三个:一是经营者、管理者未尽到法律规定或者约定的安全保障义务;二是造成消费者在内的他人损害;三是未尽到安全保障义务与他人损害之间有因果关系。即经营者、管理者或者组织者只有在被证明未尽到安全保障义务时,才应承担侵权责任。违反安全保障义务的归责原则为过错责任原则,即经营者、管理者或者组织者对受害人的损害有过错才承担侵权责任。在适用该条文时,关键在于判断经营者、管理者或者组织者是否尽到了法律规定或者约定的安全保障义务,以及受害者本人是否尽到了合理的注意义务。

安全保障义务一般可以从三个方面把握:一是危险预防义务;二是危险消除义务;三是发生损害后的救助义务。本案中,购物中心提交证据证明,事发时自动扶梯未发生运行故障,事发后及时报警请求救援,并在自动扶梯旁张贴了温馨提示,用以提醒消费者合理使用自动扶梯,并按时对自动扶梯进行检验。购物中心在危险预防和发生损害后的救助方面已经尽到了义务,为保障自动扶梯安全运行做了一定工作。但在危险消除义务方面做得不够,未在自动扶梯的日常使用过程中开展安全检查,高峰期亦未在各个扶梯上下口安排安全人员进行安全管理和提醒,购物中心未能尽到充分的安全保障义务,应当对姚某的损害承担侵权责任。而相关证据证实,姚某在乘坐自动扶梯时有独自玩耍的行为,刘某未进行全程牵引,疏于照顾和看管,对损害的发生亦存在一定的过失。法院认为,该过失相比于购物中心未尽到的安全保障义务,才是姚某遭受损害的主要因素,应自行承担相应责任,购物中心在其能够防范和制止危害发生的合理范围内承担一定比例的按份责任,综合认定姚某的损失其监护人应当自行承担主要责任,即60%的赔偿责任,购物中心承担次要责任,即40%的赔偿责任。

法律小贴士

(一)公共场所、经营场所的管理者、经营者责任与群众性活动组织者的安全保障责任有何区别?

场所责任和组织者责任都属于违反安全保障义务责任的范畴,都属于不作为侵权,但是两种责任之间仍然是存在区别的。主要表现在:第一,场所责任注重的是管理者、经营者针对特定场所是否尽到了安全保障义务,而组织者责任的范围是从活动开始到活动结束,组织者都负有安全保障义务。第二,对管理者、经营者的安全保障义务要求较高,而对组织者的安全保障义务的要求相对较低。但是,未成年人在参加群众性活动时,大多不受监护人的直接监护,加之自我保护能力较差,且易受伤害,此时的组织者对未成年人应当负有更高要求的安全保障义务。第三,场所责任是管理者、经营者针对进入特定场所的不特定人负有的安全保障义务，而组织者责任是因组织了某项活动而负有的安全保障义务。

（二）无民事行为能力人在商场、车站等公共场所受到人身损害与在教育机构受到人身损害时的侵权责任有何区别？

无民事行为能力人在不同场所发生人身损害，承担的侵权责任不同。若是在商场、车站等公共场所受到人身损害，适用过错责任原则，即只有证明公共场所的经营者、管理者未尽到安全保障义务，公共场所的经营者、管理者才承担侵权责任。若是在教育机构受到人身损害，适用过错推定责任原则。即只要无民事行为能力人在教育机构受到人身损害，就推定教育机构存在过错，承担侵权责任。只有在能够证明教育机构尽到了教育、管理责任的情形下，教育机构才不承担侵权责任。

（三）保障未成年人的人身免遭损害，社会、家庭应当怎样做？

在保障未成年人人身安全方面，社会和家庭应当从以下几点着手：首先，在制度方面，制定和完善保护未成年人的相关法律法规和制度，对侵害未成年人人身安全的行为要予以严惩，同时作为普通公民，在未成年人人身安全遭到威胁时，应当及时施以援手。其次，在硬件方面，公共场所及家庭可以根据未成年人的特点、个性定制相关的设施、设备，使用起来更加安全便捷，尽量减少、避免危害的发生。最后，监护人要履行好监护义务，对未成年人开展安全教育，提高未成年人的自我保护意识，培养其应对紧急状况的应变能力。

法条链接

1.《民法典》第1173条：被侵权人对同一损害的发生或者扩大有过错的，可以减轻侵权人的责任。

2.《民法典》第1198条：宾馆、商场、银行、车站、机场、体育场馆、娱乐场所等经营场所、公共场所的经营者、管理者或者群众性活动的组织者，未尽到安全保障义务，造成他人损害的，应当承担侵权责任。

因第三人的行为造成他人损害的，由第三人承担侵权责任；经营者、管理者或者组织者未尽到安全保障义务的，承担相应的补充责任。经营者、管理者或者组织者承担补充责任后，可以向第三人追偿。

（本篇撰写人：杨娴，湖北省随州市中级人民法院）

13 在酒店浴室滑倒摔伤，谁担责？

在日常生活中，滑倒摔伤在所难免。通常认为，滑倒摔伤属于意外事件，无法请求他人承担责任。但是，当滑倒摔伤发生在酒店内时，摔伤是属于意外事件，还是酒店过错？酒店是否需要承担赔偿责任？酒店对于入住的客人负有哪些义务？以上问题的答案可以在《民法典》侵权责任编“安全保障义务”的相关规定中寻找。

案例

王某为N市某局工作人员，按照上级组织安排参加培训班。培训期间，王某入住指定酒店Y酒店。入住期间，王某在Y酒店浴室洗澡时为避免地面湿滑铺设毛巾。洗浴过程中因有电话呼入，王某急于应答不慎被毛巾绊倒摔伤。在告知Y酒店及培训会务组后前往医院治疗，支付医疗费共计2.8万余元。后经劳动能力鉴定委员会鉴定，王某的伤残等级为九级。N市社会保险事务中心对王某受伤入院的医疗费报销3万余元。现王某诉至法院，请求判决Y酒店对其滑倒受伤承担赔偿责任。

裁判结果

法院认为，酒店作为提供住宿服务的企业，应当对其提供的服务在合理范围内保障消费者的人身安全，避免因设计、服务、管理的瑕疵而引起的人身伤害。酒店只有在未能尽到上述保障义务时，才需要对消费者的损害承担责任。

提供浴室进行洗浴包含在酒店提供服务的范围之内。但是，由于浴室的独特性，其通常由一般瓷砖铺设，瓷砖遇水后湿滑，易导致摔倒，并未超出公众认知范围。因此，除非王某能够证明酒店存在如设备掉落、地面凹陷或者其他疏于管理的情况，才能证明酒店未尽到合理的安全保障义务，而不能仅凭地面湿滑就认为酒店未尽到保障义务。现王某提交的证据仅能对其于Y酒店浴室摔倒以及后续治疗过程进行证明，而不能证明酒店未尽到相应的保障义务。因此，王某的摔倒属于意外事件，酒店尽到了安全保障义务，对此没有过错，无须承担赔偿责任。判决驳回王某的诉讼请求。

评析

本案涉及《民法典》侵权责任编关于安全保障义务的规定。安全保障义务规定在《民法典》侵权责任编"责任主体的特殊规定"一章中，是对住宿、餐饮、娱乐、银行、交通运输的公共场所的经营者、管理者等应当负有的义务以及违反义务的后果作出的规定。《民法典》第1198条规定："宾馆、商场、银行、车站、机场、体育场馆、娱乐场所等经营场所、公共场所的经营者、管理者或者群众性活动的组织者，未尽到安全保障义务，造成他人损害的，应当承担侵权责任。因第三人的行为造成他人损害的，由第三人承担侵权责任；经营者、管理者或者组织者未尽到安全保障义务的，承担相应的补充责任。经营者、管理者或者组织者承担补充责任后，可以向第三人追偿。"

安全保障义务，主要是指宾馆、商场、银行、车站、机场、体育场馆、娱乐场所等经营场所、公共场所的经营者、管理者或者群众性活动的组织者等安全保障义务主体，负有的在合理范围内使他人避免遭受人身及财产损害的义务。根据本条的规定，安全保障义务主体在违反安全保障义务造成他人损害时，应当承担侵权责任。

根据有无第三人的行为存在，安全保障义务主体承担责任的情形可以分为两种：第一种是直接责任。在安全保障义务主体未尽到安全保障义务，导致损害发生时，其作为直接侵权人承担直接责任。该直接责任的构成要件包括：第一，安全保障义务主体违反安全保障义务，没有采取必要措施预防或消除危险。第二，被侵权人受到损害是因为安全保障义务主体未尽到安全保障义务。第三，损害的发生与第三人无关。第二种是间接责任。在损害由第三人导致,但安全保障义务主体未尽到安全保障义务也是损害发生的原因时,其作为间接侵权人承担间接侵权责任。该间接责任的构成要件包括:第一,损害的发生由第三人的加害行为直接造成。第二,安全保障义务主体未尽到安全保障义务,即未能采取措施防范或制止第三人的行为,或者未能防止损害结果的进一步扩大。第三,安全保障义务主体未尽到安全保障义务为损害的发生或扩大提供了条件和便利。

在适用本条时,首先应对相关的责任主体是否属于《民法典》第1198条规定的公共场所的经营者、管理者或者群众性活动的组织者进行判断。只有责任主体属于上述对象时,才能进一步适用第1198条的规定。确认主体属于安全保障义务主体之后,再对相应的主体是否履行了安全保障义务进行判断。对于不同安全保障义务主体应当履行的安全保障义务,应当分别进行判断:第一,在有相关法律法规规定的情况下,应当以法律法规作为判断标准。如《物业管理条例》等行政规章就对物业服务企业的安全保障义务进行了规定。第二,在没有法律法规规定时,应以相关行业的行业标准作为判断的依据。第三,当事人之间的合同约定也能够成为判断安全保障义务内容的依据。第四,在缺乏上述依据的时候,可以以善意管理人的标准确定安全保障义务的内容。

本案中,Y酒店作为安全保障义务主体,只有在未尽到安全保障义务直接或者间接导致王某摔倒的情况下,才需对王某的损害承担赔偿责任。但是,浴室积水后湿滑应为一般人根据常理可知,在没有其他违反安全保障义务的情况下,不能认定酒店未尽到合理的安全保障义务,进而要求酒店对王某的损害承担赔偿责任。

本案作为适用《民法典》第1198条的典型案例,体现了法院对经营者安全保障义务的合理认定。尽管经营者作为安全保障义务主体负有安全保障义务,但这种安全保障义务不能超出合理的范围,否则动辄要求经营者承担赔偿责任,将会对经营者的经营活动造成较大的负担。对于安全保障义务的认定,既要以人为本,对可能发生危险的场所和活动,要求经营者、管理者和组织者履行必要的防范义务,充分保护广大人民群众的人身和财产安全,又要考虑社会的和谐和稳定,不能盲目扩大安全保障义务的适用范围。本案对安全保障义务的认定就较为合理,体现了法院对经营者和消费者利益的恰当平衡。

（一）在经营场所、娱乐场所因第三人的行为遭受损害时，应当向谁主张赔偿？

法律小贴士

《民法典》第1198条第2款规定："因第三人的行为造成他人损害的，由第三人承担侵权责任；经营者、管理者或者组织者未尽到安全保障义务的，承担相应的补充责任。经营者、管理者或者组织者承担补充责任后，可以向第三人追偿。"因此，在经营场所、娱乐场所遭受第三人侵害时，在相关经营者、管理者没有尽到安全保障义务的情况下，应当首先向造成损害的第三人要求赔偿，在该第三人无法承担全部赔偿责任的情况下，可以要求相关经营者、管理者承担补充赔偿责任。而在相关经营者、管理者尽到安全保障义务时，可以向相关的第三人主张赔偿。

（二）如何区分意外事件与侵权行为？

意外事件，是指非因当事人的故意或过失，而由于意志以外的因素引起的偶然事件。而侵权行为，指的是侵犯他人的人身、财产权益或知识产权，依法应当承担民事责任的行为。两者的区别在于：第一，当事人的主观状态不同。在意外事件中，当事人主观上不存在过错，而在一般侵权行为中，以当事人主观上的过错为构成要件。第二，是否具有可预见性不同。在意外事件中，当事人对损害的发生即使尽了合理的注意义务，也无法预见，而在侵权行为中，当事人对损害结果的发生应当能够预见。第三，责任承担上不同。在意外事件中，由于当事人不具有主观恶意，通常不承担责任，而侵权行为需要承担民事责任，在损害结果较为严重时还有可能承担刑事责任。

（三）因意外事件遭受损害时，是否无法主张赔偿？

意外事件中，无法要求他人承担赔偿责任的原因在于，当事人对意外事件的发生在主观上没有过错。因此，意外事件作为免责事由，仅能在以过错为要件的一般侵权行为中适用。在无过错责任下，由于当事人主观上是否有过错不影响侵权责任的成立。因此，意外事件并不能适用于无过错责任的情形。因意外事件而遭受损害时，并非一定无法主张损害赔偿。

法条链接

《民法典》第1198条：宾馆、商场、银行、车站、机场、体育场馆、娱乐场所等经营场所、公共场所的经营者、管理者或者群众性活动的组织者，未尽到安全保障义务，造成他人损害的，应当承担侵权责任。

因第三人的行为造成他人损害的，由第三人承担侵权责任；经营者、管理者或者组织者未尽到安全保障义务的，承担相应的补充责任。经营者、管理者或者组织者承担补充责任后，可以向第三人追偿。

（本篇撰写人：王珏，武汉大学法学院）

14 未成年学生在校受伤，学校何责？

学生在校期间的安全问题，一直是社会关注的热点。未成年学生在校受伤，学校应否承担赔偿责任？承担怎样的责任？《民法典》侵权责任编对教育机构应负的责任作出了规定。

案例

肖某系某校高一学生。某日早晨，肖某从该校宿舍六楼的窗口处跌落，时隔40分钟后被宿管员发现，将其送往医院住院治疗。其间，共住院治疗47天，花费医疗费50万余元，学校为其垫付医疗费40万余元。经鉴定，肖某的损伤程度为七级伤残。因赔偿事宜协商未果，肖某诉至法院，请求判令学校赔偿其各项经济损失100万余元。

裁判结果

法院认为，未成年人在校期间，学校对其负有安全教育的义务，教育场所的提供者应当预防和消除教学环境中存在的安全隐患。肖某从宿舍六楼摔至楼下，说明学校在安全措施和安全管理方面存在一定的漏洞，学校应当对肖某的损失承担相应的责任。肖某作为高中在校学生，虽系未成年人，但应当预见到其行为可能产生的危害后果，其忽视自身安全导致坠楼事故发生，自身存在重大过错，应当对损害后果承担主要责任。结合双方过错程度，对于肖某的各项损失，由其自身承担70%的责任，剩余30%的赔偿责任由学校承担。因学校已为肖某垫付医疗费40万余元，超出了30%的赔偿责任，遂依法驳回肖某的诉讼请求。

评析

本案涉及《民法典》侵权责任编"过错责任原则"及"教育机构的安全保障义务"条款。《民法典》第1199条、第1200条对未成年人在校期间受伤，学校的责任程度进行了详细规定。关于学校的责任承担，需要区分情况，并非只要学生在学校受到人身损害，责任就全部由学校承担。

《民法典》第1199条规定："无民事行为能力人在幼儿园、学校或者其他教育机构学习、生活期间受到人身损害的，幼儿园、学校或者其他教育机构应当承担侵权责任；但是，能够证明尽到教育、管理职责的，不承担侵权责任。"第1200条规定："限制民事行为能力人在学校或者其他教育机构学习、生活期间受到人身损害，学校或者其他教育机构未尽到教育、管理职责的，应当承担侵权责任。"根据上述规定，学校承担侵权责任需要满足以下四个条件：首先，学生是未成年人，即未满18周岁。其次，受伤是在教育机构学习、生活期间，上学、回家途中不包括在内。再次，实际遭受的人身损害，不包括财产损害。最后，教育机构存在过错，即未尽到确保人身安全的教育管理责任。

值得注意的是，《民法典》关于过错归责原则及教育机构对未成年学生在校期间受到人身损害承担过错责任的法律规定存在差别，需根据受害者的年龄适用不同法律条文。《民法典》第1199条是针对无民事行为能力人（8周岁以下）在校期间受到人身损害，第1200条是针对限制民事行为能力人（8周岁以上18周岁以下）在校期间受到人身损害的规定。对无民事行为能力人适用过错推定原则。若无民事行为能力人在幼儿园、学校或者其他教育机构受到损害，先行推定上述机构存有过错，由其承担全部赔偿责任，除非上述机构能够证明其尽到教育、管理职责，否则继续承担全部责任。对限制民事行为能力人适用过错责任原则。若学校未尽到教育、管理职责，则学校应承担侵权责任。法律之所以对不同年龄段的未成年人分别作出规定，是因为8周岁以下未成年人的认知能力和自我保护能力弱，法律不能要求其承担义务。只要教育机构不能证明其无过错,就应当按照儿童最大利益原则承担全部赔偿责任。8周岁以上的限制民事行为能力人已经具有一定的认知能力和自我保护能力,具有一定的行为能力,能够预知行为、活动的危险性,因此,法律要求限制民事行为能力人承担一定义务,举证证明教育机构存在过错。教育机构只有在存在过错,没有尽到教育、管理职责的情况下,才应当承担侵权责任。

本案中,肖某作为限制民事行为能力人,在校期间受到损伤,学校是否存在过错是学校是否承担责任的关键。因肖某从宿舍六楼的窗口处跌落,若学校加装了防护窗或有其他必要措施限制人员翻越窗户,本次事故就完全可以避免。同时,自肖某坠楼后,间隔40分钟才被发现,均说明学校未尽到充分的教育、管理职责,对事故的发生存有过错。但肖某作为高中在校学生,系限制民事行为能力人,应当预见到其行为可能产生的危害后果。其忽视自身安全导致坠楼事故发生,自身存在重大过错,应当对损害后果承担主要责任。据此,结合双方的过错程度,判决肖某的各项损失由其自身承担70%的责任,剩余30%的赔偿责任由学校承担。这样的处理结果公平合理,维护了各方利益,彰显了社会公平和正义。

(一)学校应如何做好安全管理?

法律小贴士

学校在开展教学工作时,应加强安全管理,强化心理疏导,及时发现学生的不良情绪,避免产生严重后果。学校应从以下方面切实履行好自身的监督和管理职能:(1)开展经常性的安全教育。日常安全教育必不可少,学校应当对课堂上和课堂外可能存在的安全隐患进行排查和教育提醒。(2)配备齐全的安全防护设施。学校作为未成年人高度聚集的场所,对安全防护设施的要求与一般场地相比应当更高,学校应配齐配全相关安全设施,并确保符合国家相关标准。(3)加强有效的安全管理。学校要加强监管或巡查,对学生间发生打闹、推搡或其他危险行为应及时制止。学生因意外事故受伤后,学校要采取适当的救治措施和处置措施,及时送医和通知家长,防止伤害扩大。

（二）家长应如何尽到安全教育责任？

家长作为孩子的监护人，需要注意到未成年人心智发育阶段的局限性，正确履行好自身的监护职责，既要帮助未成年子女排除日常生活中所面临的危险因素，保护其人身和财产安全，也要履行好《家庭教育促进法》规定的义务，承担起对未成年人实施家庭教育的主体责任，加强对孩子的教育约束，引导孩子遵纪守法，增强安全意识，远离危险活动，适度玩耍打闹，在保护好自身安全的同时，避免将他人置于危险之中。同时，对学校的管理和日常工作多一些理解，积极承担责任、依法维权，促进家庭和学校和谐发展。

（三）未成年人在校遭受人身损害的案件如何列被告？

未成年人在学校或者其他教育机构发生事故受伤害后，可以将学校或者其他教育机构作为被告起诉。如有购买校园责任保险的，应当追加保险公司为被告；如果由第三人造成未成年人受损害的，还应当追加第三人（第三人为未成年人的一并追加其父母）为被告。

法条链接

1.《民法典》第1199条：无民事行为能力人在幼儿园、学校或者其他教育机构学习、生活期间受到人身损害的，幼儿园、学校或者其他教育机构应当承担侵权责任；但是，能够证明尽到教育、管理职责的，不承担侵权责任。

2.《民法典》第1200条：限制民事行为能力人在学校或者其他教育机构学习、生活期间受到人身损害，学校或者其他教育机构未尽到教育、管理职责的，应当承担侵权责任。

（本篇撰写人：罗云飞，湖北省十堰市中级人民法院）

15 未投保交强险发生交通事故，如何赔付？

路边逆向违章停靠的小型面包车被酒后驾驶的电动车所撞，两车受重损，电动车驾驶人亦受伤。小型面包车系车主借给他人驾驶且未投保交强险，那么，小型面包车的车主和驾驶人该如何承担责任？以上问题，需要结合《民法典》侵权责任编第五章“机动车交通事故责任”中的相关条款来回答。

案例

郭某饮酒后驾驶两轮电动车（经鉴定该车属机动车）行驶至某路段时，撞向路南侧逆向停靠的某小型面包车，造成两车受损、郭某受伤的交通事故。该小型面包车登记在张某名下，当时系吴某驾驶该车停靠在事发地，该车在事故发生时无保险。交警部门认定郭某负事故的主要责任，吴某负事故的次要责任。郭某受伤后被送往医院救治，被诊断为急性重型颅脑损伤等伤情，医疗费用20万余元（住院报销了7万余元）。经司法鉴定，郭某构成两个十级伤残，赔偿系数为12%，后续医疗费为5000元，误工时间为180日，护理时间为90日，营养时间为90日。郭某遂诉至法院，请求判令吴某、张某共同赔偿其各项损失14万余元。

裁判结果

法院认为，郭某酒后驾驶无证机动车，与吴某未按规定地点停放的机动车发生交通事故，两人对交通事故的发生都存在过错，应当分别承担本案交通事故中的相应责任。首先,《道路交通安全法》第17条规定:“国家实行机动车第三者责任强制保险制度……”吴某驾驶的小型面包车未投保机动车交通事故责任强制保险(以下简称交强险),违反了该条法律规定。《最高人民法院关于审理道路交通事故损害赔偿案件适用法律若干问题的解释》第16条规定,计算交强险限额内的赔偿时,并不考虑事故双方的责任比例,故吴某认为双方应在交强险限额内按各自过错承担相应责任的理由不成立。其次,机动车交通事故纠纷案件的审理,是根据侵权人在事故中的过错,确定其应向被侵权人承担的责任,并不是先确定被侵权人应自行承担的责任,后确定侵权人的责任。故吴某认为应由郭某在交强险限额内自行承担责任,再来确定其应赔偿数额的理由没有法律依据。最后,法院核定郭某在交强险限额内的损失为5万余元,交强险限额之外的损失近14万元。故判决投保义务人张某和侵权人吴某在交强险限额内赔偿5万余元,不足的部分,由侵权人吴某按事故责任比例20%进行赔偿,近3万元。

评析 本案涉及《民法典》关于机动车交通事故的损害责任。机动车交通事故的损害责任被规定在《民法典》侵权责任编“机动车交通事故责任”一章中,适用过错责任原则。《民法典》第1208条规定:“机动车发生交通事故造成损害的,依照道路交通安全法律和本法的有关规定承担赔偿责任。”第1213条规定:“机动车发生交通事故造成损害,属于该机动车一方责任的,先由承保机动车强制保险的保险人在强制保险责任限额范围内予以赔偿;不足部分,由承保机动车商业保险的保险人按照保险合同的约定予以赔偿;仍然不足或者没有投保机动车商业保险的,由侵权人赔偿。”

机动车交通事故责任的构成要件有如下四个:一是交通事故当事人有违反道路交通安全法律法规的行为;二是交通事故当事人一方受有损失,包括人身或财产损失;三是违反道路交通安全法律法规的行为与损害结果之间有因果关系;四是交通事故当事人主观上存有过失,即当事人对发生交通事故应当预见而没有预见,或者能够预见却轻信能够避免。

在处理交通事故责任纠纷时,第一步应当确定交通事故当事人在事故中的责任。事故发生后,公安交警部门作为处理交通事故的职能部门,会及时制作交通事故认定书。交通事故认定书是确定交通事故侵权责任的重要依据,不仅是认定事实的依据,也是认定双方过错及过错程度的依据。本案中,郭某无有效机动车驾驶证,饮酒后驾驶无号牌机动车上路行驶,且未戴头盔,是造成事故的主要原因,负事故的主要责任;吴某驾驶未进行安全技术检验的机动车,未在规定地点停放,是造成事故的次要原因,负事故的次要责任。

在机动车一方非全责(如次责、同责、主责)的情况下,实践中的难点在于如何理解交强险限额内的不分责任赔偿,尤其是该机动车处于脱保或无保险状态时。交强险在全国范围内实行统一的责任限额。2020年9月10日,中国银保监会发布《关于调整交强险责任限额和费率浮动系数的公告》,明确交强险有责任赔偿限额:交强险死伤限额为18万元,医疗限额为1.8万元,财产限额为0.2万元。我国实行的是机动车第三者责任强制保险制度。根据《最高人民法院关于审理道路交通事故损害赔偿案件适用法律若干问题的解释》第16条"未依法投保交强险的机动车发生交通事故造成损害,当事人请求投保义务人在交强险责任限额范围内予以赔偿的,人民法院应予支持。投保义务人和侵权人不是同一人,当事人请求投保义务人和侵权人在交强险责任限额范围内承担相应责任的,人民法院应予支持"的规定,计算交强险限额内的赔偿时,并不考虑事故双方的责任比例,且交强险限额内的赔偿主体为投保义务人和侵权人。本案中,该小型面包车未投保交强险,违反了机动车第三者责任强制保险的规定,投保义务人(车主)张某与侵权人吴某在交强险限额内承担赔偿责任;交强险不足的部分,适用过错责任原则,由侵权人吴某按事故责任比例承担20%的赔偿责任。

交强险是我国首个由国家法律规定实行的强制保险制度,不仅有利于道路交通事故受害人获得及时有效的医疗救治和经济赔偿,而且有助于减轻交通事故肇事方的经济负担。交强险具有强制性,一方面,机动车的所有人或管理人应当投保交强险,未投保的机动车不得上路行驶;另一方面,具有经营机动车交通事故责任强制保险资格的保险公司不得拒绝承保。交强险体现的是国家政策意志,其立法的目的在于保护受害人,在交强险赔付规则上,只分有责与无责,不分主、次、同等责任;交强险不足的部分,才按事故责任比例赔偿。

法律小贴士

（一）投保交强险与否，机动车车主所承担的法律责任有何不同？

交强险，是指由保险公司对被保险机动车发生道路交通事故造成本车人员、被保险人以外的受害人的人身伤亡、财产损失，在责任限额内予以赔偿的强制性责任保险。投保交强险是机动车所有人或管理人的法定义务。对机动车车主而言，未投保交强险就有过错，就要依法在交强险限额内承担赔偿责任。机动车车主投保了交强险，则根据《民法典》相关规定，由保险公司在交强险限额内予以赔偿。

（二）酒后驾驶可能受到哪些法律处罚？

酒精的摄入会导致驾驶人的操作能力、注意力和判断力下降，且会导致眼睛模糊、意识模糊，故酒后驾驶极易导致交通事故发生。《道路交通安全法》第 91 条规定，饮酒后驾驶机动车的，处暂扣 6 个月机动车驾驶证，并处 1000 元以上 2000 元以下罚款。自 2011 年 5 月 1 日起，醉酒驾驶作为危险驾驶罪追究驾驶人的刑事责任。故机动车驾驶人须谨记开车不喝酒，喝酒不开车。而且，在民事赔偿中，酒后驾驶作为损害发生的原因之一，驾驶人存在明显过错，在责任分担时往往会承担主要责任。

（三）未按规定地点停放车辆，可能承担什么责任？

《道路交通安全法》第 56 条规定机动车应当在规定地点停放，第 93 条规定了违规停车的法律处罚。违规停车不仅会受到行政处罚，还可能承担民事赔偿责任。本案中，吴某逆向停放车辆，未尽到合理的注意义务，具有一定的过错。侵权责任法上的注意义务，是指行为人在作出某种行为时，应能预见到自己的行为可能产生的某种损害后果，并且做好防范措施，避免该损害后果的发生。

（四）为避免不必要的人身和财产损失，车主或驾驶人应注意什么？

第一，作为车主，应提高风险防范意识，依法投保交强险，积极购买相关保险，以便在事故发生后由保险公司分担其相应的损失。第二，电动车或摩托车驾驶人应当按规定戴安全头盔，不得对车辆进行改装，不得加装雨棚或遮阳棚。第三，机动车驾驶人应当遵守道路交通安全法律法规，按照操作规范安全驾驶、文明驾驶，不得酒后驾驶、疲劳驾驶、乱停乱放。本案中，若吴某按规定地点停放车辆，依法购买保险，其可避免承担几万元的赔偿。

法条链接

1.《民法典》第1208条：机动车发生交通事故造成损害的，依照道路交通安全法律和本法的有关规定承担赔偿责任。

2.《民法典》第1213条：机动车发生交通事故造成损害，属于该机动车一方责任的，先由承保机动车强制保险的保险人在强制保险责任限额范围内予以赔偿；不足部分，由承保机动车商业保险的保险人按照保险合同的约定予以赔偿；仍然不足或者没有投保机动车商业保险的，由侵权人赔偿。

3.《最高人民法院关于审理道路交通事故损害赔偿案件适用法律若干问题的解释》第16条：未依法投保交强险的机动车发生交通事故造成损害，当事人请求投保义务人在交强险责任限额范围内予以赔偿的，人民法院应予支持。

投保义务人和侵权人不是同一人，当事人请求投保义务人和侵权人在交强险责任限额范围内承担相应责任的，人民法院应予支持。

（本篇撰写人：黄绍红，湖北省武汉市江夏区人民法院）

16 好心载一程，发生事故能否少赔？

顺道搭便车，好心载一程，帮忙开一段，出事谁担责？好心司机能否减少赔偿责任？以上问题的答案可在《民法典》规定的过错原则以及新增的好意同乘制度中寻找。

案例

某日，向某邀约罗某免费乘坐彭某的汽车前往外省务工。次日，彭某驾车载其妻陈某、向某和罗某一同出发，因路途遥远，为了缓解彭某的驾驶疲劳，具有驾驶资质的罗某中途两次替换彭某驾驶。在罗某第二次替换彭某驾驶时，不慎撞上高速公路标志牌立柱，造成向某、陈某受伤以及车辆和高速公路路产设施受损的道路交通事故。经交警部门认定，罗某承担全部责任，向某、陈某不承担责任。向某住院治疗9天后出院，产生医疗费1万余元，出院医嘱载明：建议回当地继续治疗。经鉴定部门鉴定，向某伤后误工时间为180日，护理时间为90日，营养时间为120日。后因赔偿事宜协商未果，向某诉至法院要求罗某、彭某赔偿其损失。

裁判结果

法院认为，机动车作为高速运输工具，在行驶中具有极大的危险性。驾驶人罗某作为车辆的实际控制人理应尽到高度注意义务，由于罗某的过失行为导致本起交通事故发生，罗某依法应当承担赔偿责任。但是车辆使用人罗某考虑到彭某长途驾驶非常疲劳，而帮忙驾驶的行为系乐于助人，值得提倡，为此可适当减轻罗某的赔偿责任。向某、罗某免费搭乘彭某所驾驶的车辆，且彭某未收取任何费用，系好意同乘行为，应适用过错原则，故此可适当减轻彭某的赔偿责任，由免费搭乘人向某自行承担部分损失。如果过分强调保护搭乘人向某的利益，由提供搭乘的车主彭某承担无过错责任，对提供帮助的车主科以重责，势必抑制好意同乘行为，明显有违社会善良风俗和公平原则。基于此，法院酌定罗某承担50%的赔偿责任，彭某承担30%的赔偿责任，向某自行承担20%的赔偿责任。

评析

本案涉及《民法典》新增的好意同乘制度。《民法典》第1217条规定："非营运机动车发生交通事故造成无偿搭乘人损害，属于该机动车一方责任的，应当减轻其赔偿责任，但是机动车使用人有故意或者重大过失的除外。"

好意同乘的构成主要包含三个要件：一是无偿性。提供搭乘便利一方作为施惠者，不直接或间接追求经济利益，为搭乘人提供便利。但在实践中存在看似无偿实则有偿的好意同乘行为，如客运合同中依法免票或者经承运人许可免费搭乘的乘客、免费乘坐车辆附条件等行为，应从无偿性的角度予以排除。二是利他性。利他性是指给予他人方便和利益不求回报，是为别人获得方便与利益，尊重他人利益的行为。好意同乘中的供乘者放弃经济利益，若供乘者从自身利益出发，其行为不能构成好意同乘。三是非拘束性。好意同乘属于情谊行为，又称好意施惠，是指为增进与他人间的情谊而作出的不受法律约束的利他行为，具有更多的社交属性和道德属性，当事人可以自主决定是否进行，无法律的强制要求。好意同乘的施惠者和受惠搭乘者就搭乘事项存在事实意义上的意思表示一致，但并非法律上的意思表示，因为当事人之间缺乏受法律约束的意思，其协议也就不具有规范性的约束力，不属于合同效果意义上的债务履行，搭乘者不能请求其有搭乘的权利。同样，供乘者也不能基于搭乘者享受利益而主张不当得利返还。

好意同乘适用过错责任的归责原则。首先，好意同乘作为情谊行为，并不能当然排除侵权责任，若在行车过程中发生了交通事故造成他人人身和财产损害，不能只用道德规范来调整，应适用法律规范来弥补受害人的损失，受《民法典》侵权责任编调整。在我国，过错责任是侵权责任适用的一般原则，除非法律有明确规定，才能适用无过错责任。适用过错责任原则不会打击施惠者好心搭载的积极性，同时能够使其在驾驶过程中履行高度注意义务，一定程度上保障了同乘人的利益。其次，好意同乘构成减责事由。如果由于施惠者存在过错造成损失，应当承担侵权责任的，基于好意同乘应当减轻其对无偿搭乘人的赔偿责任。最后，若行为人具有侵权的故意或者重大过失，则不能仅以好意同乘作为减责事由。

法律小贴士

（一）好意同乘制度有何意义？

好意同乘制度有效平衡搭乘人、驾驶人、车辆所有人之间的利益。既保护了无偿搭乘人的合法权益，又鼓励熟人之间互相帮助，弘扬了中华民族助人为乐的传统美德，有利于倡导友善、文明、和谐的社会主义核心价值观。

（二）哪些情形属于好意同乘？

在社会生活中，好意同乘较为常见，比如在上下班途中顺路捎带同事、朋友，应陌生路人请求而搭载等。实践中，还有一种分摊成本的搭便车行为，如好友共同出游，驾驶人和搭乘人平均分摊运输成本（如分摊过路费、油费），是否属于好意同乘呢？笔者认为，即使不一定能认定为好意同乘，但因其仍属于一种友善行为，还是可能会通过减轻一定责任的方式予以鼓励。

（三）无证驾驶、违规驾驶等情形是否适用好意同乘？

好意同乘制度鼓励公民多做善事、多行便利。但机动车驾驶具有较强的专业性和较高的风险性，对驾驶人有较高的要求，如果将无证驾驶、违规驾驶等故意或重大过失行为作为好意同乘减免责任的情形，就违背了好意同乘制度的立法本意。

法条链接

《民法典》第1217条：非营运机动车发生交通事故造成无偿搭乘人损害，属于该机动车一方责任的，应当减轻其赔偿责任，但是机动车使用人有故意或者重大过失的除外。

（本篇撰写人：李清华、滕志军，湖北省利川市人民法院）

17 生命定格在26岁，谁之过？

医疗科学的复杂性和人体个体的差异性，使得任何医疗行为本身都存在风险。医疗纠纷由于其复杂性和专业性，处理起来往往有很大困难。如何认定医疗过错？如何认定司法鉴定中医疗过错的责任比例？如何认定医院赔偿责任及抗辩事由？可以从《民法典》侵权责任编"医疗损害责任"的相关规定中寻求答案。

案例

患者饶某因胸痛入某医院治疗。诊断为：(1)胸痛原因待查：急性心肌梗死或主动脉夹层？(2)心律失常、短阵室速、房颤。治疗过程中，使用溶栓药物"重组人组织纤溶酶原激酶衍生物"。后因病情危重，转送上级医院救治，并行带瓣升主动脉置换等手术，术后予以大量血管活性药物难以维持生命体征，出院诊断为主动脉夹层、马方综合征、左心衰竭等。后在回家途中离世，殁年26岁。司法鉴定意见：某医院对饶某的诊疗行为存在过错，过错与饶某的死亡原因之间存在因果关系，建议过错参与度为1%～20%。饶某近亲属饶某某等5人遂诉至法院，诉请判令赔偿各项经济损失70余万元。应饶某某等5名原告申请，司法鉴定人出庭作证，在各方发表意见后，司法鉴定人将某医院的过错参与度变更为50%，并表示不再出具补充鉴定报告。

裁判结果

法院认为,医院在用药时未尽到与当时的医疗水平相应的诊疗义务,造成患者死亡,其医疗行为存在过错,应当承担赔偿责任。遂依法判决某医院赔偿饶某某等医疗费、护理费、死亡赔偿金、精神抚慰金等各项经济损失共计20余万元。

评析

本案涉及《民法典》侵权责任编第六章关于医疗损害责任的相关规定。其中,《民法典》第1221条规定:“医务人员在诊疗活动中未尽到与当时的医疗水平相应的诊疗义务,造成患者损害的,医疗机构应当承担赔偿责任。”根据该条规定,可以确定医疗损害责任的构成要件有如下四个:第一,行为主体是医疗机构及其医务人员;第二,患者发生了人身损害的事实;第三,医疗行为与后果之间存在因果关系;第四,医疗机构及其医务人员有过错。

医疗损害责任属于替代责任。其中,医务人员处于雇员的地位,医疗机构对其负有指示和监督之责。如因医务人员的过错造成患者损害的,不是按照一般侵权行为为自己的行为负责的规则,由医务人员对受害人承担民事责任,而是由医务人员所在的医疗机构承担赔偿责任。本案中,患者饶某因胸痛进入医院治疗,医院未尽到与其医疗水平相应的诊疗义务,造成患者死亡。患者的近亲属有权依据《民法典》的相关规定诉请医院赔偿损失。

《民法典》第1222条规定,患者在诊疗中受到损害,医疗机构违反法律、行政法规、规章以及其他有关诊疗规范的规定,推定其有过错。司法部《医疗损害司法鉴定指南》7.1.1规定,医疗机构及其医务人员在诊疗过程中违反法律、行政法规、规章以及相应诊疗、护理规范的具体规定,或者有违该专业领域大多数专家认可的原则和方法,则视为存在医疗过错。具体到本案,因患者病情较急,未做CT等相关检查,唯一作为病情诊断依据的只有急性ST段抬高型心电图,此心电图提示可能出现两种病情:(1)急性ST段抬高型心肌梗死;(2)主动脉夹层累及冠状动脉时可出现的下壁心肌梗死。第一种在排除主动脉夹层时可以用溶栓治疗,因当时已倾向于患者患主动脉夹层,即出现了溶栓治疗的禁忌,因禁忌证应优先考虑,否则强调禁忌证毫无意义,故不能进行溶栓治疗。医院在有明确的诊疗规范指南的情况下，在选择治疗措施和制定治疗方案时，对医疗行为中的不良结果和风险缺乏足够的警觉，使用溶栓药物的副作用在上级医院手术过程中出现，并发生鉴定意见书所述的“术后予以大量血管活性药物难以维持生命体征，出院途中死亡”的后果。从临床医疗风险度分析，因治疗用药事关生命安全，不可不慎，故必须强调用药的安全性和药物的二重性，正当的处理方式是在最善良的注意之下，以目前的医学知识水平，对用药作出最佳判断。从饶某当时的病情分析，如果不使用溶栓药物，则会贻误最佳治疗窗口期，有可能使濒临坏死的心肌范围扩大，这是不使用的风险。但事物均有两面性，医疗用药也一样，即用药必须审视其禁忌的问题——未排除主动脉夹层的情况下使用溶栓药，则会带来夹层破裂等严重后果，患者丧失其他治疗机会，同时使医生的失悔度增加。显然，此风险较前一风险更大，两相比较，故不使用溶栓药要安全一些。此外，从优化治疗决策分析，按饶某的病情，根据《药物治疗指南》(第7版第355页、第8版第338页)，使用降压、降心率药物予以保守治疗，可以避开司法鉴定意见书中所述“此类溶栓类药物存在引起全身组织器官出血的副反应”的医疗后果，并迅速将饶某转诊至上级医院，可以为后续的手术赢得时间和先机，从而带给饶某更多的生存希望。综上，可以认定医院在本次医疗活动中存在过错。

《最高人民法院关于审理医疗损害责任纠纷案件适用法律若干问题的解释》第16条规定：“对医疗机构或者其医务人员的过错，应当依据法律、行政法规、规章以及其他有关诊疗规范进行认定，可以综合考虑患者病情的紧急程度、患者个体差异、当地的医疗水平、医疗机构与医务人员资质等因素。”法院在充分考虑医院过错程度及其过错与患者损害之间的因果关系大小相适应的前提下，同时考量医学规则、医疗行为的特点及医院所在地的医疗条件等，综合确定医院承担医疗损害责任的比例为40%。

法律小贴士

(一) 如何认识医疗的局限性和风险性?

人类同疾病已缠斗许久，但对许多疾病却始终未找到治疗的办法，无尽的未知还有待进一步发现，很多疾病救治方法还在探索之中。一方面，保护患者的生命健康权是医疗机构的首要价值追求，医疗机构应尽可能采取一切措施降低医疗风险。另一方面，又要考虑医疗本身的专业性和风险性，医疗损害往往是多种原因导致损害后果，患方应理性维权，回归理性诉讼预期。本案中，医院的诊疗确实有失误和过错，但其中也包含医疗风险的成分、患者的个体差异、当地医院的医疗水平等影响因素。法院需要合理分配医疗损害责任，平衡好保护患者权益与保障正常医疗行为的关系，促进医学长远发展，为患者群体的长远利益着想。

（二）出现医患纠纷怎么办？

依法维权是解决纠纷的根本和有效办法。患者及其家属与医疗机构对医患纠纷的性质和处理发生争议时，可以向行政主管部门或医疗行业协会反映情况和请求调解，也可以直接向人民法院起诉。

（三）医疗损害责任纠纷中如何分配举证责任？

患者需要提交到医疗机构就诊及受到损害的证据，还需要证明医疗机构（包括医务人员）有过错、诊疗行为与损害结果之间具有因果关系。如果过错与因果关系难以通过普通生活经验判断，则可以依法提出医疗损害鉴定申请。医疗机构则应对免责或减责等抗辩事由举证。

法条链接

1.《民法典》第 1218 条：患者在诊疗活动中受到损害，医疗机构或者其医务人员有过错的，由医疗机构承担赔偿责任。

2.《民法典》第 1221 条：医务人员在诊疗活动中未尽到与当时的医疗水平相应的诊疗义务，造成患者损害的，医疗机构应当承担赔偿责任。

3.《民法典》第 1222 条：患者在诊疗活动中受到损害，有下列情形之一的，推定医疗机构有过错：（一）违反法律、行政法规、规章以及其他有关诊疗规范的规定;(二)隐匿或者拒绝提供与纠纷有关的病历资料;(三)遗失、伪造、篡改或者违法销毁病历资料。

4.《最高人民法院关于审理医疗损害责任纠纷案件适用法律若干问题的解释》第16条:对医疗机构或者其医务人员的过错,应当依据法律、行政法规、规章以及其他有关诊疗规范进行认定,可以综合考虑患者病情的紧急程度、患者个体差异、当地的医疗水平、医疗机构与医务人员资质等因素。

(本篇撰写人:聂长明,湖北省罗田县人民法院)

18 生态环境损害赔偿如何确定？

《民法典》将生态环境损害赔偿制度从司法解释上升为法律条文，相对于传统侵权制度而言，更能够救济生态环境本身受到的侵害。但此种侵害通常是长期的、累积的，确认损害数额往往十分困难。违反国家规定造成生态环境损害，侵权人支付的损害赔偿应当如何确定？国家规定的机关或者法律规定的组织有权请求侵权人赔偿生态环境受到的损害，具体的期间、赔偿项目还应结合相关调查和鉴定评估予以确认。

案例

A公司通过招商引资的方式进入某工业集聚区投资兴建水泥熟料生产线项目和电石生产线项目。为保障项目顺利实施，A公司从某水库南侧修建了一条通往公司厂区的道路，其中在某水库入口处修建了一座大桥，道路及大桥建成后A公司未实际投入使用。2019年11月20日，原告绿发会向市生态环境局申请公开某水库大桥工程项目的环境影响评价文件及相关批复文件，市生态环境局民勤分局明确答复该项目未履行环境影响评价及报批手续。故绿发会诉至法院，请求判令被告立即采取有效措施，消除违法建桥对生态环境的重大风险，修复因其违法建桥造成的生态破坏或承担修复费用，承担违法建桥造成的生态环境服务功能损失费用、违法拆桥造成的生态环境服务功能损失费用，以及修复因其违法拆桥造成的生态破坏或承担修复费用，在省级以上媒体向全社会公开赔礼道歉等。

裁判结果

法院认为，为兴建其他项目的建设规划和施工，需要依法取得规划许可和建设工程施工许可，并开展建设项目环境影响评价。本案中，A公司在未取得建设某水库大桥的规划和建设工程施工许可，未开展建设项目环境影响评价，无桥梁设计文件和施工图纸的情况下，违法修建某水库大桥，对于由此造成的生态环境损害应当依法承担相应的法律责任。关于被告修建、拆除大桥是否造成生态环境服务功能损失及具体数额，违法建桥区域面积由专家组通过实地测量认定，生态环境服务功能损失由专家组评估认定。生态环境服务功能损失，是指生态环境受到损害至修复完成期间服务功能损害，故A公司应当对其自违法建桥至生态修复完成整个期间的生态环境服务功能损失承担赔偿责任。判决A公司赔偿违法建设的路桥拆除后该区域植被恢复费、违法建设路桥至路桥拆除后生态修复完成期间的生态环境服务功能损失费，以及绿发会为诉讼支出的邮寄费、差旅费、律师代理费，并公开在省级以上媒体发布声明，向社会公众赔礼道歉。

评析

本案涉及《民法典》侵权责任编关于生态环境损害赔偿的规定。《民法典》第1234条规定："违反国家规定造成生态环境损害，生态环境能够修复的，国家规定的机关或者法律规定的组织有权请求侵权人在合理期限内承担修复责任。侵权人在期限内未修复的，国家规定的机关或者法律规定的组织可以自行或者委托他人进行修复，所需费用由侵权人负担。"第1235条规定："违反国家规定造成生态环境损害的，国家规定的机关或者法律规定的组织有权请求侵权人赔偿下列损失和费用：(一)生态环境受到损害至修复完成期间服务功能丧失导致的损失；(二)生态环境功能永久性损害造成的损失；(三)生态环境损害调查、鉴定评估等费用；(四)清除污染、修复生态环境费用；(五)防止损害的发生和扩大所支出的合理费用。"

从上述法律规定的内容来看，构成生态环境损害侵权责任需要满足的要件有如下三个：第一，行为人实施了违反国家保护环境的规定、污染环境、破坏生态环境的行为；第二，有破坏生态环境造成的损害事实；第三，污染环境、破坏生态环境的行为与损害事实之间有因果关系。

构成生态环境损害侵权责任的，能够修复的一般应当及时进行修复。若侵权人未及时修复或修复后仍未恢复到损害发生之前的相应生态状态，侵权人要就以下可能产生的损失和费用进行赔偿：生态环境受到损害至修复完成期间服务功能丧失导致的损失；生态环境功能永久性损害造成的损失；生态环境损害调查、鉴定评估等费用；清除污染、修复生态环境的费用；防止损害的发生和扩大所支出的合理费用。

本案中，A公司为其生产项目计划修建道路和大桥，与设计院约定重新进行设计，但由于后续合同履行过程中双方发生争议，未取得新的设计文件和施工图纸。在没有所建桥梁的规划许可、建设工程施工许可、环境影响评价文件以及设计方案和施工图纸的情况下，A公司修建道路和大桥造成违法建设区域植被受到破坏，导致包括气候调节、水文调节、土壤保持、生物多样性维护等在内的生态服务供给量下降，确已对生态环境造成了损害，应当承担生态环境损害的赔偿责任。尽管在一审诉讼期间A公司已完成对大桥的拆除，但仅对大桥进行拆除仍不能使得生态环境恢复如初。对生态环境损害的计算，仍应当对受到损害至修复完成期间进行评估，恢复生态过程中拆除大桥导致的损害以及后期恢复植被工程中政府的人力投入和机械投入也理应计入。因此，本案判决遵照《民法典》所列举生态环境损害赔偿的项目，体现了《民法典》对绿色原则的贯彻及生态修复理念的强化，实现了生态环境损害赔偿制度的新发展。

针对侵权人故意破坏生态环境的行为，造成生态破坏严重后果的，《民法典》第1232条规定了环境污染和生态破坏领域的惩罚性赔偿制度。此举有助于严惩为发展不惜破坏生态环境的环境侵权行为，并有利于抑制牺牲环境利益来追求生产或发展的侥幸心理。

（一）提起生态环境损害公益诉讼的主体有哪些？

法律小贴士

根据《环境保护法》第58条的规定，依法在设区的市级以上人民政府民政部门登记，且专门从事环境保护公益活动连续5年以上，且无违法记录的社会组织，具有提起民事公益诉讼的主体资格，个人不能够作为环保公益诉讼的原告。

（二）受环境污染及生态破坏影响的个人可以请求损害赔偿吗？

对承担生态环境损害赔偿责任的赔偿义务人来说，可能同时要承担民事责任、行政责任，甚至是刑事责任。因同一生态环境损害行为需承担行政责任的，不影响其依法应当承担的对生态环境损害的民事赔偿义务。环境公益诉讼的目的是维护环境公共利益，对于同一损害行为中的个人受害者，仍然可以就同一侵权事实对环境损害的侵权人提起民事诉讼，请求赔偿对其个人民事权益产生的具体损害。

（三）对于破坏生态环境的惩罚性赔偿应当如何适用？

根据最高人民法院发布的相关司法解释，惩罚性赔偿的特别构成要件及其考量因素和典型情形需要满足三个要件：一是侵权人实施了不法行为；二是侵权人主观具有故意；三是造成严重后果。司法解释对认定主观故意作出了详细规定，列举出10种情形，包括建设项目未依法进行环境影响评价，或者提供虚假材料导致环境影响评价文件严重失实，被行政主管部门责令停止建设后拒不执行的；未取得排污许可证排放污染物，被行政主管部门责令停止排污后拒不执行，或者超过污染物排放标准或者重点污染物排放总量控制指标排放污染物，经行政主管机关责令限制生产、停产整治或者给予其他行政处罚后仍不改正的；将未经处理的废水、废气、废渣直接排放或者倾倒的；在相关自然保护区域、禁猎（渔）区、禁猎（渔）期使用禁止使用的猎捕工具、方法猎捕、杀害国家重点保护野生动物、破坏野生动物栖息地的；等等。

法条链接

《民法典》第1235条：违反国家规定造成生态环境损害的，国家规定的机关或者法律规定的组织有权请求侵权人赔偿下列损失和费用：（一）生态环境受到损害至修复完成期间服务功能丧失导致的损失；（二）生态环境功能永久性损害造成的损失;(三)生态环境损害调查、鉴定评估等费用;(四)清除污染、修复生态环境费用;(五)防止损害的发生和扩大所支出的合理费用。

(本篇撰写人:王晔,武汉大学法学院)

19 流浪狗伤人，要自认倒霉吗？

随着城镇居民生活水平的提高，对陪伴型宠物的精神需求也进一步提升，城市内的宠物品种和数量日益增多，难免产生一定数量的遗弃、逃逸宠物。这些流浪宠物引得许多居民心生怜悯并好心投喂，但同时，流浪宠物伤人事件也屡见不鲜。如果不慎被流浪动物伤害，我们应该向谁主张权利？这一问题需要结合《民法典》侵权责任编的相关条款来回答。

案例

周某与张某系同一小区同一楼栋的邻居。某天晚上，一无人看管、牵引的黄白相间犬只（以下称案涉犬只）行至该楼栋门附近，并在草地上逗留。周某牵引其饲养的柯基犬到达附近时，柯基犬突然挣脱牵引绳，与案涉犬只发生缠斗，周某上前将两犬分开时，被案涉犬只咬伤。当日，周某报警并前往当地社区卫生服务中心进行伤口清洗、注射治疗，花费医药费共计2738.21元。经查明，案涉犬只原系小区内的流浪狗，张某父亲自5年前开始以剩饭剩菜喂食，案涉犬只渐渐会跟随其父亲回家留宿，经常活动的区域为其家中、家门口及楼下。为此，周某与张某协商受伤赔偿事宜。协商未果后，周某诉至法院，要求张某赔偿其医药费2738.21元。

裁判结果

法院认为，案涉犬只自5年前开始由张某父亲喂食并逐渐跟随其父回家留宿，经常活动区域为其家中及家门口。可见其父的行为已从帮助投喂逐渐转变为固定饲养，对案涉犬只具有控制力，可以构成法律意义上对动物的所有或占有。同时，同一居所内的家庭成员饲养动物，全体成员应该是明知并认可的，为避免发生动物致人损害事件后，家庭成员相互推诿，而致使损害难以得到救济的情形发生，同一居所内的家庭成员饲养的动物，应当推定全体成年家庭成员都有管理之义务。故张某属于案涉犬只的共同管理人，系本案适格被告。事发时，张某未对案涉犬只采取安全措施，应当承担侵权责任。本案中，周某在遛狗的过程中虽未牵紧牵引绳，但确系事发突然，不属于故意，虽有一定过错，但尚未达到存在重大过失的情形，不足以减轻或免除张某的赔偿责任。周某所主张的赔偿费用均因本次侵权事件产生并已实际支出，医药费项目及数额未超出合理认知，张某并无充足证据证明周某的支出不合理或恶意增加就医支出，故张某应当就周某花费的医疗费用承担全部赔偿责任。最终法院判决张某全额赔偿周某的医药费2738.21元。

评析

本案涉及《民法典》侵权责任编第九章“饲养动物损害责任”的相关规定。详见《民法典》第1245条：“饲养的动物造成他人损害的，动物饲养人或者管理人应当承担侵权责任；但是，能够证明损害是因被侵权人故意或者重大过失造成的，可以不承担或者减轻责任。”第1246条：“违反管理规定，未对动物采取安全措施造成他人损害的，动物饲养人或者管理人应当承担侵权责任；但是，能够证明损害是因被侵权人故意造成的，可以减轻责任。”

饲养的动物，应理解为非野生状态下，为特定人所有或占有的动物，包括家畜、家禽、宠物及被驯养的野生动物等。此特定人对饲养的动物具有一定程度的控制力，即认定为动物饲养人或者管理人。因饲养的动物客观上存在一定危险性，《民法典》对饲养动物致人损害责任的归责，原则上属于无过错责任，以动物园的过错推定责任和第三人的过错责任为例外，即一般情形下，受害人无须证明动物饲养人或者管理人存在故意或过失，仅需证明侵权行为、损害结果及因果关系即可。

违反安全管理规定，一般是指违反相关法律、地方立法及行政管理规章等关于饲养动物的管理规范。如早在2006年5月1日起施行的《武汉市养犬管理条例》，规定了本市江岸区、江汉区、硚口区、汉阳区、武昌区、洪山区、青山区、武汉经济技术开发区、武汉东湖新技术开发区为限制养犬区，限制养犬区内个人养犬，每户只准养一只，但禁止养烈性犬和大型犬，并对禁养犬只的品种、体高标准予以公示。其中第13条还对限制养犬区内的养犬人应当遵守的饲养行为进行了详细规定：“限养区内，养犬人应当遵守下列规定：(一)携犬出户，带养犬登记证，为犬束犬链、挂犬只标识，并由具有完全民事行为能力的人牵引，避让老年人、残疾人、孕妇和儿童；(二)不得携犬进入禁养区和市、区人民政府确定的禁止遛犬的区域以及限养区内的机关、医院、学校、博物馆、纪念馆、图书馆、体育场(馆)、影剧院、商场、候车(船、机)室；(三)不得携犬乘坐除小型出租汽车以外的公共交通工具；携犬乘坐小型出租汽车，须征得驾驶人同意，并为犬只戴嘴套或者将犬只装入犬袋(笼)；(四)携犬乘坐住宅区公用电梯，须为犬只戴嘴套或者将犬只装入犬袋(笼)；(五)个人饲养的犬只在养犬人的住所内饲养；单位饲养的犬只应当圈养或拴养；护卫犬在护卫区域巡逻时由管理人员牵引；(六)养犬不得干扰他人正常生活，不得损坏公共设施；(七)动物检疫证明有效期满，携犬到当地动物防疫监督机构注射兽用狂犬病疫苗；(八)携犬出户，须携带清洁用具，及时清除犬只户外排泄物，维护公共环境卫生；(九)放弃饲养且无人接收的犬只，送交犬类留检场所。”

对于违反安全管理规定、未对犬只采取安全措施的动物饲养人或者管理人，《民法典》规定了相当严格的减轻责任事由，即“能够证明损害是因被侵权人故意造成的”，受害人的过失甚至重大过失均不足以减轻饲养人或管理人的侵权责任。

(一)如何正确养宠和应对流浪宠物？

法律小贴士

动物虽然无辜，但流浪宠物确实会给生态环境、公共卫生和人身安全带来隐患。2021

年5月1日，随着《动物防疫法》的正式施行，人们也逐渐意识到规范饲养动物的重要性。大众饲养宠物应承担起社会责任，尽量以收养代替买卖，对宠物进行必要的登记和免疫接种，不要随意弃养。若发现流浪宠物，应交由行政管理部门及动物救助机构进行免疫、绝育、再收养等处置，勿随意触摸、追逐和投喂，避免流浪动物应激伤人或成群聚集于人口密集场所。

（二）哪些主体会承担流浪动物致人损害的赔偿责任？

被遗弃的宠物造成他人人身损害，能核实原主人身份的，原主人应承担饲养动物致害责任。无法认定归属的宠物和城市中的其他流浪动物，一般属于无主物，对它们偶尔的投喂行为并不会被认定具有饲养和管理的意思表示。但若长期在固定场所进行投喂，使得流浪动物对投喂人产生依赖并影响其活动范围和习性，则会认定投喂人构成法律意义上对被投喂动物的所有或占有，其在先的投喂行为增加了该区域的人身安全风险，故应承担致人损害的侵权责任。

（三）饲养的宠物伤到了人，如何确定赔偿责任？

《民法典》对饲养动物致人损害的责任规定为无过错责任，在法律实务中，伤者无须证明宠物主人有侵权故意或主观过错。一般情况下，宠物主人应对伤者的实际损失全额赔偿，除非宠物主人有证据证明损害是因伤者故意或者重大过失造成的，法院才会针对故意或者重大过失的程度酌定伤者自身承担的损失比例。然而，这种减轻责任的情形也仅限于宠物主人规范养宠。对比《民法典》第1245条、第1246条和第1247条的但书部分，若宠物主人违反规定未对动物采取安全措施致人损害，只有证明损害是因被侵权人故意造成的，才可以减轻责任；若宠物主人饲养了禁止饲养的危险动物并致人损害，则无论伤者是否具有故意或者重大过失，都应承担全部赔偿责任。所以饲养人应遵守相关法律法规，不能饲养禁止饲养的宠物，不能在禁养区饲养，在限养区也要注意不要带动物去机关、学校、医院、体育馆、影剧院、商场等禁止携带的区域，对自己饲养的动物采取安全措施，尽到管理责任。

法条链接

1.《民法典》第 1245 条:饲养的动物造成他人损害的,动物饲养人或者管理人应当承担侵权责任;但是,能够证明损害是因被侵权人故意或者重大过失造成的,可以不承担或者减轻责任。

2.《民法典》第 1246 条:违反管理规定,未对动物采取安全措施造成他人损害的,动物饲养人或者管理人应当承担侵权责任;但是,能够证明损害是因被侵权人故意造成的,可以减轻责任。

3.《民法典》第 1247 条:禁止饲养的烈性犬等危险动物造成他人损害的,动物饲养人或者管理人应当承担侵权责任。

(本篇撰写人:曹馨,湖北省武汉市江汉区人民法院)

20 住宅玻璃高坠，业主和物业谁担责？

随着我国高层建筑物的不断增加，建筑物上的玻璃、广告牌、外墙等脱落、坠落致人损害事件时有发生。在此类案件中，经常出现脱落、坠落物的所有人、管理人或使用人权属不明、管理义务标准不一等问题，尤其是住宅类建筑物，往往涉及业主和物业公司的责任划分。那么，如何确定脱落物、坠落物导致的侵权责任呢？这一问题需要结合《民法典》侵权责任编“不动产设施及其附属物脱落、坠落致害过错推定责任”条款来回答。

案例

朱某某与长子、次子及婆母一同步行至某幢楼楼下时，一块紧挨着范某某的15层的房屋窗户相对应的玻璃幕墙窗户左侧的幕墙玻璃忽然发生脱落，垂直坠落的玻璃将范某14层房屋外相同位置的幕墙玻璃砸碎，一同坠落的玻璃砸中了朱某某次子的头部和朱某某的手臂。当即，朱某某和朱某某次子被送往医院抢救。次日，朱某某次子经抢救无效死亡。已怀孕32周的原告朱某某右手腕被坠落的玻璃划伤出血，同时因目睹次子突遭重创而受到惊吓，出现先兆早产。朱某某、周某诉至法院，请求判令某房地产开发公司和某物业公司赔偿死亡赔偿金、丧葬费、医疗费、精神损害抚慰金、住院伙食补助费、营养费、护理费、误工费、交通费等共计85万余元。法院受理后，依法追加案涉业主范某某、范某为本案被告。

裁判结果

法院认为，玻璃幕墙属于公共部分，应由作为管理人的物业公司承担侵权责任。首先，关于案涉致人损害的脱落玻璃的权属问题。脱落玻璃为带型窗，其中不能打开的固定扇在用途、功能方面实质上替代了属于住宅共用部分的外墙，因此固定玻璃也属于全体业主共有部分，某物业公司对该业主共有部分负有管理义务。其次，关于某物业公司是否应承担责任的问题。建筑物及其搁置物、悬挂物发生脱落、坠落造成他人损害的，应适用过错推定责任原则。某物业公司未向法院提交确实、充分证据证实其就玻璃外墙已经制定科学、有效、合理的物业管理方案，并已经履行严格管理、定期检查、养护维修的义务，不能证明其尽到了对该固定玻璃墙面的管理责任，应当承担赔偿责任。最后，作为业主的范某某和范某系正常居住，无法预见和防范到该固定玻璃脱落的意外情况，不存在主观过错，不应当承担责任。最终，判决某物业公司赔偿医疗费、死亡赔偿金、丧葬费及精神损害抚慰金共计78万余元，以及医疗费、住院伙食补助费、误工费、交通费共计3万余元。

评析

本案涉及《民法典》关于物件脱落、坠落的损害责任。物件脱落、坠落的损害责任被规定在《民法典》侵权责任编“建筑物和物件损害责任”一章中，适用过错推定责任原则。《民法典》第1253条规定：“建筑物、构筑物或者其他设施及其搁置物、悬挂物发生脱落、坠落造成他人损害，所有人、管理人或者使用人不能证明自己没有过错的，应当承担侵权责任。所有人、管理人或者使用人赔偿后，有其他责任人的，有权向其他责任人追偿。”

物件脱落、坠落损害责任的构成要件有如下四个：一是须有建筑物、构筑物或者其他设施及其搁置物、悬挂物脱落、坠落的发生。二是须有损害后果的发生，包括人身损害、财产损害等。三是物件脱落、坠落致人损害的行为与损害后果的发生之间存在因果关系。四是引起建筑物脱落、倒塌的责任人须有过失。责任人须举证证明自己没有过错，不能证明或证据不足的，即确认存在过错，仍需承担侵权责任。

在处理高空抛物、坠物类案件时，第一步应当是根据情形决定适用《民法典》第1253条还是第1254条。《民法典》第1253条为过错推定责任，即推定所有人、管理人或者使用人有过错，这些主体只有证明自己没有过错才能免责。第1254条的归责原则是侵权人责任、可能加害人补偿责任和建筑物管理人过错责任（或补充责任）的结合。本案中，住宅玻璃并非由他人抛掷或从建筑物上坠落，而是建筑物本身的悬挂物发生脱落、坠落，更不存在无法查明侵权人的情形，因此应当适用《民法典》第1253条，由不能证明自己没有过错的所有人、管理人或者使用人承担侵权责任。

在适用《民法典》第1253条时，实践难点和争议焦点往往在于判断脱落、坠落物的所有人、管理人、使用人，造成可能责任人之间的互相推诿。例如本案中，受害人认为案涉高坠玻璃是玻璃幕墙，房地产公司（开发商）是所有权人，物业公司是管理人，故请求二者承担赔偿责任。而作为被告的房地产公司和物业公司则认为脱落玻璃是普通窗户的，应由业主承担赔偿责任。

本案中，高坠玻璃的特殊之处在于其位于业主的卧室外，此时往往涉及业主与物业公司之间的责任划分问题。如果认为该玻璃是该业主的专有部分，则该业主就应当承担赔偿责任，而如果认为该玻璃属于全体业主的共有部分，则物业公司为管理人，应当承担赔偿责任。根据《最高人民法院关于审理建筑物区分所有权纠纷案件适用法律若干问题的解释》第3条的规定，建筑物的基础、承重结构、外墙、屋顶等基本结构部分属于全体业主的共有部分。本案二审法院审理查明，高坠玻璃的实际用途和功能与外墙一致，认定该高坠玻璃应属于外墙，所以该高坠玻璃属于全体业主的共有部分。既然属于全体业主的共有部分，本案中应当由物业公司承担对案涉高坠玻璃的日常管理、定期检查、维修养护等相关管理义务。根据常理，与砖墙、混凝土外墙相比，玻璃发生破损、结构密封胶老化导致脱落事件的概率更高。在这一情况下，物业公司更应制定科学合理的物业管理方案，并严格履行定期检查和养护维修的管理义务，但该物业公司并不能证明自己尽到了相关管理义务。故根据《民法典》第1253条的规定，最终判定由作为管理人的物业公司承担侵权责任。

本案作为适用《民法典》第1253条的典型案例，为本条在司法实践中的适用提供了参考：当发生此类高层楼栋玻璃坠落致人损害的案件时，首先应当确定高坠玻璃的权属问题，判断高坠玻璃的所有人和管理人，从而确定承担民事侵权责任的主体。本案中，二审法院依职权主动到高坠玻璃所在建筑物的设计单位调查取证，最终确认致朱某某受伤、朱某某次子死亡的高坠玻璃属于全体业主共有部分，厘清了本案的责任承担主体，既及时保障了伤者、死者家属的合法权益，也依法维护了案涉两名业主的合法权益，取得了法律效果和社会效果的统一。

法律小贴士

（一）物件脱落、坠落责任与高空抛物责任的适用情形有何区别？

物件脱落、坠落责任与高空抛物责任看似处理的都是楼上掉下来一个东西造成他人损害后怎么处理的问题，但两个条文的适用情形有所区别。《民法典》第1253条中建筑物、构筑物或者其他设施及其搁置物、悬挂物发生脱落、坠落，脱落、坠落强调物体自发动作，而通常所说的高空抛物责任，损害结果系侵权人的抛掷行为所致，存在人力介入。

（二）高空抛物可能会承担什么责任？

《民法典》第1254条明文规定，禁止从建筑物中抛掷物品。此外，根据《最高人民法院关于依法妥善审理高空抛物、坠物案件的意见》，高空抛物不仅要承担民事责任，如果情节严重、造成严重后果的，将有可能要承担更为严苛的行政责任、刑事责任。并且，根据《民法典》的规定，如果能够明确认定抛物人是谁的，由抛物人承担相应的损害赔偿责任。如果不能确定抛物人是谁的，则由所有可能实施抛物行为的人共同承担被害人的损失。也就是说，如果同一栋楼内的邻居高空抛物砸到了行人或车辆，查不出究竟是谁造成的这个损害，为了保护受害人，由这栋楼内所有可能实施高空抛物的住户共同承担补偿责任。

（三）如何防范和减少高空坠物事件的发生？

作为小区业主，应采取一定防范措施以减少可能承担赔偿责任或补偿义务的不确定风险。例如，加强对悬挂物、搁置物管理，尽量不要在阳台外沿、窗户外沿、天台危险处摆放或悬挂物品，或安装必要的防护措施；定期检查空调外机等物体的稳定度；安装覆盖窗口的家庭监控，在发生事故时可以证明自身清白；加强对物业公司的监督，要求其采取安装小区监控、日常维护设备等安全保障措施；坚决抵制其他住户的不文明、不安全行为，以免自己因为他人行为受到牵连。对于高空抛物案件所带来的不利风险，上述措施都具有一定的防范作用。

法条链接

《民法典》第 1253 条：建筑物、构筑物或者其他设施及其搁置物、悬挂物发生脱落、坠落造成他人损害，所有人、管理人或者使用人不能证明自己没有过错的，应当承担侵权责任。所有人、管理人或者使用人赔偿后，有其他责任人的，有权向其他责任人追偿。

（本篇撰写人：蔡忻言，武汉大学法学院）

21 “飞来砖”砸坏车辆，怎么办？

停在居民楼下的私家车，无端被楼上“飞来”的砖头砸坏。高空抛物、坠物致人损害事件时有发生。如何保障居民头顶上的安全？发生高空抛物致害纠纷后，物业、社区、居民该如何承担责任？《民法典》侵权责任编“高空抛物、坠物损害责任”条款给出了答案。

案例

某日，原告张某将其私家车停在W市某小区一楼其自营的公司门口。次日上午，张某发现其车辆前引擎盖被砸出一个坑，自行维修车辆花费3000元。经调取其在公司门口自行安装的摄像头监控，发现引擎盖出现的坑系被前一日晚上9时左右从楼上丢下的砖头砸坏所致。因晚上光线较差，且摄像监控拍摄的角度局限，无法确定丢下砖头的具体楼层。张某在向小区物业、社区居委会、派出所等反映无果后，其将该栋78名业主全部起诉至法院，要求78名业主共同承担其维修车辆的损失3000元。

裁判结果

虽然本案诉讼标的小，但案涉当事人众多，社会影响较大。受理案件后，承办法官及其同事前往事发小区向78名业主逐户送达开庭传票、起诉状等文书材料，并解答小区住户的相关法律问题。经送达和走访调查发现，事发小区楼栋密集、住户多、人员杂，已多次发生高空抛物事件，所抛物品包括生活垃圾、砖头、石子、烟头等,长期以来小区居民对此深恶痛绝,但又无计可施。因小区楼栋未安装监控装置,发生此类事件后,往往不能确定具体楼层和对肇事人进行追责。另外,小区关于高空抛物的危害的宣传材料较少,未起到足够的教育、警示作用。同时,法院经走访了解到,原告停车位置存在堵塞消防出口的风险,原告自身存在一定过错。故众被告对原告的起诉十分反感,都认为自己也是受害者,且原告不规范停车导致邻里进出不便。了解上述情况后,法院认为,社区居委会、房屋管理单位以及物业公司对该小区的日常管理存在疏漏,应当加以改进。法院遂向社区居委会、房屋管理单位以及物业公司发出司法建议函,建议上述单位加强宣传和警示教育,建议物业公司安装监控装置。之后,以上单位回函表示将认真落实法院提出的司法建议。案件审理过程中,法院对原告不规范停车行为进行了口头批评教育,后原告张某考虑到其财产损失轻微,法院的工作已起到普法宣传和警示作用,故自愿申请撤诉。法院认为,原告自愿申请撤诉,有利于邻里关系和谐,故法院裁定准许原告撤诉,并在小区张贴撤诉结案的公示。

评析

习近平总书记强调:“不断提高公共服务共建能力和共享水平,织密扎牢托底的民生保障网、消除隐患,确保人民群众安居乐业、社会秩序安定有序。”《民法典》第1254条“高空抛物、坠物损害责任”条款就是对总书记指示的贯彻落实。

高空抛物是一种极不文明的危险行为,对人民群众的人身安全和财产安全造成巨大威胁,影响社会公共安全和社会和谐。本案适用《民法典》精神,充分发挥法院的司法能动性,守护人民群众头顶上的安全,弘扬文明、和谐、法治、友善的社会主义核心价值观。法院在处理本案时,更关注案件之外影响社会公共安全和社会和谐的不文明现象,延伸司法职能,对相关单位和组织提出具体的司法建议,相关单位此后采取了加强宣传、安装监控等措施,回应了群众对小区公共安全的热切期待和诉求。原告最后自愿撤诉,案件未引起社区矛盾,反而起到良好的普法效果。

《民法典》第1254条规定明确了高空抛物是法律所禁止的行为。发生高空抛物、坠物纠纷后,能够确定侵权人的,侵权人对受害人承担损害赔偿责任。但在司法实践中，当事人的举证能力有限，往往不能确定具体侵权人，在此情形下，《民法典》明确规定由可能加害的建筑物使用人承担基于公平原则的补偿责任，一定意义上减轻了受害人的举证责任负担，也对建筑物使用人产生了潜在的自我监督和相互监督的道德约束和法律约束，尤其是对建筑物高层用户负有的防范高空抛物、坠物注意义务提出了要求。同时，该规定明确了物业服务企业在未尽到安全保障义务时的责任，强化了物业服务企业等建筑物管理人在提供物业服务或进行建筑物管理时应尽的管理义务和社会责任。

在处理高空抛物、坠物损害责任纠纷案件时，法院首先应当引导当事人尽量提供明确的侵权人信息，在不能提供明确侵权人信息时，也尽量依据现有证据缩限建筑物使用人的范围，以减轻当事人的诉累。本案中，原告因为条件所限，不能确定具体的侵权人，故只能将整栋楼的业主起诉，此为原告的无奈之举。为避免群体性纠纷，法院对此类案件应建立健全诉前、诉中多元化解纠纷机制，将物业服务公司、社区居委会、公安机关等相关单位纳入解纷体系，促进纠纷溯源治理和就地化解，完善社会基层治理，为当事人解难题、办实事，实现法律效果和社会效果的有机统一。

（一）发生高空抛物、坠物纠纷后，应当由谁承担责任？

法律小贴士

能够确定直接侵权人的，由侵权人对受害人承担损害赔偿责任；不能明确具体侵权人的，由除能够证明不是侵权人之外的可能加害的建筑物使用人给予补偿。可能加害的建筑物使用人是根据案件证据分析高空抛物、坠物的来源、轨迹、方位、楼栋等因素来确定建筑物的使用人的范围。建筑物的使用人对受害人进行补偿后，在有证据能够明确实际侵权人时，可以向实际侵权人进行追偿。同时，根据《民法典》合同编第二十四章中“物业服务合同”的规定，物业服务企业根据合同约定对业主负有安全保障义务，包括安全警示、宣传和教育、消除危险以及积极提供信息义务，即相应的监控措施等。如有违反，物业服务企业应当承担违约责任，如因未采取必要安全措施导致损害发生的，物业服务企业等建筑物管理人应承担相应的赔偿责任。

（二）因高空抛物、坠物受到损害后，当事人应该如何举证？

发生高空抛物、坠物纠纷后，受害人及同行人员可尽量拍摄事发当时的场景、受损后果，观察附近证人并留存联系方式，与物业公司联系并及时报警。如有监控设施，则及时保留监控视频；如物业未安装监控设施，则可向公安机关寻求帮助。在诉讼过程中，受害人取证有难度的，亦可申请法院向物业公司、周边群众、技术专家、公安机关等询问调查，最大限度确定直接侵权人。《民法典》第1254条第3款明确了公安等机关在发生高空抛物、坠物事件后的调查义务。公安等机关应当及时调查，查清责任人。

（三）实施高空抛物行为是否会受到刑事处罚？

《刑法修正案(十一)》增设了高空抛物罪。《刑法》第291条之二规定："从建筑物或者其他高空抛掷物品，情节严重的，处一年以下有期徒刑、拘役或者管制，并处或者单处罚金。有前款行为，同时构成其他犯罪的，依照处罚较重的规定定罪处罚。"对于故意高空抛物造成严重后果的，因情节和后果不同，应以相应的刑事犯罪定罪处罚。根据《最高人民法院关于依法妥善审理高空抛物、坠物案件的意见》第5点和第7点的规定，故意从高空抛掷物品，尚未造成严重后果，但足以危害公共安全的，以以危险方法危害公共安全罪定罪处罚；为伤害、杀害特定人员故意从高空抛掷物品的，以故意伤害罪、故意杀人罪定罪处罚；过失导致物品从高空坠落，致人死亡、重伤，符合《刑法》第233条、第235条规定的，以过失致人死亡罪、过失致人重伤罪定罪处罚；在生产、作业中违反有关安全管理规定，从高空坠落物品，发生重大伤亡事故或者造成其他严重后果，以重大责任事故罪定罪处罚。

法条链接

《民法典》第1254条：禁止从建筑物中抛掷物品。从建筑物中抛掷物品或者从建筑物上坠落的物品造成他人损害的，由侵权人依法承担侵权责任；经调查难以确定具体侵权人的，除能够证明自己不是侵权人的外，由可能加害的建筑物使用人给予补偿。可能加害的建筑物使用人补偿后，有权向侵权人追偿。

物业服务企业等建筑物管理人应当采取必要的安全保障措施防止前款规定情形的发生；未采取必要的安全保障措施的，应当依法承担未履行安全保障义务的侵权责任。

发生本条第一款规定的情形的，公安等机关应当依法及时调查，查清责任人。

（本篇撰写人：李晓丹，湖北省武汉市硚口区人民法院）